北京大学人文学部主办
北京大学西方古典学中心承办

感谢穆启乐教授
（Prof. Dr. Fritz-Heiner Mutschler）
对本刊出版的长期支持和慷慨资助

商務印書館（上海）有限公司　出品
The Commercial Press (Shanghai) Co. Ltd.

古典与中世纪研究

— 第五辑 —

李文丹　主 编

商务印书馆
The Commercial Press

图书在版编目(CIP)数据

古典与中世纪研究.第5辑/李文丹主编. —北京：
商务印书馆，2024
ISBN 978 - 7 - 100 - 23637 - 9

Ⅰ.①古… Ⅱ.①李… Ⅲ.①社会科学-文集 Ⅳ.
①C53

中国国家版本馆 CIP 数据核字(2024)第 074696 号

古典与中世纪研究
第五辑
李文丹　主编

商 务 印 书 馆 出 版
(北京王府井大街36号　邮政编码100710)
商 务 印 书 馆 发 行
山 东 临 沂 新 华 印 刷 物 流
集 团 有 限 责 任 公 司 印 刷
ISBN 978 - 7 - 100 - 23637 - 9

2024 年 5 月第 1 版　　开本 710×1000　1/16
2024 年 5 月第 1 次印刷　印张 19
定价：98.00 元

目 录

| 研究论文 | 1 |

江　岸　古文本的视觉化表现

　　　　——阿提卡瓶画中的纸草书卷图像　　3

张红霞　作为文物与史料的西方古典钱币　　19

夏洞奇　"从死中复活"

　　　　——《忏悔录》卷八考　　36

陈莹雪　基督徒的临终财产处置

　　　　——查士丁尼时代的个体实践与帝国立法　　70

包倩怡　残舟之锚

　　　　——格里高利一世的修士—主教逻辑　　85

褚敏绮　算术与语法之间

　　　　——拜占庭人如何用算术诠释希腊字母的奥秘　　107

王骞禹　12世纪本笃修士的财产观与清贫观

　　　　——以奥德里克·维塔利斯的《教会史》为中心　　132

栾颖新 劳动、育儿与互助：托钵修士笔下的 13 世纪鲁昂女性日常生活

　　　　——以鲁昂道明会奇迹集为例　　　　　　　161

胡佳竹 英法百年战争初期英格兰的海疆防御制度　　195

康　宁 法律文明进程中的欧洲中世纪行会

　　　　——议题与线索　　　　　　　　　　　　207

谢丰斋 论中世纪英格兰经济的信贷推动　　　　　221

| **教学论文**　　　　　　　　　　　　　　　　　247

桑　阳 语法配价法

　　　　——一种意大利式拉丁语学习法　　　　　249

罗　莹 参与和思考

　　　　——北京大学基础拉丁语教学实践笔记　　288

研究论文

古文本的视觉化表现

阿提卡瓶画中的纸草书卷图像

江 岸

古希腊人从古埃及人那里继承了使用纸莎草作为阅读和写作载体的传统。古希腊语"βύβλος"一词指古埃及的纸莎草植物，可见于公元前 5 世纪古希腊剧作家埃斯库罗斯和历史学家希罗多德的著作中。[1]古埃及纸莎草植物的内茎在古希腊语中被称为"βίβλος"，它被用来制作古代的纸草书卷。"βίβλος"这一词汇随后逐渐在西方的多种语言中衍生为了书的代名词，一直沿用至今。如今，我们并不确定古希腊人是何时开始使用这种纸草书卷的。在古代雅典，纸草书卷的应用和推广主要受到了两方面的促进：古代雅典教育制度体系的完善和宗教节日活动的发展。特别是在古风时代晚期和古典时代，阅读、写作、吟诵、歌唱等依托于纸草的一系列活动逐渐成为古代雅典人民城市生活和宗教生活的有机组成部分。

在古希腊的物质文化遗存方面，纸草书卷的图像表现最早出现于公元前 5 世纪初。这一点间接地表明了纸草书卷的使用在当时的雅典已经较为普遍，以至于艺术家和工匠们对纸草书卷的形象已经比较熟悉，并且能够在他们的作品中形象地将书卷及其上面的文字描绘出来。在古希腊剧作家埃斯库罗斯的悲剧《恳求的女人们》中，阿格斯（Argos）的国王将镌刻在碑牌上的文字和封存在书卷页中的文字进行了对比：

---

1 Aischylos, *Suppliant Women*, line 761; Herodotos, *The History*, 2.92, 2.100.

ταῦτ᾽ οὐ πίναξίν ἐστιν ἐγγεγραμμένα

οὐδ᾽ ἐν πτυχαῖς βίβλων κατεσφραγισμένα,

σαφῆ δ᾽ ἀκούεις ἐξ ἐλευθεροστόμου

Γλώσσης. κομίζου δ᾽ ὡς τάχιστ᾽ ἐξ ὀμμάτων.[1]

这一剧中细节暗示出公元前 5 世纪的 60 年代，也就是埃斯库罗斯创作此剧的时候，纸草书卷在行政法律方面已经有了比较普遍的应用。到了公元前 5 世纪中叶，纸草书卷在古代雅典已经有了比较广泛的社会应用。

保存至今最早的古希腊纸草书卷大约可以断代到公元前 430 年左右，它被发现于希腊达芙妮（Daphne）的一个墓中。这座墓有时被称为"音乐家之墓"（"The Tomb of the Musician"）或"诗人之墓"（"The Tomb of the Poet"），因为在此墓中除了这个珍贵的古希腊纸草书卷，考古人员还发现了比较难得一见的一些古希腊音乐乐器和书写用具。[2] 除了这件达芙妮出土的珍贵的古希腊纸草书卷遗存，几乎所有的古希腊古典时代的纸草书卷都没有能够保存至今。[3] 因此，同一时期古希腊纸草书卷的图像记录和表现对我们了解古希腊古典时代书卷文献的样貌和功能显得尤为重要。尽管纸草书卷的图像偶尔出现在各类遗存的古希腊文物上，例如古希腊雕塑、青铜制品、陶器制品、宝石雕刻等[4]，但是其中大部分的纸草书卷图像，也是最具有研究价值的图像，

---

1 Aischylos, *Suppliant Women*, lines 946–949.

2 关于此纸草书卷的研究与讨论及墓中的其他发现，见 Egert Pöhlmann and Martin West, "The Oldest Greek Papyrus and Writing Tablets: Fifth-Century Documents from the 'Tomb of the Musician' in Attica", in *Zeitschrift für Papyrologie und Epigraphik*, Vol. 180 (2012), pp. 1–16. Egert Pöhlmann, "Excavation, Dating and Content of Two Tombs in Daphne, Odos Olgas 53, Athens", in *Greek and Roman Musical Studies*, Vol. 1 (2013), pp. 7–23. Martin West, "The Writing Tablets and Papyrus from Tomb II in Daphni", in *Greek and Roman Musical Studies*, Vol. 1 (2013), pp. 73–92. 另外请见 Ioanna Karamanou 近期关于此纸草书卷的讨论，其中包含更全面的关于此考古发现的参考文献，Ioanna Karamanou, "The Papyrus from the 'Musician's Tomb' in Daphne (ΜΠ 7449, 8517–8523): Contextualizing the Evidence", in *Greek and Roman Musical Studies*, Vol. 4 (2016), pp. 51–70。

3 关于古希腊书籍的概论，请见 Eric Gardner Turner, *Athenian Books in the Fifth and Fourth Centuries B.C.* (London: H. K. Lewis & Co Ltd., 1952) 和 Horst Blanck, *Das Buch in der Antike* (München: Beck, 1992)。

4 关于在其他介质上的古希腊纸草书卷图像的探讨，请见 Theodor Birt, *Die Buchrolle in der Kunst* (Leipzig: Druck und Verlag von B. G. Teubner, 1907)。

出现在一系列的阿提卡瓶画中，这组阿提卡瓶画正是本文的研究重点。

鉴于阿提卡瓶画的表现主题非常之广，我们也许会期待纸草书卷的图像出现在很多不同的展现古代雅典生活和古希腊神话故事的瓶画场景当中。实际则不然，在今天保存下来的数以万计的阿提卡瓶画中，纸草书卷图像出现的频率非常有限。[1] 首先，我们来看这些瓶画上对纸草书卷外观的描绘。这些图像对纸草书卷有各式各样的刻画，有时候书卷是闭合的，被挂在墙上或是被人握持在手中；有时候书卷的一部分是展开的。书卷图像闭合和展开的对比可见于一个藏于柏林古代文物博物馆的红人形酒杯。[2] 在这个酒杯的一个外侧面，从左至右绘有三名青年。第一位坐着的青年手里拿着里拉琴（lyre），第二位右手握住一个闭合的书卷，第三位则双手持一个打开的书卷。在一些瓶画中，打开的纸草书卷面向图中的人物，因此书卷上的内容无法被我们看到，例如剑桥大学菲兹威廉姆博物馆中的一个红人形酒杯上的图像所示（图1）。[3] 在这个酒杯外侧两面的每一面上，各有一位女性人物手持一幅打开的书卷，但是书卷上的内容面对书卷的持有者，我们无从阅读。除此之外，在另一些阿提卡陶瓶的画面上，画家将打开的书卷面向观众，这样书卷上的文字便能够被我们所阅读。这其中有一部分纸草书卷图像上绘有内涵丰富的文字，或者至少是能够被清晰识别的古希腊字母。一个现藏于马里布盖蒂博物馆的一件阿提卡陶器残片即是一个很好的例子：在这个残片的绘画上，一位青年手握书卷，而书卷展开面向瓶画的观者（图2）。[4]

1　此前学者对在瓶画上纸草书卷的图像研究提供了一些相关陶瓶列表，其中最重要、最具有奠基性的研究是 John Davidson Beazley, "Hymns to Hermes", in *American Journal of Archaeology*, Vol. 52 (1948), pp. 336–340。另外，最为全面的讨论是 Immerwahr 的两篇文章，其中既包括阿提卡瓶画也包括几幅相关的南意大利瓶画，见 Henry Immerwahr, "Book Rolls on Attic Vases", in *Classical, Mediaeval, and Renaissance Studies in Honour of Berthold Louis Ullmann*, Charles Henderson Jr., ed. (Roma: Edizioni di Storia e Letteratura, 1964), pp. 17–48. Henry Immerwahr, "More Book Rolls on Attic Vases", in *Antike Kunst*, Vol. 16 (1973), pp. 143–147。同时见 Allison Glazebrook, "Reading Women: Book Rolls on Attic Vases", in *Mouseion: Journal of the Classical Association of Canada*, Vol. 5 (2005), pp. 37–41 的相关瓶画列表。但是，由于近年来不断有新陶瓶的发现，这些之前的列表统计数据并不完全，还有一些新发现的具有纸草书卷图像的阿提卡瓶画没有被纳入以上提到的研究中，更详尽的阿提卡陶瓶信息可见于英国牛津大学 Beazley Archive Pottery Database (BAPD)。

2　柏林古代文物博物馆 F2549 (Berlin, Antikensammlung), BAPD 3407。

3　剑桥大学菲兹威廉姆博物馆 G73 (Cambridge, Fitzwilliam Museum), BAPD 217287。

4　马里布盖蒂博物馆 86.AE.324 (Malibu, The J. Paul Getty Museum), BAPD 275373。

图 1　阿提卡红人形酒杯上的瓶画，剑桥大学菲兹威廉姆博物馆 G73[1]

图 2　阿提卡红人形绘画细节，马里布盖蒂博物馆 86.AE.324[2]

1　图摘自 Winifred Lamb, *Corpus Vasorum Antiquorum: Cambridge Fitzwilliam Museum, Fascicule 1* (Oxford: Oxford University Press, 1930), pl. XXVII.2b。

2　图摘自 Henry Immerwahr, "More Book Rolls on Attic Vases", pl. 31.3。

书卷上的古希腊字母不仅清晰可读，并且有明确的含义。它可以被读作"HOI HAM EPAKΛEEI IOΛEO"。根据这段文字判断，这幅书卷的内容很有可能是古希腊神话题材，并且是有关于赫拉克勒斯（Herakles）和艾奥洛斯（Iolaos）。[1]

阿提卡瓶画中对纸草书卷外观的刻画多种多样，体现在书卷的尺寸、形状和厚度上。如果比较之前提到的两个书卷的图像，即在剑桥和马里布的两幅瓶画，我们会发现两种主要的表现在瓶画中的纸草书卷样式。在剑桥酒杯瓶画上（图1），书卷的展开部分明显比两端卷起部分要窄很多。[2]与此形成鲜明对比的是，在马里布瓶画中（图2），书卷展开部分与两端卷起部分完全一样宽。这些画面上的细节区别也许是不同瓶画画家的不同画风造成的，但是我们不应该轻易忽视这些考古文物上的细节，瓶画上纸草书卷的两种图像差异也有可能代表公元前5世纪在古代雅典使用的不同类型的书籍，当然这一点在没有更多的考古资料辅助下我们无法完全确定。还有一些阿提卡瓶画为我们展示了这一时期纸草书卷储存方面的信息，这些书卷在不使用的时候是用绳子系住的，并且储存在盒子里面。[3]这一点在剑桥的酒杯瓶画上也有所体现（图1），在这幅画面中，与手持书卷的女性人物相对的另一位女性人物手捧着一个盖子被打开了的盒子，这证明画面上的书卷之前刚刚从这个盒子中被取出。阿提卡瓶画画家经常使用此类绘画细节来暗示故事情节的时间发展先后关系。

柏林古代文物博物馆的一件阿提卡红人形单柄杯上的瓶画（图3）记录了一个非常罕见的细节，这个图像向我们展现了这一时期雅典纸草书卷的题目是如何标注在书卷之上的。[4]这幅瓶画描绘了一个坐着的青年正在阅读手中打开的一个纸草书卷，同时在他身旁有另外两名青年在聆听。这个打开的纸草书卷上并没有任何文字。然而，

---

1 对于此段文字的复原和详细解读，请见 Henry Immerwahr, "More Book Rolls on Attic Vases", pp. 143-144。

2 此类纸草书卷的图像还出现在其他的瓶画中，例如费拉拉国家考古博物馆 T45CVP, 19108 (Museo Archeologico Nazionale di Ferrara), BAPD 203657。关于此瓶画图像及相关讨论，请见 Egert Pöhlmann, "Reading and Writing, Singing and Playing on Three Early Red-Figure Vases", in *Greek and Roman Musical Studies*, Vol. 7 (2019), pp. 270-283, figs. 6-8。

3 关于阿提卡瓶画中被绳子系住的书卷图像，例如那不勒斯国家考古博物馆 81673 (H3240) (Naples, Museo Archeologico Nazionale), BAPD 217500。

4 柏林古代文物博物馆 F2322 (Berlin, Antikensammlung), BAPD 203389。

图3 阿提卡红人形单柄杯，柏林古代文物博物馆 F2322[1]

在这位阅读青年身前的一个盒子上面还有另一卷闭合的纸草书卷，在这个纸草书卷的外侧写有"XIPONEIA"。这很有可能是这卷书卷题目的一个缩写，之前学者已经提出在这幅瓶画中这位画家可能意在表示类似"Χίρωνος ὑποθῆκαι"（"喀戎的建议"）这样的一个题目。[2] "Χίρωνος ὑποθῆκαι"这个题目实际上记载于现存的文献当中，并且被认为可能是古希腊著名诗人赫西俄德的作品。这个图像细节展示了这一时期雅典纸草书卷的题目是如何标识的，题目被清晰地标识在书卷的外侧面，以便书卷在卷起的状态下仍能够被快速查找到。这里体现出的古希腊这一时期对纸草书籍题目信息的处理，实际上非常类似于今日社会中将题目、作者、出版社等重要信息标注在书脊上的做法。

刚刚探讨的这幅瓶画案例较为罕见，在更为普遍的情况下，瓶画中纸草书卷上的文字常常展现的是诗歌的开篇句。最著名的例子是现藏于柏林古代文物博物馆中

---

1 图摘自 Frederick Beck, *Album of Greek Education: The Greeks at School and at Play* (Sydney: Cheiron Press, 1975), pl. 14.75a–b。

2 关于此幅瓶画的重要解读，请见 John Davidson Beazley, "Hymns to Hermes", p. 337。

图 4　阿提卡红人形酒杯上的瓶画，柏林古代文物博物馆 F2285[1]

画家 Douris 所画的一个酒杯上的画面（图 4）。[2] 在酒杯的一个外侧面上，画家绘制了一个古代雅典教学的场景。在画面构图中，音乐教育与文学教育相互呼应。在图中右侧，一位站立着的男孩似乎正在应教师的要求背诵一段诗文。在这幅瓶画的中央，这首古希腊史诗的开端句被非常显著地绘在了一卷打开的纸草书卷上，我们作为观者，可以清晰地阅读上面的文字。这个诗句是："ΜΟΙΣΑ ΜΟΙ ΑΦΙ ΣΚΑΜΑΝΔΡΟΝ ΕΥΡΩΝ ΑΡΧΟΜΑΙ ΑΕΙΝΔΕΝ。"此句法结构非常类似于古希腊荷马式赞美诗中的起篇模式，并且与荷马史诗《奥德赛》的开端 "ἄνδρα μοι ἔννεπε, μοῦσα ..." 同样非常接近。更值得注意的是，这行史诗诗句不仅仅有明确的含义，还蕴含明确的希腊史诗韵律。此诗句的韵律同样接近荷马史诗中的 "hexameter"，即六音步诗行。[3] 有时候瓶画中纸草书卷上的诗性文字更加直接而简洁。例如一个红人形莱基托斯瓶（lekythos）上绘有一名青年打开一卷纸草书卷（图 5），书卷上面写着 "Ερμῆ (ν) ἀείδω"，即"我向赫尔墨斯神歌唱……"[4] 实际上，在阿提卡瓶画中几乎所有绘有文字的纸草书卷图像都

1　图摘自 Frederick Beck, *Album of Greek Education: The Greeks at School and at Play*, pl. 10.53。

2　柏林古代文物博物馆 F2285 (Berlin, Antikensammlung), BAPD 205092。

3　关于此段文字的详细研究以及此诗句的韵律问题，请见 David Sider, "Greek Verse on A Vase by Douris", in *Hesperia: The Journal of the American School of Classical Studies at Athens*, Vol. 79 (2010), pp. 541–554。

4　BAPD 205382，这个阿提卡陶瓶曾是 Henri Seyrig 的收藏。对此瓶画的详细探讨，请见 John Davidson Beazley, "Hymns to Hermes", pp. 336–337。

图 5　阿提卡红人形莱基托斯瓶，曾属 Henri Seyrig 收藏 [1]

展现的是古希腊诗歌，尤其是古希腊史诗，而不是其他文体。但这些纸草书卷图像上的文字或诗句，与我们今天所知的流传下来的古希腊文学作品并不完全一致。这一点并不令人惊讶。首先，有一大部分早期古希腊诗歌没有能够保存至今，所以我们从文献中所了解的古希腊诗歌并不是全部。更重要的是，很多这些瓶画图像并不是以忠实地去记录和复制某段古希腊文本为目的的。这些图像的意图和功能并不是记录性的，而是服务于整个图像画面的。阿提卡瓶画中这些短小的诗句选段，首先明确了图中纸草书卷承载的是诗歌性文字，其次暗示出整个瓶画画面的情绪氛围。在一个非常倚重口头传承的古代文化中，这些瓶画纸草书卷图像上的文字能够赋予陶瓶生气，并且增强陶瓶瓶画的互动性。这些阿提卡陶瓶的古代使用者可以与这些文字互动，诵读并吟

1　图摘自 John Davidson Beazley, "Hymns to Hermes", pl. XXXIV。

唱上面的诗句开端，并且想象这些诗句开端所要暗示或引出的史诗故事。一些使用者甚至可以在这些诗句开端的基础上，运用自身的想象力，即兴发挥创造下面的诗句，继续编织史诗故事。

如果仔细观察这些阿提卡瓶画纸草书卷图像上文字的书写形式，我们会发现很多 "stoichedon" 体或仿 "stoichedon" 体的例子。在古希腊 "stoichedon" 体中，每一个字母既是左右对齐，又是上下对齐，这种书写体式多用于碑文当中。除此之外，甚至有一个瓶画纸草书卷图像上的文字是采用了 "stoichedon" 体和 "boustrophedon" 体的结合，实属罕见。[1] "boustrophedon" 体每一行的行文方向在结尾转变，如同古代耕牛在田野间耕地时的行走轨迹，因此得名。在此幅瓶画被绘制的公元前 5 世纪早期这个时期来说，"boustrophedon" 体已经是一种较为少见的书写体了。由于 "stoichedon" 体多见于古希腊石刻碑文，瓶画纸草书卷图像上文字采用此体则借助了其体式的雕刻性，使得纸草书卷上的文字不仅清晰可见，更给人以典雅严肃的视觉效果。这些纸草书卷图像上的文字细节使得一些学者推断，"stoichedon" 体在公元前 5 世纪可能不仅仅用于石刻碑文，而是在雅典有更广泛的应用。当时最精美的雅典纸草书籍有可能也是用 "stoichedon" 体所书写的，也就是说，这些瓶画上的纸草书卷图像连同其上面的文字书写有可能为我们展示了公元前 5 世纪一些雅典书籍的真实面貌。[2] 在阿提卡瓶画纸草书卷图像上，甚至一些无意义的字母组合和小点有时也是被安排成接近 "stoichedon" 体的。例如大英博物馆的一个哈德利亚瓶（hydria）上（图 6）[3]，在此幅图像中，这位瓶画画家决定用小点来模仿纸草书卷上的文字，这些点的排列似乎也是有意模仿 "stoichedon" 体中的字母书写格式。

至此，我们已经简要分析了阿提卡瓶画中纸草书卷的图像和其上面的文字。下面我们来更加有机地思考这些瓶画的主题，挖掘这些纸草书卷图像在不同瓶画场景中的功能和更深层次的含义。正如之前所提及的，在阿提卡瓶画中，纸草书卷的图像仅仅

---

1 牛津大学阿什莫林博物馆 G138.11 (Oxford, Ashmolean Museum), BAPD 203345。

2 Henry Immerwahr, "Book Rolls on Attic Vases", pp. 42–45.

3 大英博物馆 E190 (London, The British Museum), BAPD 207083。

出现在几个种类特定的主题场景中，它们主要包括教学场景、室内阅读场景、有缪斯女神们和阿波罗神的场景、有关诗人的场景和一些其他与音乐相关的场景。在教学场景和有阅读青年的场景中，我们很容易理解纸草书卷图像的出现，因为纸草书卷本身就是古代雅典教育（παιδεία）中不可或缺的重要工具。在此类瓶画图像中，纸草书卷通常被呈现于阅读、听写、吟诵等主要的古代雅典培育未成年人的教学环节当中。[1]

然而在公元前 5 世纪的雅典，有另外一个群体，实际上相比正在接受教育的雅典未成年人人群，有更多机会接触和使用纸草书卷，他们就是雅典的成年男性精英群体。这个群体中的男性精英不仅识字，通晓经典文学，也是在整个社会中文化水平最高的群体。他们在阅读、写作、收藏等不同方面使用纸草书卷的频率比雅典的其他任何群体都要更高。非常耐人寻味的是，在阿提卡瓶画中，雅典的男性精英群体极少与纸草书卷描绘在一起。例如，充斥着雅典成年男性精英的宴饮活动（symposium），本身是阿提卡瓶画中非常流行的一个主题，但是纸草书卷的图像从来没有出现于众多的宴饮场景的瓶画之中。

相反，也许令人吃惊的是，超过三分之二带有纸草书卷图像的阿提卡瓶画展现了一个女性形象手握书卷。在这些瓶画中，女性形象与书卷图像结合的高频率出现曾被诠释为"reflect accepted gender roles and highlight the absence of a female voice in Athenian culture"[2]。这样的结论是非常值得怀疑和推敲的，我们在诠释这一现象生成结论时需要极为谨慎，因为在这些我们所探讨的瓶画场景中的女性人物并不是普通的古代雅典女人，而往往是希腊神话领域内的缪斯女神或是特定的女诗人形象。前面提及的大英博物馆的一个哈德利亚瓶上的场景，在这一点上就是一个很具有代表性的例子。从表面上看，这个瓶画似乎表现了一个有四个女人的安静的雅典室内场景（图6）。其中，一个女人坐在椅子上阅读着一份纸草书卷，她身边围绕着另外三名站立着的女人。但是，如果我们仔细观察画中阅读女人身上的细节，就会发现她

---

[1] Henry Immerwahr, "Book Rolls on Attic Vases", pp. 19-20, Immerwahr 另在文中第 37 页将一些瓶画图像中的书卷称为 "a mnemonic device facilitating recitation"。

[2] Allison Glazebrook, "Reading Women: Book Rolls on Attic Vases", p. 1.

图 6　阿提卡红人形哈德利亚瓶，大英博物馆 E190[1]

戴有一个特殊的头饰，在头饰的正前方有类似三个竖直叶子形象的一种装饰。这类头饰并不是雅典女性日常生活中所佩戴的，它标志着画面中这位阅读女性不寻常的身份。

　　如果我们继续将这幅伦敦的哈德利亚瓶瓶画（图 6）与在雅典的另外一个非常相近的哈德利亚瓶瓶画（图 7）对比，我们会发现在伦敦瓶画中拿着纸草书卷的女人很有可能是著名的希腊女诗人萨福（Sappho）。两幅绘在哈德利亚瓶上的图像具有完全一样的构图和极其相近的主题。在雅典的这件哈德利亚瓶上（图 7），坐着阅读的女人的名字被标注了出来，是著名的古希腊女诗人萨福，另外两位女子的名字也有文字

1　图摘自 Allison Glazebrook, "Reading Women: Book Rolls on Attic Vases", p. 8, pl. 2。

图 7　基于阿提卡红人形哈德利亚瓶的示意画，雅典国家考古博物馆 1260[1]

标识，分别是 "Nikopolis" 和 "Kallis"。[2] 尽管在伦敦的哈德利亚瓶上的图像并没有文字标识人物的姓名，但是考虑到阅读女人特有的头饰以及与雅典这幅瓶画（图 7）的高度相似性，伦敦瓶画（图 6）很有可能表现的就是古希腊女诗人萨福和她的女性朋友们，这个图像抑或是旨在烘托出一位女诗人和她同伴们在一起阅读吟诵的一种具有浓厚文学气息的氛围。对此幅瓶画这样一个理解也更为符合古希腊当时社会中女性的生活情况，因为大部分古希腊女性在这一时期还不具有阅读和写作的能力，只有少数女性，其中包括女诗人，能够阅读写作。通过这样的图像分析和比较，一个看起来是描绘古代雅典日常生活场景的阿提卡瓶画，实际上可能是关于一个著名历史人物的展现，抑或是高于生活的一种近似于象征性手法的关于古希腊诗人和诗歌创作场景的表现。

1　图摘自 Theodor Birt, *Die Buchrolle in der Kunst*, p. 147, abb. 83。

2　雅典国家考古博物馆 1260 (Athens, National Archaeological Museum), BAPD 213777。关于此瓶画及其纸草书卷图像上文字的详尽探讨，见 Henry Immerwahr, "Book Rolls on Attic Vases", p. 26, no. 18. John Maxwell Edmonds, "Sappho's Book as Depicted on An Attic Vase", in *The Classical Quarterly*, Vol. 16 (1922), pp. 1–14. John Davidson Beazley, *Greek Vases in Poland* (Oxford: Clarendon Press, 1928), pp. 9–10, 特别是脚注 no. 2。

在带有纸草书卷图像的阿提卡瓶画场景中，许多女性形象展现的并不是普通的雅典女性市民，而是古希腊神话中的缪斯女神们。缪斯女神们与古希腊的诗歌和音乐密不可分。之前提到的在剑桥的一个红人形酒杯上的瓶画（图1），是一个典型的有多位缪斯女神和纸草书卷的例子。酒杯的两个外侧面的每一面上，绘有类似的图画，都表现了阿波罗神在图像中央，坐在岩石上抚琴，在阿波罗神的两侧，各站立着一位缪斯女神。之前我们探讨了其中一面的图画（图1），一位缪斯女神双手展开一幅纸草书卷，而另一位缪斯女神手持放置纸草书卷的盒子。在酒杯的另一面，有着类似的构图，一位缪斯女神同样双手展开一幅纸草书卷，而与之相呼应的另外一位缪斯女神则拿着两种乐器，左手持里拉琴，右手持阿夫洛斯管（auloi）。在这类与古希腊音乐息息相关的瓶画场景中，纸草书卷的图像应被理解为诗歌的象征，并且这种诗歌不是无声的，而是吟诵给图中同时被演奏着的音乐的，与图像中表现的音乐是相互呼应的。[1]因此，阿提卡瓶画中纸草书卷的图像并不总是写实的表达，它们常常具有一种象征性和抽象性的含义，理解这些纸草书卷图像应与整个图像结合起来分析，并且每一幅瓶画都要具体问题具体分析。

除此之外，纸草书卷图像还出现在两个特有的神话音乐家的场景中，他们是塔米里斯（Thamyris）和马尔西亚斯（Marsyas）。一个现藏于巴塞尔的红人形莱基托斯瓶上的图画是一个很好的例子。[2]在画面中央，塔米里斯坐在一棵树旁边，正在调试他的基特拉琴（kithara）。缪斯女神克莱欧（Kleo）坐在左边持一把琴，而缪斯女神埃拉托（Erato）站在右边，她的左手手握一个闭合着的纸草书卷。三个神话人物的名字都被标记在瓶画上，没有任何争议。根据古希腊神话学家阿波罗多洛斯（Apollodoros）的记载[3]，塔米里斯是个美少年并且擅长歌唱。但是他愚蠢地决定与缪斯女神们进行了一场音乐比赛，结果他输掉了比赛。作为惩罚，缪斯女神们让他失去了视力和嗓音。[4]

1　关于阿提卡瓶画中纸草书卷图像与音乐的关系，见 Alexandra Goulaki Voutira, "Observations on Domestic Music Making in Vase Paintings of the Fifth Century B.C.", in *Imago Musicae*, Vol. 8 (1991), pp. 73–82。

2　巴塞尔古代文物博物馆及路德维希收藏 BS462 (Basel, Antikenmuseum und Sammlung Ludwig), BAPD 3754。

3　Apollodoros, *The Library*, book 1, chapter 3.3.

4　瓶画中塔米里斯的图像与基于此神话故事的戏剧表演也有很重要的联系，见 Alexandra Goulaki Voutira, "Observations on Domestic Music Making in Vase Paintings of the Fifth Century B.C.", pp. 73–75。

在这幅巴塞尔的瓶画中，埃拉托手中闭合着的纸草书卷，代表着这位缪斯女神在前一个时刻刚刚完成了她的诗歌吟唱。而下面将轮到塔米里斯，图中他正在调试他的基特拉琴，准备开始演唱。从以上探讨的几个例子中，我们可以看到纸草书卷和琴这一乐器常常配对出现在这些阿提卡瓶画中。[1] 在这些场景中，纸草书卷的形象成为一种图像表现工具，它象征着诗歌与神性的灵感启发。我们必须意识到，在古希腊文化中，诗歌不是一种无声的文学形式，而往往是伴随着音乐来吟唱和表演的，所以古希腊诗歌与古希腊音乐是息息相关且密不可分的。

然而，在阿提卡瓶画中，诗歌文字并不总是出现在纸草书卷的图像上。[2] 诗文有时候以一种特定的方式被添加到绘画场景中，仿佛从歌者的嘴中吟唱出来。一个代表性的例子是大英博物馆一件颈柄安法拉瓶（neck-amphora）上的图画。[3] 此瓶一侧的瓶画描绘了一个正在表演的诗人（图 8）。一串文字非常生动地从他嘴中飘出："ΗΟΔΕΠΟΤΕΝΤΥΡΙΝΘΙ"。这行诗文可以大致翻译为："曾经在梯恩斯……"这句诗文应该被理解为一段有关于希腊古城梯恩斯（Tiryns）的一篇史诗的开端。这里诗文的视觉化形象并没有纸草书卷的图像所伴随。这不禁为我们提出一个问题：为什么瓶画中纸草书卷的图像只出现在一部分与诗文相关的场景之中，而并不出现在另外一些与诗文相关的场景之中？当纸草书卷的图像不是出现在与教育相关的场景之中，这些书卷的图像大部分伴随希腊神话中的缪斯女神们，或是希腊神话中的音乐家（如塔米里斯），抑或是著名的诗人。纸草书卷的图像并不与游吟诗人、宴饮者，或其他普通的歌者同时出现。这证明在这些阿提卡瓶画中，纸草书卷的图像象征着一种特殊的诗歌——高雅的、神性的诗歌，这些诗歌只能够在神话的情景中被神话人物表演，或是被最著名的凡间音乐家诗人来表演，例如萨福。

1　Immerwahr 认为在瓶画中纸草书卷图像和琴的配对是阿波罗式诗歌的象征，见 Henry Immerwahr, "Book Rolls on Attic Vases", p. 36。

2　关于对阿提卡瓶画中诗歌文字的一个近期重要研究，见 Jasper Gaunt, "The Poet and the Painter: A Hymn to Zeus on A Cup by the Brygos Painter", in *Between Orality and Literacy: Communication and Adaptation in Antiquity*, edited by Ruth Scodel (Leiden: Brill, 2014), pp. 101-124。

3　大英博物馆 E270 (London, The British Museum), BAPD 201668。

图 8　基于阿提卡红人形颈柄安法拉瓶的示意画，大英博物馆 E270[1]

综上所述，在阿提卡瓶画中，纸草书卷的图像呈现出两种视觉化的模式。第一种模式与古代雅典青年的教育息息相关，其中纸草书卷的图像作为一种可视性的工具，在瓶画中表现阅读、吟诵、听写等教学环节。在第二种模式中，纸草书卷的图像则升华为一种艺术象征载体，象征高雅的诗歌和来自神的灵感。所有这些瓶画中的纸草书卷图像非常有助于我们了解公元前 5 世纪古代雅典的教育、文学、音乐和文化氛围，但是它们不能够被简单地理解为是古代雅典人日常生活中所使用的纸草书卷的写实描绘。这些纸草书卷图像在阿提卡瓶画的图像化世界里扮演着特定的功能，在不同的

1　图摘自 François Lissarrague, "Publicity and Performance: Kalos Inscriptions in Attic Vase-Painting", in *Performance Culture and Athenian Democracy*, Simon Goldhill and Robin Osborne, eds. (Cambridge: Cambridge University Press, 1999), p. 368, fig. 8。请注意此示意画中复制的瓶画上的文字并不完整准确，这里仅借作为示意。

画面场景中有不同的含义。此篇研究也意图说明,通过对古希腊瓶画图像的细致学习和深入研究,我们能够了解到很多在其他介质上和古文献中没有保存下来的关于古希腊文化的大量信息。

（本文作者为美国盖蒂基金会和全美学术协会理事会博士后研究员）

作为文物与史料的西方古典钱币[*]

张红霞

奥地利学者戈布尔如此定义钱币学——"钱币学是一门基于历史货币的科学，包括对实物、年代和地理散布范畴及其相关资料的研究"[1]。事实上，这一综摄性的关于钱币研究的认识的形成亦经历了一个漫长的过程。出土文物显示，最早的钱币是公元前 7 世纪下半叶小亚细亚西部的印有狮子头的吕底亚钱币。[2] 此种铸币形式后由希腊人和罗马人袭用，通过商业行为和军事征服传播至整个地中海世界。希腊、罗马钱币由金、银、青铜及多种金属的合金币组成，如其他货币一样，是商品交换的产物，广泛应用于古代政治、经济领域和日常生活。随着历史的发展，古钱币从经济范畴下的货币转换为文化意义上的文物。将钱币视为文化符号的概念古已有之，柏拉图在《政治家篇》中有将钱币、印章当作装饰品的记载。[3] 据苏埃托尼乌斯，奥古斯都皇帝将自

---

* 本文系国家社科青年项目"钱币史料视域下罗马共和国晚期派系之争"（项目号：23CSS004）的阶段性成果。在本文撰写过程中，东北师范大学顾斯文（Sven Günther）教授、郭子龙博士提出了宝贵的修改意见，博士研究生张朵朵在面临毕业压力之际通读全文，在此一并感谢。

1 Robert Göbl, *Numismatik, Grundriss und wissenschaftliches System* (München: Battenberg Verlag, 1987), p. 14: "Die Numismatik ist die Wissenschaft vom historischen Geldwesen in allen seinen sachlichen, chronologischen und geographischen Erscheinungsformen und Bezügen."

2 学界公认的世界上最早的钱币约铸于公元前 610—前 600 年，编号 Weidauer 59–75。希罗多德在《历史》中已有记载，见 Herodotus, *The Histories*, 1.94. 关于钱币缘起年代问题的讨论，见 Robert Manuel Cook, "Speculations on the Origins of Coinage", in *Zeitschrift für Alte Geschichte*, Vol. 7 (1958), pp. 257–262; Donald Kagan, "The Dates of the Earliest Coins", in *American Journal of Archaeology*, Vol. 86 (1982), pp. 343–360。

3 Plato, *Statesman*, 289a–b. 柏拉图在《政治家篇》中讨论了公民劳动与技能分类问题，兼涉钱币的分类与细化：如果论及硬币铸造，则是铸造技术的问题；如果是为了美感而雕铸，则属于饰品。见 Amber D. Carpenter, "Civic Function and the Taxonomy of Skills", in Panos Dimas, Melissa Lane, Susan Sauvé Meyer, eds., *Plato's Statesman: A Philosophical Discussion* (Oxford: Oxford University Press, 2021), p. 146。

己收藏的"印有古代皇帝的钱币和外国钱币"作为农神节礼物进行献祭。[1] 提比略统治时期，携带印有奥古斯都像的硬币出境或召妓被视为对先皇的亵渎。[2] 罗马帝国时代的希腊哲人记载，鞭打拿着提比略皇帝银币的奴隶也被看作对皇权的冒犯。[3] 此类文献记载说明，印于钱币的皇帝形象与由此衍生的权威之间存在着紧密联系。考古证据则为钱币的文化意义提供了更多线索。1962 年，考古人员在泰晤士河发现了沉船遗迹，其中一艘罗马商船的桅杆下藏有一枚带有"命运女神"（*Fortuna*）字样的图密善钱币，此举无疑是为祈求平安。[4] 将钱币作为文物的收藏活动逐渐走向规模化与专业化，但相比于传世文献，钱币的史料价值一直为学界低估。迟至 18 世纪，包括图像学（iconography）在内的钱币学研究（numismatics）才逐渐受到认可[5]，从"辅助性学科"（*Hilfswissenschaft*）成为"基础学科"（*Grundwissenschaft*），并助力西方古典学、历史学与考古学等学科的交叉研究。[6] 国外学者对钱币学的梳理早已有之。意大利古典学家莫米利亚诺对古物学的兴起、古物学与历史的关系有宏观论述。[7] 相比莫米利亚诺，同为意大利人的贾伊（G. F. Chiai）将选题限制在文艺复兴时代这样的特定时期。[8] 英国艺术史家哈斯克尔（Francis Haskell，1928—2000 年）对钱币的关注多倾向于艺术

1　Suetonius, *Augustus*, 75. Reinhard Wolters, *Nummi Signati: Untersuchungen zur römischen Münzprägung und Geldwirtschaft* (München: C. H. Beck, 1999), p. 316.

2　Suetonius, *Tiberius*, 58; Reinhard Wolters, *Nummi Signati*, p. 310.

3　Philostratus, *Life of Apollonius*, 1.15; Reinhard Wolters, *Nummi Signati*, p. 310.

4　Peter R. V. Marsden, *A Ship of the Roman Period from Blackfriars* (London: Eyre and Spottiswoode, 1978), p. 37.

5　关于钱币研究对象是否包括纪念章的争论在 16 世纪便已存在，相关问题的讨论见 Federica Missere Fontana, "La controversia 'Monete o Medaglie'. Nuovi documenti su Enea Vico e Sebastiano Erizzo", in *Atti dell'Istituto Veneto di Scienze, Lettere ed Arti. Classe di scienze morali, lettere ed arti*, Vol. 153 (1994–1995), pp. 61–103。

6　这一称谓变化显示了钱币学等"边缘"学科的发展状况，详细讨论见 Christoph Mackert, "Hilfswissenschaften/ Grundwissenschaften", in *Das Mittelalter*, Vol. 26 (2021), pp. 165–172。

7　如 Arnaldo Momigliano, "Ancient History and the Antiquarian", in *Journal of the Warburg and Courtauld Institutes*, Vol. 13 (1950), pp. 285–315。关于莫米利亚诺在古物学方面的贡献，见 Peter N. Milller, ed., *Momigliano and Antiquarianism: Foundations of the Modern Cultural Sciences* (Toronto: University of Toronto Press, 2007)。

8　如 Giai Franco Chiai, "Imagines verae? Die Münzporträts in der antiquarischen Forschung der Renaissance", in Ulrike Peter, Bernhard Weisser, eds., *Translatio nummorum. Römische Kaiser in der Renaissance. Akten des internationalen Symposiums, Berlin 16.–18. November 2011* (Ruhpolding: Verlag Franz Philipp Rutzen, 2013), p. 219。

视角，但与狭义的西方古典学研究相去甚远。[1] 这些文章各有侧重，但未将钱币学的研究史串联成一体，又涉及多种语言及史料，给国内研究者的搜集、阅读工作造成了障碍。本文试图在此基础上做一整体论述，梳析古典钱币学的发展历程。概而言之，西方古典钱币学以古希腊、罗马钱币为主要研究对象，发轫于文艺复兴时期，至今不辍。[2] 相比希腊钱币，罗马钱币相对晚出，但吸收了前者的设计风格、造币技艺乃至整个货币体系，存世量更大，流传谱系更加清晰（以中央与地方行省两种铸币为主），也是本文论述和引证的重点所在。[3]

一、图像移用：14—16 世纪

不同于 18 世纪倡导效仿希腊人 "高贵朴素和沉着伟大" 的新人文主义理念，14、15 世纪的文艺复兴偏重对古罗马思想的复兴[4]，这一倾向在钱币收藏界也有体现。人文主义之父彼特拉克（Francesco Petrarca，1304—1374 年）就对罗马钱币情有独钟。在他的手稿中，将钱币作为史料的研究思路已经初见端倪。当读到有关罗马美男子皇帝小戈尔迪亚（Gordian the Younger，238—244 年在位）的古典文献时，他在对比钱币实物后称："真若如此，那他肯定雇用了一位蹩脚的雕刻家。"（*Si hoc verum fuit malum habuit sculptorem.*）这句简短的评论只是一条旁批，但在史学史上却意味隽永。彼特拉克不仅将图像与文献材料等量齐观，甚至还看出了二者的差异，英国艺术史家

1　如 Francis Haskell, *History and its Images: Art and the Interpretations of the Past* (New Haven: Yale University Press, 1995), esp. pp. 13–25。

2　中世纪在古物学研究方面几近停滞，因而不在讨论之列。相关论述见 Arnaldo Momigliano, "Ancient History and the Antiquarian", p. 289。

3　Andrew Burnett, *Coinage in the Roman World* (London: B. A. Seaby, 1987), pp. 4–5, 16; Olivier Hekster and Erika Manders, "Coinage in the Roman Provinces: the RPC and CHRE Projects", in *Journal of Roman Studies*, Vol. 112 (2022), pp.199–200。

4　[德]鲁道夫·普法伊费尔：《古典学术史（下卷）（1300—1850 年）》，张弢译，北京大学出版社，2015 年，第 219—226 页。

哈斯克尔因而将之拔高到史学研究方法论的高度。[1] 彼特拉克的书信同样具有启发意义。他借助钱币上的奥古斯都肖像谏言查理四世："根据先帝的形式（*formulam*）和肖像（*imaginem*）塑造自己，因为除了你，没有其他人得到这个机会。"[2] 此处彼特拉克将钱币上的肖像作为后世君王仿效的样板，借以凸显古代遗存的教化功用，将之与天选之子独一无二的权威相关联。

　　无论涉及钱币的教化功能，还是视钱币为与文本互证的实物材料，彼特拉克均着眼于人物肖像，但此后的爱好者或收藏家未加深图像与文献的互证研究，兴趣集中在图像的移用方面。相比于彼特拉克以钱币肖像作为谏言手段，后来者将钱币肖像作为历史读物的配图出版，令普通读者得以一睹文物芳彩。15 世纪，造纸业迅猛发展[3]，古腾堡印刷机的发明亦标志了技术革新[4]。二者为纸质书的大批量生产提供了条件，印刷效率大增，由原来的每日手工印刷 40 页变为每日印刷 3600 页。[5] 至 15 世纪末，欧洲多个城市已使用印刷机。[6] 纸质书通过书展等形式走向大众，大量配图书籍的面世与束之高阁的钱币收藏形成鲜明对比。钱币收藏属于材料密集型的文化活动，多由贵族或皇室发起，成为作为王公贵族专属的雅好，极负盛名者包括教皇博尼法斯八世（Pope Boniface VIII，约 1235—1303 年）、神圣罗马帝国皇帝马克西米利安（Emperor Maximilian of the Holy Roman Empire，1459—1519 年）、法国路易十四（Louis XIV，1638—1715 年）、创立柏林硬币柜的勃兰登堡选帝侯约阿希姆二世（Joachim II Hector，1505—1571 年）和法国亨利四世（Henry IV of France，1553—1610 年）等。[7] 得益于造纸业、出版业的蓬勃发展，贵族雅好逐渐与普通读者联系起来。复古思潮进一步激发

1　Roberto Weiss, *The Renaissance Discovery of Classical Antiquity* (Oxford: Basil Blackwell Ltd., 1988), pp. 35–36; Francis Haskell, *History and its Images*, p. 13.

2　Petrarca, *Familia*. XIX 3,14–15. 相关研究见 Giai Franco Chiai, "Imagines verae?", p. 219。

3　Lucien Febvre, Henri-Jean Martin, *The Coming of the Book: The Impact of Printing 1450–1800* (London: Verso Books, 1976), pp. 30–33.

4　John Man, *The Gutenberg Revolution: The Story of a Genius and an Invention That Changed the World* (New York: Gardners Books, 2003).

5　Hans-Jürgen Wolf, *Geschichte der Druckpressen* (Frankfurt: Interprint Verlag, 1974), p. 67.

6　Lucien Febvre, Henri-Jean Martin, *The Coming of the Book*, p. 58.

7　见在线文章 "The History of Coin Collecting", http://www.coinmart.ca/history-of-coin-collecting.html, 20220605。

了时人对古代经典的尊崇，文人以与古代产生联系而荣，贵族与中产阶级中出现了阅读私人化的现象，阅读行为在历史上首次广泛地成为读者与文本直接接触的行为。[1] 但是，崇古在另一个方面也催生了作伪风潮的盛行。[2] 正是由于造纸业和印刷业的技术革新、古物的集中收藏、崇古思潮的盛行、阅读私人化等因素，古物配图书籍大量出现。

这一溯古风潮带动了钱币肖像图录书籍的出版，但尚未深入到研究层面，直到 16 世纪初才稍有改观。1514 年，纪尧姆·比代（Guillaume Budé）的五卷本《罗马阿斯及其他钱币》出版，成为第一部讨论罗马钱币的专著。[3] 比代首次将古罗马钱币生产、计量、图像作为整体加以研究，亦指出地方拥有独立于中央的铸币权并影响罗马殖民地的货币政策。[4] 与此同时，大量配有帝王和名人插图的书籍问世。[5] 意大利钱币学家斯特拉达（Jacopo Strada，1507—1588 年）曾为政治、宗教与金融界诸多要人效力，并为巴伐利亚公爵阿尔伯特五世设计了古物展馆。丰富的工作经历为他提供了接触大量古物的机会，使钱币研究事业成为可能。1553 年，他在法国里昂出版了拉丁文版和法文版《古代珍粹》，再于 1557 年出版德文版。[6] 该书收录了从恺撒到神圣罗马帝国查理五世共 118 位皇帝的肖像。[7] 肖像取材于斯特拉达经手过的古币和纪念章，从现存手

1 关于阅读行为私人化的概述，见 Roger Chartier, "The Practical Impact of Writing", in Roger Chartier, ed., *A History of Private Life*, Vol. III *Passions of the Renaissance* (Cambridge: Harvard University Press, 1989), pp. 115–159. 相关领域的中文论述，见台湾学者李仁渊：《阅读史的课题与观点：实践、过程、效应》，收录于蒋竹山主编：《当代历史新趋势》，台北联经出版公司，2019 年，第 77 页。

2 Andrew Burnett, "Coin Faking in the Renaissance", in Mark Jones, ed., *Why Fakes Matter: Essay on problems of authenticity* (London: British Museum Press, 1992), pp. 12–15；关于该时期铭文的伪造，见 Gerard González Germain, "An Antiquarian Forger at Ferninand's Court: On the Authorship of the Fake Inscriptions of Early 16th-Centuray Spain", in *Bibliothèque d'Humanisme et Renaissance*, Vol. 79 (2017), pp. 97–121。该时期也出现了对传世文献的造假，见 Robin Myers and Michael Harris, *Fakes and Frauds Varieties of Deception in Print and Manuscript* (Winchester: Oak Knoll Press, 1996)。

3 Guillaume Budé, *De Asse et Partibus eius libri quinque* (Paris: Venundantur in aedibus Ascensianis, 1514). 现存最古老的有关于钱币分类的书籍是 Lucius Volusius Maecianus, *Assis Distributio* (California: Packard Humanities Institute, 1991 reprint)。

4 Damiano Acciarino, *Atlas of Reinassance Antiquarianism* (Venezia: Edizioni Ca' Foscari-Digital Publishing, 2022), p. 137.

5 John Cunnally, *The Role of Greek and Roman Coins in the Art of the Italian Renaissance* (Philadelphia: Diss. Univeristy of Pennsylvania, 1984), pp. 345–430.

6 Jacopo Strada, *Epitome Thesauri Antiquitatum* (Lyon: apud Iacobum de Strada, et Thomam Guerinum, 1553).

7 恺撒生前仅为终身独裁官，但学界一般沿用苏埃托尼乌斯《罗马十二帝王传》的惯例，将其作为第一位"皇帝"。

稿来看，他在使用钱币肖像时已经具备批判甄别的意识：对找不到可靠图像的历史人物，配图部分则选择留白，而非滥竽充数。该书囊括了罗马帝国的所有皇帝，对后世厘清帝系年表意义重大。值得一提的是，全书除查理五世采正面像外，其他皇帝均为侧面，意在迎合奥地利哈布斯堡王朝建立帝国谱系的诉求。此外，上述作品其实只出版了部分手稿，原因是为抢先一步，避免威尼斯和罗马的出版业同行竞争。斯特拉达原本的野心更大，从 16 世纪 40 年代开始，他即已着手创作了 9000 多幅从恺撒到查理五世的肖像画，手稿足足有 20 卷。[1] 但这些奇闻瑕不掩瑜，作为古董鉴赏家、出版人和艺术顾问，斯特拉达身兼数职，几乎凭一人之力将意大利文艺复兴时期的思想和艺术传播至北方，贡献颇受学界认可。[2] 他的另外一项重要贡献在于使自身整理钱币的准则成为工作规范，并沿用至今。[3] 斯特拉达反对就一两枚币章进行解读（*l'histoire de una hovero dua medaglie*），而是按照时间顺序梳理发行钱币的地点、国王、执政官和皇帝序列，对硬币进行分类和描述（*per-ordine come seguita la historia*）[4]，从而避免了第一种方法所导致的不断重复描述钱币的现象。

与斯特拉达同时代的纪尧姆·杜·舒尔（Guillaume du Choul，1496—1560 年）在弗朗索瓦一世的支持下展开对古罗马的研究，主要兴趣是罗马人的军纪、洗浴文化和宗教。杜·舒尔凭借他在法国和意大利广泛的人脉网络收集了大量的希腊罗马钱币、版画、宝石等古物。1555 年，他出版了法文版《古罗马人的宗教》[5]，意大利文译本亦于不久后问世。他在书中利用钱币提供的信息与传世文献进行比照，堪称宗教主题的同类钱币的一次集中应用。不同于斯特拉达按照年代、人物顺序对钱币进行罗列，杜·舒尔以"主题"为线索研究钱币。相比于过往因无知或疏忽而导致记录错误百出的境况，杜·舒

1　*The Penny Cyclopaedia of the Society for the Diffusion of Useful Knowledge: Fuego, Tierra del-Haddingtonshire. 11* (London: C. Knight, 1838), p. 315.

2　Dirk Jansen, *Jacopo Strada and Cultural Patronage at The Imperial Court: The Antique as Innovation*, 2 Vols (Leiden/Boston: Brill, 2019).

3　Ibid., p. 202.

4　1558-02-21 Jacopo Strada to Martín de Guzmán, Vienna, önb, cod. 5770, ff. 6r–8v; see also Dirk Jansen, *Jacopo Strada and Cultural Patronage at The Imperial Court*, p. 878.

5　Guillaume du Choul, *Discours de la religion des anciens Romains* (Lyon: Guillaume Roville, 1555).

尔等人的分类标准使钱币的研究方法更加可靠而具有批判性，较前人可谓技高一筹。[1]

意大利人维科（Enea Vico，1523—1567 年）是费拉拉·埃斯特家族珍宝馆的管家，也是多产的版画家。他英年早逝，在四十多年的短促人生里出版了 6 部作品。在两卷本《古代币章》[2] 中，维科指出，钱币风格的多样性（*tanta diversità di cogni nelle medaglie*）表明不只存在一间铸币场（*in più d'una zecca [...] si stampassero*）。[3] 同时期活跃的钱币研究者还有威尼斯望族出身的埃里佐（Sebastiano Erizzo，1525—1585 年），他是维科的竞争者，撰有《罗马皇帝币章讲谈录》。[4] 此外还有利戈里奥（Pirro Ligorio，1512—1583 年）和曾担任神圣罗马帝国皇家藏馆馆长的洛齐乌什（Wolfgang Lazius，1514—1565 年）等。16 世纪 50 年代，风流雅士争相加入钱币研究，使之得到蓬勃发展，不少著作在法国、意大利和德语区出版。

有趣的是，16 世纪的"钱币学家"有着多重身份，包括朝臣、画家、建筑师、金匠、机械设计者、语言学家、收藏家、古董商、交易代理人、展馆管家，甚至是医生。虽然背景多样，但他们当中存在一个共识：钱币对历史研究具有价值。维科写道，要是没有这些凯旋门、铭文、币章、雕像、浮雕等"壮观的废墟"（*mirabili rovine*）作见证，"历史的真实性"（*vera historia*）则须受到质疑。[5] 政治家埃里佐也认为文字书写的

1　Jean-Baptiste Giard, "Inventions et récréations numismatiques de la Renaissance", in *Journal des savants*, Vol. 3 (1974), p. 203.

2　Enea Vico, *Discorsi di M. Enea Vico Parmigiano, sopra le medaglie de gli antichi divisi in due libri* (Venezia: appresso Gabriel Giolito de Ferrari, et Fratelli, 1555).

3　Ibid., p. 50; Damiano Acciarino, "Ancient Roman Colonial Coins in Renaissance Europe", in *American Journal of Numismatics*, Vol. 28 (2016), p. 234.

4　Sebastiano Erizzo, *Discorso sopra le medaglie degli imperadori romani* (Venegia: appresso Giouanni Varisco [et] Compagni, 1571). 相比于维科，埃里佐不太重视对钱币信息的释读。他对钱币的处理比较粗糙，如仅指出牛是农业的象征，并不擅长构建钱币背后的历史文化图景，见 Damiano Acciarino, "Ancient Roman Colonial Coins in Renaissance Europe", p. 238; Palumbo Fossati, *Il collezionista Sebastiano Erizzo e l'inventario dei suoi beni* (Venezia: Ateneo Veneto, 1984); Giulio Bodon, *Enea Vico. Fra memoria e miraggio della classicità* (Roma: L'Erma di Bretschneider, 1997)。

5　Enea Vico, *Cosimo de' Medici, Duca II. di Fiorenza. O.P.D.P.* (Vinegia: Appresso Gabriel Giolito De. Ferrari, et Fratelli, 1555), p. 11: "se i fragmenti dell'antica Città, le mirabili rovine, gli archi, le iscrittioni, le medaglie, le statue, i camei, e le intagliate gemme, non ne rendessero apertissima testimonianza. ... ch'elle indirizzandone sul corso della vera historia."

历史常有失偏颇，唯有实物史料作为真正的证据（*testimonianza vera*）。[1] 二人均对钱币作为实物证据的历史与历史编纂学区别对待，不同的是，维科以钱币作为实物证据的特性强调历史的真实存在，埃里佐看重钱币对古代史著的缺陷的纠偏作用。两种观点虽然略有差异，但显然都强调了钱币作为"真实／实物（*vera*）"的重要属性。

以上发展令人耳目一新，但 16 世纪文人学者对钱币的研究有其局限性。钱币研究被视为古物学的一支，研究旨趣还停留在朴素的古物爱好层面。这或许囿于研究者建筑师和艺术家的出身，对图像的关注胜过钱币所承载历史的关注。事实上，工业革命以前，几乎没有任何一种媒介能像钱币般如此广泛地传输大量图像和文字，时人聚焦于钱币图像的象征含义，将肖像与艺术表达联系起来，是可以理解的。[2] 此种解读方式在艺术史上有重要的意义，但对钱币性质的考察（如是流通货币还是纪念币）、对钱币在史学研究中实证作用的认识，都很不完善。可以说，不止罗马钱币学，16 世纪的钱币研究领域在整体上处于发展初期。诚如当代学者皮特（Ulrike Peter）在评价埃里佐时所言：他只在钱币研究的入门阶段取得成绩，如定年、钱币的宣传功用的提出等，大致仍停留在对个别钱币的研究。[3] 这其实也是 16 世纪钱币研究的总体状况。将钱币研究与学术文献严谨结合，则是在 17 世纪中叶之后的事了。[4] 当然，这并非钱币学领域的孤立现象，当时的古代史及文献学研究均并未呈现严格意义上的学科化趋势。

二、史学导向：17—18 世纪初

17 世纪，钱币研究进入崭新阶段。研究者将作为实物史料的钱币与传世文献相结合，从历史研究的角度翼求弥补和纠正文字材料的不足。钱币之上的图像不再是研

1　Sebastiano Erizzo, *Discorso sopra le medaglie degli imperadori romani*, p. 2.

2　该视角的文章，见 Gian Franco Chiai, "Imagines verae?", pp. 219–236。

3　Ulrike Peter, "Testimonianza vera. Erschließung römischer Münzen als historische Quelle—das Beispiel Sebastiano Erizzo (1525–1585)", in Ulrike Peter & Bernhard Weisser, eds., *Translatio nummorum*, p. 177.

4　Sebastian Steinbach, *Numismatik* (Stuttgart: Kohlhammer Verlag, 2022), p. 21.

究重点，铭文信息更受瞩目。

帕丁（Charles Patin，1633—1693 年）本是悬壶济世的医师，但因钱币研究而被学界熟知。他于 1671 年出版了《罗马皇帝铜币和中小形钱币》。[1] 该书只是对罗马钱币研究的扩充研究，但倘若将之与帕丁的其他作品如《币章的历史与研究导论》结合来看，就可见上升至科学层面的研究旨趣。[2] 帕丁不满足于研究个别钱币，而将钱币研究作为一门科学。帕丁颇具史家的批判意识，他对文字书写的历史提出了深刻质疑："如果没有币章，历史将毫无证据可言。许多人会以为，历史不过是历史学家们在描写他们那个时代所发生事件的强烈的情感书写，或只是对错误或含有偏见的传世文献所做的描述。"[3] 他指出了文字记载的主观性，进一步强调将钱币作为实物证据的重要性。他继承早期研究者的路径，将钱币视为史料，强调其对文字材料的纠正功用。但不同于维科和埃里佐，帕丁特别明确指出历史书写包含"强烈的情感"，从而将钱币置于文献之上，使实物史料的风头盖过文字记录。类似观点也见于同时代的斯庞（Jacob Spon，1647—1685 年），但后者的说辞更加委婉："如果我是真正的博学，那我就不需要如此用心和好奇地探寻币章、碑铭、雕塑和浮雕了，有许多同类书籍同样可以在历史、地理和文献学方面指导我们。"[4] 斯庞将钱币研究融入历史、地理和文献学等领域，相比于帕丁的"厚此薄彼"，可谓实物证据和文字材料两者并重。

施潘海姆（Ezekiel Spanheim，1629—1710 年）于 1671 年出版《古钱币的重要性

1　Charles Patin, *Imperatorum romanorum numismata ex aere, mediae et minimae formae* (Strasbourg: Simon Paulii, 1671).

2　Charles Patin, *Histoire des medailles ou introduction à la connoissance de cette science* (Paris: Veuve Mabre Cramosi, 1660).

3　Charles Patin, *Introduction à l'histoire, par la connoissance des medailles* (Paris: Du Bray, 1665), p. 9: "sans les medailles, l'Histoire dénuée de preuves, passeroit dans beaucoup d'esprits, ou pour l'effet de la passion des Historiens, qui auroient escrit ce qui seroit arrive de leur temps, ou pour une pure description de moires, qui pouvoient estre ou faux ou passionnez."

4　Lettre de Jacob Spon à Louis Thomassin de Mazaugues datée du 26 juin 1677, Carpentras, Bibliothèque Inguimbertine, ms 439, t. 1, fol. 28−29: "car si j'estois veritablement savant, je n'aurois que faire de chercher avec tant de soin & de curiosité les medailles, les inscriptions, les statues & les bas reliefs qui sont autant de livres de leur sorte qui nous peuvent instruire de quelque point d'histoire, de Geographie & de Philologie."

与用途》，该书以图像、年代和地理为标准对钱币进行分类。[1] 书中明确强调了钱币作为可靠史料及钱币研究的重要性，并主张合理适度地使用实物证据。

  于我而言，我一直认为，完全依赖或完全轻视币章都很危险，都应受责备：第一种属于目光短浅，另一种则纯粹出于无知或可笑的偏见。坦白来说，到目前为止，最伟大、最渊博的批评者都未曾留意过币章，而大多数币章专家和古物学家又不是学者。前者缺乏机会，没有理解从这门学问中所能获得的各种益处，或干脆就是没有时间。后者正好相反，他们满足于把工作变成了一种职业或商业。显然，我说的这些人不包括安东尼奥·奥古斯汀[2]和富尔维奥·奥尔西尼[3]——但这样的人屈指可数。[4]

换言之，研究者应更加客观公允地看待钱币史料，批判性地处理钱币与历史记录的关系。与帕丁相比，此种折中调和的立场在方法论上更加可取。约博特（Louis Jobert，1637—1719 年）是施潘海姆的追随者，他的《币章科学》堪称力作。[5] 该

1　Ezekiel Spanheim, *De praestantia et usu numismatum antiquorum* (London: Richard Smith, 1706).

2　安东尼奥·奥古斯汀（Antonio Agustín, 1517—1586 年），西班牙人文主义者。精通拉丁语和希腊语，对古董的兴趣使他在货币学、金石学、纹章学方面有所造诣。他促进了货币学和古典金石学等领域在西班牙的发展。

3　富尔维奥·奥尔西尼（Fulvio Orsini, 1529—1600 年），出生于显赫的罗马奥尔西尼家族，他在古语言领域、古物学、文献学方面均有所造诣，是意大利人文主义者、历史学家和考古学家。

4　Ezekiel Spanheim, *Les Césars de l'Empereur Julien, traduits du Grec, avec des Remarques et des Preuves illustrées par les Médailles, et autres anciens Monumens* (Paris: Denys Thierry, 1683). Last two pages of the unpaginated Preface: "pour moy, j'ay toujours ciû, qu'il estoit egalement dangereux ou blamable, de ne s'attacher uniquement qu'à la médaille, ou de la mépriser, que l'un estoir l'effet d'un petit sens; & l'autre d'une pure ignorance, ou d'une prevention ridicule, Disens la chose sans déguisementl lle malheur a voulu iusques icy, que les plus docles & les plus grands critiques ont ignore la médaille, ou que la pluspart des médaille & des antiquaires, qu'en apelle, n'ont pas esté scavans; les uns faute d'occasion, faute d'avoir sccu toute l'utilité, qu'on en pouvoit tirer, ou enfin faute de loisir; les autres au contraire, pour s'estte contentez d'en faire un mêtier & une porfession, d'en faire purement un trafie & un commerce. J'execpte sans doute de ce rang, Antonius Augustinus, Fulvius Ursinus, & quelques autres, mais en fort peite nombre."

5　Louis Jobert, *La Science des médailles* (Paris: Bure l'aîné, 1692).

书先后被译为德语、英语、西班牙语、意大利语、拉丁语、荷兰语和波兰语等。他在书中写道："我们必须将铭文看作币章的灵魂，图像视作身体。"（*Ainsi l'on doit regarder la légende comme l'âme de la médaille, et les Figures comme le corps.*）[1] 此语意在钱币研究的重点从图像转移至对信息，较前人的论述也更加凝练，在历史学或方法论的意义上来看，意义不可小觑。瓦扬（Jean Foy Vaillant，1632—1706 年）也来自法国，他年少聪慧，是博韦学院（Collège de Beauvais）的优等生，也是律师和医学博士。1662 年来到罗马后，他对古典钱币产生兴趣，随后加入研究者的行列。他追随瑞典女王克里斯汀的古董管家卡曼里（Francesco Cameli），跟法国国王路易十四的艺术品代理人赛奎（Pierre Seguin）等多位钱币收藏家亦有交往。17 世纪 70 年代，瓦扬曾为躲避搜查、保护文物而吞下金币。他对钱币研究的热爱当然也体现在著书论说方面。1674 年出版的《罗马帝国钱币》一书对帝国时期的钱币研究贡献突出。[2] 但他对托勒密埃及和塞琉古帝国的希腊钱币似乎更有兴趣，并撰写了相关论著。[3] 尤其值得一提的是，瓦扬通过对钱币研究整理了叙利亚国王年表。叙利亚作为罗马的重要行省之一，在政治史上并非新概念，但瓦扬的研究标志着将行省钱币研究纳入罗马钱币研究范畴的滥觞，对后来罗马钱币研究的"共和国—帝国—行省"体系具有开创意义。[4] 时至今日，学界将罗马钱币大致分为三类：罗马共和时代钱币、罗马帝国时代钱币及罗马行省钱币。艾迪生（Joseph Addison，1672—1719 年）称赞瓦扬

1　Louis Jobert, *La Science des médailles*, p. 88.

2　Jean Foy Vaillant, *Numismata imperatorum Romanorum* (Paris: Thomam Moette, 1682).

3　Jean Foy Vaillant, *Seleucidarum imperium, sive historia regum Syriae* (Paris: L. Billaine, 1681).

4　这一分类标准，见 Fleur Kemmers, *The Functions and Use of Roman Coinage, An Overview of 21ˢᵗ Century Scholarship*, *Ancient History* (Leiden: Brill, 2019), issue 2.3, pp. 8-12. 作者在文中对这三个概念进行了界定：罗马共和国钱币涉及共和国官员发行的通行于帝国的钱币，包括从公元前 4 世纪末以罗马名义生产的第一枚货币一直到亚克兴战役（不包括无法在行省之外流通的地方行省铸币），代表作 Michael Crawford, *Roman Republican Coinage* (Cambridge: Cambridge University Press, 1974)。罗马帝国钱币指在帝国中央造币厂以罗马皇帝或其亲属名义铸造的钱币，从屋大维（公元前 31 年后）一直到芝诺皇帝（所有公元 491 年后以罗马皇帝名义发行的货币都被认为是拜占庭币而非罗马币），代表作 Harold Mattingly, Edward Allen Sydenham, Humphrey Sutherland, and Robert Carson, *Roman Imperial Coinage* (London: Spink, 1923—1994)，现已出版十三卷。罗马行省钱币指在行省铸造的铸币，通常是由地方政务官或法官倡议铸造，相关网络资源 https://rpc.ashmus.ox.ac.uk/。

对叙利亚年表的开创贡献，著有《关于钱币功用的对话》一文，对钱币与文献研究的相关性也有所讨论。[1] 上文提及的约博特，亦是瓦扬的追随者，主张"在艺术趣味得到开发之前，钱币本身就是某种印刷品（a kind of printing）"[2]，将钱币描绘为直接叙述历史的文本，地位犹如李维的史著。1697 年，比安奇尼（Francesco Bianchini，1662—1729 年）出版了《世界通史：基于纪念物与象征物的实证》一书，亦强调实物与考古证据对历史研究的功用。[3]

综上所述，文艺复兴以来，钱币研究已从图像移用深入到文本与实物的互证阶段，在很大程度上摆脱了古物收藏、文玩猎奇等原始目的。16、17 世纪的钱币研究尚且并未被看作是历史学者的任务。17 世纪下半叶以降，史学研究的旨趣发生变化，对非文本证据（钱币、铭文、雕塑等）更加看重。[4] 尚须指出，当时研究者率多关注图像的多样性而忽视钱币的数量差异。因为钱币生产量与其作为交换工具的属性息息相关，经济史、金融史的研究路径在当时尚告阙如。[5]

三、体系大备：18 世纪至今

18 世纪是钱币研究学科化的分水岭，学者形成"钱币学"作为一门学科的自觉，在专业建设上取得系统性进展。18 世纪晚期至 19 世纪初，现代大学兴起，自然科学

1　Joseph Addison, "Dialogues upon the usefulness of Ancient Medals", in id., *Miscellaneous Works*, III (London: J. and R. Tonson, 1726), pp. 5-34.

2　Louis Jobert, *La Science des médailles*, I, pp. 149, 215. 亦见 Francis Haskell, *History and its Images*, p. 24, n. 35。

3　Francesco Bianchini, *La istoria universale, provata con monumenti e figurata con simboli de gli antichi* (Roma: Antonio de Rossi, 1697). 亦见 Arnaldo Momigliano, "Ancient History and the Antiquarian", p. 299。

4　Arnaldo Momigliano, "Ancient History and the Antiquarian", pp. 292-294; Pauli Beni, *De Historia* (Venice: apud Ioannem Guerilium, 1622), I., pp. 26-27. Kevin Butcher, Matthew Ponting, *The Metallurgy of Roman Silver Coinage* (Cambridge: Cambridge University Press, 2015), p. 53.

5　Jean Guillemain, "Les Recherches Numismatiques de Charles Patin d'apres ses Lettres a Jacob Spon", in *Quaderni per la Storia dell'Università di Padova*, Vol. 29 (1996), p. 50. 更多关于帕丁、斯庞的一般性知识，见同期文章。

迅猛发展，哲学、神学等传统人文学科的中心地位受到挑战，在此一"倒逼"过程中采纳并借鉴科学的研究方法，走向专业化、体系化与制度化之路。

法国人佩勒林（Joseph Pellerin，1684—1773 年）年轻时以语言研究为主，通晓法语、英语、西班牙语、拉丁语、希腊语、希伯来语和叙利亚语等。他后来转向古钱币研究，并积累了迄今为止最大的私人收藏，共计 33500 枚钱币，后被路易十六以三十万英镑收购。收藏活动促进了佩勒林的学术研究。他出版数卷本古希腊钱币目录[1]，是第一个按照地理顺序排列钱币的人，从而摒弃了按照铸币机构字母顺序和金属分类等的传统排序方法。即使晚年失明，佩勒林的学术生涯仍未停顿，他依靠敏锐的触觉不分昼夜地研究钱币，直至 98 岁高龄谢世。

奥地利人埃克尔（Joseph Hilarius Eckhel，1737—1798 年）于 1772 年起负责管理耶稣会学院的钱币收藏，后被奥地利女皇任命为维也纳大学的古物和钱币学教授，任期二十四年，同时兼任皇室钱币收藏的管理员。1779 年，埃克尔出版了八卷本《古币讲义》[2]，将钱币的材质、重量、类型及艺术史的角度纳入研究范畴，并依照不同地域钱币的特征采用了不同的编目系统：希腊钱币采用铸币机构等地理要素分类，罗马钱币则依据皇帝在位的年代分类。与佩勒林相比，埃克尔的学术兴趣更广，依据钱币自身的特点在研究方法上进行了差异化处理。他的分类标准沿用至今，极大促进了钱币分类的体系化与科学化进程。

1738 年，博学者舒尔茨（Johann Heinrich Schulze，1687—1744 年）在萨尔河畔的哈勒举办讲座，此举标志钱币学正式走入高等学府。1817 年，当地两所大学合

---

1 Joseph Pellerin, *Recueil de médailles de rois, qui n'ont point encore été publiées, ou qui sont peu connues* (Paris: H.-L. Guérin et L.-F. Delatour, 1762); Joseph Pellerin, *Recueil de médailles de peuples et de villes, qui n'ont point encore été publiées ou qui sont peu connues*, 3 Vols (Paris: H.-L. Guérin et L.-F. Delatour, 1763); Joseph Pellerin, *Mélange de diverses médailles pour servir de supplément aux Recueils des médailles de rois et de villes qui ont été imprimés en MDCC.LXII. & MDCC.LXIII*, 2 Vols (Paris: H.-L. Guérin et L.-F. Delatour, 1765); Joseph Pellerin, *Supplément aux six volumes de Recueils des médailles de rois, de villes*, 4 Vols (Paris: L. F. Delatour, 1765⁻1767); Joseph Pellerin, *Additions aux neuf volumes de Recueils de médailles de rois, de villes* (Paris: H.-L. Guérin et L.-F. Delatour, 1762⁻1778).

2 Joseph Hilarius Eckhel, *Doctrina Numorum Veterum* (Vienna: sumptibus Josephi Vincentii Degen, 1792⁻1798).

并成哈雷-维滕贝格大学，其考古博物馆保存了舒尔茨的私人钱币收藏。18 世纪以来，历史学家翼求以各种方法验证历史的真实性。1776 年，哥廷根大学历史研究所（Historisches Institut）成立，此一机构设置促进历史学家将铭文、钱币等非传统史料纳入研究范围，实现不同领域的整合。[1] 钱币学的研究队伍进一步扩大。更多专业学术团体和学会成立，规模较大的有英国皇家钱币学会（1836 年）、比利时皇家钱币学会（1841 年）和美国钱币学会（1891 年）。专业期刊开始发行，最早的一批包括英国《钱币学年刊》（*The Numismatic Chronile*，1738 年）、德国《钱币报》（*Numismatische Zeitung*，1834 年）、法兰西《钱币期刊》（*Revue numismatique*，1836 年）、《比利时钱币评论》（*Revue de la Numismatique Belge*，1842 年）、《意大利钱币杂志》（*Rivista Italiana di Numismatica*，1888 年）、美国《钱币学家》（*The Numismati*，1888 年）等，呈现百花竞放的局面。尚须指出，该时期的学术研究以追求历史的"真实"为要务，历史学家和钱币学家等皆忽视了对历史"成因"与"结果"的探索，"思考不是他们的长项"。[2] 莫米利亚诺直言，古物研究，抑或对实物证据的研究，即便到 20 世纪中叶也未真正超越修昔底德、李维式的文本书写的历史。[3]

15、16 世纪以来，随着民族国家的出现，文艺复兴时期的个人文物收藏发展为国家博物馆，加上政治、文化与学术发展各异，西方诸国在钱币研究、教学及策展方面可谓各具特色，各拥玲珑。奥地利在维也纳大学设有钱币学讲席。与之近邻的德国亦注重高等学府，但体现出更多的灵活性：一方面，大学的钱币收藏非常可观，通常与古典学、古代历史或考古学进行专业整合，以实现研究、管理和人才培养的有机融合，但在布伦瑞克工业大学（Braunschweig TU），钱币研究由古史教授个人承担。另一方面，柏林、慕尼黑等大城市有大规模的博物馆收藏，小城市则有小型博物馆收藏。英、法两国倚重博物馆及图书馆等公共机构，美国则依托于学会团体。此外，各国研究者互动频繁，与收藏家、拍卖行之间的联系广泛存在。

1　Arnaldo Momigliano, "Ancient History and the Antiquarian", p. 302.

2　Ibid., p. 307.

3　［意］莫米利亚诺：《现代史学的古典基础》，冯洁音译，华东师范大学出版社，2009 年，第 94 页。

　　尽管如此，西方各国学者皆看重钱币对历史学的辅助作用。维拉莫威兹在定义西方古典学这门"古代科学"（Altertumswissenschaft）时指出："把古典学划分为文献学和文学、考古学、古代史、铭文学、钱币学以及稍后出现的草纸学等等各自独立的学科，这只能证明是人类对自身能力局限性的一种折中办法，但无论如何要注意不要让这种独立的东西窒息了整体意识，即使专家学者要注意这一点。"[1] 此言意在强调历史研究的整体性，但未否认基础学科的独特贡献。琼斯（A. H. M. Jones）认为："钱币学本身就是一门科学。钱币应该从技术和艺术的角度进行研究，并且必须按照地理和年代进行分类。部分工作依托于钱币专业知识……但由于钱币几乎总是官方发行，通常带有这些权威机构的图像或铭文，因此钱币分类很大程度上取决于历史信息。事实上，钱币学家必须是历史学家，如此才能圆满地完成这项工作；而绝大多数学者，在他们专攻钱币研究之前，都是训练有素的历史学家。"[2] 琼斯虽强调钱币学的特性，但与维拉莫威兹一样看重其与史学的关系，特别是研究者的史学专业背景。由此可见，钱币学作为一门学科的存在和其他学科专业的学术取径并不冲突。琼斯所在的剑桥大学出版社后来出版了"古代世界钱币导读系列丛书"，涵盖古典时代到罗马帝国时期，堪称钱币证史的典范。[3] 此处试举一例：据史家迪奥追记，亚克兴海战之前，安东尼可谓志在必得，"对方在兵力上和财力上不如我方，在装备与供给上亦然，但相比于对方初出茅庐的将帅，这一切又何足道哉"[4]。今存窖藏钱币表明，安东尼在财力问题上绝非夸夸其谈。他发行的"军团币"（legionary denarii）比屋大维同期发行者数量更多。军团币有两个特点，一是无领袖肖像，意在表明开战出于公心而非私欲，二是含银量（92.2%）低于屋大维铸币（96.84%）。这导致了一个有趣现象——考古学家可在同一窖藏中发现上述两种钱币，这表明屋大维可能在战后就地取材，直接使用军团币

1　［德］维拉莫威兹：《古典学的历史》，陈恒译，生活·读书·新知三联书店，2008年，第1—2页。译文有改动。

2　Arnold Hugh Martin Jones, *The Roman Economy, Studies in Ancient Economic and Administrative History* (Oxford: Blackwell, 1974), p. 61.

3　Eg., Clare Rowan, *From Caesar to Augustus (c. 49 BC–AD 14): Using Coins as Sources* (Cambridge: Cambridge University Press, 2019).

4　Dio 50.18.2: "ἐλαττούμενοι γὰρ ἡμῶν καὶ τῷ πλήθει τῶν τε στρατιωτῶν ἅμα καὶ τῶν χρημάτων καὶ τῷ πολυειδεῖ τῆς παρασκευῆς, οὐδενὶ τῶν πάντων τοσοῦτον ἐλλείπουσιν ὅσον τῇ τε ἡλικίᾳ καὶ τῇ ἀπειρίᾳ τοῦ στρατηγοῦντος αὐτῶν."

支付军饷。一方面，军团币无安东尼肖像，不易引发军士的无端联想。另一方面，因为安东尼铸币量大质低，重新熔铸不仅废时耗工，更要往里搭钱，不如按部就班敷衍了事。[1]窖藏钱币的发掘与利用，可谓进一步完善了滥觞于瓦扬的"共和国—帝国—行省"分类体系，亦可见屋大维等政治人物执政手腕之一斑。罗马共和时代晚期，战事不绝，派系纷争不断，这些都离不开财力的支撑。作为为提高交易效率而用于交换的中介商品，钱币当然与历史发展紧密相关。

四、余论

20 世纪 90 年代末，在完善编目等工作的基础上，钱币学进入了数字化阶段，研究朝着记录微观、兼顾宏观的方向发展。[2]如英美学者主导的数据库"罗马帝国钱币在线"[3]、"罗马帝国时代窖藏钱币"[4]、"罗马共和时代窖藏钱币"[5]等。德国和欧洲其他国家的藏品也有相关的数据库。[6]由于严重依赖实物的学科特性，钱币学研究须兼顾考古学、博物馆学、经济学、社会学和艺术史等学科的研究方法，但借鉴之中亦应有补充完善。以考古学为例，19 世纪末以降，考古学的壮大为钱币的大量发掘提供便利，而钱币学则丰富了考古学的材料。[7]钱币学家德·卡拉泰（François de Callataÿ）关注希

---

1 Clare Rowan, *From Caesar to Augustus*, pp. 109–116.

2 Fleur Kemmers, *The Functions and Use of Roman Coinage*, p. 54. 晏绍祥对国内世界史的研究趋势进行了总结，其中就提到了研究问题日益微观具体，见晏绍祥：《70 年来中国的世界上古史研究》，《古代文明》2020 年第 14 卷第 4 期，第 19 页。

3 Online Coins of the Roman Empire: http://numismatics.org/ocre/.

4 Coin hoards of the Roman Empire: https://oxrep.classics.ox.ac.uk/.

5 Coin hoards of the Roman Republic Online: http://numismatics.org/ocre/.

6 NumiD Verbund: http://numid-verbund.de/.

7 钱币学与考古学之关系，见 Lloyd Robert Laing, *Coins and Archaeology* (London: Weidenfeld and Nicolson, 1970); John Casey and Richard Reece, *Coins and the Archaeologist* (London: B. A. Seaby, 1974, 1988); Helen Clarke and Erik Schia, eds., *Coins and Archaeology: Proceedings of the First Meeting at Isegran, Norway* (Oxford: British Archaeological Reports Oxford, 1988) 等。相关综述梳理，见 Nanouschka Myrberg Burström, "Money, Coins and Archaeology", in Rory Naismith, ed., *Money and Coinage in the Middle Ages* (Leiden: Brill, 2018), pp. 231–263, esp. 231–232.

腊钱币的起源、生产、使用等一系列问题，最大程度占有史料，结合传世文献与考古材料，采用量化统计分析（如通过钱模估算钱币铸造量、估算千分之一至五千分之一的存世率）[1]等方法，系统研究了托勒密、塞琉古的经济和税赋，可谓当今世上钱币研究的代表人物。

理论总结往往发生在实践探索之后。钱币学作为一门学科的发展经历了几个世纪，但学界对钱币学学术史的关注则集中发生于最近五十年，大量的钱币学研究入门也集中出版于这个时期。当前国内学者基于传世文献开展西方古代史研究，在出土文献上亦开始关注铭文，但对充分利用西方古典钱币的研究依然比较少见。事实上，虽然文首提及世界上最古老的钱币在吕底亚，但世上最古老的铸币厂遗址则发掘于河南荥阳官庄[2]。中国人使用、收藏和研究钱币的历史非常悠久。梳析西方古典钱币的研究历程，足以与中国钱币研究相互照鉴，有望获得触类旁通的效果。有鉴于此，东北师范大学世界古典文明史研究所张强教授更是将钱币学作为新的学术增长点，入藏200余枚古钱币，以备教学与研究之用。2017年起，德籍教授顾斯文在国内首次开设钱币研讨课和暑期学校，并邀请德·卡拉泰等知名学者来华讲学。目前，古典所师生已对所藏钱币进行详细编目和数字化整理，建立钱币学资料室，开设"古典所钱币"（IHACOINS）微信公众号，举办钱币专题海报展数次，在中国迈出了西方古典钱币学研究的关键一步。[3]

（本文作者为东北师范大学历史文化学院博士后）

1　Francis Albarède, François de Callataÿ, Pierluigi Debernardi, and Janne Blichert-Toft, "Model for Ancient Greek and Roman Coinage Production", in *Journal of Archaeological Science*, Vol. 131 (2021), pp. 1–11, available online 19 May 2021; François de Callataÿ, *La quantification en numismatique antique. Choix d'articles 1984—2004*, in *Moneta*, Vol. 52 (2006); François de Callataÿ, *Recueil quantitatif des émissions monétaires archaïques et classiques, Numismatique Romaine* (Wetteren: Éditions Numismatique Romaine, 2003); François de Callataÿ, *L'histoire des guerres mithridatiques vue par les monnaies* (Wallonia: Département d'archéologie et d'histoire de l'art séminaire de numismatique Marcel Hoc, 1997); et al.

2　Hao Zhao et al., "Radiocarbon-dating an Early Minting Site: The emergence of standardised coinage in China", in *Antiquity*, Vol. 95 (2021), pp. 1–18.

3　国内相关领域的研究者有李铁生、曾晨宇，但二人更注重文物收藏。

"从死中复活"

《忏悔录》卷八考

夏洞奇

按照《忏悔录》[1]卷七的叙述，阅读"柏拉图派的著作"对于奥古斯丁造成了巨大的思想影响。依靠新柏拉图主义的世界观，他彻底地清算了摩尼教的二元论，在思想层面确立了对于正统基督教的信仰。紧接着，卷八迎来了所谓的"米兰花园一幕"，呈现了主人公之"转变"的高潮。

卷八虽然形成了全书前9卷中的最高潮，但其篇幅并不太长，其文学结构也相当简单。要言之，卷八可以分为三大部分：第1章第1节的前三分之二是引导全卷的导言；从第1节的后三分之一直至第5章叙述了奥古斯丁对米兰神父西姆普利齐亚努斯的拜访（维克托利努斯的"转变"故事）；从第6章直至卷末（第12章）则回忆了同乡官员蓬提齐亚努斯的来访（特里尔官员们的"转变"故事）及其后果（即"米兰花园一幕"）。鉴于第一部分篇幅短小，可以说卷八其实就是由这两次拜访、两番故事所组成的。

卷八所讲述的故事究竟是真实的回忆还是文学的虚构，围绕着这个老问题，《忏悔录》的研究者们已经各抒己见，提出了无数的见解。但在笔者看来，与其喋喋不休地争执卷八的叙事在多大程度上经过了文学的加工[2]，更值得探讨的是奥古斯丁的最

---

[1] 本文所依据的《忏悔录》拉丁文本为：James J. O'Donnell, *Augustine: Confessions* (Oxford: Oxford University Press, 2012 [1992]), Vol. 1；该书引文均参考了周士良译《忏悔录》（商务印书馆，1963 年），笔者依据拉丁原文对译文的修改则不再一一说明；在注释中，《忏悔录》均简写为 *Conf.* 。

[2] 见 John Matthews, "Children's Games in Augustine's *Confessions*", in idem, *Roman Perspectives: Studies in the Social, Political and Cultural History of the First to Fifth Centuries* (Swansea: Classical Press of Wales, 2010), pp. 275–290, esp. 276–279, 281–282。

终"转变"为何是在那个时机、以那样的方式发生的。为此，本文将把对事件的考察与文学角度的分析结合起来，力图为以下三个问题提供新的解释：第一，卷六所极力呈现的"严重的危机"[1]，究竟是在何时，又如何得到解决的？第二，西姆普利齐亚努斯与蓬提齐亚努斯所讲述的两番故事，究竟有何不同？又为何产生了如此不同的效果？第三，奥古斯丁为何没有接受虽然更加平凡但足以达到基督徒一般标准的洗礼，最终选择了最为激进的"转变"方式，彻底放弃了功名事业与婚姻生活？下文将会表明，对于这三个问题的解答，其实正是联系在一起的。

一、西姆普利齐亚努斯讲述的"转变"故事

在到达米兰之后，在安布罗斯布道的影响下，奥古斯丁已经"思想有了转变"，"已经认为公教教义更可取"。[2]约在386年5、6月间[3]，他又阅读了"柏拉图派的著作"[4]，在新柏拉图主义的帮助下彻底清算了摩尼教的二元论，找到了与一神教相一致的本体论[5]；接着他又阅读了保罗书信，认识到了大公教会教义与新柏拉图主义之间的兼容性，最终确认了基督教信仰的合理性[6]。可以说，在阅读"柏拉图派的著作"之后，奥古斯丁确实认为自己已经找到了明确的"真理"[7]；就理性认识的层面而言，他已经不再面临重大的障碍了[8]。《忏悔录》卷八正是在这样的思想基础上展开的。

1　关于奥古斯丁在米兰前期所经历的"严重的危机"，详见夏洞奇：《"危险的深渊"：〈忏悔录〉卷六考》，载高峰枫主编：《古典与中世纪研究》第一辑，商务印书馆，2020年，第30—64页。

2　*Conf.* 6.4.5, 6.5.7.

3　见以下《忏悔录》事件年表：A. Solignac, "Introduction aux *Confessions*", in *Les Confessions*, texte de l'édition de M. Skutella (Paris: Institut d'Études Augustiniennes, 1998 [1962]), Vol. 1, pp. 7–270 at 201–206; Pierre Courcelle, *Recherches sur les Confessions de saint Augustin* (Paris: de Boccard, 1968 [1st ed., 1950]), pp. 601–602。

4　*Conf.* 7.9.13–7.9.15.

5　*Conf.* 7.10.16–7.17.23.

6　*Conf.* 7.20.26–7.21.27.

7　*Conf.* 8.1.1, 8.5.11–8.5.12, 8.7.18.

8　Cf. John Matthews, "Children's Games in Augustine's *Confessions*", pp. 280–281.

尽管如此，卷八仍然将米兰花园里的"转变"描述为一场"巨大的风暴"（procella ingens）。[1] 根据卷八的叙述来看，虽然思想上的"转变"已经就绪，但奥古斯丁并没有如同水到渠成、瓜熟蒂落一般，顺利地摘取"转变"的果实。虽然卷八在整体上洋溢着一种凯旋的气氛，但我们细读文本就会发现，对于这一"转变"的艰巨性，作者已经做了足够的强调。

值得注意的是，在西姆普利齐亚努斯与蓬提齐亚努斯这两番谈话的前后，"我的煎熬"（aestus meos）与"巨大的危险"（maiore periculo）始终没有得到缓解。[2] 正因为如此，米兰花园里的最终"转变"，才会以"巨大的风暴"这种激烈的形式爆发出来。之所以如此，是因为奥古斯丁在米兰所遭遇的"危机"，不仅是思想层面的危机，更是功名事业的危机与个人健康的危机。[3] 米兰花园里的"巨大的风暴"，不是由于思想上的危机而产生的，而是奥古斯丁的人生危机的最终爆发与总的解决。

（一）西姆普利齐亚努斯的"有心"

在这样的困境中，奥古斯丁决心向西姆普利齐亚努斯请教，而不是直接地向地位崇高的米兰主教安布罗斯求助。向这位老神父请教，被奥古斯丁视为来自天主的启示。[4] 可见，在当时的他看来，这就是最合适的办法了，原因在于三方面。第一，西姆普利齐亚努斯是米兰教会的资深神父，还是为安布罗斯施洗的人，深受主教的敬重。第二，他从年轻时就虔诚地事奉天主，毕生忠于大公教会，"政治上"极为可靠。第三，他具有"丰富的经验和广博的见识"（multa expertus，multa edoctus）[5]。具有较高的文化素质，这一点显然是当年的奥古斯丁十分看重的。西姆普利齐亚努斯有可能是米兰的新柏拉图主义圈子里的中心人物之一，曾经在神学上给予奥古斯丁重要的启发。[6]

1　*Conf.* 8.12.28.

2　*Conf.* 8.1.1, 8.3.6, 8.5.10, 8.10.24. 周士良将此处的"aestus meos"译为"我的疑难"，语气太轻。

3　详见夏洞奇：《"危险的深渊"：〈忏悔录〉卷六考》，第44—61页。

4　*Conf.* 8.1.1: "et immisisti in mentem meam visumque est bonum in conspectu meo pergere ad Simplicianum ..."

5　*Conf.* 8.2.3, 8.1.1.

6　Robin Lane Fox, *Augustine: Conversions to Confessions* (New York: Basic Books, 2015), pp. 217–218, 273–274; Leo C. Ferrari, *The Conversions of Saint Augustine* (Villanova: Villanova University Press, 1984), pp. 69–70, 75–78; Leo C. Ferrari, "Augustine's 'Discovery' of Paul (*Confessions* 7.21.27)", *Augustinian Studies*, Vol. 22 (1991), pp. 37–61.

《忏悔录》在表达了后两点之后，还特意强调说："事实确是如此。"（et vere sic erat）[1]在安布罗斯去世后，在奥古斯丁写作《忏悔录》的时期里，他正在担任米兰主教。[2]后来的事实充分证明，奥古斯丁当年将希望寄予他身上，完全合情合理。

按照卷八的说法，奥古斯丁"愿意以我的煎熬向他求教，请他就我当时的心境，指示我适当的方法，帮我走上你的道路"[3]。问题在于，当时奥古斯丁究竟对西姆普利齐亚努斯说了哪些话，又是在哪些方面请求他指示"适当的方法"（aptus modus）呢？按照卷八第 2 章的叙述，有两方面的内容是可以确定的。第一，"我向他讲述了我所犯错误的曲折情况"[4]。这种说法与奥古斯丁后来在 10 月致书安布罗斯的情形颇为相似。两相对照，合理的推测是他向西姆普利齐亚努斯承认了摩尼教徒的身份，表达了希望接受大公教会洗礼的愿望。第二，奥古斯丁介绍了自己近期内阅读"柏拉图派的著作"的情况。[5]

按照卷八的回忆，西姆普利齐亚努斯的谈话内容主要包括两个方面。首先，他肯定了新柏拉图主义对于基督教神学的积极意义。一言以蔽之，他认为"柏拉图派的著作""以各种方式表达了天主和天主之'道'"[6]。

接着，西姆普利齐亚努斯详细地讲述了大学者维克托利努斯在罗马城公开受洗的故事。[7]在《忏悔录》的回忆中，维克托利努斯的"转变"故事构成了这次谈话的主体。对于当时的奥古斯丁而言，这个故事具有强烈的针对性。第一，维克托利努斯是当时极有影响的知识分子，和奥古斯丁一样也是修辞学者（rhetor），也对"哲学"很感兴

---

1 *Conf.* 8.1.1.

2 Allan D. Fitzgerald, ed., *Augustine through the Ages: An Encyclopedia* (Grand Rapids, Mich.: William B. Eerdmans, 1999), pp. 799–800, s.v. "Simplicianus, Bishop of Milan".

3 *Conf.* 8.1.1: "unde mihi ut proferret volebam conferenti secum aestus meos quis esset aptus modus sic affecto ut ego eram ad ambulandum in via tua."

4 *Conf.* 8.2.3: "narravi ei circuitus erroris mei."

5 *Conf.* 8.2.3.

6 *Conf.* 8.2.3: "... in istis autem omnibus modis insinuari deum et eius verbum."

7 *Conf.* 8.2.3–8.2.5. Victorinus 的"转变"大约发生于 354 年之前；362 年，他由于基督徒的身份被免除了教职。他也是北非人。见 A. H. M. Jones, J. R. Martindale and J. Morris, *The Prosopography of the Later Roman Empire*, Vol. 1 (Cambridge: Cambridge University Press, 1971), p. 964, s.v. "C. Marius Victorinus".

趣。"他耆年博学，精通各种自由学术，阅读并批判过许多哲学著作，许多高贵的元老出于他门下。由于他对教育的卓越贡献，受到举世所公认的最大荣誉：人们在罗马广场上树立了他的纪念像。"[1] 因此，他非常适合作为这位年轻的修辞学教授的仿效对象。第二，维克托利努斯是奥古斯丁有所了解的人：他也是北非人，极有可能在后者的圈子里久负盛名；他就是后者读过的那些"柏拉图派的著作"的拉丁文译者，他的"转变"也是后者早有耳闻的。第三，维克托利努斯不仅长期崇拜多神教的偶像，还曾经极力捍卫这些神祇。这一类事情恰恰也是青年奥古斯丁曾经非常热衷的。[2] 第四，维克托利努斯宁愿放弃教席，也不背叛教会。[3] 丧失教席也正是奥古斯丁后来付出的代价。第五，维克托利努斯的"转变"同样面临着巨大的外部压力：他也"害怕得罪朋友们，害怕得罪那些傲慢的魔鬼崇拜者"，而在他受洗之后"骄傲的人们看到了是愤怒、切齿，怒火中烧"。[4] 这种情形与奥古斯丁当时的处境也极为相似。第六，西姆普利齐亚努斯曾经与维克托利努斯相当熟悉，因此他有资格提供可信的一手资料。

可以说，维克托利努斯的事业与志趣就是青年奥古斯丁的事业及志趣，他的功名成就就是奥古斯丁曾经的人生梦想，他过去的错误就是奥古斯丁的"黑历史"，他所克服的困难正是奥古斯丁面前的障碍，所以他大义凛然的"转变"也正是值得奥古斯丁仿效的榜样，而教会也会同样地欢迎奥古斯丁"浪子回头"。由此看来，西姆普利齐亚努斯精心地设计了游说的策略，他必定以为维克托利努斯正是勉励奥古斯丁的绝佳榜样。西姆普利齐亚努斯用心良苦，目的就是为了说服奥古斯丁仿效维克托利努斯。后者也确实已经充分地体会到，"这正是他讲述这故事的目的"[5]。

---

1 *Conf.* 8.2.3: "... quemadmodum ille doctissimus senex et omnium liberalium doctrinarum peritissimus quique philosophorum tam multa legerat et diiudicaverat, doctor tot nobilium senatorum, qui etiam ob insigne praeclari magisterii, quod cives huius mundi eximium putant, statuam Romano foro meruerat et acceperat ..." 这里所谓的"罗马广场"，实为图拉真广场。

2 例如：*Conf.* 3.12.21, 4.4.7, 4.15.26, 4.16.31, 6.3.4, 8.7.17, 9.4.11。

3 *Conf.* 8.5.10.

4 *Conf.* 8.2.4: "amicos enim suos reverebatur offendere, superbos daemonicolas ... superbi videbant et irascebantur, dentibus suis stridebant et tabescebant."

5 *Conf.* 8.5.10: "sed ubi mihi homo tuus Simplicianus de Victorino ista narravit, exarsi ad imitandum: ad hoc enim et ille narraverat."

（二）奥古斯丁的有限反应

那么，这番游说的实际效果究竟如何呢？按照卷八的叙述，"你的仆人西姆普利齐亚努斯向我讲完了维克托利努斯的故事后"，尽管"我是满心想效法他"[1]，却并没有采取任何实际的行动。虽然维克托利努斯的结果"也是我所叹息想望的"，"因为他能有机会将全部闲暇供献于你了"，但奥古斯丁却认为他的"转变"主要归因于"福气"（felicior）而非"毅力"（fortior）。[2]

在受到这个精彩故事的激励之后，奥古斯丁的精神状态被概括为："从亲身的体验，我领会了所谈到的'肉体与精神相争，精神与肉体相争'的意义。"[3]之所以如此，是因为："我开始萌芽的新的意志，即无条件为你服务，享受你天主，享受唯一可靠的乐趣的意志，还没有足够的力量去压伏根深蒂固的积习。这样我就有了一新一旧的双重意志，一属于肉体，一属于精神，相互交绥，这种内哄撕裂了我的灵魂。"[4]应当看到，他既想要"享受你天主"，又不愿放弃现有的生活方式（"没有足够的力量去压伏根深蒂固的积习"），这种左右为难的状态早已产生，并不是西姆普利齐亚努斯游说之后的新产物。早在卷六中，既想"全心全意去追求天主和幸福生活"，又仍然"犹豫不决，不肯放弃世俗的希望"[5]，这种进退两难的心理结构就已经形成了。

此时，奥古斯丁相信"真理已经确切了"[6]；但早在请教西姆普利齐亚努斯之前，"我已确信你的永恒的生命"，已经"不需要更明确的信念"了。[7]按照卷八的回忆，当时他确实感受到了"真理"的召叫，但他的回应却仍然是软弱无力的："我没有话回

1　*Conf.* 8.5.10，见上条注引文。

2　*Conf.* 8.5.10: "non mihi fortior quam felicior visus est, quia invenit occasionem vacandi tibi, cui rei ego suspirabam ..."

3　*Conf.* 8.5.11: "sic intellegebam me ipso experimento id quod legeram, quomodo caro concupisceret adversus spiritum et spiritus adversus carnem, ego quidem in utroque ..."

4　*Conf.* 8.5.10: "voluntas autem nova quae mihi esse coeperat, ut te gratis colerem fruique te vellem, deus, sola certa iucunditas, nondum erat idonea ad superandam priorem vetustate roboratam. ita duae voluntates meae, una vetus, alia nova, illa carnalis, illa spiritalis, confligebant inter se atque discordando dissipabant animam meam."

5　*Conf.* 6.11.19: "quid cunctamur igitur relicta spe saeculi conferre nos totos ad quaerendum deum et vitam beatam?"

6　*Conf.* 8.5.11.

7　*Conf.* 8.1.1.

答，只吞吞吐吐、昏昏欲睡地说：'立刻来了！''真的，立刻来了！''稍等一会儿。'但是'立刻'，并没有时刻；'一会儿'却长长地拖延下去。"[1] 在这次谈话之后，"我照常过日子"，变化只不过是"我的焦虑有增无已，我天天向你叹息"，"一有余暇，就经常到你的圣堂中去"。[2]

总之，奥古斯丁仍然陷于两难的困境之中，这种状态既不是因西姆普利齐亚努斯的游说而产生的，更没有因此而得到解决。可以说，前者对后者寄予了最大的希望，后者也确实很有针对性地进行了高水平的劝说，但这次游说的实际成效却是相当有限的。如此看来，从卷六所描述的阶段开始的"严重的危机"，仍未得到解决。

西姆普利齐亚努斯的游说何以失败？其实卷八已经做了含蓄的回答。奥古斯丁在内心中认为，维克托利努斯之所以能够"绝无顾虑地成为你的基督的奴隶，而你的泉水下的婴孩终于引颈接受谦逊的轭，俯首接受十字架的耻辱"[3]，主要是由于他的"福气"而非"毅力"。

这里所谓的"福气"，应作何解？虽然卷八未曾明言，但其实已经提供了含蓄的线索。卷八的第 4 章从不同的角度出发，分析了维克托利努斯之类的名人的"转变"的意义，同时也含蓄地指出，奥古斯丁本人的情况与维克托利努斯并不相同："不是有许多人从比维克托利努斯更黑暗的深渊回到你身边吗？他们靠近你，便获得光明，受到照耀；获得了光明，也就获得了成为你的子女的权利。这些人的事迹不如维克托利努斯为大众所熟悉，知道的人也不如那样为他们高兴。"[4]

这里所谓的"许多人"（multi），应当也包括奥古斯丁本人在内。这段话强调了两

1　*Conf.* 8.5.12: "... non erat omnino quid responderem veritate convictus, nisi tantum verba lenta et somnolenta: 'modo,' 'ecce modo,' 'sine paululum.' sed 'modo et modo' non habebat modum et 'sine paululum' in longum ibat."

2　*Conf.* 8.6.13: "agebam solita, crescente anxitudine, et cotidie suspirabam tibi. frequentabam ecclesiam tuam, quantum vacabat ..."

3　*Conf.* 8.2.3: "... quae iste senex Victorinus tot annos ore terricrepo defensitaverat, non erubuerit esse puer Christi tui et infans fontis tui, subiecto collo ad humilitatis iugum et edomita fronte ad crucis opprobrium."

4　*Conf.* 8.4.9: "nonne multi ex profundiore tartaro caecitatis quam Victorinus redeunt ad te et accedunt et inluminantur recipientes lumen? quod si qui recipiunt, accipiunt a te potestatem ut filii tui fiant. sed si minus noti sunt populis, minus de illis gaudent etiam qui noverunt eos."

点：第一，他们是从"比维克托利努斯更黑暗的深渊"开始回归的（起点更恶劣）；第二，他们不太有名，"知道的人也不如那样为他们高兴"（更缺乏鼓励）。第二点相对容易理解，因为奥古斯丁的"转变"确实可以被理解为一条孤独的道路。这次大多数朋友都没有追随他左右[1]，就连母亲莫尼卡的态度都很难说是毫无保留的支持（至少并非她的初衷）[2]。对于第一点，合理的推测是，维克托利努斯之所以被认为更有"福气"而非"毅力"，主要是因为当时他已经相当年老（第2章连续两次强调了他的"senex"）。"年老"也就意味着，他更容易放弃功名事业，比如修辞学的教职；潜在地说，如果已经"年老"，也会更容易接受独身、节欲的生活。[3]

因此，第4章的含蓄提示，其实是为奥古斯丁自己做了委婉的辩解，解释了之所以并未立即听从西姆普利齐亚努斯的理由。正因为并不具有"年老"的维克托利努斯那样的"福气"，他才无法简单地亦步亦趋，"俯首接受十字架的耻辱"，而是继续"照常过日子"（agebam solita）。总之，老神父并未向他指出真正意义上的"适当的方法"。

二、蓬提齐亚努斯讲述的"转变"故事

《忏悔录》卷八的第3部分以蓬提齐亚努斯讲述的故事为中心，长达7章18节，占了全卷一大半的篇幅。这个部分是以这样的方式开头的："我将向你的圣名讲述和忏悔你怎样解除了紧紧束缚着我的淫欲的锁链、俗务的奴役。主啊，我的救援，我的救主！"[4]这样的开头已经清楚地表明，"转变"的决胜环节即将展开，而其中的要点包

1　见夏洞奇：《罗玛尼亚努斯与奥古斯丁：〈忏悔录〉6.14.24 释微》，载王晴佳、李隆国主编：《断裂与转型：帝国之后的欧亚历史与史学》，上海古籍出版社，2017 年，第 291—306 页，此处见第 301—306 页。

2　*Conf.* 8.12.30 描述了莫尼卡对于这一"转变"的直接反应，但这段描写其实已经经过了用心良苦的文学加工。正如福克斯所论，奥古斯丁又一次"超出"了母亲的计划，挫败了她对于儿子的一生梦想。见 Robin Lane Fox, *Augustine: Conversions to Confessions*, p. 293. 对于这个复杂的问题，笔者将另文阐述。

3　第二点仅指与奥古斯丁本人比较而言，维克托利努斯受洗后并未过节欲生活。

4　*Conf.* 8.6.13: "et de vinculo quidem desiderii concubitus, quo artissimo tenebar, et saecularium negotiorum servitute quemadmodum me exemeris, narrabo et confitebor nomini tuo, domine, adiutor meus et redemptor meus."

括如何解除"淫欲的锁链"与"俗务的奴役"这两个方面。

（一）蓬提齐亚努斯的"无心"

这些故事的讲述者蓬提齐亚努斯是奥古斯丁的北非同乡，正在特里尔朝廷担任"探事官"（agentes in rebes）一职。[1] 他在卷八中的出场方式暗示读者，尽管他是一名虔诚的基督徒，却并不是教会派来的代表、专程登门的说客。按照第 6 章的叙述，作者已经不记得他来访的事由（nescio quid a nobis volebat）；当天内布利提乌斯刚好外出了，原因也已经不记得了（non recolo causam qua erat absens Nebridius）。[2]

蓬提齐亚努斯的谈话，主要提供了三方面的信息：一是埃及沙漠修士安东尼的事迹，二是米兰城外、安布罗斯创立的修道院，三是特里尔朝廷的两位"探事官"放弃官职、决意"转变"的故事。[3]

但是，作者试图通过他的叙述方式提醒读者，这些内容并不是蓬提齐亚努斯预先准备好的，而是被偶然地引出的。首先，他"偶然地"（et forte）注意到奥古斯丁正在钻研保罗书信，这是出乎他"意料之外"（inopinate sane）的。于是，"谈话就这么开始了，他讲起了埃及隐修士安东尼的事迹"[4]。然后，"接着他的谈话转向了各个隐修院里的人们"[5]，尤其是米兰城外的修道院。再接下来，特里尔的"转变"故事是以这样的方式开头的："于是话锋一转，他又讲到，在我不知道的某一天，但就在特里尔城中，那天午后皇帝来观看马车竞赛，他和同事三人在城墙附近一个花园中散步，在那里……"[6]

更值得注意的是，作者反反复复地强调，在聆听蓬提齐亚努斯讲故事的过程中，

1 　关于 agentes in rebus，见夏洞奇：《制度史的意义：以奥古斯丁〈忏悔录〉为例》，载北京大学历史学系世界古代史教研室编：《多元视角下的封建主义》，社科文献出版社，2013 年，第 594—620 页，此处见第 613—616 页。

2 　*Conf.* 8.6.14.

3 　*Conf.* 8.6.14–8.6.15.

4 　*Conf.* 8.6.14: "... ortus est sermo ipso narrante de Antonio Aegyptio monacho ..." 周译经常过于简化，未能保存原文的语气。

5 　*Conf.* 8.6.15: "inde sermo eius devolutus est ad monasteriorum greges ..."

6 　*Conf.* 8.6.15: "unde incidit ut diceret nescio quando se et tres alios contubernales suos, nimirum apud Treveros, cum imperator promeridiano circensium spectaculo teneretur, exisse deambulatum in hortos muris contiguos atque illic ..."

听众奥古斯丁及其好友阿利比乌斯一直都是"不知道"的。蓬提齐亚努斯意外地发现奥古斯丁对于基督教极为感兴趣，于是就顺口说起了享有盛名的安东尼（"安东尼的名字早已盛传于你的仆人之中"）；但是，"直到那时，我们还并不知晓（latebat）"。[1] 在讲述者看来，听众们的"孤陋寡闻"（nostram ignorantiam）令人诧异，实在是"无知的人"（ignorantibus）。[2] 按奥古斯丁的总结，双方都感到"非常惊讶，我们是因为如此伟大的事迹，他是因为我们竟未听说过（inaudita）"。[3]

接着，蓬提齐亚努斯讲到了始于沙漠修士的基督教修道运动："接着他的谈话转向了各个隐修院里的人们，谈到隐修士们德行的馨香如何上达天庭，如何在沙漠中结出果实"[4]；既然听众们连沙漠修士的鼻祖安东尼都"并不知晓"，对此他们的反应当然也只能是"这一切为我们都是一无所知的（nihil sciebamus）"[5]。甚至于，"就在米兰城外，有安布罗斯创办的一所隐修院，院中住满了良善的兄弟"，"我们也并未得知（non noveramus）"。[6] 总之，蓬提齐亚努斯讲述的都是听众一无所知的新鲜内容，整个场面就是"他讲得娓娓不倦，我们穆然静听"[7]。

接下来的情节就是两位"探事官"在特里尔转变的故事了，这件事当然更是两位听众无从知晓的。即便如此，奥古斯丁还是有些突兀地强调说，这件事发生在"在我不知道（nescio quando）的某一天"[8]。作者之所以采取这种形同"废话"的表述方式，而不是更自然地说"我不记得"或者"他并未说明"，极有可能就是为了在形式上将在"蓬提齐亚努斯讲故事"的叙事中贯穿前后的"不知道"话语延伸下来而已。

1　*Conf.* 8.6.14: "... narrante de Antonio Aegyptio monacho, cuius nomen excellenter clarebat apud servos tuos, nos autem usque in illam horam latebat."

2　*Conf.* 8.6.14.

3　*Conf.* 8.6.14: "omnes mirabamur, et nos, quia tam magna erant, et ille, quia inaudita nobis erant."

4　*Conf.* 8.6.15: "inde sermo eius devolutus est ad monasteriorum greges et mores suaveolentiae tuae et ubera deserta heremi, quorum nos nihil sciebamus."

5　*Conf.* 8.6.15, 见上条注引文。

6　*Conf.* 8.6.15: "et erat monasterium Mediolanii plenum bonis fratribus extra urbis moenia sub Ambrosio nutritore, et non noveramus."

7　*Conf.* 8.6.15: "pertendebat ille et loquebatur adhuc, et nos intenti tacebamus."

8　*Conf.* 8.6.15. 周译仅作"某一天"。

总之，按照第 6 章的叙述，蓬提齐亚努斯的来访是偶然的，他讲的故事也是偶然的；他讲的内容都是奥古斯丁"不知道"的，他们的"不知道"也是出乎讲述者意料的。可以说，蓬提齐亚努斯的"无心"与西姆普利齐亚努斯的"有心"形成了极为强烈的对比。但最有趣的是，"有心"的游说缺乏成效，而"无心"的故事却立即改变了奥古斯丁的一生。

蓬提齐亚努斯虽然"是一位受过洗的基督徒，经常到圣堂中去，跪在你、我们的天主之前作长时的祈祷"[1]，却仍然"带着一颗尘世的心"，并没有像那两位已经毅然"转变"的同事那样放弃从政的本行。[2] "蓬提齐亚努斯讲了这些事"[3]，"他讲完后，办好了应办的事，告辞而去"[4]。这位"探事官"并非为游说奥古斯丁而来，但他"无心"讲述的故事却迅猛地造成了一场"巨大的风暴"。

（二）奥古斯丁的激烈反应：三个阶段

接下来的情节可以划分为三个阶段。**第一阶段**，"蓬提齐亚努斯讲述时"，"我的心灵在腐蚀着"，"我感到非常可怕的羞愧"。[5] 之所以如此，是因为"我听说了他们的有益的热情，越是热爱他们能够贡献全身，听凭你治疗，相形之下，越觉得自己的可耻，便越痛恨自己"；自从阅读西塞罗的《荷尔顿西乌斯》以来，已经有 12 年过去了，他仍然还在"拖延不决"（differebam）。[6] 这些故事使他感受到了非常强烈的刺激："主啊！在他谈话时，你在我背后拉着我，使我转身面对着自己，因为我背着自己，不愿正视自己。你把我摆在我自己面前，使我看到自己是多么丑陋，多么委琐龌龊，遍体疮痍。我见了骇极，却又无处躲藏。我竭力想逃避我的视线……你又把我按在我面

---

1   *Conf.* 8.6.15: "christianus quippe et fidelis erat, et saepe tibi, deo nostro, prosternebatur in ecclesia crebris et diuturnis orationibus." 周译作"热心的教友"，未能准确译出早期教会所谓的"fidelis"的含义。

2   *Conf.* 8.6.15: "isti autem nihilo mutati a pristinis ... et trahentes cor in terra abierunt in palatium ..."

3   *Conf.* 8.7.16: "narrabat haec Ponticianus."

4   *Conf.* 8.7.18: "terminato autem sermone et causa qua venerat, abiit ille ..."

5   *Conf.* 8.7.18: "ita rodebar intus et confundebar pudore horribili vehementer, cum Ponticianus talia loqueretur."

6   *Conf.* 8.7.17: "tunc vero quanto ardentius amabam illos de quibus audiebam salubres affectus, quod se totos tibi sanandos dederunt, tanto exsecrabilius me comparatum eis oderam, quoniam multi mei anni mecum effluxerant (forte duodecim anni) ex quo ab undevicensimo anno aetatis meae, lecto Ciceronis Hortensio, excitatus eram studio sapientiae et differebam contempta felicitate terrena ad eam investigandam vacare ..."

前，强迫我看见自己的双眼，使我猛省而痛恨我的罪恶。我懂得了，但我假装不懂，强自排遣，使其忘记。"[1]

在认识的层面，奥古斯丁终于意识到，"日复一日的拖延"（differre de die in diem）[2]终于找不到借口了："但时间到了，我终于赤裸裸地暴露在我面前，我的良心在谴责我：'你还有什么话说？你一直借口真理还不够明确，所以不肯抛弃虚妄的包袱。现在你可明确了，真理在催迫你……'。"[3] 这里所谓的"现在你可明确了"（ecce iam certum est），较之此前已有的认识"真理已经确切了"（iam enim et ipsa certa erat）[4]，又前进了一大步：现在的"明确"不仅是指"我已确信你的永恒的生命"，"所有的疑团已一扫而空"[5]，更主要的是指他已经意识到"时间到了"（venerat dies）。与阅读《荷尔顿西乌斯》以来的 12 年"拖延不决"相比，他已经不能再拖延另一个十来年的悠悠岁月了。

换言之，"明确真理"的进程应当立即从认识的层面推进到实践的层面了。"我对我自己什么话没有说过？为了鞭策我的灵魂，催促我努力跟随你，还有什么言语没有说过？我倔强，我抗拒，并不提出抗拒的理由。理由已经说尽，都已遭到驳斥。剩下的只是沉默的恐惧，和逃避死亡一样，害怕离开习惯的河流，继续腐朽直至死亡。"[6]既然"理由已经说尽，都已遭到驳斥"，所以采取行动实践"真理"的"时间"真正到了，"照常过日子"的状态无法拖延下去了。

---

1 *Conf.* 8.7.16: "tu autem, domine, inter verba eius retorquebas me ad me ipsum, auferens me a dorso meo, ubi me posueram dum nollem me attendere, et constituebas me ante faciem meam, ut viderem quam turpis essem, quam distortus et sordidus, maculosus et ulcerosus. et videbam et horrebam, et quo a me fugerem non erat. et si conabar avertere a me aspectum ... et tu me rursus opponebas mihi et impingebas me in oculos meos, ut invenirem iniquitatem meam et odissem. noveram eam, sed dissimulabam et cohibebam et obliviscebar."

2 *Conf.* 8.7.18. 周译作"越趑不前"。

3 *Conf.* 8.7.18: "et venerat dies quo nudarer mihi et increparet in me conscientia mea: 'ubi est lingua? nempe tu dicebas propter incertum verum nolle te abicere sarcinam vanitatis. ecce iam certum est, et illa te adhuc premit ...'"

4 *Conf.* 8.5.11.

5 *Conf.* 8.1.1.

6 *Conf.* 8.7.18: "quae non in me dixi? quibus sententiarum verberibus non flagellavi animam meam, ut sequeretur me conantem post te ire? et renitebatur, recusabat, et non se excusabat. consumpta erant et convicta argumenta omnia. remanserat muta trepidatio et quasi mortem reformidabat restringi a fluxu consuetudinis, quo tabescebat in mortem."

在蓬提齐亚努斯告辞之后，奥古斯丁"激动的情绪"（aestus meus）[1] 终于外在地爆发出来了，这时他造成的影响就发展到了**第二阶段**。"这时在我的心房中发生了巨大的斗争，我和我的灵魂在心灵的内室中剧烈地争哄"，奥古斯丁冲到好友阿利比乌斯面前，呼喊道："我们等待什么？那是什么？你没有听到吗？那些没学问的人起来攫取了天堂，而我们呢？我们带着满腹学问，却毫无心肝，在血肉中打滚！"[2]按照作者的说法，"我的话不同于寻常"，因为"我的额头、我的面颊、我的眼睛、我的气色、我说话的音调"都异于平常，而阿利比乌斯"不作声，惊愕地望着我"。[3]

就这样，奥古斯丁在阿利比乌斯的跟随下，进入了那个著名的花园："我内心的动荡把我带到了那里。"[4]就在米兰的这个花园里，属于精神与属于肉体的双重意志展开了更加激烈的斗争。[5] 在听完西姆普利齐亚努斯的故事之后，奥古斯丁虽然受到了激励，但"铁链"仍然紧紧地束缚着他。[6] 但在听完蓬提齐亚努斯的故事之后，他的灵魂受到了更强烈的震撼。此刻，束缚着他的"锁链已经所剩无几"："我被这种心疾折磨着，我抱着不同于寻常的严峻态度责斥我自己。我在束缚我的锁链中翻腾打滚，想把它全部折断。这锁链已经所剩无几，可是依旧系絷着我。主，你在我隐秘的心坎里催迫我，你严肃的慈爱用恐惧与羞耻的鞭子在加倍地鞭策我，不使我再放松不去拧断剩下的细脆的链子，任凭它获得新的力量，把我更加牢牢束缚。"[7]

1　*Conf.* 8.8.19. 亦即所谓"我的煎熬"。

2　*Conf.* 8.8.19: "tum in illa grandi rixa interioris domus meae, quam fortiter excitaveram cum anima mea in cubiculo nostro, corde meo, tam vultu quam mente turbatus invado Alypium: exclamo, 'quid patimur? quid est hoc? quid audisti? surgunt indocti et caelum rapiunt, et nos cum doctrinis nostris sine corde, ecce ubi volutamur in carne et sanguine! ...'"

3　*Conf.* 8.8.19: "... cum taceret attonitus me intuens. neque enim solita sonabam. plus loquebantur animum meum frons, genae, oculi, color, modus vocis quam verba quae promebam."

4　*Conf.* 8.8.19: "illuc me abstulerat tumultus pectoris ..." 周译不够准确。

5　*Conf.* 8.8.19–8.9.21.

6　*Conf.* 8.5.10.

7　*Conf.* 8.11.25: "sic aegrotabam et excruciabar, accusans memet ipsum solito acerbius nimis ac volvens et versans me in vinculo meo, donec abrumperetur totum, quo iam exiguo tenebar, sed tenebar tamen. et instabas tu in occultis meis, domine, severa misericordia, flagella ingeminans timoris et pudoris, ne rursus cessarem et non abrumperetur idipsum exiguum et tenue quod remanserat, et revalesceret iterum et me robustius alligaret."

在这种情况下，"时间到了"的紧张感进一步强化了："我在内心中自言自语说：'快快解决吧！快快解决吧！'"奥古斯丁已经"站在边缘上喘息"了。[1] 拜访西姆普利齐亚努斯之后的"ecce modo"（"真的，立刻来了"）[2] 的心态，现在已经变成了"ecce modo fiat"（"快快解决吧！"）的紧迫感。

这时候，"巨大的风暴起来了，带着倾盆的泪雨"[3]。奥古斯丁避开了阿利比乌斯，独自走到了"一棵无花果树下"（sub quadam fici arbore）[4]。根据《忏悔录》的回忆，他哭泣着"向你说了许多话"，虽然"字句已记不起，意思是如此：'主啊，到何时为止（usquequo）？你的发怒到何时为止？请你不要记着我们过去的罪恶'"。[5] 他"凄惨地呜咽着"，"还要多少时候（quamdiu）？还要多少时候？明天吗？又是明天！为何不是现在（quare non modo）？为何不是此时此刻结束我的罪恶？"[6] 从原来的"ecce modo"（"真的，立刻来了"），变成进入米兰花园之后的"ecce modo fiat"（"快快解决吧！"），直到无花果树下的"quare non modo"（"为何不是现在"），"时间到了"的紧张感逐步走向了高潮。逼近"转变"的节奏急剧加快了，这显然就是蓬提齐亚努斯讲故事的直接后果。

紧接着，奥古斯丁的"转变"进入了**第三阶段**。按照《忏悔录》的回忆，就在此刻，"突然我听见从邻近一所屋中传来一个孩子的声音，我分不清是男孩子或女孩子的声音，反复唱着：'拿着，读吧！拿着，读吧！'（tolle lege，tolle lege）"[7] 奥古斯丁将这个声音视为神的命令，立即仿效安东尼的故事（这个故事也只能是刚刚来自蓬提齐

1　*Conf.* 8.11.25: "dicebam enim apud me intus, 'ecce modo fiat, modo fiat'... nec relabebar tamen in pristina sed de proximo stabam et respirabam."

2　*Conf.* 8.5.12.

3　*Conf.* 8.12.28: "... oborta est procella ingens ferens ingentem imbrem lacrimarum."

4　*Conf.* 8.12.28.

5　*Conf.* 8.12.28: "... et non quidem his verbis, sed in hac sententia multa dixi tibi: 'et tu, domine, usquequo? usquequo, domine, irasceris in finem? ne memor fueris iniquitatum nostrarum antiquarum.'"

6　*Conf.* 8.12.28: "iactabam voces miserabiles: 'quamdiu, quamdiu, cras et cras? quare non modo? quare non hac hora finis turpitudinis meae?'"

7　*Conf.* 8.12.29: "et ecce audio vocem de vicina domo cum cantu dicentis et crebro repetentis, quasi pueri an puellae, nescio: 'tolle lege, tolle lege.'"

亚努斯的[1]），"翻开书来，看到哪一章就读哪一章"[2]。这一章就是保罗的《罗马书》第13章13—14节："我抓到手中，翻开来，默默读着最先进入我眼帘的一章：'不可耽于酒食，不可溺于淫荡，不可趋于竞争嫉妒，应被服主耶稣基督，勿使纵恣于肉体的嗜欲。'"[3]在仿效安东尼的方式阅读了这段《圣经》经文之后，极具戏剧性的结果随即发生，他立即克服了多年以来的"拖延不决"，瞬间就下定了"转变"的决心："我不想再读下去，也不需要再读下去了。我读完这一节，顿觉有一道恬静的光射到心中，溃散了一切阴霾笼罩的疑云。"[4]

随即，奥古斯丁"在书上作一标记，合上书本，心平气和地告诉了阿利比乌斯"，"他毫不犹豫，一无纷扰地和我采取同一行止"。然后，"我们便到母亲那里，把这事报告她，她听了喜形于色"[5]。就这样，"转变"的高潮一幕终于完成了。按照卷八结尾的概括，这一切可以简洁地概括为："你使我转变而归向你，甚至不再追求室家之好，不再找寻尘世的前途，而一心站定在信仰的尺度之上，一如多少年前，你启示她我昂然特立的情景。"[6]

总之，听了蓬提齐亚努斯所讲的故事，奥古斯丁受到了极为强烈的刺激，结果他在很短的时间里就痛下决心，立志"转变"了。这些故事的影响环环相扣，分三个阶段而展开：第一阶段是他感到了非常强烈的羞愧，认识到"时间到了"，不可以继续

1　安东尼的"转变"一幕，详见阿塔那修：《圣安东尼传》第2章（中文见张昊译本，载彭小瑜、张绪山主编：《西学研究》第二辑，商务印书馆，2006年，第574—636页）。

2　*Conf.* 8.12.29: "... nihil aliud interpretans divinitus mihi iuberi nisi ut aperirem codicem et legerem quod primum caput invenissem."

3　*Conf.* 8.12.29: "arripui, aperui, et legi in silentio capitulum quo primum coniecti sunt oculi mei: 'non in comessationibus et ebrietatibus, non in cubilibus et impudicitiis, non in contentione et aemulatione, sed induite dominum Iesum Christum et carnis providentiam ne feceritis in concupiscentiis.'" 思高本《圣经》将这句经文译为："不可狂宴豪饮，不可淫乱放荡，不可争斗嫉妒；但该穿上主耶稣基督；不应只挂念肉性的事，以满足私欲。"

4　*Conf.* 8.12.29: "nec ultra volui legere nec opus erat. statim quippe cum fine huiusce sententiae quasi luce securitatis infusa cordi meo omnes dubitationis tenebrae diffugerunt."

5　*Conf.* 8.12.30: "tum interiecto aut digito aut nescio quo alio signo codicem clausi et tranquillo iam vultu indicavi Alypio ... sine ulla turbulenta cunctatione coniunctus est. inde ad matrem ingredimur, indicamus: gaudet."

6　*Conf.* 8.12.30: "convertisti enim me ad te, ut nec uxorem quaererem nec aliquam spem saeculi huius, stans in ea regula fidei in qua me ante tot annos ei revelaveras ..."

"照常过日子"而拖延下去了；第二阶段是"激动的情绪"爆发出来了，他进入了那个花园，在那里"巨大的风暴起来了，带着倾盆的泪雨"；第三阶段是著名的"拿着，读吧"一幕触发的，他阅读了保罗的经文，最终迅速地下定了"转变"的决心。可以说，是蓬提齐亚努斯的故事（在感性层面）激起了"激动的情绪"，促使他（在理性层面）确信"时间到了"，于是"巨大的风暴"席卷而来；在最后关头，他又仿效蓬提齐亚努斯故事中的安东尼，以类似的方式（"翻开书来，看到哪一章就读哪一章"），选择了类似的人生（"不再追求室家之好，不再找寻尘世的前途"）。

到此为止，对于"你解除了我的束缚"（dirupisti vincula mea）[1] 这一过程的叙述已经圆满完成了，奥古斯丁在米兰的"严重的危机"，终于得到了解决。

三、修道的意义：蓬提齐亚努斯故事的核心信息

对于西姆普利齐亚努斯与蓬提齐亚努斯的两番故事的特点和效力，我们可以简单地总结如下：前者的讲述者是被寄予厚望的教会核心人物，而后者的讲述者是无心的来客；前者经过了精心的组织，形象饱满、情节生动、感人肺腑，而后者显得空洞、突兀、不自然（安东尼的故事不过来自《安东尼传》，蓬提齐亚努斯并未亲历；特里尔的故事只是一个孤立的断片，对人物身份与前因后果都没有交代）；前者有意地针对着听者舍不得放弃世俗前途（修辞学教席）、畏惧社会压力（摩尼教的朋友们）的心结，后者无意地调动了听者的代入感（当事人的地位、承受的压力、付出的代价均相似）。尽管前者在讲述者身份与叙事水平上占有明显优势，同时也并不缺乏具体的针对性；然而就直接效果而言，后者不仅更加深刻地触动了奥古斯丁的灵魂，还产生了立竿见影、彻底解决的奇效。

福克斯认为，奥古斯丁在当时的难题就是是否放弃性生活，但这个重点却被西

---

1 *Conf.* 8.1.1, 9.1.1.

姆普利齐亚努斯错过了；与其相比，蓬提齐亚努斯造成了更深刻的影响，这是因为他的故事恰恰触及了前者并未触及的问题，也就是如何放弃事业，成为独身的"天主之仆"。[1] 福克斯已经敏锐地认识到，这两番故事的不同效果，正是我们解开"花园一幕"的"钥匙"。但值得注意的是，在奥古斯丁前往拜访老神父之际，很有可能节欲问题尚未被他视为主要的矛盾。[2] 更有可能的是，"如何节欲"是在此后才凸显为矛盾的焦点的。无论如何，这两番故事的强烈反差实在是耐人寻味，值得我们进一步地追索。

对于 386 年夏天的奥古斯丁来说，彻底解决矛盾的迫切性正在变得越来越强烈。西姆普利齐亚努斯的游说未能见效，也没有缓解他的紧张情绪。他"照常过日子"，但是"我的焦虑有增无已（crescente anxitudine），我天天向你叹息"。[3] 在最终"转变"的前夕，他仍然以"我依然心事重重"刻画自己的情绪。[4] 更重要的是，肉体层面的健康危机也不允许奥古斯丁无限期地拖延下去，对于灵魂与肉体"双重死亡"的畏惧已经造成了巨大的压力。[5] 他必须尽快地痛下决心，彻底挣断束缚在身上的最后的锁链了。[6]

（一）修道新方案的意义

在笔者看来，蓬提齐亚努斯的故事之所以能够对奥古斯丁产生如此强烈的影响，收立竿见影之奇效，在根本上是因为，蓬提齐亚努斯在无意中为他们带来了一项迄今闻所未闻，却无比重要的新信息。"激动的情绪"并没有干扰他的思考。在极短的时间内，他就思考清楚了这种信息对于自己的意义。此时此刻，"时间"就真正到了。"真理"不仅足够明确了，还成了可以实践的。到了这一步，他所缺乏的就只是实践"真理"的意志了，于是"巨大的风暴"席卷而来。在奇迹般地走出这场风暴之后，"一切阴霾笼罩的疑云"都溃散了，他已经"一心站定在信仰的尺度之上，一如多少年前，你

1　Robin Lane Fox, *Augustine: Conversions to Confessions*, pp. 274–276, 278–281.

2　按照卷八的叙述，西姆普利齐亚努斯的谈话本身基本上没有涉及"如何节欲"的问题。

3　*Conf.* 8.6.13.

4　*Conf.* 8.8.19: "neque enim secretum meum non erat, ubi ille aderat." 周译作"孤独"。

5　详见夏洞奇：《"危险的深渊"：〈忏悔录〉卷六考》，第 44—51 页。

6　*Conf.* 8.11.25.

启示她我昂然特立的情景"[1]。

根据《忏悔录》的回忆，就在蓬提齐亚努斯还在讲故事的时候，奥古斯丁被迫"看见了自己的双眼"，"我懂得了，但我假装不懂，强自排遣，使其忘记"[2]。此时此刻，他所"懂得"（noveram eam）的究竟是什么，"假装不懂"（sed dissimulabam）的又是什么呢？局限于这个句子之中来看，"懂得"的宾语"eam"应当就是所谓的"iniquitatem meam"（我的罪恶），亦即下一节中他所做的忏悔——概括而言，也就是"我日复一日的拖延，不肯轻视世俗的前途而一心追随你"[3]。但问题在于，这种意义上的"我的罪恶"，是他早已"懂得"的，他也从来没有"假装不懂"过。

那么，通过蓬提齐亚努斯的故事，奥古斯丁究竟"懂得"了什么呢？根据上文的分析，我们知道，在叙述他讲故事的过程中，作者所反反复复强调的重点就是，这一切都是他们"不知道"的：他们"并不知晓"，"竟未听说过"安东尼修道的事迹，对于基督教的修道运动"一无所知"，哪怕对于米兰城外的修道院也"并未得知"。而对于他们这种程度的"孤陋寡闻"，蓬提齐亚努斯也是"不知道"的。[4]紧接着这种"不知道"叙事，下一个故事就是特里尔"探事官""放弃所有一切而追随你"（relinquendi omnia sua et sequendi te）[5]的故事了，而他们的"转变"模式也恰好就是对某种修道生活的皈依。也就是说，特里尔的"转变"其实就是他们所"不知道"的修道运动的范例之一。

按照奥古斯丁的回忆，蓬提齐亚努斯尚未讲完故事，他就已经真正地"懂得"了"我的罪恶"，并且再也无法"假装不懂"了。就在突然之间，针对当前持续已久的"严重的危机"，可行的对策已经被找到。根据刚刚获得的新信息，才思敏捷的他立即就悟出了一套全新的解决方案。

在 386 年的夏天，"严重的危机"已经发展到了顶点：在理性层面上，奥古斯丁对于摩尼教的否定已经非常坚决；在心理层面，他的焦虑症始终没有得到有效缓解；在

---

1 *Conf.* 8.12.29–8.12.30.

2 *Conf.* 8.7.16. 周士良将这个关键句意义松散地译为"我认识了，但我闭上眼睛，强自派遣，于是我又淡忘了"。

3 *Conf.* 8.7.18: "et putaveram me propterea differre de die in diem contempta spe saeculi te solum sequi ... "

4 *Conf.* 8.6.14–8.6.15.

5 *Conf.* 8.6.15.

肉体层面，他的健康问题已经恶化为"严重的危症"(intercurrente artiore periculo)[1] 了。

在西姆普利齐亚努斯眼中，奥古斯丁之所以仍然"拖延不决"，无非是因为他舍不得放弃修辞学的教职，并且"害怕得罪朋友们"。老神父的游说策略就是在这种认识的基础上设计出来的。

然而，奥古斯丁的真实处境还要困难得多：由于多年以来都将社会关系基本局限于摩尼教的圈子之内，一旦与该教恩断义绝，他就有可能要被大部分相交多年的朋友抛弃（就连多年来与他的情谊最为深厚的罗玛尼亚努斯，从此以后也心存芥蒂，再也没有恢复过去的友谊[2]）；更严重的，自从他渡海前来意大利，依靠摩尼教的关系已经曙光初露的锦绣前程[3]，也将随之而付诸东流。

当时的奥古斯丁十分清楚，在正常情况下，成为基督徒并接受洗礼，并不意味着同时还要放弃世俗功名，遑论主动弃绝婚姻。在当时的米兰，就在他面前的圈子里，就有基督徒从政并且官至高位的成功榜样。[4] 但他个人的情形是非常特殊的。摩尼教过去对他全力以赴的支持，此时竟已成为难以摆脱的可恨包袱。对他来说，基督教信仰＋基督教婚姻＋世俗功名三结合这条平坦的人生路，竟然已经被宣告为"此路不通"了。不能忘记的是，自小以来，功名前途始终都是他的人生目标与整个家庭的巨大梦想。[5] 在这种背景中来看，与摩尼教公开断绝，就意味着他个人的，甚至家族的远大事业即将遭受彻底的失败。这当然是他难以承受的挫折了。正因为如此，他才会叹息自己缺乏维克托利努斯的"福气"，难以挣脱那个比他"更黑暗的深渊"，无法像他那样"俯首接受十字架的耻辱"。[6]

但是，在进退两难的奥古斯丁面前，蓬提齐亚努斯带来的这些故事突然向他启

1　*Conf.* 6.1.1. 周译不够准确。

2　夏洞奇：《罗玛尼亚努斯与奥古斯丁：〈忏悔录〉6.14.24 释微》，第 298—301 页。

3　夏洞奇：《"开始绝望"？——〈忏悔录〉卷五再分析》，《云南大学学报》2015 年第 2 期，第 35—48 页，此处见第 41—43 页；《制度史的意义：以奥古斯丁〈忏悔录〉为例》，第 606—609、611—613 页。

4　例如，与奥古斯丁有所交往的 Mallius Theodorus，见 Robin Lane Fox, *Augustine: Conversions to Confessions*, pp. 214–215, 217. 其实，当年的安布罗斯也是这方面的例子，在担任主教之前，他就是当地的总督。

5　夏洞奇：《"开始绝望"？——〈忏悔录〉卷五再分析》，第 40—43 页。

6　*Conf.* 8.5.10, 8.4.9, 8.2.3.

发了另一条道路。在无意之中，他们闻所未闻的基督徒的"修道"，变成了这场谈话的主题。在这些故事中，奥古斯丁能够读出以下这几项关键的信息：首先，就在基督教内部，修道的实践早已有之，经过多年发展之后已经较为成熟，已经受到了普遍的肯定。其次，以安东尼为例，成功的修道者往往被视为伟大的人物，哪怕他们彻底放弃了世俗的名利。再次，为了追求"天国"而放弃功名，成为"天主之仆"（servi tui）、"神贫者"（spiritu pauperes）[1] 的现象，在当时已经出现了。特里尔的"探事官"们就是典型。按照这样的逻辑，他们能够为自己的"转变"提供自洽的解释，并且有可能得到亲友们的认可（例如，第一位决心"转变"的"探事官"不仅没有被第二位"阻止"[noli adversari]，反而立即就得到了响应；蓬提齐亚努斯等两位同事虽然"不愿参加"[si adiungi recusarent]，但不仅做到了"不要阻挠"[ne sibi molesti essent]，还向他们"诚恳祝贺"[illis pie congratulati sunt]，并请他们代为祈祷；他们两位的未婚妻，也积极响应，从此"守贞不字，献身于天主"[2]）。最后，就在米兰城外，修道院已经存在了。因此，对于米兰人而言，基督徒的修道也已经不是匪夷所思的奇谈了。

另外需要指出的是，在那个时候，"修道"本身并不是奥古斯丁闻所未闻的。蓬提齐亚努斯带来的新鲜事只不过是，原来在大公教会之内也可以"修道"！事实上，他早就知道罗马城的一批摩尼教"选民"正在进行一场集体"修道"的实验。但就在那年的夏天，他已经得到了从罗马城传来的信息，获知了那次实验的失败。[3] 但蓬提齐亚努斯却告诉他们，大公教会的修道不仅早已取得了成功，而且就在米兰城外，就在他们身边。正因为如此，"我们听了自然不胜惊奇，竟在这样近的记忆里，就在我们的并时，你的灵异的迹象在纯正的信仰中、在公教会内显示了确切不移的证据"[4]。可以说，

1　*Conf.* 8.6.15.

2　Ibid.

3　Jason David BeDuhn, *Augustine's Manichaean Dilemma, I: Conversion and Apostasy, 373-388 C.E.* (Philadelphia: University of Pennsylvania Press, 2010), pp. 188-190.

4　*Conf.* 8.6.14: "stupebamus autem audientes tam recenti memoria et prope nostris temporibus testatissima mirabilia tua in fide recta et catholica ecclesia."

摩尼教修道的失败与大公教会修道的成功，二者形成了鲜明的对比，对他造成了强烈的思想冲击。[1]

奥古斯丁终于发现，一旦有了基督教信仰这个理由，对世俗功名、人间富贵的放弃，就可以从被动承受的消极的失败，转变为主动争取的积极的成功。俯首接受十字架，不仅不是什么"耻辱"了，反而成了虔诚基督徒引以为荣的荣耀。来自特里尔的故事说明，只要他们愿意走上修道这条路，追随就会取代阻挠，敬仰就会取代耻笑。他们将"功名意愿毅然斩断"，是为了以"必要的代价"，承担另一项"如此艰巨的任务"，争取"如此巨大的赏报"。[2]哪怕奉献给了世俗功名的前半生被"清零"，他仍然有可能开始一番全新的事业，"在沙漠中结出果实"[3]。在大公教会的框架内，修道确确实实能够成功。"那里有多少童男童女，多少各种年龄的人，有青年人，有郑重的节妇，有年老的贞女，在所有人身上，节制决非膝下荒凉，而是儿女成行，欢聚膝下，因为已经献身于你天主了。"[4]根据蓬提齐亚努斯的故事，他已经完全相信了。

他已经想到，只要作为响应安布罗斯号召的"天主之仆"，在当时那种极为浓厚的宗教氛围之下[5]，米兰人就不会把他当成世俗道路上的失败者。他们将在米兰受洗，然后以焕然一新的身份荣归故里，成为最领先的宗教生活方式的实践者、传播者。这不仅会成为他个人生涯的根本转型，也可以成为家族转型的开端。[6]功名前途这个过去无法克服的难题，已经迎刃而解。

1　查德威克也强调，意外地发现大公教会可以容纳平信徒的节欲团体，这一点对于奥古斯丁是很重要的。见 Henry Chadwick, "On Re-reading the *Confessions*", in *Saint Augustine the Bishop: A Book of Essays*, ed. F. LeMoine and C. Kleinhenz (New York: Garland, 1994), pp. 139–160, at p. 141。

2　*Conf.* 8.6.15: "... iamque tuus ait amico suo, 'ego iam abrupi me ab illa spe nostra et deo servire statui ... respondit ille adhaerere se socium tantae mercedis tantaeque militiae."

3　*Conf.* 8.6.15.

4　*Conf.* 8.11.27: "ibi tot pueri et puellae, ibi iuventus multa et omnis aetas, et graves viduae et virgines anus, et in omnibus ipsa continentia nequaquam sterilis, sed fecunda mater filiorum gaudiorum de marito te, domine."

5　就在386年的春天，米兰大公教会与阿里乌派的教堂之争达到了高潮，支持该异端的太后发兵前来夺取教堂，主教安布罗斯发动群众进行抵抗，最终获得了胜利。这次斗争使安布罗斯作为宗教领袖的威望达到了新的高度。奥古斯丁对这个重要事件的回忆，见 *Conf.* 9.7.15–9.7.16。

6　后来的发展就是如此，奥古斯丁家族的许多成员都转而投身于宗教事业。见夏洞奇：《"普通市民"抑或"上等人"：奥古斯丁家庭背景重估》，《历史研究》2016年第5期，第144—164页，此处见第162—163页。

可以说，蓬提齐亚努斯无意中带来的信息，已经足够奥古斯丁构思出一个过去无法想象的全新的"转变"方案。按照这个新的方案，功名事业不是被迫失败了，而是被他们以一种充满宗教英雄主义的方式主动放弃了。[1] 就这样，他立即意识到，"理由已经说尽，都已遭到驳斥"[2]——在"转变"的新方案已经成为可能的情况下，继续"拖延不决"就会真的成为"我的罪恶"了！

（二）修道新方案的难点及其解决

在卷八第 3 部分的开头，奥古斯丁如此预告接下来的内容："我将向你的圣名讲述和忏悔你怎样解除了紧紧束缚着我的淫欲的锁链、俗务的奴役。"[3] 但值得注意的是，在后面整整 7 章 18 节的篇幅中，关于"淫欲的锁链"与"俗务的奴役"这两方面的讲述是相当不对称的。卷八的最后 6 章，都是围绕着"你怎样解除了紧紧束缚着我的淫欲的锁链"而展开的，而"俗务的奴役"却基本缺位了。

之所以会出现这种显性层面上的不对称，其实是因为在听了蓬提齐亚努斯的故事之后，奥古斯丁立即就想通了针对功名问题的对策。另一方面，我们要知道，他并非真的出身所谓的"普通市民"家庭，他的家庭背景相当优越，不能低估。[4] 虽然他曾经自称"全家人都指望着我，要靠我的职务"，"为了支撑体面，为了那些靠我的没用的人，开销很大"[5]；但从他的家境来看，哪怕放弃了米兰的修辞学教职这份好工作，他也并没有生计方面的压力。因此，只要他有了"放弃所有一切而追随你"的意志，放弃

1　彼得·布朗认为，当时奥古斯丁同时以受洗基督徒与"哲学家"的标准要求自己，因此"英雄般地与现世决裂"了，见 Peter Brown, *Augustine of Hippo: A Biography, A New Edition with an Epilogue* (Berkeley: University of California Press, 2000 [1967]), pp. 93–107, esp. 98–99。类似的观点，如：Garry Wills, *Saint Augustine's Conversion* (New York: Viking Penguin, 2004), pp. 25–29; James J. O'Donnell, *Augustine: A New Biography* (New York: Harper Collins Publishers, 2005), pp. 74–76。但是，假若像布朗那样以"哲学英雄主义"而非"宗教英雄主义"来解释奥古斯丁的节欲式"转变"，就很难解释蓬提齐亚努斯的故事的特殊冲击力了。

2　*Conf.* 8.7.18.

3　*Conf.* 8.6.13.

4　*Conf.* 2.3.5–2.3.6 当中的"普通市民"叙事具有特定的写作语境与文学目的，详见夏洞奇：《"普通市民"抑或"上等人"：奥古斯丁家庭背景重估》，第 145—152 页。

5　*Contra Academicos* 2.2.4: "Nam cum praesens praesenti tibi exposuissem interiores motus animi mei ... sed me tanto meorum onere, quorum ex officio meo vita penderet, multisque necessitatibus, vel pudoris, vel ineptae meorum miseriae refrenari." (*Corpus Christianorum Series Latina*, Vol. 29 [Turnholt: Brepols, 1970], p. 20)

功名就不再是那么难以逾越的障碍了。

然而，"修道"的新方案虽然可以完美地解决如何放弃功名的问题，却在另一个方面提出了严峻的挑战，这就是"如何节欲"的问题了。如果他只是一个普通的基督徒，哪怕莫尼卡在米兰说好的亲事失败了，他也可以追求新的婚姻。但若选择了"修道"的未来，他就必须以最严格的节欲标准来要求自己。不同于特里尔的浪漫故事，米兰的那位未婚妻并不会"守贞不字"，和他一起"献身于天主"；就连现在陪他生活的情妇也必须立即被抛弃。[1] 长期以来，作为摩尼教的"听者"，他从来不必承担节欲的戒律。[2] 然而，节欲却是基督教修道生活最基本的纪律。在这种情形下，矛盾的焦点就从不忍心放弃功名前途，突然转移到了如何接受节欲的生活方式。

在奥古斯丁的"转变"道路上，到了这一步，"如何节欲"竟已成为唯一的实质性障碍了。正因为如此，卷八的最后 6 章都将围绕着这最后的难题而展开。他从小就在基督徒家庭中长大。[3] 在米兰，莫尼卡也和当地的基督徒团体有着广泛的联络。[4] 他当然明白，虽然保罗提倡节欲的生活，但毫无疑问，"使徒并不禁止我结婚"，福音的真正要求只不过是"谁能领受的，就领受吧"。[5]

《忏悔录》反复强调，对于奥古斯丁来说，"节欲"实在是一件极其困难的事。从刚刚进入"青年"(adulescentia)[6] 的时期开始，他就不愿意天主"立即治愈我好色之疾"，"因为这种病态，我宁愿留着忍受，不愿加以治疗"。[7] 早在还在迦太基求学的时

1　*Conf.* 6.15.25.

2　Jason David BeDuhn, *Augustine's Manichaean Dilemma, I*, pp. 47–50, 63–65；马小鹤：《光明的使者：摩尼与摩尼教》，兰州大学出版社，2013 年，第 222—264 页。

3　*Conf.* 1.11.17.

4　夏洞奇：《"普通市民"抑或"上等人"：奥古斯丁家庭背景重估》，第 157—160 页。

5　*Conf.* 8.1.2: "... nec me prohibebat apostolus coniugari, quamvis exhortaretur ad melius, maxime volens omnes homines sic esse ut ipse erat ... audieram ex ore veritatis esse spadones qui se ipsos absciderunt propter regnum caelorum, sed 'qui potest,' inquit, 'capere, capiat.'"

6　"adulescentia" 指 15 岁至 30 岁之间的年龄，见 C. T. Lewis and C. Short, eds., *A Latin Dictionary: Founded on Andrews' Edition of Freund's Latin Dictionary* (Oxford: Clarendon, 1879), p. 46, s.v. "adulescentia".

7　*Conf.* 8.7.17: "at ego adulescens miser valde, miser in exordio ipsius adulescentiae, etiam petieram a te castitatem et dixeram, 'da mihi castitatem et continentiam, sed noli modo.' timebam enim ne me cito exaudires et cito sanares a morbo concupiscentiae, quem malebam expleri quam exstingui."

候，他就开始与一位情妇同居了。[1]

在到达米兰之后，他仍然继续着同居的性生活。当时他"极力地贪求无法满足的情欲"，"情欲俘虏我，磨折我"。[2] 他担心，"没有一个女子的拥抱，生活可能太痛苦"[3]。他"陷在这种肉情的胶漆中"，还在阿利比乌斯面前坚持认为，"我独身不娶，便不能生活"[4]。为了在米兰结成更加有利的婚姻，他被迫将多年来的情妇独自送回了北非。但他成了"淫欲之奴隶"（libidinis servus），熬不过等待成婚的两年时间，又找了另一个情妇。[5]

直到"转变"的前夕，奥古斯丁仍然"对女人还是辗转反侧，不能忘情"[6]。对于这种困境，后来他上升到神学的高度，做了理论性的概括：情欲的"铁链""把我紧缠于困顿的奴役中"，因此他亲身体会到了"'肉体与精神相争，精神与肉体相争'的意义"。[7] 根据《忏悔录》的叙述来看，他一直习惯于与女人一起生活，他的性需求是相当强烈的。[8] 总之，节欲生活不仅不是接受洗礼、成为好基督徒的基本要求，也是强烈地违背他的本心的。

正因为如此，一旦"节欲"突然变成了横亘于奥古斯丁眼前的最大的障碍，双重的意志立即就他的心房中引发了"巨大的斗争"。[9] "永生的快乐在上提携我们，而尘世之善的享受在下控引我们，同一个灵魂并不完全被一种意志占有，既想要这个，又想要那个。因此灵魂被严重的忧苦所割裂；真理使它更爱前者，而习惯又使它舍不下后者。"[10] 形象地说，这就是"节制"（continentiae）与"旧相好"（antiquae amicae meae）

1　*Conf.* 4.2.2. 根据他们的儿子 Adeodatus 出生的时间（*Conf.* 9.6.14）推算，这段同居开始于 372 年左右。

2　*Conf.* 6.12.22: "magna autem ex parte atque vehementer consuetudo satiandae insatiabilis concupiscentiae me captum excruciabat ..."

3　*Conf.* 6.11.20: "putabam enim me miserum fore nimis si feminae privarer amplexibus ..."

4　*Conf.* 6.12.22: "... ita haerere visco illius voluptatis ut me adfirmarem ... caelibem vitam nullo modo posse degree ..."

5　*Conf.* 6.15.25.

6　*Conf.* 8.1.2.

7　*Conf.* 8.5.10~8.5.11.

8　与很容易克服情欲的阿利比乌斯形成了鲜明的对比，见 *Conf.* 6.12.21~6.12.22。

9　*Conf.* 8.8.19~8.8.20.

10　*Conf.* 8.10.24: "ita etiam cum aeternitas delectat superius et temporalis boni voluptas retentat inferius, eadem anima est non tota voluntate illud aut hoc volens et ideo discerpitur gravi molestia, dum illud veritate praeponit, hoc familiaritate non ponit."

对他展开了激烈的争夺，在他的灵魂深处造成了"巨大的风暴"。[1] 一言以蔽之，"这场纷争在我心中搅扰，正是我与我的决斗"[2]。

这场风暴最终是如何解决的？"圣经上明明写着：'除非你赐予，否则谁也不能洁身自守。'如果我用内心的呻吟，上彻你的耳鼓，以坚定的信心把我的顾虑丢给你，你一定会赐予我的。"[3] 米兰花园一幕的剧情高潮，正是按照卷六的"预告"而展开的。

"巨大的风暴"之所以迅速平息，其直接原因是奥古斯丁将"拿着，读吧！拿着，读吧！"的声音视为神谕一般的命令，立即阅读了保罗书信。耐人寻味的是，在卷八第 12 章之中出现了三段经文，三者均被阅读者奉若神谕，都直接激发了"转变"的决心，但其内容却相当不同。这里我们只比较前二者。[4]

按照《忏悔录》的讲述，安东尼所"听到"[5]的福音书经文是《马太福音》第 19 章第 21 节："去变卖你所有的，分给穷人；你积财于天，然后来跟随我。"随即，"这句神谕般的话使他立即归向你"[6]。很明显，这段经文所针对的是如何解除"俗务的奴役"这一方面。尽管在写作《忏悔录》之前，奥古斯丁早已成为"天主之仆"，已经身体力行地响应了这句经文的号召[7]，但在 386 年的米兰花园里（至少是按照《忏悔录》的文学呈现），真正打动他的却是另一段经文。这一点清楚地提示我们，"我与我的决斗"的最终环节，主要并不在于放弃功名这一方面。

《忏悔录》希望读者认为，在米兰花园里打动了奥古斯丁，最终使他下定决心的经

1　*Conf.* 8.11.26–8.12.28.

2　*Conf.* 8.11.27: "ista controversia in corde meo non nisi de me ipso adversus me ipsum."

3　*Conf.* 6.11.26: "... cum tam stultus essem ut nescirem, sicut scriptum est, neminem posse esse continentem nisi tu dederis. utique dares, si gemitu interno pulsarem aures tuas et fide solida in te iactarem curam meam."

4　关于阿利比乌斯在米兰花园里读到的经文《罗马书》第 14 章第 1 节，笔者将另文阐释。

5　对照《安东尼传》第 2 章可知，周译所谓的安东尼"偶然读福音"是不准确的。《忏悔录》原文实为："audieram enim de Antonio quod ex evangelica lectione cui forte supervenerat admonitus fuerit, tamquam sibi diceretur quod legebatur ..."

6　*Conf.* 8.12.29: "'vade, vende omnia quae habes, et da pauperibus et habebis thesaurum in caelis; et veni, sequere me,' et tali oraculo confestim ad te esse conversum." 按照思高本，这句经文被译为："你若愿意是成全的，去！变卖你所有的，施舍给穷人，你必有宝藏在天上；然后来跟随我。"

7　夏洞奇：《"普通市民"抑或"上等人"：奥古斯丁家庭背景重估》，第 162—163 页。

文是保罗的《罗马书》第 13 章 13—14 节："我抓到手中，翻开来，默默读着最先进入我眼帘的一章：'不可耽于酒食，不可溺于淫荡，不可趋于竞争嫉妒，应被服主耶稣基督，勿使纵恣于肉体的嗜欲。'"这句经文对他的影响是无以复加的。按照《忏悔录》的回忆，"我读完这一节，顿觉有一道恬静的光射到心中，溃散了一切阴霾笼罩的疑云"[1]。需要考虑的是，保罗的这段经文何以具有这般奇效，能够在一瞬间就"溃散了一切阴霾笼罩的疑云"呢？

很明显，与安东尼所听到的经文（这应当也包括在蓬提齐亚努斯刚刚讲过的故事中）明显不同，《罗马书》的这段经文是直接针对所谓的"淫欲的锁链"的。从结构的角度分析，这段经文可以被分为三个部分："应被服主耶稣基督"（ induite dominum Iesum Christum ）是宗旨和原则；"勿使纵恣于肉体的嗜欲"（ carnis providentiam ne feceritis in concupiscentiis ）是总体的要求；而三条"不可"（ non in ）是落实总体要求的具体措施："不可耽于酒食"（ non in comessationibus et ebrietatibus ）；"不可溺于淫荡"（ non in cubilibus et impudicitiis ）；"不可趋于竞争嫉妒"（ non in contentione et aemulatione ）。

非常有趣的是，如果我们将这段经文从《罗马书》第 13 章的整体语境中剥离出来（花园里的奥古斯丁正是如此阅读的）[2]，读者就很容易产生一种感觉：这三项具体措施，与其说是在狭义上针对"淫欲"（ in concupiscentiis ）或者说"性欲"的道德诫命，不如说是在广义上指导如何照料肉身（ carnis providentiam ）的"养生"建议。"不可耽于酒食"，就是要注意饮食；"不可溺于淫荡"，就是要节制欲求；"不可趋于竞争嫉妒"，就是要心态平和。

我们知道，奥古斯丁已经在很长的时间里处于健康欠佳的状态了；在这年的夏天，随着"胸痛"的发作[3]，"严重的危症"可以说已经构成了非常现实的严重威胁。在

1　*Conf.* 8.12.29.

2　福克斯强调奥古斯丁"误读"了《罗马书》的这段经文：保罗所批判的只是过分的淫欲，而他做出了极端的解读，解释成了对于婚内性生活的放弃。见 Robin Lane Fox, *Augustine: Conversions to Confessions*, pp. 290—292. 在笔者看来，奥古斯丁并未以这种方式"误读"该段经文；毋宁说，保罗的教导是在健康危机的特定情境中说服他接受节欲生活的。

3　*Conf.* 9.2.4, 9.5.13, *Contra Academicos* 1.1.3.

健康危机的压力下，他早已深知调养身体的必要性与迫切性。[1] 但由于他始终无法挣脱"淫欲的锁链"与"俗务的奴役"，他就始终无法在身心两方面得到调养，导致健康状态逐步恶化。在这种情形下，对于一个忧惧"死亡"的病人的心，这三条"不可"正是具有高度针对性的。这三条要求同时兼顾了肉体的保养与精神的调养，可以说是对他最合适的"养生"建议了。

不仅如此，《罗马书》第13章13—14节不仅向他指示了"养生"的策略，还引入了宗教的权威，强化了对他的约束："应被服主耶稣基督，勿使纵恣于肉体的嗜欲。"信仰的动机能够为他提供更强大的精神动力，督促他认真地排除欲念、节欲调养。进一步说，这三条"不可"恰恰也都属于修道的基本戒律。因此，这段经文还启示了他，使他认识到宗教生活的修道方案是与恢复健康的养生方案高度契合的。从理性的角度来说，修道生活确实具有极大的潜在可能性，既能缓解他的精神焦虑，又有利于调养身体，同时还能为迫在眉睫的事业危机提供一个出口。

让时光回到386年夏天的米兰花园里。假若奥古斯丁当时真的"翻开书来，看到哪一章就读哪一章"，又恰巧就读到了这段经文，那么他所受到的震撼必定是深深地触动灵魂的。作为一个从小信仰宗教的人，他又岂能不将"拿着，读吧！拿着，读吧！"的声音视为神的命令呢！[2]

确实，《忏悔录》卷六中的"预告"非常精辟地概括了"花园一幕"的核心。"除非你赐予，否则谁也不能洁身自守。"确实，奥古斯丁之所以能够痛下决心，突然就具有了前所未有的精神力量，自觉自愿地接受了极为艰难的节欲生活，就是因为他不得不相信这就是神直接给予他、专门针对他的命令。在米兰花园里，身处"巨大的风

1　夏洞奇：《"危险的深渊"：〈忏悔录〉卷六考》，第44—49页。

2　正如查德威克所论，将这一事件理解为神以神秘的方式发挥了作用，这是完全符合奥古斯丁的思维方式的。见 Henry Chadwick, "History and Symbolism in the Garden at Milan", in *From Augustine to Eriugena: Essays on Neoplatonism and Christianity in Honor of John O'Meara*, eds. F. X. Martin and J. A. Richmond (Washington, D.C.: Catholic University of America Press, 1991), pp. 42–55, esp. pp. 46–51。马修斯指出，把偶然随机的阅读奉着神谕，这种做法在罗马文化中渊源有自；对保罗书信的阅读也并不是纯属偶然的，而是有高度的预先选择性的；"tolle lege" 有可能是小孩做游戏时唱的歌，被紧张失神的奥古斯丁当成了神的命令。见 John Matthews, "Children's Games in Augustine's *Confessions*", pp. 278–279, 283–285, 287。

暴"之中,他确实已经做到了"用内心的呻吟,上彻你的耳鼓,以坚定的信心把我的顾虑丢给你"。确实,"你一定会赐予我的"。就在他来到那棵无花果树下,"凄惨地呜咽着""为何不是现在"的时候[1],他就马上听见了"拿着,读吧! 拿着,读吧!"的声音。

卷八的结尾如此概括奥古斯丁在米兰花园里的"转变":"你使我转变而归向你,甚至不再追求室家之好,不再找寻尘世的前途,而一心站定在信仰的尺度之上。"就在此时此刻,他终于"一心站定在信仰的尺度之上","不再找寻尘世的前途",也"不再追求室家之好",就像特里尔的"探事官"们那样,"放弃了所有一切而追随你"。

四、反观:"从死中复活"

根据西姆普利齐亚努斯的谈话推测,直到那时候,节欲问题还没有在奥古斯丁的"危机"中成为主要矛盾。但蓬提齐亚努斯无意中带来的新消息,启发他迅速地设计出了一套全新的"转变"方案。这个方案优点突出、操作性强,却附带着一项必不可少的要求,也就是"节欲"的戒律。可以说,作为修道新方案的附带要求,"节欲"的挑战是突然出现在他眼前的。对于如此巨大的"必要的代价",他并没有多少心理准备。但"严重的危机"确已发展到了顶点,他最终认识到"时间到了"。"巨大的风暴起来了",他陷入了双重意志的激烈斗争。在关键时刻,"拿着,读吧! 拿着,读吧!"的声音极为"偶然地"出现了,他获得了神谕一般的启示。就在这不可思议的一幕中,顽固的他竟然在短期内就被说服了。他不仅想通了如何抛弃功名的问题,还想通了更为困难的节欲问题,最终下定了实践修道新方案的决心。

正因为"节欲"的命题是出人意料地出现的,它才会构成如此严峻的挑战。修道虽然是"反败为胜"的好办法,但"节欲"这个条件实在是"太痛苦"了(miserum

---

1　*Conf.* 8.12.28.

nimis ）。[1] 正因为如此，这场"转变"的最后阶段是无比艰难的。原本在一般意义上的基督徒生活，竟然出乎意料地变成了"主，谁能和你相似？"(domine, quis similis tibi?)[2] 的特殊挑战。正因为如此，奥古斯丁才发自肺腑地叹息说："你从不离开我们，可是我们要回到你身边是多么困难！"[3]《忏悔录》卷八反反复复地向读者强调，这个过程就是一种"从死中复活"的体验。

早在卷八的第 3 章中，在评论维克托利努斯之"转变"的时候，作者就以相当突出的方式谈到了"家中的幼子'死而复生，失而复得'"的圣经故事，强调了"事前忧患愈重，则所得快乐也愈大"的道理。[4] 结合下文关于主人公本人"转变"体验的描述来看，与维克托利努斯的经历相比，"死而复生，失而复得"的说法对于奥古斯丁本人才是最贴切的。很有可能，这一伏笔就是为了进一步激发读者对其"死亡"般的"转变"体验的同情心。在第 5 章中，作者又如此形容自己在听完西姆普利齐亚努斯谈话之后的状态："你对我说：'你这睡着的人，应当醒过来，从死中复活，基督就要光照你了。'我却没有回答。"[5] 这段话不仅强调了这是一次"死亡"般的体验，还又一次以精辟的语言预告了即将发生在花园里的故事。

在第 7 章中，蓬提齐亚努斯讲完故事、告辞而去，奥古斯丁此时的状态被描述为："剩下的只是沉默的恐惧，和逃避死亡一样(quasi mortem reformidabat)，害怕离开习惯的河流，继续腐败直至死亡(quo tabescebat in mortem)。"[6] 接下来，他进入了那个花园，在那里经受了双重意志的决斗。十年之后，在回忆中他再次将这最后的一幕定性为"我将通过死亡通向生命"(moriebar vitaliter)[7]，或者说"死于死亡，生于生命"(mori

---

1　*Conf.* 6.11.20.

2　*Conf.* 8.1.1, 9.1.1.

3　*Conf.* 8.3.8: "et nusquam recedis, et vix redimus ad te."

4　*Conf.* 8.3.6–8.3.8: "... cum legitur in domo tua de minore filio tuo quoniam 'mortuus erat et revixit, perierat et inventus est ... hoc in eo qui mortuus erat et revixit, perierat et inventus est: ubique maius gaudium molestia maiore praeceditur." 这个故事出自《路加福音》第 15 章。

5　*Conf.* 8.5.12: "non enim erat quod tibi responderem dicenti mihi, 'surge qui dormis et exsurge a mortuis, et inluminabit te Christus'..." 这个圣经典故出自《以弗所书》第 5 章第 14 节。

6　*Conf.* 8.7.18.

7　*Conf.* 8.8.19. 周译作"这种死亡是通向生命"。

morti et vitae vivere ）[1]。

通过"死亡"获得"生命"的叙事贯穿于卷八的前后，作者正是以这种突出的修辞模式来引导读者的理解的。这种"死亡"般的体验，既是指奥古斯丁当时经历了一场面临"双重死亡"的危机；又是指他的最后"转变"如同"死亡"那般艰难痛苦；还指他放弃了包括功名与婚姻在内的"所有一切"，从此以后他的世俗生命已经"死亡"了。而所谓的"通向生命""生于生命"，具体地是指他在采取了修道的新方案之后，很快就恢复了身体的健康[2]；抽象地是指他在宗教生活中获得了新的生命，最终将要进入那个"我们都要复活，但不是都要改变"[3]的时候。

"从死中复活"的经历当然是神奇的。在基督的光照下醒过来，"从死中复活"，对于基督徒来说，这是唯独归功于神的不可思议的奇迹。奥古斯丁也一直希望读者如此理解前9卷的中心故事。为此，《忏悔录》运用了高超的文学手法，极力地向读者渲染，主人公在米兰的"转变"是出人意料、不可思议的。

384年之秋，奥古斯丁为追求"尘世的前途"而来到了米兰。他通过摩尼教的关系来谋求这份教职，"但我们双方都不知道（nesciebamus）"，"此行以后，我将和他们断绝来往"。[4]当时他并不把米兰主教安布罗斯视为"真理的明师"[5]，却在他的影响下彻底地改变了对于基督教的认识。因此可以说，"我不自知地（nesciens）受你引导走向他，使我自觉地（sciens）受他引导归向你"[6]。

在必须"背叛"而又无法"背叛"摩尼教的危机中，被寄予厚望的老神父西姆普利齐亚努斯未能为他指示出"适当的方法"，而偶然来访的"探事官"蓬提齐亚努斯却无心地带来了最有价值的信息，在他们一切都"不知道"的情况下，突然间启发他想出

1　*Conf.* 8.11.25.

2　详见夏洞奇:《"危险的深渊":〈忏悔录〉卷六考》，第62—63页。

3　*Conf.* 9.10.25: "an cum omnes resurgimus, sed non omnes immutabimur?" 引自奥古斯丁与莫尼卡在奥斯蒂亚经历神秘体验时的谈话，其圣经出处是保罗的《哥林多前书》第15章第51节。

4　*Conf.* 5.13.23: "... ego ipse ambivi per eos ipsos manichaeis vanitatibus ebrios (quibus ut carerem ibam, sed utrique nesciebamus) ..."

5　*Conf.* 5.13.23.

6　*Conf.* 5.13.23: "ad eum autem ducebar abs te nesciens, ut per eum ad te sciens ducerer."

了修道的新方案，帮助他一举下定了抛弃功名前途的决心。

突然之间，"如何节欲"的问题竟然变成了矛盾的焦点，而最后一幕的解决也是出人意料的。对于修道新方案所提出的"节欲"要求，奥古斯丁本来是极为抗拒的，就像"逃避死亡一样"。但是，他在不知不觉中进入了那个花园，"我内心的动荡把我带到了那里"[1]。"我还在迟疑着，不肯死于死亡，生于生命。"[2]他"不胜呜咽"，"不知道（nescio）说了什么话"。[3]然后他独自走开，离开了阿利比乌斯，"不知道怎样（nescio quomodo）去躺在一棵无花果树下"[4]。"我向你说了许多话"，但"字句已记不起"。[5]"我带着满腹辛酸痛哭不止"，"突然我听见从邻近一所屋中传来一个孩子的声音"，"我分不清（nescio）是男孩子或女孩子的声音"。[6]对于"拿着，读吧！拿着，读吧！"的声音，"我完全想不起来在哪里听到过"[7]。就这样，"我找不到其他解释，这一定是神的命令，叫我翻开书来，看到哪一章就读哪一章"[8]。于是奥古斯丁拿起了手头的保罗书信，"读完这一节，顿觉有一道恬静的光射到心中，溃散了一切阴霾笼罩的疑云"[9]。然后，"我用手或某个不记得（nescio）的办法在书上作一标记，合上书本，心平气和地告诉了阿利比乌斯"[10]。总的来说，与卷八第6章所描写的蓬提齐亚努斯讲故事的一幕非常相似，花园一幕也是在主人公完全"不知道"的情形下意外地发生的。《忏悔录》极力地告诉读者，节欲问题的突然解决，也是非常偶然、出人意料的。

---

1 *Conf.* 8.8.19.

2 *Conf.* 8.11.25: "... haesitans mori morti et vitae vivere ..."

3 *Conf.* 8.12.28: "nescio quid enim, puto, dixeram in quo apparebat sonus vocis meae iam fletu gravidus, et sic surrexeram."

4 *Conf.* 8.12.28: "ego sub quadam fici arbore stravi me nescio quomodo ..."

5 *Conf.* 8.12.28: "... et non quidem his verbis, sed in hac sententia multa dixi tibi ..."

6 *Conf.* 8.12.29: "dicebam haec et flebam amarissima contritione cordis mei. et ecce audio vocem de vicina domo cum cantu dicentis et crebro repetentis, quasi pueri an puellae, nescio: 'tolle lege, tolle lege.'"

7 *Conf.* 8.12.29: "nec occurrebat omnino audisse me uspiam ..."

8 *Conf.* 8.12.29: "... nihil aliud interpretans divinitus mihi iuberi nisi ut aperirem codicem et legerem quod primum caput invenissem."

9 *Conf.* 8.12.29.

10 *Conf.* 8.12.30: "tum interiecto aut digito aut nescio quo alio signo codicem clausi et tranquillo iam vultu indicavi Alypio."

　　总之，按照《忏悔录》的讲述，奥古斯丁没有料到自己一到米兰就在安布罗斯的影响下"背叛"了摩尼教；没有料到蓬提齐亚努斯偶然带来的信息，立即使他下定决心放弃了多年来念念不忘的功名前途；也没有料到米兰花园里奇迹般的声音，立即使他克服了对于节欲生活的一切顾虑。

　　按照《忏悔录》的呈现，在奥古斯丁的"转变"过程中，每一个重要的环节都是出人意料的，对于重大障碍的每一次突破都是不可思议的。对于这样的结局，早在卷六中，作者就已经以精辟的语言做出了"预告"："我们心中的思想是千头万绪，而你的计划永远不变。根据你的永恒计划，你哂笑我们的计划，同时你为我们准备你的计划，将及时地给我们粮食，你将伸出你的手，使我们的灵魂满受你的祝福。"[1] "我们的计划"不仅包括卷六所记载的未遂的"赋闲"方案[2]，其实也包括奥古斯丁自作聪明的向西姆普利齐亚努斯的请教；而"你的计划"从来都是完全出人意料的。

　　从卷四到卷六，《忏悔录》曾经反复地提示读者，主人公的"转变"会以一种"奇妙"的方式来实现："你是复仇的天主，同时也是慈爱的泉源，你紧紧追赶着逃避你的人，你用奇妙的方式使我们转向你"[3]；"我的天主啊，这是因为在你隐我的计划中，你的双手并没有放弃我"，"你用奇妙的方式对待我，我的天主，这是你的措施，因为'主引导人的脚步，规定人的道路'"[4]；"你至尊天主不放弃我们这团泥土，怜悯我们的不幸，用奇妙而隐秘的方式来解救我们"[5]。由此看来，奥古斯丁将以"奇妙而隐秘的方式"实现"转变"，这就是作者早已谋定、非常明确的写作计划，而"奇妙[不可思议]而隐秘[出人意料]的方式"也极为精当地概括了卷八所呈现的"转变"过程。

1　*Conf.* 6.14.24: "... quoniam multae cogitationes erant in corde nostro, consilium autem tuum manet in aeternum. ex quo consilio deridebas nostra et tua praeparabas nobis, daturus escam in opportunitate et aperturus manum atque impleturus animas nostras benedictione."

2　*Conf.* 6.14.24.

3　*Conf.* 4.4.7: "et ecce tu imminens dorso fugitivorum tuorum, deus ultionum et fons misericordiarum simul, qui convertis nos ad te miris modis ..."

4　*Conf.* 5.7.13: "manus enim tuae, deus meus, in abdito providentiae tuae non deserebant animam meam ... et egisti mecum miris modis. tu illud egisti, deus meus, nam a domino gressus hominis diriguntur, et viam eius volet."

5　*Conf.* 6.12.22: "sic eramus, donec tu, altissime, non deserens humum nostram miseratus miseros subvenires miris et occultis modis."

卷八的开篇也与这样的意旨高度契合:"'主,谁能和你相似?你解除了我的束缚,我要向你献上歌颂之祭。'我将叙述你怎样解除这种束缚。希望崇拜你的人们听了我的话,都能说:'愿主受颂扬于上天下地;他的圣名是伟大而奇妙!'"[1] 卷八极力渲染的中心思想,就是天主之名"伟大而奇妙"(magnum et mirabile);本卷的主题,就是叙述天主将如何"解除了我的束缚",而对此的叙述过程正是最好的"歌颂之祭";而"你解除了我的束缚"的结果,就是主人公对于"主,谁能和你相似?"这个问题的最终回答。

如果说奥古斯丁的"转变"就是以所谓"奇妙而隐秘的方式"为特点的,那么是在卷八之中,这种"奇妙而隐秘的方式"才全部展开在读者眼前。直到这时,"他的圣名是伟大而奇妙!"这句赞美才真正显示出了深沉的分量。

所谓"奇妙而隐秘的方式",也是与贯穿于卷八之中的"从死中复活"的叙事内在地一致的。在 386 年的米兰,奥古斯丁是经受了最痛苦的煎熬,通过"死亡"而获得了"生命";但到了十年之后,当他作为《忏悔录》的作者回忆自己的前尘往事时,"我要向你献上谢恩之祭"[2] 的柔情早已抚平了曾经的创伤,"从死中复活"的经历已经被视为对于"奇妙而隐秘的方式"的见证了。"从死中复活"的记忆,就这样将相隔十年的两个时空连接在了一起。

作为十年之后的"谢恩之祭",《忏悔录》卷八既是虔诚信徒刻骨铭心的"真实"记忆,又是一位"天主之仆"为了讴歌"奇妙而隐秘的方式"而精心构思的文学呈现。细心的读者不难发现,在卷八中掩藏着一处处文学加工的痕迹。非常明显的是,无论是西姆普利齐亚努斯的故事,还是蓬提齐亚努斯的故事,都不是对于简单事实的单纯记录。与此同时,我们也应当认识到,与其说奥古斯丁故意地写出了不可思议的"米兰花园一幕";还不如说,他的"转变"是不可思议的,这本身就是卷八最想诉说的目标。

1　*Conf.* 8.1.1: "'domine, quis similis tibi?' dirupisti vincula mea: sacrificem tibi sacrificium laudis. quomodo dirupisti ea narrabo, et dicent omnes qui adorant te, cum audiunt haec, 'benedictus dominus in caelo et in terra; magnum et mirabile nomen eius.'"

2　*Conf.* 9.1.1: "dirupisti vincula mea, tibi sacrificabo hostiam laudis."

在根本上，卷八所讲述的主题就是那种"奇妙而隐秘的方式"。奥古斯丁在米兰持续已久的"严重的危机"，没有因为深受爱戴的老神父精心组织的游说而缓和，却因为一位世俗的官员偶然带来的新信息而奇妙地解决了。根据这种新信息，奥古斯丁立即构思出了修道的新方案，它能够奇妙地解决如何放弃功名事业的难题。最后的困难是，修道的新方案必须以"节欲"为代价，然而这个巨大的障碍也立即就在米兰花园里奇妙地得到了解决——保罗的经文奇迹般地启发了他，使他认识到修道就意味着健康的生命。奥古斯丁就这样"从死中复活"了。从蓬提齐亚努斯的来访开始，在奥古斯丁对一切都"不知道"的情况下，就在那一段非常短暂的时间里，"你使我转变而归向你，甚至不再追求室家之好，不再找寻尘世的前途"。

（本文作者为复旦大学历史系副教授）

基督徒的临终财产处置

查士丁尼时代的个体实践与帝国立法

陈莹雪

一、导论

4—6 世纪的晚期罗马帝国，随着越来越多来自社会各阶层的人皈依基督教，一种新兴的基督教财富观也开始在罗马社会普及。这种财富观的核心要素可概括为"通过给教会和穷人的捐赠而实现置财宝于天上"[1]。与这种财富观相应，这一时期基督教思想家（无论是希腊还是拉丁教父）在他们的布道与论著中也逐渐发展出"灵魂份额"的概念，即基督徒可以通过让渡一部分财产用于济穷进而获得灵魂救赎。[2] 以物质财富救赎灵魂、惠及后世在现实生活中最鲜明地体现在了基督徒的临终财产处置之中，如下文所示，这一时期不在少数的基督徒遗嘱之中都涉及了此类捐赠。

通过遗嘱安排财产，这在罗马社会首先是一种法律行为，受到罗马继承法的制约与规范。而论及帝国晚期基督教财富观与罗马继承法的关系，我们不得不提到法学家卡泽尔（Max Kaser）的经典论断："基督教之于继承法的影响，与其说表现在私法原则和规则的形成方面，不如说表现在促进基督教美德的具体措施方面。"[3] 也就是说卡

---

1 ［美］彼得·布朗：《穿过针眼：财富、西罗马帝国的衰亡和基督教会的形成（350—550 年）》（上），刘寅、包倩怡译，社会科学文献出版社，2021 年，第 36 页。

2 有关"灵魂份额"，最经典的研究来自 Eberhard F. Bruck, *Kirchenväter und Soziales Erbrecht: Wanderungen Religiöser Ideen durch die Rechte der Östlichen und Westlichen Welt* (Berlin: Springer-Verlag, 1956)。对教父作品中这一概念的梳理，见该书第 1—29、76—104 页。

3 Max Kaser, *Das Römische Privatrecht 2, Die Nachklsssichen Entwichkungen* (München: C. H. Beck Verlag, 1975), p. 468.

泽尔认为基督教并未撼动既有的，也未生成新的罗马继承法原则，而只是促使帝国立法者颁布了若干有利捐赠的具体法令而已。本文的任务之一就是要重估卡泽尔这一颇具影响力的观点，我们将主要聚焦于查士丁尼时代的相关立法，这主要是因为相比前代罗马皇帝，查士丁尼本人对通过立法规范宗教捐赠表现出超出寻常的热情，现存罗马法典中与宗教性财产捐赠有关的立法更密集地出现在他统治的时期[1]，所以相比帝国晚期的其他历史时期，这一时期的立法频度足以支持我们重审基督教与罗马继承法的关系。此外，早有学者指出，罗马法典所述与法律实践之间存在一定张力，法律的应然与实然并非完全一致。[2]有鉴于此，梳理相关立法之前，我们将先借助于一些成文于查士丁尼时代及稍后的纸草遗书了解那一时期人们实际的临终财产处置情况，并以帝国法律为参照，考察这些遗嘱在多大程度上反映了当时的立法情况。

二、纸草遗书所见临终财产处置

早在查士丁尼当政之前，留遗产给教会用以济贫就已十分普遍。这一点可为4、5世纪的文献所证实。传世文本方面有希腊教父纳西昂的格里高利（Gregory of Nazianzus）于381年所留遗书，在这份帝国晚期最知名的遗书中，时任君士坦丁堡主

---

1 本文所涉的罗马法典主要是《提奥多西法典》（*Codex Theodosianus*, Th. Mommsen ed., 2 Vols［Berlin: Weidmann, 1905］，以下简称C. Th），《查士丁尼法典》（*Codex Iustinianus*, P. Krüger, ed., 11th ed.［Berlin, 1929］，以下简称C. I），《提奥多西新律》（*Leges Novellae ad Theodosianum Pertinentes*, Th. Mommsen et Paulus M. Meyer, eds., Vol II ［Berlin: Weidmann, 1905］，以下简称LNT.），《查士丁尼新律》（*Novellae Iustiani*, in W. Kroll and R. Schöll, eds., *Corpus iuris civilis*, Vol. 3［Berlin: Weidmann, 1895］，以下简称 *Novellae*）。自君士坦丁皈依到查士丁尼时代颁布的与宗教性财产捐赠有关的法令有：C.Th.16.2.4（321年），C.Th.12.1.63（370/373年），C.Th.16.2.20（370年），C.Th.12.1.104（383年），C.Th.16.2.27（390年），C.Th.16.2.28（390年），C.Th.5.6.3=C.I.1.3.20（434年），LN.Marc.5（455年），C.I.1.3.28（468年），C.I.1.2.15（474—477年），C.I.1.2.19（528年），C.I.6.48.1（528—529年），C.I.8.53.34（529年），C.I.8.53.35（530年），C.I.1.2.25（530年），C.I.1.3.45（530年），C.I.1.2.23（530年），C.I.1.3.48（531年），*Novellae* 1（535年），*Novellae* 108（541年），*Novellae* 131（545年）。

2 晚期帝国法律的这一特点，见 A. Cameron, *The Later Roman Empire, AD. 284-430* (London: Fontana Press, 1993), pp. 26-27。

教的格里高利将他的几乎所有遗产都留给了他的家乡纳西昂的教会。[1]这份遗书之外，索佐门（Sozomen）在他的《教会史》中提到广施救济的塞浦路斯主教爱彼法尼奥斯（Epiphanios, 310—403 年）接受了其治下教会很多信众的遗产。[2] 类似的遗嘱证据也保留在《提奥多西法典》之中，455 年皇帝马尔奇安（Marcian，在位时间为 450—457 年）颁布法令废除了前代两项阻碍女性宗教性遗赠的法令。马尔西安颁布的新法令是受到一份遗嘱的启发：一位叫西帕提安（Hypatia）的寡妇在她的遗嘱中将一部分财产留给了一位教士并指定这名教士做遗嘱执行人，分配她留下用于济贫的财产。[3] 纸草文书方面，目前发现的编号为 FIRA III 52 的遗书[4]以及五份来自拉文纳地区的遗书都提到过宗教性财产遗赠。[5]

现存涉及宗教性财产捐赠的纸草遗书更多来自 6 世纪。本文将仅就几份文本保存较为完整的遗书简要描述一下遗嘱人的财产分配情况。编号 P.Oxy.XVI1901 的遗嘱，成文于 6 世纪，遗嘱人普斯（Flavius Pousi）将大部分财产（一处房产的一半，房内所有家具，一个盘子，三把勺子，两个匣子，所有衣物）留与四位平信徒继承人：普斯之妻、一位名为玛娜（Manna）的女士以及他的两位同事；他拿出一半的薪资用于他的葬礼及死后的"神圣供奉"与灵魂安息[6]，并赠予神父西蒙所在的圣高尔基尔教堂

1　该遗书原文见 J. B. Pitra, *Iuris ecclesiastici Graecorum historia et monumenta*, Vol. 2 (Rome: Congregatio de Propaganda Fide, 1868), pp. 155–159。

2　Sozomenus, *Historia ecclesiastica* 7.27, "πάντοθεν γὰρ πολλοὶ τὸ πλοῦτον εὐσεβῶς ἀναλίσκειν προθέμενοι καὶ ζῶντες τῇ ὑπ' αὐτὸν ἐκκλησίᾳ παρεῖχον καὶ τελευτῶντες κατελίμπανον."

3　该法令见 LN.Marc.5, in *LNT.*, pp. 193–196。

4　FIRA III (*Fontes Iuris Romani Antejustiniani*, pars tertia: Negotia, ed. V. Arangio-Ruiz, 2nd edn. Florence, 1943). 编号 52 的这份遗书出土于埃及安提诺波利斯，成文时间约 5 世纪末。

5　这四份遗书编号 P.Ital.I4-5, A10-13; P.Ital.I4-5, BII 1-7; P.Ital.I4-5, BIII 4-8; P.Ital.I4-5, BIV 3-6; P.Ital.I4-5, B V7-11。原文及德文翻译见 Jan-Olof Tjäder, ed., *Die Bichtliterarishcen Lateinischen Papyri Italiens aus der Zeit 445–700*, I Papyri I-28 (Lund: C. W. K. Gleerup, 1955), pp. 204–213。

6　P.Oxy.XVI1901, "τὰς ἀγάπας μου προσφορὰς καὶ ἀγάπας ὑπὲρ ἀναπαύσεως τῆς ἐμῆς ψυχῆς", 普斯的遗嘱原文见 B. P. Grenfell, A. S. Hunt and H. I. Bell, eds., *The Oxyrhynchus Papyri*, part XVI (London: Egypt Exploration Fund, 1924), pp. 121–124，此处引文见第 123 页。"神圣供奉"（Ἁγία προσφορά 或复数形式 Ἁγίαι προσφοραί）一词狭义上指为弥撒而向教堂或修道院提供的礼物，广义上可指任何一种虔诚的捐赠，见 Ewa Wipszycka, *Les ressources et les activités économiques des église en Egypte du IVe au VIIIe siècle* (Bruxelles: Fondation Egyptologique Reine Elisabeth, 1972), p. 65。

他的另一半房产。[1] 编号 P.Cairo Masp.III 67324 的纸草正面（recto）是一份遗书，出土于埃及阿芙罗迪托（Aphrodito），成文时间 525—526 年，遗嘱人潘卡布（Aurelius Panchab）要求他的继承人即他的女儿及女儿的继承人为一所修道院捐赠用于神圣供奉的小麦与葡萄酒。[2] 编号 P.Ital. I5, BVI12-VII11 的遗书，写于 552 年，遗嘱人格里高利（Gregorius）是拉文纳的一位丝绸商人，与上文提到的拉文纳地区的纸草同属一批纸草，这些纸草遗书的共同点就是遗嘱人均指定了拉文纳教会做继承人[3]，但只有在格里高利的遗嘱中，他明确指定拉文纳教会继承他 10/12 的遗产。[4] 编号 P.Cairo Masp. III 67312 的遗书[5]，出土于埃及安提诺波利斯（Antinopolis），写于 567 年，遗嘱人提奥多罗斯（Flavius Theodoros）在此份遗嘱中确立了三位继承人：一位是塞努索斯修道院（Apa Senouthos），将在其死后继承他几乎所有不定产，他要求所有这些土地的租赁收入以及土地产出收入用于虔诚目的（εἰς εὐσεβεῖς διαδόσεις）。遗嘱人同时要求该修道院在他死后出售他位于安提诺波利斯的一处家族房产，出售所得用于赎买俘虏以及用于其他虔诚目的。提奥多罗斯也将来自他妻子的财产全部赠予这所修道院，用于他妻子的神圣供奉与赎罪。[6] 另一位是穆塞奥修道院（Apa Mousaios），继承他所有的可动产，用以赎罪（ὑπὲρ ἀφέσως τῶν ἐμῶν πλημμηλημάτων）。最后一位继承人是遗嘱人的外祖母，她可以在提奥多罗斯死后得到一片地产。[7]

编号 P.Cairo Masp. II 67151 的纸草文书来自著名的迪奥斯克鲁斯（Dioskorus of Aphrodito）档案[8]，作为律师的迪奥斯克鲁斯就是这份遗嘱的起草者。该遗嘱成文时间

---

1 B. P. Grenfell, A. S. Hunt and H. I. Bell, eds., *The Oxyrhynchus Papyri*, part XVI, p. 123. "(ἐκκλησία τοῦ ἁγήου Γεοργήου τοῦ καλουμένου ἄπα Σημεονήου)."

2 遗书原文见 M. J. Maspero, *Cataloguqe Général des Antiquités Egyptiennes du Musée du Caire, No. 67279-67359: Papyrus Grecs d'Epoque Byzantine*, Vol. III (Le Caire: Impr. de l'Institut française d'archéologie orientale, 1916), pp. 118-119。

3 Jan-Olof Tjäder, ed., *Die Bichtliterarishcen Lateinischen Papyri Italiens*, p. 21.

4 P.Ital. I5, BVI12-VII11, in Jan-Olof Tjäder, ed., *Die Bichtliterarishcen Lateinischen Papyri Italiens*, p. 216: "Te itaque, sanctam catolicam matrem Rav (ennatem) eccl (esiam), [...], in decem unciis substantiae meae heredem constituo."

5 遗书原文见 M. J. Maspero, *Cataloguqe Général des Antiquités Egyptiennes du Musée du Caire*, Vol. III, pp. 89-93。

6 Ibid., pp. 90-91.

7 以上两项财产安排，见 Ibid., pp. 92-93。

8 遗嘱原文见 M. J. Maspero, *Catalogue Général des Antiquités Égyptiennes du Musée du Caire, No. 67125-67278: Papyrus Grecs d'époque Byzantine*, Vol. II (Le Caire: Impr. de l'Institut française d'archéologie orientale, 1913), pp. 88-101。

570 年，是已发现的这一时期的遗嘱中篇幅最长的一份，信息保存也最为完整，学者们根据该遗嘱的行文特点认定它并非一份已经生效的遗嘱而只是一份草稿[1]，但无论最终是否生效，这份遗嘱仍然反映了遗嘱人费巴蒙（Flavius Phoibammon）意愿中的临终财产处置。费巴蒙是埃及安提诺波利斯一位享有固定薪资的主管医生[2]，在遗嘱中他指定自己的儿子们作为继承人继承他几乎所有财产[3]。宗教捐赠方面，他承诺在死后将一片面积为 1 阿鲁拉（aroura）[4] 的葡萄园以及这片葡萄园上所有的农业设施赠予耶利米修道院（Apa Ieremios），用于他的灵魂救赎与神圣供奉。[5] 费巴蒙还承诺这片葡萄园上产生的一切税收费用将永久由他的继承人承担。为了灵魂救赎，费巴蒙还向上述修道院赠送了一艘新船。[6]

三、帝国立法

（一）教会的财产继承

321 年君士坦丁皇帝颁布法令规定"任何人（unusquisque）在去世之时都有自由

1　J. Beaucamp, "La Transmission du Patrimoine: Législation de Justinien et Pratiques Observables dans les Paptyrus", in *Subseciva Groningana. Studies in Roman and Byzantine Law*, Vol. 7 (2001), p. 4.

2　J. G. Keenan, "The Will of Flavius Phoibammon", in S. R. Huebner, E. Garosi, I. M-Santaniello, M. Müller, eds., *Living the End of Antiquity, Individual Histories from Byzantine to Islamic Egypt* (Berlin: De Gruyter), p. 111.

3　M. J. Maspero, *Catalogue Général des Antiquités Égyptiennes du Musée du Caire*, Vol. II, p. 91.

4　埃及可耕地丈量单位，见 Mlasowsky, Alexander (Hannover), "Aroura", in *Brill's New Pauly, Antiquity*, volumes edited by Hubert Cancik and Helmuth Schneider Consulted online on 01 April 2022, http://dx.doi.org/10.1163/1574-9347_bnp_e202700。

5　M. J. Maspero, *Catalogue Général des Antiquités Égyptiennes du Musée du Caire*, Vol. II, pp. 92-93.

6　Ibid., pp. 99-100. 此份遗嘱的其他继承人和财产分配情况如下：他的妻子拿回费巴蒙赠与她的婚前赠与（ἕδνα ὑπ'ἐμοῦ αὐτῇ προδοθέντα）和本属她娘家的财产，无权染指任何其他费巴蒙的遗产。他留给他的姑妈或姨母（名字不详）一笔正用于资产抵押的银两，他要求她在出售这笔银子之后，先还清债权人的债务，其余所得用于她余生生活所需，除此之外，不得向他的继承人索要其他财物。他还承诺每年从他的遗产中拿出若干食物供养一名少年直至后者成年，费巴蒙还将他继承自父亲的一所济贫医院及属于医院的所有财产赠予自己的兄弟约翰（Ioannes），参见遗书第 95—101 页。

将其属意的那部分财产留与最神圣、最虔敬之普世教会"[1]。这项法令事实上承认了教会与罗马的其他具有法律人格的团体（collegium）一样拥有遗产继承权与遗赠接收权[2]，而这里的"任何人"也彰显了此法令的普适性。但这项法令更多的只是树立了一种法律原则，很难对遗嘱人具体的捐赠行为以及与之相应的教会的接收进行指导与规范。而有关后者的立法，如下文所示，大多是在查士丁尼时期完成的。

古典罗马法规定遗嘱人必须在其遗嘱中明确指定继承人，非特定的人（incertae personae）不能成为继承人。[3] 但从查士丁尼时代多项法令所涉案例来看，当时确有很多遗嘱都不符合这项古典原则，在这些遗嘱中被确立为继承人或遗赠接收者的要么是教堂、客栈（为朝圣者提供）、收容所、宗教机构、教士集体、穷人、俘虏[4]，要么是耶稣基督、长天使、某位殉道者和已故圣徒这些超验存在[5]。为保障这些遗嘱的效力，查士丁尼时代的帝国立法对上述古典原则进行了妥协与修正，赋予了所有类似遗嘱合法性。[6] 而这种合法性的赋予也有先例可循，早在芝诺皇帝（Zeno，在位时间为474—491年）时期就曾颁布法律，规定任何人如果捐赠财产（可动产或不动产）给某一殉道者、使徒、先知、天使用以建造献于后者的教堂或其他宗教建筑，那么这样的遗赠合法有效。[7] 只是相比此项仅涉及捐资修建宗教建筑的法令，查士丁尼时期的上述法令显然有更广泛的适用范围。

然而现实中这些继承人或受赠人不明的遗嘱确实存在执行上的模糊与困难，所以这一时期的立法在肯定这些遗嘱的合法性之外更多的是给出具体的执行办法。针对

---

1 C.Th 16.2.4=C.I.1.2.1.

2 *Les Lois Religeuses des Empereurs Romains de Constantin à Théodose II (312–438), vol I, Code Théodosien Livre XVI* (Source Chrétiennes No. 497), trans. Jean Rougé, intro. et notes Roland Delmaire (Paris: Cerf, 2005), p. 129, note. 2.

3 古典时代的相关法律条文见 Gaius, *Institutes*, 2.238，本文使用版本 *The Institutes of Gaius*, trans by W. M. Gordon and O. F. Robinson (London: Duckworth, 2001)。亦见费安玲：《罗马继承法研究》，中国政法大学出版社，2000 年，第 118—119 页。

4 C.I.6.48.I.26, C.I.1.3.48.

5 C.I.1.2.25, *Novellae* 131.9.

6 C.I.6.48.I.26 (528/529), C.I.1.3.48.pr.

7 C.I.1.2.15.

后者即将遗产留给某一位超验存在（耶稣基督或某位天使、殉道者、圣徒等）的遗嘱，
530 年立法规定凡留遗产无论是全部还是部分遗产给耶稣基督的情况，实际的继承人
就是遗嘱人生前所居住地区的教会，而遗产将由该教会的管理者（οἰκονόμοι）接管。
如果是留遗产给某一位长天使或殉道者却未指明继承遗产的宗教组织或机构，倘若遗
嘱人所在地区有以这位长天使或殉道者命名的教堂，那么这所教堂将被认定为继承
人，但如果当地并不存在这样的教堂，那么就由遗嘱人所在的大主教区的任何其他同
名教堂接受这份遗产，如果该大主教区就不存在以这位长天使或殉道者命名的教堂，
那么遗嘱人的遗产归这一地区的 "最神圣的教会"（αἱ κατὰ τόπον ἁγιωτάται ἐκκλησίαι）
所有。[1] 545 年帝国在新颁布的有关教会事物的一项法令中，再次重申了 530 年法令
的一些基本原则，即如果某人将遗产或遗赠留与耶稣基督，那么就由遗嘱人安葬地的
教堂接收这些财产。这条法律新增了留遗产给某一位圣徒的情况，如果遗嘱人并没有
指明具体的接收遗产的宗教机构，而且遗嘱人所在教区有不止一所教堂以这位圣徒命
名，那么接收遗产的是经济条件较差的教堂；但如果该教区没有以此命名的教堂而周
边教区有，那么将由后者接收遗产；如果周边教区也无此类教堂，那么遗嘱人的遗产
最终将由他的安葬地教堂接收。[2]

　　针对留遗产给某种宗教机构（教堂、客栈、收容所）或全体教士、概括的穷人、俘
虏的情况，531 年颁布的法令对此类遗嘱的执行给出了详细规定：如果遗嘱人将概括意
义上的俘虏指定为继承人，那么遗嘱人所在教区的主教以及教会管理者将接管这份遗
产并保障这笔财产只用于赎买俘虏（omnimodo in redemptione captivorum procedat）[3]；如
果是概括意义上的穷人被指定为继承人，那么遗嘱人所在地区的收容所（xenodochum）
将接收这笔遗产，该收容所的负责人将负责分配遗产，遗产及其所有收益都将用于
照顾贫穷病患，立法者认为再没有比屈居收容所的病人更为贫穷的人[4]。如果当地不

1　C.I.1.2.25.

2　*Novellae* 131.9.

3　C.I.3.48.2.

4　C.I.3.48.3.

止一家收容所，那么将由经济条件更差的收容所接收遗产；如果当地并无收容所，那么将由这一教区的主教接收这笔遗产，后者必须确保这笔钱用以供养当地的赤贫者（penitus mendicates）。[1] 531 年法令中的这些基本条款在上述 545 年法令中也得到了重申[2]，只是在 545 年法令中，留遗产给穷人的情况，接受遗产的不再局限于收容所，而是由遗嘱人安葬地教区主教接收，并由后者负责分配给穷人[3]；留遗产给战俘的情况，处理方式与 531 年相同，只不过在这项法令中明文规定即便是遗嘱者或捐赠者本人在生前也不能介入财产分配，这方面将由当地教区的主教和教会管理者全权负责。[4]

从以上法令我们不难发现，查士丁尼时期的帝国法令在此类遗嘱的执行过程中特别强调了教区主教（或大主教区主教）以及宗教机构负责人的作用，他们往往被认定为财产的具体接收者与管理者。从法律意义上讲，如果说 321 年君士坦丁皇帝的立法给予了教会法律人格，那么查士丁尼时期的这一系列立法则是进一步赋予主教与宗教机构负责人类似于法定代表人的角色，他们可以代表各自负责的教区教会和宗教机构参与包括财产继承在内的一些民法事物。[5] 事实上，在帝国法律之外的早期基督教文献中，我们也可发现主教在济贫以及分配善款方面的主导作用[6]，比如成书时间不晚于 3 世纪的《使徒规章》（Constitutiones Apostolorum）中就提到神所赋予的主教的职责之一，就是"以正确的方式将那些为穷人而自愿施舍的奉献分配给孤儿、寡妇、受苦者与无资财的客旅"[7]。而 341 年安条克宗教会议通过的"规章二十五"（Canon XXV）也规

1　C.I.3.48, 5, 6, 7.

2　*Novellae* 131.11.

3　*Novellae* 131.11.1.

4　*Novellae* 131.11.3.

5　H. R. Hagemann, *Die Stellung der Piae Causae nach justinianischen Rechte* (Basel: Helbing & Lichtenhahn, 1953), pp. 14–15; 有关主教等宗教负责人的代理人地位，类似立法也见 *Novellae* 131.120.6。

6　有关帝国晚期主教在济贫方面的角色，见 R. Finn OP, *Almsgiving in the Later Roman Empire: Christian Promotion and Practice 313–450* (Oxford: Oxford University Press, 2006), pp. 34–89; P. Brown, *Poverty and Leadership in the Later Roman Empire* (Hanover and London: University Press of New England, 2002), pp. 45–73。

7　*Constitutiones Apostolorum*, 2.25, "τὰ εἰσφερόμενα ἐπὶ προφάσει πενήτων ἑκούσια καλῶς οἰκονομείτω ὀρφανοῖς καὶ χήραις καὶ θλιβομένοις καὶ ξένοις ἀπορουμένοις, ὡς ἔχων Θεὸν λογιστευτὴν τούτων τὸν ἐγχειρίσαντα αὐτῷ ταύτην τὴν οἰκονομίαν." 本文使用版本 B. M. Metzger, *Les constitutions apostoliques*, 3 Vols. (Sources Chrétiennes No. 336) (Paris: Cerf, 1985–1987)。

定主教有权管理教会财产，但必须将其分配给所有有需要的人。[1] 显然，查士丁尼时期的帝国法律承认了早期基督教传统中业已形成的主教在济贫资产管理与分配方面的主导权，并将其发展成为即便是财产捐赠者本人也无权干涉的排他性的特权（如上文 531 年法令所示）。主教在这方面的特权甚至先于国家，在 530 年法令规定只有当主教在接收遗赠时失职或者主教无力保证遗赠的落实，地方官员才可介入。[2]

以上所述探讨的主要是遗嘱中继承者或遗赠接收者不明的情况，事实上即便是常规遗嘱，即遗嘱中已明确指定某一宗教机构（教堂、修道院、收容所等）为遗产或遗赠的接收者，主教和宗教机构的负责人在这类遗嘱的执行过程中依然发挥着重要作用：530 年立法规定如果遗嘱中指定的继承者并没有履行宗教性的财产捐赠，那么教区主教应当调查事情原委并敦促继承人履行遗嘱人的遗愿，主教们也有责任监管捐资修建的宗教慈善建筑（收容所、济贫医院、孤儿院等）的修建，保证其按期完工。[3] 如果遗嘱人已指定所捐赠宗教慈善机构的负责人，那么主教的主要职能是监察；如果遗嘱人没有指定，那么主教有权为这些机构指定负责人。[4] 另外，主教有权强制（καταναγκάζειν）相关人士落实以遗赠或信托形式承诺的捐赠。[5] 与主教在接收捐赠和管理捐赠财产方面的这种至上权威相适应的是帝国立法中也出现了防范主教挪用、侵占善款，限制主教本人财产权的法令[6]，这样的限制也适用于其他宗教慈善机构的负责人[7]。

以此一时期的帝国法律为基础，反观纸草遗书中基督徒的实践，我们发现虽然帝国法律提到了很多非特定继承人或遗赠接收者不明的遗嘱案例，但是目前掌握的纸草遗书中，我们并未发现有类似案例。相反，纸草遗书中都明确指定了遗赠接收者或继

---

1 *Κανόνες τῶν ἐν Ἀντιοχείᾳ συνελθόντων ἁγίων καὶ μακαρίων πατέρων*, XXV, in D. A. Neandro, ed., *Canones Apostolorum et Conciliorum*, v. ii, p. 87, "ἐπίσκοπον ἔχειν τῶν τῆς ἐκκλησίας πραγμάτων ἐξουσίαν, ὥστε διοικεῖν εἰς πάντας τοὺς δεομένους μετὰ πάσης εὐλαβείας καὶ φόβου θεοῦ."

2 C.I.1.3.45.3 "εἰ ἐνοχληθέντες παρὰ τῶν θεοφιλεστάτων ἐπισκόπων οἱ τούτοις τετιμημένοι εἶτα διαναβάλλοιτο, ὡς καὶ τῆς τῶν ἀρχόντων εἰσπράξεως δεηθῆναι, [...]", 亦见 C.I.1.3.45.1b–2。

3 C.I.1.3.45.1.pr-1a.

4 C.I.1.3.45.3.

5 C.I.1.3.45.5.

6 C.I.1.3.41.1–17; C.I.1.3.48.1; C.I.1.3.55.4; *Novellae* 131.13, 14.

7 *Novellae* 120.1.

承人，此类信息中不仅有某个确切的宗教机构的名字、地点，而且往往也包括遗嘱人属意的该宗教机构的财产接收者：拉文纳纸草遗书均以拉文纳教会为继承人；普斯遗嘱中接收他二分之一房产的是神父西蒙执掌的圣高尔基尔教堂；提奥多洛斯遗产的其中两位继承人是当地的两所修道院，留与前者的遗产经由神父彼得代为接管[1]，而留与后者的遗产经由修道院院长费巴蒙接管[2]；费巴蒙遗嘱中，在他死后即刻代表耶利米修道院接管他所赠葡萄园的应该就是该修道院现任院长贝萨斯（Besas）。[3] 尽管帝国法律已对受益人不明确的遗嘱设立了执行方案，但就我们分析的遗嘱而言，遗嘱人在立遗嘱时普遍比较保守与谨慎，他们都恪守传统罗马继承法的一般原则。这样不仅可保障遗嘱人将财产留给他喜欢的教区教会或宗教组织，更重要的是可以尽量避免因继承人或受赠人不明而引发的各种诉讼，保证遗嘱的顺利执行。虽然前述几份纸草中，并未提及主教而是凸显了宗教机构的具体负责人在财产接收与管理方面被遗嘱人委以重任，但这并不意味着埃及地区的实践与帝国法律相悖。事实上，埃及各教区的主教也在教会财产管理方面发挥主导作用。[4] 考虑到前文提到此时帝国立法中允许遗嘱人指定具体的遗产接收者与负责人[5]，那么这些遗嘱人的上述行为应为合法。也许是为了方便高效地执行遗嘱，我们所考察的这几份遗书中的遗嘱人均指定了与之熟稔的具体的宗教组织负责人而非教区主教接收和管理遗产。

　　另外，上文提到的编号 P.Cairo Masp.III 67324 的遗嘱与费巴蒙遗嘱中预防遗嘱落空的警告性文字也和前述帝国法律多有呼应。前者遗嘱人警告如果他的继承人未履行遗嘱所述，即未向他指定的修道院捐赠用于灵魂救赎的葡萄酒和小麦，那么该修道院的长老和修士"不管他们（即继承人）是否愿意，都可通过任意手段向其索取用于

---

1 M. J. Maspero, *Cataloguqe Général des Antiquités Egyptiennes du Musée du Caire*, Vol. III, p. 90, "διὰ Πέτρ [ου τοῦ θεοφιλεστάτ] ου ἀρχιμνδρίτου."

2 Ibid., "διὰ Φοιβάμμωνος τοῦ θεοφιλεστάτου αὐτοῦ ἡγουμένου."

3 Ibid., Vol. II, p. 94, "Τὸν νῦν [δ] ιοικοῦντα προεστῶτα καὶ θεοφιλῆ πατέρα ἄπα Βησᾶ [ν] τὸν εὐλαβ (εσ) τ (ατον) πρεσβύτερον καὶ κοινοβιάρχην, δεσποτικῷ δικαίῳ κατὰ πᾶν ἐκ νόμων ἁρμόττον προπριαιταρίας δίκαιον ἐγκρατεῖς γένεσθαι τῆς αὐτῆς μιᾶς ἀμέλου."

4 Ewa Wipszycka, *Les ressources et les activités économiques*, pp. 129–130.

5 C.I.1.3.45.3.

神圣供奉之物"[1]。这句警示语中遗嘱人赋予了修道院负责人某种大多数情况下理应属于国家的强制执行力，让我们比较困惑的是，遗嘱人如何能保障修道院负责人持续享有这种权力。不过在这份遗嘱出现几年后，在上文提到的 530 年立法中，帝国立法者确实赋予了主教强制执行遗赠的权力，这项法令的诞生也许就是为了满足此类遗嘱的需求，并一定程度上将遗嘱人希望宗教机构负责人具有强制执行力的愿望变为了有法可依的有效条款。费巴蒙遗嘱中遗嘱人特别强调修道院现任和今后任何一任负责人都无权剥夺这片葡萄园也不能将其出售、交易。[2] 费巴蒙的这一遗愿显然与上文提及的查士丁尼时代多项防止主教侵吞遗赠、限制主教个人财产权的法令在原则上吻合。虽然这份遗书指出修道院负责人是根据所有权法中的任意条款而占有这片土地，但事实上负责人所拥有的是极其有限的权力，他只能将之用于遗嘱人的神圣供奉[3]，所以此份遗嘱中对修道院负责人的权力描述是自相矛盾的，这些所谓根据任意所有权法占有这片葡萄园的修道院负责人事实上并没有传统罗马所有权法中那种对物的绝对占有。[4] 而发生在此份遗嘱中的这种矛盾也同样出现于那些限制主教财产权的帝国立法中，这些法令将主教的个人财产与教会财产进行严格区分，甚至有时将前者等同于后者，目的不过是防止教会财产变为宗教机构负责人的私产而遭减损。[5] 而对主教财产权的管控与限制在立法者看来，就是为了让更多的基督徒能够没有顾虑地将钱财捐与教会以满足他们救赎灵魂的夙愿。[6]

1　M. J. Maspero, *Cataloguqe Général des Antiquités Egyptiennes du Musée du Caire*, Vol. III, p. 118, "ἀπαιτῆσαι τα [ῦ] τας ἑκόντας καὶ ἄκοντας διὰ παντὸς, πρὸς τῷ ἀκαταγνώστως προβῆναι τὰ τῆς ἁγίας προσφορᾶς."

2　Ibid., Vol. II, p. 95, "μέντοι γε αὐτοὺς μὴ δύνασθαι ταύτην πώποτε ἐκποιῆσαι ἢ ἑτέρῳ μεταλλάξαι ἐπὶ τὸν παντελῆ χρόνον."

3　M. J. Maspero, *Catalogue Général des Antiquités égyptiennes du Musée du Caire*, Vol. II, p. 94, "κατὰ πᾶν ἐκ νόμων ἁρμόττον προπριαιταρίας δίκαιον."

4　有关传统罗马继承法中所有权的这一属性，见 J. A. C. Thomas, *Textbook of Roman Law* (Amsterdam: North-Holland Publishing, 1976), p. 134；[意] 彼德罗·彭梵得：《罗马法教科书》，黄风译，中国政法大学出版社，2018 年，第 160—161 页。

5　有关帝国立法中的这种矛盾，见 H. R. Hagemann, *Die Stellung der Píae Causae nach justinianischen Rechte*, pp. 22–23。

6　C.I.3.41.3, C.I.3.41.17, C.I.3.42.pr.

（二）法尔其第份额

宗教性的财产捐赠仅是遗嘱人财产处置的一个方面，除此之外，遗嘱人还需考虑他们的世俗继承人（主要是遗嘱人亲属）的利益。古典罗马继承法中有一种"怜悯义务"（officium pietatis）："指遗嘱人在处分自己的财产时应对有关亲属的利益均给予起码照顾的义务。最初这只是一种道德义务，后来得到了法律的确认。"[1]这一义务的存在说明，在罗马人的传统观念中，亲属在遗嘱中是不能被轻易忽视的，应该继承遗嘱人一定数量的财产。对于完全不考虑亲属利益的遗嘱，罗马法斥之为"不合义务之遗嘱"（inofficiosum testamentum）。[2]与这种义务相应，公元前40年颁布了《法尔其第法》（Lex Falcidia）。根据该法律，遗嘱人至少要留四分之一的遗产给继承人，继承人有权取得遗赠中超出遗产四分之三的部分，以达到所谓的"法尔其第份额"（quarta Falcidia）。[3]该法律的颁布，目的是为防止遗嘱人将过多财产赠予继承人之外的第三方，从而为继承人提供保障。[4]

但是到了查士丁尼时代，《法尔其第法》及其所保护的"怜悯义务"却遭到了前所未有的挑战，而且我们发现这一时期的帝国立法对《法尔其第法》的每一次忽视与否定几乎都和宗教性的财产捐赠相关：531年法令规定如果遗嘱人有意将所有财产用于赎买俘虏，为避免法尔其第份额而没有明确指明继承人，那么这类遗嘱有效且不必考虑《法尔其第法》。很显然通过此项法令，帝国立法者是在有意帮助此类遗嘱人规避《法尔其第法》，而法令最后也以反问句的修辞方式给出了立法依据："为神圣目的而出售的财产却被《法尔其第法》或其他减损，这如何能被容忍？"[5]此规定也适用于留遗产给概括意义上的穷人[6]或未指定的宗教机构（收容所、医院、教堂）。[7]535年，帝国

1 黄风：《罗马法词典》，法律出版社，2002年，第192页。

2 A. Berger, *Encyclopedic Dictionary of Roman Law* (Philadelphia: The American Philosophical Society, 1953), p. 503.

3 Ibid., p. 552.

4 该法见 Gaius, *Institutes*, 2.227, 相关见 J. A. C. Thomas, *Textbook of Roman Law*, p. 506；[意]彼德罗·彭梵得：《罗马法教科书》，黄风译，第417页。

5 C.I.1.3.48, "quomodo ferendum est hoc, quod in sacro venit, per Falcidiam vel aliam occasionem minui?".

6 C.I.1.3.49.3.

7 C.I.1.3.49.3, 5, 7.

颁布了一项专门针对《法尔其第法》的新律，此项法令中否定《法尔其第法》的部分已不再局限于继承人不明的情况，法令规定只要遗嘱人明确表明他不希望他的继承人得到法尔其第份额，那么遗嘱人的意愿将被遵守[1]，特别值得我们关注的是立法者对此类遗嘱人意愿的揣测和对继承人的宽慰："（遗嘱人）有可能（ἴσως）是出于正义、虔诚而遗赠，（继承人）不要认为这样的遗产是无利可图的，益处并不在于获得而只在于虔诚的行为。"[2] 由此可见，灵魂份额的观念一定程度上也渗入了这项法令之中，在立法者看来，继承人虽然并不能获得任何现实的经济利益，但他们可以通过认可、接受这种为了虔诚目的但有损其利益的财产安排而彰显他们自己的虔诚或获取某种后世的收益。正是这项秉持神学理念的法令事实上取缔了法尔其第份额[3]，因为任何遗嘱人有意剥夺继承人法尔其第份额的遗嘱都可以被认为出于潜在的虔诚目的，进而生效。到了 545 年，有关法尔其第份额，帝国再次颁布法令，规定如果继承人声称他所继承的财产不足以兑付遗嘱人因虔诚原因而许诺的遗赠，那么继承人的法尔其第份额失效，他所继承的全部财产将用于遗嘱人生前的宗教性遗赠。[4] 显然当继承人的利益与宗教性的财产捐赠之间产生矛盾之时，国家毫不犹豫地站在了教会的一边，尽管这项法令所涉及的情况应该是遗嘱人既想留遗产给继承人也欲进行宗教性捐赠，但相较上一条法令，遗嘱人的意愿已无关紧要，重要的是在其死后无论如何都要履行宗教性的捐赠，而此项法令的措辞"我们命令（κελεύομεν）他（遗产）的全部法尔其第份额失效"也说明最终将由国家来强制执行此类遗嘱。从 531 年法令到 545 年法令，我们可以发现帝国立法在否定、挤占、废除《法尔其第法》、法尔其第份额以成全宗教性财产捐赠方面越来越激进，以至于为了履行宗教性财产捐赠，《法尔其第法》所代表的古典罗马

1　*Novellae* 1.2. "εἰ μέντοις ῥητῶς ἐπισκήψειε μὴ βούλεσθαι τὸν κληρονόμον παρακατασχεῖν Falcidion, ἀνάγκη τὴν τοῦ διαθεμένου γνώμην κρατεῖν."

2　*Novellae* 1.2. "τῷ διαθεμένῳ ἴσως καί τινα δίκαιά τε καὶ εὐσεβῆ καταλιπόντι τὸ κέρδος οὐκ ἐν τῷ λαβεῖν, ἀλλ' ἐν τῷ μόνον εὐσεβῆς ἔχειν, καὶ μὴ δοκεῖν ἀκερδῆ τὸν τοιοῦτον εἶναι κλῆρον."

3　［意］彼德罗·彭梵得:《罗马法教科书》，黄风译，第 418 页。

4　*Novellae* 131.12, "Εἰ δὲ ὁ κληρονόμος τὰ εἰς εὐσεβεῖς αἰτίας καταλελειμμένα μὴ πληρώσει, λέγων τὴν καταλειφθεῖσαν αὐτῷ περιουσίαν μὴ ἀρκεῖν εἰς ταύτας κελεύομεν παντὸς τοῦ ἐκ τοῦ φαλκιδίου κέρδους σχολάζοντος ὁσονδήποτε εὑρεθῇ ἐν τῇ τοιαύτῃ οὐσίᾳ προχωρεῖν."

法对继承人最低财产权益的保护也荡然无存。就在查士丁尼当政时期，他的这些可能有助于从个人处取得财产用以增加教会财产的立法举措就遭到了历史学家普罗科比的批判："他看上去对基督相当虔诚，但这对他的臣民来说却是灾难。……他通过非常手段获得死人与活人的财产后便即刻将其赠予教会，并以虔诚自诩，但是他的真实目的是保证财产的所有权不会再返还给被剥夺所有权之人。"[1]

我们发现《法尔其第法》和"法尔其第份额"也出现在了这一时期的一些遗书之中。提奥多罗斯在遗嘱中强调他的外祖母不能以法尔其第份额为由索要额外财产，从财产分配比例来看，相比两所获得了遗嘱人几乎所有不动产和可动产的修道院，他外祖母得到的这片田产似乎微不足道。依照学者波康普（J. Beaucamp）之见，提奥多罗斯之所以勉为其难为他的外祖母留有一些财产，主要是因为如果将她完全排除在遗嘱外，就会触犯查士丁尼时代的另一项继承法，根据 542 年颁布的《新律 115》，子女在遗嘱中不能随意疏漏（praeteriti）其父母及祖父母，否则遗嘱无效[2]；但是除了运用法律工具避免诉讼，确保该遗嘱能生效外，我们也不能完全排除提奥多罗斯本人在关心他的灵魂救赎之外，也许也考虑到了外祖母的生计问题。毕竟根据上文提到的 535 年法令，提奥多罗斯此时完全可以以虔诚目的为由不给自己的亲属保留法尔其第份额，也就是说不给他的外祖母留任何财产。编号 P.Bodl.1 47 的纸草是一份遗嘱残卷，遗嘱人应该是将他的一些财产捐给了一所济贫医院。为防止他的妻子向这所医院索要更多财产，遗嘱人引述前文提到的 535 年法令："帝国的新法赋予遗嘱人如下自由：他们无须遵守那些违背其意愿的有关遗赠的法律"[3]，以此警告他的妻子如果对留给医院的财产有非分之想，那么留给她的财产（也就是法尔其第份额）也将会全部被剥夺。[4]我们发现尽管此时的帝国法律尤其是 535 年法令已经充分赋予了遗嘱人因宗教性财

1 Procopius, *Historia arcana*, 13.4, 6, 本文使用版本 G. Wirth (post J. Haury), *Procopii Caesariensis opera omnia*, Vol. 3 (Leipzig: Teubner, 1963), 1, 4–186。

2 *Novellae* 115.3, J. Beaucamp, "La Transmission du Patrimoine", p. 8.

3 遗书原文见 R. Paul. Salomons, ed., *Papyri Bodleianae I* (Amsterdam: J. C. Gieben Publisher, 1996), pp. 139–140, 此处引文见第 139 页："διὰ τὸ τὴν αὐτὴν θείαν καὶ νεαρὰν διάταξιν ἄδειαν δεδωκέναι τοῖς ςδιαθεμένοις μητέ (*) τὰ ἐκ τοῦ ληγάτου νόμου φυλάξαι τοῖς ἐναντιουμένοις τῆς αὐτῶν [διαθήκ] ης."

4 R. Paul. Salomons, ed., *Papyri Bodleianae I*, p. 139.

产捐赠而无视、取消法尔其第份额的权利，但是在实践中，至少从以上两份遗嘱的情况来看，遗嘱人对于这项新法令的使用表现得十分克制，前者并没有主动提及这项法令，后者对这项法令的使用更多是出于预警目的，而非在立遗嘱之初就剥夺亲人的法尔其第份额，也就是说这两位遗嘱人并不想自己的世俗继承人一无所有，而是确定他们可以满足自己的宗教愿望之余也一定程度上考虑到了他们亲人的现实利益，因此并未完全违背罗马传统的"虔诚义务"。

结　语

从纸草遗书中财产的分配情况来看，留一定数量的财产给教会用以遗嘱人的灵魂救赎在查士丁尼时代应已比较普遍。基督徒的临终财产处置促进了相关领域立法的发展，而这些新颁布的法令反过来也为他们的遗嘱行为提供了法律依据。就查士丁尼时期的立法来看，卡泽尔有关帝国晚期继承法原则上未受基督教思想观念影响的估计似乎过于保守，无论是确认非特定继承人遗嘱的合法性，还是给予宗教机构负责人有限的所有权，抑或是为了实现宗教性捐赠而挤占法尔其第份额，忽视《法尔其第法》都是对已有罗马法原则不同程度的改变。而这些改变最终都指向一个宗教性目的：满足遗嘱人救赎灵魂的遗愿。而就纸草中所见的遗嘱实践而言，虽然在指定宗教机构负责人作为宗教性捐赠的管理者、给予负责人遗嘱强制执行力以及禁止他们挪用捐赠方面，这一时期的遗嘱多与帝国法律相呼应。但我们发现相比同一时期不断突破传统的帝国立法，纸草遗书中的遗嘱人显得更加保守而谨慎，我们在已考察的遗书中并没有发现设立非特定继承人的案例，对于《法尔其第法》与"法尔其第份额"，尽管帝国的新法令已给予了遗嘱人完全无视它们的权利，但遗嘱人还是对这项古典法律以及该法律所代表的对于亲属继承人的利益给予了一定的尊重与照拂。

（本文作者为北京大学历史学系助理教授）

残舟之锚

格里高利一世的修士—主教逻辑[*]

包倩怡

格里高利一世（590—604 年在位）是历史上第一位修道士出身的教宗。他基于个人修道经验，在担任教宗之后整理完成《约伯道德书》，讲经布道并整理完成《〈厄则克耳〉布道辞》，力图纾解出世的默观生活（vita contemplativa）与入世的行动生活（vita activa）之间的矛盾，宣讲一种结合默观与行动的理想生活。[1] 初任教宗的格里高利相信，这种生活，可以将人导向人之本初的默观状态。而他，作为历史上第一位出身修道院的教宗，是这种生活的宣讲者，同时也是其实践者与推动者。[2]

---

[*] 本文系国家社会科学基金一般项目"天主教教宗制形成史研究（3—10 世纪）"（项目号：20BSS046）的阶段性成果。

[1] *S. Gregorii Magni Moralia in Iob*（下为 *Mor.*）, ed. Marcus Adriaen, *Corpus Christianorum Series Latina*（下为 *CCSL*）, Vols. 143, 143A, 143B (Turnhout: Brepols, 1979-1985). *Sancti Gregorii Magni Homiliae in Hiezechihelem Prophetam*（下为 *HEz.*）, ed. Marcus Adriaen, *CCSL*, Vol. 142 (Turnhout: Brepols, 1971)。参读的英译本有：S. Gregory the Great, *Morals on the Book of Job*, 4 Vols., The Library of the Fathers (Oxford: John Henry Parker, 1844). Gregory the Great, *Homilies on the Book of the Prophet Ezekiel*, trans. Theodosia Tomkinson (Etna: Center for Traditionalist Orthodox Studies, 2008)。笔者曾从"入世"的角度介绍作为修士—主教的大格里高利，见包倩怡：《以谦卑之心，受放逐之苦——修士—主教的"入世"范式》，载彭小瑜主编：《古典与中世纪研究》第二辑，商务印书馆，2020 年，第 34—57 页。

[2] 推行修士—主教是格里高利教宗工作的重中之重。20 世纪大格里高利研究的突破也正来自承认并重估他的灵修对其教宗生涯的价值。见 Claude Dagens, *Saint Grégoire le Grand: Culture et éxperience chrétiennes* (Paris: Édudes Augustiniennes, 1977). Carole Straw, *Gregory the Great: Perfection in Imperfection* (Berkeley: University of California Press, 1988). R. A. Markus, *Gregory the Great and His World* (Cambridge and New York: Cambridge University Press, 1997). George E. Demacopoulos, *Gregory the Great: Ascetic, Pastor, and First Man of Rome* (Notre Dame: University of Notre Dame Press, 2015).

在格里高利身上，修道士与主教两种角色实现合一。然而，这两种角色之间存在着内在冲突。修道士与主教各自隶属基督教的两大传统：修道传统与教会传统。这两个传统始终并存于教会漫长的历史中。并存本身，说明二者相异，相对独立。[1]

根据教会传统，主教是宗徒的继承者，承担了基督赋予宗徒的使命。他们要传播基督福音，是"宣讲者"，是"导师"。[2] 传教的使命，以及施行洗礼和训导的职责，要求主教生活在信众之中。如果说主教继承了宗徒传统，那么修道士则延续了修道传统。这个传统，跟主教传统一样，也以《圣经》为源头。[3] 但是，与主教生活在社会中不同，修道士要远离人群。修道生活旨在让人放下对尘世的贪爱，一心追求在灵中见证天主。为避免尘世对灵修形成干扰，早期修道文化的重要主题之一，就是修道者需要离开世俗世界，退入荒漠孤寂的生活。[4]

早期教会中，主教与修道士角色之间的矛盾，不仅在于两者与尘世的距离，也在于两者有着不同的生活。修道士的生活完全以默观为中心，最终实现高度个人化的直面上主。而主教角色，自形成之初，就已经具备了明确的社会属性，在发展过程中更是承担越来越多的社会职能。[5] 主教在 2 世纪下半叶成为地方教会唯一的领导。自那个时候起，主教担任的职能就不再仅仅是教导信众，他要在更广泛的领域关照信众：对抗异端，维护教义正统性；与其他地方的主教通讯，维护教会统一；经济上接济困难的信徒；替教会成员出面与官方周旋；等等。随着教会的发展，教会组织结构日益复杂，主教承担的职能也日渐增加。到了古代晚期，与牧灵直接相关的主教职能就包

---

1 教会史家亨利·查德威克曾经指出："主教与修道士代表了早期基督教的两个对立面。"Henry Chadwick, "Bishops and Monks", in *Studies on Ancient Christianity*, I (Aldershot and Brookfield: Variorum, 2006), p. 45.

2 如："为这福音，我被立为宣讲者，为宗徒，为导师。"（《弟茂德后书》1：11）

3 如："有些阉人，却是为了天国，而自阉的。能领悟的，就领悟吧！"（《玛窦福音》19：12）又如："去！变卖你所有的，施舍给穷人，你必有宝藏在天上；然后来跟随我。《玛窦福音》19：21）

4 例如：安塔那修的《圣安东尼传》叙述了隐修的鼻祖安东尼，逃离人群，遁入荒漠和深山。《沙漠教父语录》中安东尼提供了生动的比喻：鱼离开了水就会死去，修道之人与尘世中人呆在一起便会失去内心的宁静。阿尔森图斯（Abba Arsentius）也说："逃开人，你就会得救赎。"Athanasius, *The Life of Antony and The Letter to Marcellinus*, trans. Robert C. Gregg (New York: Paulist Press, 1980). *The Sayings of the Desert Fathers: The Alphabetical Collection*, trans. Benedicta Ward (London: Mowbray, 1981), pp. 3, 9.

5 关于主教的社会属性，见 Henry Chadwick, "Bishops and Monks", pp. 45–56。

括：布道，教导慕道者，督导教徒，主持洗礼、感恩礼与其他诸仪式；安排慈善，照顾孤寡、穷人、外乡人，赎买战俘；管理教士、执事和其他教会工作人员。[1] 这样繁重的工作，意味着主教生活难以以默观为中心。

然而，古代晚期社会却涌现出一大批修士—主教。在帝国东部，继巴西尔（Basil of Caesarea，329/330—379 年）、尼撒的格里高利（Gregory of Nyssa，约 335—约 395 年）、纳西昂的格里高利（Gregory of Nazianzus，约 329—390 年）、约翰·克里索斯托（John Chrysostom，约 349—470 年）之后，修士—主教成为常态。[2] 在西部，有都尔的圣马丁（Sanctus Martinus Turonensis，316/336—397 年）、阿尔勒的凯撒留（Caesarius Arelatensis，468/470—542 年）、出自勒兰群岛修道院（Lérins）的主教们。高卢的波美里乌斯（Julianus Pomerius，5 世纪下半叶至 6 世纪初）还写了《论默观生活》（De Vita Contemplativa），鼓励修士—主教。[3] 这些格里高利之前的修士—主教范例，说明古代晚期社会提供了产生修士—主教的环境，也说明修道士与主教这两种角色相互间具有兼容的基础。

格里高利是古代晚期拉丁语教会中最富影响力的修士—主教之一。他认为，结合了行动的默观生活是人在世间可以实现的理想生活，践行它的修士—主教是最理想的基督徒角色。他以著述、教宗工作与自身生活，实践并行推广这种理念。认识格里高

1　关于古代晚期的主教职责，见 Claudia Rapp, *Holy Bishops in Late Antiquity: The Nature of Christian Leadership in an Age of Transition* (Berekeley, Los Angeles, London: University of California Press, 2005), p. 23; P. Allen, W. Mayer, "Through a Bishop's Eyes: Towards a Definition of Pastoral Care in Late Antiquity", *Augustinianum*, Vol. 40 (2000), p. 393。

2　关于帝国东部的修士—主教现象的讨论，见 Andrea Sterk, *Renouncing the World Yet Leading the Church: The Monk-Bishop in Late Antiquity* (Cambridge: Harvard University Press, 2004)。

3　Julianus Pomerius, *The Contemplative Life*, trans. Mary Josephine Suelzer (New York: Newman Press, 1947). 关于帝国西部的修士—主教现象的讨论，见 Claudia Rapp, *Holy Bishops in Late Antiquity*. Conrad Leyser, *Authority and Asceticism from Augustine to Gregory the Great* (Oxford: Clarendon Press, 2000). Philip Rousseau, "The Spiritual Authority of the 'Monk-Bishop': Eastern Elements in Some Western Hagiography of the Fourth and Fifth Centuries", *Journal of Theological Studies*, N.S., Vol. 23 (1971), pp. 380–419。包倩怡：《"天主众仆之仆"；名号与格里高利一世的主教观》，《历史研究》2019 年第 3 期。德玛考普鲁斯兼顾东、西教会，从牧灵神学的角度探讨灵修思想对早期教会牧灵神学的影响：George E. Demacopoulos, *Five Models of Spiritual Direction in the Early Church* (Notre Dame: University of Notre Dame Press, 2007)。

利的修士—主教逻辑，对今日研究者理解中世纪基督教世界的形成十分重要，因为这位教宗在中世纪被尊奉为灵修大师，他的著述是当时拉丁语世界里图书馆的必备馆藏，且馆藏数量远远超出其他所有早期教父。[1]

一、"行将没落的残舟"：战乱下的罗马城

修士—主教生成于古代晚期这个特殊历史时期。罗马教会之所以会在 6、7 世纪之交接纳一位修道士出身的教宗，与该地在重入彼时的 "罗马人的国"（即后世所称的拜占庭帝国）之后的境遇有着直接关联。

对于格里高利那个时代的人而言，罗马城古时的辉煌，停留在文字与传说构建的历史记忆。哥特人狄奥德里克统治时期的意大利曾经出现稳定与繁荣，但是 535—536 年间查士丁尼发起的旨在收复意大利半岛的哥特战争所带来的灾难足以碾压一切。此后半个多世纪里，意大利半岛上战火鲜有停歇。[2] 格里高利出生于公元 540 年前后哥特战争时期的罗马城中，不仅亲历战争与逃亡，而且几乎毕生都在战事威胁之下。战争，是格里高利心中挥之不去的阴影。

哥特战争历时近 20 年，罗马城在战争中几经易手，遭遇巨大破坏。536 年 12 月，贝利撒留收复罗马城。537 年 3 月，哥特人屯兵 15 万，围困该城，其间，他们破坏了

1　Conrad Leyser, "Late Antiquity in the Medieval West", in *A Companion to Late Antiquity*, ed., Philip Rousseau (West Sussex: Wiley-Blackwell, 2009), p. 39.

2　关于 6 世纪下半叶到 7 世纪初的罗马城与意大利，见 *Gentlemen and Officers: Imperial Administration and Aristocratic Power in Byzantine Italy, A. D. 554–800* (Rome: British School at Rome, 1984). B. Ward-Perkins, *From Classical Antiquity to the Middle Ages: Urban Public Building in Northern and Central Italy, AD 300–800* (Oxford: Oxford University Press, 1984). John Moorhead, "The Byzantines in the West in the Sixth Century", and "Ostrogothic Italy and the Lombard Invasions", and Andew Louth, "The Byzantine Empire in the Seventh Century", in *The New Cambridge Medieval History*, Vol. 1, c. 500–c. 700, pp. 118–161, 291–316. Peter Llewellyn, *Rome in the Dark Ages* (London: Faber and Faber, 1970). Chris Wickham, *Chris Wickham, Early Medieval Italy: Central Power and Local Society 400–1000* (Ann Arbor: The University of Michigan Press, 1989)。

所有引水渠。长期被围导致罗马城民对将他们从哥特人手中"解救"出来的拜占庭大将贝利撒留严重不满,贝利撒留驱逐了部分元老,撤换了教宗。哥特人的围困持续到次年 3 月,撤军的部分原因是发生了瘟疫。和平未久,545 年,格里高利大约 5 岁时,哥特人在托里塔的率领下卷土重来,围困罗马城一年之久。哥特人攻下城池后,劫持元老们为人质,继续北上。547 年 4 月,贝利撒留再度占据罗马城。547 年 12 月,托里塔再次率领哥特人攻克罗马城;次年,托里塔弃城,贝利撒留收复罗马。然而,好景不长。549 年,托里塔再度占据该城。直到 552 年,纳尔塞斯大军逼近罗马,托里塔弃城前往西西里。[1]

长年战乱之后,被查士丁尼重新纳入帝国框架的罗马城,人口下降到约 3 万。[2] 尽管查士丁尼希望通过国事诏书(554 年)与债权人法案(557 年)重整当地的政治经济秩序,但从留存史料中相互矛盾的陈述,后人很难判断其成效究竟如何。据教宗佩拉吉一世(556—561 年在位)给我们提供的描绘,意大利半岛上大量土地荒芜,教会收入锐减。现代考古研究也表明,哥特战争之后,远距离的贸易量锐减,地方财务困顿,人口锐减,军力不足,劳动力严重短缺。出土的陶器与碑文的数量,以及挖掘出的城镇古迹都显示,从 6 世纪中开始,意大利半岛经历了严重的经济衰退。[3]

罗马城尚没有能够从哥特战争的破坏中恢复,568 年,格里高利将入而立之年,伦巴德人接踵而至。[4] 伦巴德人入侵意大利,很快攻下了利古里亚(Liguria)和威尼西亚。他们在此受到的抵抗非常有限,因为意北刚遭受瘟疫,正面临饥荒。[5] 伦巴德人因内部纷争并没有能够占据整个意大利半岛,拜占庭因在 572 年与波斯重拾战火也没

---

1 Procopius of Caesarea, "Gothic War", in *History of the Wars*, Vol. 4–5, trans. H. B. Dewing, Loeb Classical Library, repr. (Cambridge: Harvard University Press, 1962).

2 霍奇斯与怀特豪斯指出,这一常见的三万人口的估算并不准确,但它意指在这个历史阶段中罗马城市人口规模迅速萎缩,这却是真实的,且其势"不可遏"。Richard Hodges and David Whitehouse, *Mohammed, Charlemagne and the Origins of Europe* (New York: Cornell University Press, 1983), pp. 48–52.

3 T. S. Brown, *Gentlemen and Officers*, pp. 5–8.

4 Paul the Deacon, *History of the Lombards*, ed. Edward Peters, trans. Willam Dudley Foulke (Philadelphia: University of Pennsylvania Press, 2003). Neil Christie, *The Lombards* (Oxford: Blackwell Publishers, 1998).

5 当然,也还是有城市进行了全力抵抗。例如帕维亚(Pavia),被围困三年才投降。Paul the Deacon, *History of the Lombards*, 2.26, p. 80.

有能够组织起有效的反击。[1]其结果是，伦巴德人在意大利半岛拥有35个大公（dux），各自以其所在城市为中心实行统治。在王位空缺的期间，这些大公的权力得到了扩大，尤其是远在半岛南部的贝内文托和斯波莱托。[2]王位的空缺似乎没有削弱伦巴德人的战斗力。继哥特人之后，他们也给罗马城带来直接重创。578—579年间，伦巴德人围困罗马城，致使罗马与外界交通中断，城内发生严重饥荒。佩拉吉二世不得不在未经皇帝认可的情况下接任教宗。[3]即使拜占庭在拉文纳设立了总督军统政府也未能有效地保护罗马城。585年，教宗佩拉吉二世写信给他派驻驻帝都君士坦丁堡的使节格里高利，要求他向皇帝求援："那些不仁不义的伦巴德人，背弃他们自己的誓言，给我们带来的灾难和痛苦，无以言表。……罗马的多数区域已经毫无防备可言，而总督发信说他不能帮我们，他说甚至不足以保护他自己所在的地区。"[4]

生活于战乱年代，战争是格里高利作品中一个不断重复出现的主题。其中，最能反映战争创伤的，莫过于他将战争的意象用于释读《约伯传》。在名为《约伯道德书》的释经集里，格里高利凝练早期教父神学，结合自身生活与修行经验，深入且系统地探讨了这部圣经经卷关注的问题：好人为什么要受苦。在书的前言里，这位教宗将魔鬼诱惑约伯的过程比拟为敌人围攻城池。在这一系列比喻里，约伯坚定的信仰是异常坚固的城池；历经的苦难是兵临城下的困境；魔鬼令约伯丧失财产与孩子，使他承受肉身的苦痛，是敌人对城池的围攻；妻友们的谏言，则是敌人的心理攻势。格里高利

1　入侵意大利后三年半之时，572年，伦巴德王阿尔博因（Alboin，约560—572年在位）被妻子谋害；而后拥立的新王克莱夫（Cleph）在位不足两年，也被杀身亡。581年，斯拉夫人入侵巴尔干。拜占庭帝国无暇西顾，当东部元老帕姆弗饶尼乌斯（Pamphronius）带着3000磅黄金向皇帝寻求军事援助时，皇帝让他带着这笔金子向法兰克人求助，或是用钱去买通伦巴德人的首领。John Moorhead, "The Byzantines in the West in the Sixth Century", pp. 134−135.

2　也有说36个，魏可汉则认为伦巴德爵大公的真实数目远远低于35个。Chris Wickham, *Early Medieval Italy*, p. 31.

3　*The Book of Pontiffs (Liber Pontificalis): The Ancient Biographies of First Ninety Roman Bishops to AD 715*, trans. Raymond Davis (Liverpoole: Liverpoole Univerisity Press, 1989), p. 59.

4　"... quia tantae calamitates ac tribulationes nobis a perfidia Langobardorum illatae sunt contra suum proprium iusiurandum, ut nullus possit ad refrendum sufficere. ... quia maxime partes Romanae omni praesidio vacuatae videntur et exarchus scribit nullum nobis posse remedium facere, quippe qui nec ad illas partes custodiendas se testatur posse sufficere." *Gregorii I papae Registrum epistularum*（下为 *Ep.*）, App. 2, ed. Ludwig Hartmann, in *Monumenta Germaniae Historica, Epistulae*, tomi II (Berolini: Apud Weidmannos, 1899), pp. 440−441.

说："因此，我们从外在的战争，获知内在（灵魂）的斗争。"[1]由于谙熟双管齐下的攻城策略，格里高利的战争描述分外生动："在外，每当坏消息传来，无异于攻城槌一次次敲击着城墙。在内，妻子的游说，如同敌人侵蚀城民的心灵，以损毁坚固的防务。"[2]在这一切的破坏之下，"城池依旧岿然不动"[3]。战争的惯常是正面进攻结合侧翼包抄。前者用以比喻约伯经历的各种苦痛，后者则是他人的谏言。[4]战争带来艰巨的考验，格里高利坚信义的一方终将胜利，正如约伯这位圣人把种种苦难和诱惑转变为对德性的提升："在苦难中，他增强了耐心；在言谈中他历练智慧。他四处反击，在力量上战胜了困难，以理智反制了不敬的话语。"[5]

在基督教的话语里，虔诚的信徒常常被比喻为基督的战士，他们抗拒魔鬼的诱惑，也常常被形容成基督的战士对抗魔鬼之战。然而，能够如此详细地联想到城市的攻防战斗，可以想见格里高利内心深处对外敌围城的恐惧。伦巴德人没有能够完全占据意大利半岛，他们分散盘踞。拜占庭皇帝毛瑞斯力图收复意大利半岛，但拉文纳总督鲜有能力组织起有效攻势，双方在半岛陷入拉锯状态。不少城池处于随时可能遭受攻击的险境，只能依靠自身资源维护自身安全。罗马城正是其中之一。教宗在布道辞中这样描绘自己在罗马城之所见：

> 我见到一部分人成了俘虏，一部分人被砍残了肢体，一部分人遭到屠杀。我的弟兄们，世间的生活有什么好的？倘若到了这个地步，我们还爱着这世界，那么，我们钟爱的并不是快乐，而是伤痛。看看罗马城，她还剩下什么！她曾经被视

1　"Ex bellis enim exterioribus discimus quid de interioribus sentiamus." *Mor.* Praef. 4.9, p. 15.

2　"Itaque exterius quasi ariete constituto, murum ciuitatis istius tot ictibus perculit quot uicibus aduersa nuntiauit. Intus autem quasi ciuium corda corrupit dum fortia urbis huius munimina persuasione destruere coniugis studuit." *Mor.* Praef. 4.10, pp. 15–16.

3　"... sed in his omnibus mansit mens imperterrita, stetit ciuitas inconcussa." *Mor.* Praef. 4.10, p. 16.

4　"Igitur Iob, in huius certaminis bello deprehensus, suscepit damna quasi hostes contra faciem; sustinuit uerba consolatium quasi hostes ex latere." *Mor.* Praef. 5.11. p. 16.

5　"Per uulnera quippe probatur eius patientia; per uerba exercetur eius sapientia. Vbique fortiter occurrit, quia et flagella robore et uerba ratione superauit." *Mor.* Praef. 5.11. p. 16.

为是世界之主。巨大的苦难一次次地令她疲惫，城市荒芜，敌人压迫，屡屡的灭顶之灾，以至于在她这里可以见到这位先知许久之前针对萨玛利亚城的预言……[1]

古都的败落、战乱及与之相伴的饥荒与破败，还有那时刻高悬的"伦巴德人之剑"，很容易将时人带入基督教的末世话语。[2] 当然，在格里高利之前，主要的基督教思想家们，如德尔图良、奥利金、安布鲁斯、哲罗姆与奥古斯丁都曾对末世与最后的审判做出论述。[3] 然而，正如戴利（Brian Daley）在《早期教会之望》中总结的那样："在早期教会中，末世论的重点不尽相同。末日的希望（apoclyptic hope）灭了，后又重新燃起。个人的、世界的、教会的、神秘主义的视角此起彼伏。它的发展，常常并非直线型的，而是一代代基督教团体对社会与教会的挑战做出的反应，也是诸位作者个人基于自己的神学兴趣与立场的阐发。"[4] 格里高利将现实生活中发生的灾难，当作"征兆"（sign），认为是天主意图的显示。[5] 他从中看到的，是末日的临近。例如，在《对话

---

1   "Alios in captiuitatem duci, alios detruncari, alios interfici uidemus. Quid est ergo quod in hac uita libeat, fratres mei? Si et talem adhuc mundum diligimus, non iam gaudia, sed uulnera amamus. Ipsa autem quae aliquando mundi domina esse uidebatur qualis remanserit Roma conspicitis. Immensis doloribus multipliciter attrita, desolatione ciuium, impressione hostium, frequentia ruinarum, ita ut in ea completum esse uideamus quod contra urbem Samariam per hunc eundem prophetam longe superius dicitur ..." *HEz.* 2.6.22, p. 311.

2   据基督教系统神学，末世的应许是基督福音的核心内容。末世是天主创世目的的实现。基督教思想的其他方方面面，例如基督论、教会论、圣事神学，都是在末世论的背景之下展开的。在基督教这样一个启示性宗教（prophetic religion）中，末世的到来恰恰是基督徒的"信"与"望"。Monika K. Hellwig, "Eschatology", in *Systematic Theology: Roman Catholic Perspectives*, Vol. 2, eds. Francis Schüssler Fiorenza and John P. Galvin (Minneapolis: Fortress Press, 1991), pp. 349–372. Brian E. Daley, *The Hope of The Early Church: A Handbook of Patristic Eschatology* (Cambridge, New York & Melbourne: Cambridge University Press, 1991, repr. 1993). John F. Haught, "Prophetic Religion", in *What Is Religion: An Introduction* (New York and New Jersey: Paulist Press, 1990), pp. 62–78.

3   Robert E. McNally, "Gregory the Great (590–604) and His Declining World", *Archivum Historiae Pontificiae*, Vol. 16 (1978), pp. 7–26. Kevin L. Hester, *Eschatology and Pain in St. Gregory the Great* (Eugene and Oregon: Wipf & Stock, 2007), pp. 15–21.

4   Brian E. Daley, *The Hope of The Early Church*, p. 3.

5   几乎所有研究格里高利的学者都注意到了这一点。关于格里高利的末世论，主要的论述有：Claude Dagens, "La fin des temps et l'église selon saint Grégoire le Grand", *Recherches de science religieuse*, Vol. 58 (1970), pp. 273–288. Robert E. McNally, "Gregory the Great (590–604) and His Declining World". R. A. Markus, "Approprinquante mundi termino: The World in Its Old Age", in *Gregory the Great and His World*, pp. 51–67. Kevin L. Hester, "Sign of the End in Gregory", in *Eschatology and Pain in St. Gregory the Great*, pp. 21–32. Jane Baun, "Gregory's Eschatology", in *A Companion to Gregory the Great*, eds. Bronwen Neil and Matthew Dal Santo (Leiden and Boston: Brill, 2013), pp. 157–176.

录》中，格里高利讲道：

> ……残暴的伦巴德人从他们的定居地出来，如剑出鞘，架到了我们的脖子上，而我们这个族群，此前在这片土地上昌盛，亦如繁茂的庄稼，现在已被割凋零。城市人口锐减，要塞夷为平地，教堂被烧，修道院被毁。人们落荒而逃，良田被弃，耕地废置，土地荒芜。曾经人口众多之地，如今毫无人烟，为野兽所盘踞。我不知道世上其他地方的情况。在这片土地上，在我们生活的这个地方，世界末日不再只是预言，而是已经显现。[1]

这种把现实与末日进行直接关联的文字，在格里高利之前的基督教思想家中并不多见。[2] 它反映的是古代晚期罗马城民经历的巨大心理落差和他们因经年战乱而承受的持续恐慌。这是哲罗姆、奥古斯丁等早期思想家不曾有过的经历。

格里高利的思想中始终贯穿末日将至的急切：相信这个世界必将很快走到它的终点，相信基督很快就会来临，相信基督会带来末日的审判并且惩罚一切的罪。末世来临之前，上主加注于人的种种困难，是对基督徒的最后救赎。困苦是上主对人的鞭

1　"Mox effera Langobardorum gens, de uagina suae habitationis educta, in nostra ceruice grassata est, atque hominum genus, quod in hac terra prae multitudine nimia quasi spissae segetis more surrexerat, succisum aruit. Nam depopulatae urbes, euersa castra, concrematae ecclesiae, destructa sunt monasteria uirorum atque feminarum. Desolata ab hominibus praedia atque ab omni cultore destituta in solitudine uacat terra. Nullus hanc possessor inhabitat. Occupauerunt bestiae loca, quae prius multitudo hominum tenebat. Et quid in aliis mundi partibus agatur ignoro, nam hac in terra, in qua uiuimus, finem suum mundus non iam nuntiat, sed ostendit." Grégoire le Grand, *Dialogues* 3.38.3, ed. Adalbert de Vogüé, trans. Paul Antin, SC 260 (Paris: Editions du Cerf, 1979), p. 430.

2　马库斯指出格里高利笔下末世临近的迫切感是"自早期基督教对末世的期待退却之后，从不曾有过的"。学者大多认为，在这一点上，格里高利与奥古斯丁明显不同。不过，麦克纳利（Robert E. McNally）提出，罗马帝国的"永恒之都"被外族攻克这个事件给人们带来巨大心理冲击，哲罗姆与奥古斯丁表达了与格里高利类似的末世论；勒高夫考察炼狱神学产生途径，对末世论的发展脉络的理解与麦克纳利基本一致。Kevin L. Hester, *Eschatology and Pain in St. Gregory the Great*, p. 21. Brian E. Daley, *The Hope of The Early Church*, pp. 133–136. R. A. Markus, *Gregory the Great and His World*, p. 51. Robert E. McNally, "Gregory the Great (590–604) and His Declining World". Jacques le Goff, *The Birth of Purgatory*, trans. Arthur Goldhammer (Aldershot: Scolar Press, 1984), pp. 52–99.

策，是给人们提供的最后的机会。它们让人深刻反省自身的思想与行为，从而发自内心地痛悔自己曾经犯下的种种过错，走上效仿基督的道路，实现真正的对基督的皈依。这是《约伯道德书》最为核心的思想，也是格里高利向世人展现的基于他个人经历与宗教体验的皈依范式。

正如马库斯所述，格里高利之时，基督教思想完成了一个由三元向二元的转化。这既是一个基督教化的过程，也是一个去尘世化的过程。[1] 在格里高利的思想里，可以明显看到对尘世的摒弃。这位教宗的理想世界里不存在尘世的相关构建：他既没有对政治做全面思考，也没有就伦理进行系统论述。甚至，奥古斯丁基于人的社会性而赋予婚姻的善，在格里高利这里也退了颜色；希波主教认可的以生育为目的的性生活，也因为它伴随的欢愉而成了过错。[2] 戴利指出，格里高利对末世的"坚定信念"，"既是他个人独有的情结，也是那个多灾多难的时代的典型"。[3] 同样的，与之息息相关的——尽管未必是直接因果关系——对尘世的态度，不仅有格里高利的个人特色，也反映了当时的时代特征。在一个与圣经描绘的末世可以一一比照的世界里，格里高利相信，所有"属世的"都会很快消失，尘世是一艘"行将没落的残舟"[4]；人该追求的，

1　即从神圣、世俗、渎神的三元，向善与恶／圣洁与不洁的转变。这个转变，在马库斯看来是基督教从古代向中世纪的转化，格里高利的思想中的二元对立正是基督教思想由古代进入中世纪的标志。R. A. Markus, *Saeculum: History and Society in the Theology of St Augustine* (Cambridge: Cambridge University Press, 1970); *The End of Ancient Christianity* (New York: Cambridge University Press, 1990).

2　格里高利并不认为婚姻本身不洁。"但是因为夫妻间合法的性交不可能避免肉身的欢愉……欢愉本身无法避免罪。"("Sed quia ipsa licita admixtio coniugis sine voluptate carnis fieri non potest, ... quia voluptas ipsa esse sine culpa nullatenus potest." *Ep.* 11.56a, Vol. 2, p. 340.) 关于奥古斯丁论婚姻之善，见 Augustine of Hippo, *On the Good of Marriage*, trans. C. L. Cornish, NPNF, Series I, Vol. 3, pp. 840–881. Peter Brown, *The Body and Society: Men, Women and Sexual Renunciation in Early Christianity* (New York: Columbia University Press, 1988), pp. 387–427。夏洞奇：《在婚姻与守贞之间：对奥古斯丁婚姻观的一种解释》，《西学研究》(第一辑)，商务印书馆，2003 年。

3　Brian E. Daley, *The Hope of The Early Church*, p. 214.

4　595 年格里高利把《约伯道德书》赠予西班牙主教 (Leander of Seville, 约 534—约 601 年)，在写给后者的书信中，教宗谈到自己早年放弃仕途去出家修行的经历："最后，在诸般焦虑中，我逃入了修道院之门，自认为——现在证明是多么虚妄——抛弃一切世间之物，我，赤条条，已经逃离了世间生活这艘行将沉没的残舟。"("Quae tandem cuncta sollicite fugiens, portum monasterii petii et relictis quae mundi sunt, ut frustra tunc credidi, ex huius uitae naufragio nudus euasi. " *Mor.* "Ad Leandrvm", p. 1.) 中世纪抄工习惯将此类书信作为导论开篇，故此信在《约伯道德书》的首页。

是在默观中去"见证上主的仪容"[1]。

二、默观之必要

默观，即观天主／至善，对格里高利而言，可谓生命意义的全部。默观是贯穿格里高利所有著作的主题。[2] 关于默观所见，他的作品有众多描述，所用语汇丰富，有"智慧"（sapientia）、"神圣之能的明亮"（claritas diuinae potentiae）、"来自永恒存在之光"（de eius aeternitatis radio）、"真的实质"（essentia veracis）、"那不变的"（incommutabilis）等。[3] 在格里高利笔下，默观之美好不言而喻，他常用"喜悦"（gaudium）与"甘美"（dulcedo）作形容。他形容默观中的人，虽如入睡眠，心却警醒：在外，人消停了不安分之举动；在内，则得到了升华：

> 而人一旦提升自我，朝向永恒，将心灵之目专注于那永久不变的一切，他见到那所有将走到尽头的一切都近乎虚无。他承受现世生活的苦难，但他了解那会逝去的一切皆空。越是让自己全力进入内在的喜悦，他对外在的苦痛越无觉察。[4]

---

1 格里高利经常使用的话语，语出《圣咏集》(27：8)。

2 格里高利的作品中，《约伯道德书》是一部关于如何提升灵魂、进入默观的灵修指导书籍；《对话录》收录的神迹中，既有默观下的神见，也有默观中祈祷的效果；《牧灵规章》中将能否默观列为可否上到牧灵之位的前提条件；《〈厄则克耳〉布道辞》对默观的关注程度印证了其布道的对象不是普通大众，而是修道者。所有作品中，《书信录》与面向大众布道的《福音书布道辞》对默观涉及最少，但也在一定程度上传递着默观的思想。

3 *Mor.* 5.29.52, p. 253. *Mor.* 18.50.82, p. 945. 见 Bernard McGinn, *The Growth of Mysticism: Gregory the Great through the 12th Century* (New York: A Herder and Herder Book, 1994), pp. 63, 71。麦克金认为，格里高利描述的有关"观"的体验，很可能是他对神秘主义传统做出的最重要的贡献。格里高利的描述丰富且角度不一，也不总是能为常理所接受。笔者在此选择了现代人较为能够接受的角度。

4 "At si semel quisque ad aeterna se erigat, atque in his quae incommutabiliter permanent oculum cordis figat, propre nihil esse hic conspicit quicquid ad finem currit. Praesentis uitae aduersa tolerat, sed quasi nihil esse omne quod labitur pensat. Quo enim se internis gaudiis robustius inserit, eo minus exterius dolores sentit." *Mor.* 10.15.32, p. 560.

格里高利相信，人一旦经历过默观体验——脱离苦痛，只有全然的喜悦，那么必然会以默观为目标。这个目标是对原初的回归，因为默观正是人被造之初的生命状态，格里高利称它为"与生俱来之定"（ingenita standi soliditas）。默观赋予人保持心灵恒定的力量，于是，只要也只有在默观状态下，心灵不会受到任何干扰与腐蚀，人因而能够维持原初的定。[1]

在此理论框架下，人之堕落被阐释为人以自己的主观意志选择了对原初默观至善的背离：

> 因人被造就为观其造物主，却因其行而被逐，从那内在的喜悦跌落，掉入腐败之痛，承受放逐之黑暗，承受罪之罚而不自知。于是，他将被逐之地当作父国，在堕落的负担之下，欢喜如在美好的自由中。……每一个得知救赎之恩典，每一个因可以重回父国而快乐的人，点化之下，为身在放逐的负担中而深深叹息。[2]

当人的意志选择背离原初之定的那一刻起，人即由爱造物主转向了爱自己。由于人的定并不源于自身，而是来自对造物主的爱，当人转向自己时，也就自然失去了原本的恒定。自此，人便"被不可靠的可变性驱动"（lubricae mutabilitatis impulsus），处于自我挣扎之中，心灵失了健康与完满：人在动的时候，心向休息；但在静的时候，又念着行动——它总是要去追逐那缺失的部分，不得安宁。[3]

人由恒久和谐，跌落到了灵与肉的矛盾体中。肉身是灵魂的居所（domus carnis），它可见，有感知，无理性，带有肉身属性。灵魂不可见，不可感知，有理性，具灵性，被囚禁在肉身之中，从而成为肉身的居者。[4] 世间万物之间的不平等性在灵与肉的对

1　*Mor.* 8.10.19, p. 395.

2　"Homo namque ad contemplandum auctorem conditus, sed exigentibus meritis ab internis gaudiis deiectus, in aerumnam corruptionis ruens, caecitatem exsilii sustinens, culpae suae supplicia tolerabat et nesciebat. Ita ut exsilium patriam crederet et sic sub corruptionis pondere quasi in salutis libertate gauderet. ... Et quia quisquis gratiam Redemptoris agnoscit, quisquis reditum ad patriam diligit, eruditus sub pondere peregrinationis gemit, ..." *Mor.* 7.2.2, pp. 335–336.

3　*Mor.* 8.10.19, pp. 395–396.

4　*HEz.* 2.8.9, p. 343. *Mor.* 15.46.52, pp. 780–781. *Mor.* 21.2.4, p. 1065. 见 Carole Straw, *Gregory the Great: Perfection in Imperfection*, pp. 45, 129。

立中充分体现：物性越强，越是可变，越是因他起，就越低等且带有较多的恶。[1]人的肉身属性是将灵魂重重往下拖拽的力量；它将人带往并囚禁在可见世界的深处。反之，灵性是抬升灵魂的力量，让人去体验那不可见的永恒世界。[2]肉身属性与灵性是完全相反的两极，二者的对立不可调和："肉身在舒适中获滋长，灵魂在困难中得滋养；一个为愉悦所纵容，另一个因艰难而锻炼。前者从欢乐中获取养分，后者在苦痛中求得力量。"[3]格里高利将肉身视为拖拽灵魂远离至善的力量。因背负原罪而处于灵肉矛盾体之中的人，必须放弃对灵魂居所的贪着，才可能走向人被造之初的默观。换而言之，人们找寻回归之程，追求永恒与完美，必须遏制"肉身之恶"（peccatum carnis），有意识地控制肉身对享受的追求、对物的贪欲。[4]

但是，格里高利关于灵魂与肉身关系的理解，并非对传承自保罗的基督教灵肉二元论的简单继承。[5]他肯定肉身对修道者有善的功用，并且认为此类作用多重且复杂。例如：为维持身体的运作，人需要去照拂它的冷热、饥渴与病苦。这种迫于无奈的辛劳可以占据人的注意力，减少他因空虚而受到诱惑的可能，它同时还让人感受到生活的负累，加强对肉身必要坏死的认知，从而将人导向对灵性对永恒的渴望。[6]尽管肉身在将人导向默观中有积极作用，但是肉身的作用具有两面性。例如，肉身可感知，让灵魂有可能通过外部世界的迹象解读天主的救恩，将人引向默观；然而，感知却往往具有欺骗性，无论是通过感官获得具体受觉，还是通过抽象思维形成记忆与想象，都会遮蔽人的心灵之目（oculus mentis），给默观造成阻碍。[7]斯爵将这种关系形容为亦

---

1 *Mor.* 15.46.53, p. 781. *Mor.* 6.15.18–20, pp. 295–298. 见 Carole Straw, *Gregory the Great: Perfection in Imperfection*, pp. 32–35。

2 *Mor.* 19.6.12, p. 964.

3 "Vt enim caro mollibus, sic anima duris nutritur: illam blanda refouent, hanc aspera exercent; illa delectationibus pascitur, haec amaritudinibus uegetatur." *Mor.* 10.24.42, p. 567.

4 *Mor.* 13.15.22, p. 681. 见 Carole Straw, *Gregory the Great: Perfection in Imperfection*, p. 33。

5 斯爵敏锐地捕捉到了格里高利与保罗以降的基督教思想家们之间的差异，提出在道德神学上，格里高利修订了继承自保罗的二元对立传统，提出了灵与肉在对立的基础上互补，肯定肉身与带有肉身属性的一切在救赎中的积极作用。Carole Straw, *Gregory the Great: Perfection in Imperfection*, p. 19.

6 *Mor.* 13.32.36, p. 688.

7 *HEz.* 2.5.9–10, pp. 281–284. *Mor.* 15.46.52, pp. 780–781. *Mor.* 21.2.4, pp. 1065–1067. 见 Carole Straw, *Gregory the Great: Perfection in Imperfection*, pp. 2–13, 128–146。

友亦敌，灵魂与肉身构成"互为补充的对立面"（complementary opposites）。[1]这可能夸大了格里高利对肉身的认可程度。他确实将灵魂与肉身置于道德天平的两极，相互制约，互为补充。但是，他同时强调肉身与灵魂的对立状态决定了前者的作用必然停留于辅助与从属的层面。归根到底，肉身的意义在于它让人反省肉身之恶，从而摒弃包括肉身在内的这个物质世界。[2]肉身是牵制灵魂的力量，是人必须摆脱却无力摆脱的羁绊。两者始终高度对立，矛盾无以消解。

基督献祭的意义，在这个思想体系中，恰在于对冲了灵性与肉身属性之间的矛盾，连接起根本对立的灵肉两重世界。[3]灵魂与肉身根本对立，却因为对立而令肉身有可能成为灵魂提升的助力。这是格里高利默观理论的基础，也是他的道德论的根基。尘世中的人并不处于"平衡"之中，而是始终在灵与肉两种属性、两个反向力量的拉扯之下，难以找到常定。因循上述逻辑，格里高利认为，人必须否定具有肉身属性的一切，才能在恒常的不定中捕捉到默观的契机，让灵魂向上攀升。

三、行动之必须

格里高利对默观与行动的讨论，建立在其独到的灵肉关系之上。他将默观生活与行动生活视为两种不同的生存状态，前者关照的是灵性，后者立足于带有肉身属性的尘世。两者彼此冲突，却并不妨碍后者成为前者的有益补充。较之此前的基督教思想家们，他对默观生活和行动生活的讨论不仅更系统，也更为丰富。[4]它不仅在中世纪早

1　Carole Straw, *Gregory the Great: Perfection in Imperfection*, p. 30.

2　肉身的弱点决定了人无法长久地处于默观状态。它令修行者认识到自己作为人的境况，不至于因为灵修上的进步而傲慢，始终心存敬畏。转而反省自身，"让自己避免一切恶行"。*Mor.* 19.1.1-19.8.14, pp. 956-967.

3　见 Carole Straw, *Gregory the Great: Perfection in Imperfection*, pp. 147-178。

4　格里高利之前，拉丁语教会内关于默观与默观生活的讨论，见 Bernard McGinn, *The Foundations of Mysticism: Origins to the Fifth Century* (New York: Crossroad, 1991), pp. 189-262. Mary Elizabeth Mason, *Active Life and Contemplative Life: A Study of the Concepts from Plato to the Present* (Milwaukee: The Marquette University Press, 1961), pp. 17-45. J. D. Green, *"Augustinianism": Studies in the Process of Spiritual Transvaluation* (Leuven:（转下页）

期有广泛影响，对后来的克吕尼运动、11 世纪教会改革和 13 世纪的托钵僧运动都有不同程度的影响。[1]

默观与行动两种生活当然皆为善工。默观生活以实现默观为唯一的内容。它只以导向默观为目的，而不以其他任何事务为目标。[2] 行动生活——"给饥饿者以面包，传无知者以智慧之说，为迷失者导正方向，让傲慢的邻人重归谦卑之路，给予病弱者以关照"，以及"为托付于我们的人提供粮食"——总是作为默观生活的对照与补充出现在他的文献中。[3] 显然，善有高下。默观属于更高的善，因为默观之善出自人的意愿，而行动之善仅出于需要。默观生活不依他起，不会被剥夺，反而因其守的是道（Verbum），滋养的是爱，会不断发展升华；行动生活则隶属尘世，带有肉身属性，会随着物质世界消亡。[4] 两种生活的性质与修行的次第，在一定程度上已经说明二者难以兼容。行动生活做的是世间的事，投身其中令人难以抗拒尘世的诱惑，更何况人因

（接上页）Paris and Dudley, MA, 2007), pp. 5-32. Giovanni Catapano, "Leah and Rachel as Figures of the Active and the Contemplative Life in Augustine's *Contra Faustum Manichaeum*", in *Theoria, Praxis, and the Contemplative Life After Plato and Aristotle*, eds., Thomas Bénatouïl and Mauro Bonazzi (Leiden and Boston: Brill, 2012), pp. 215-228. 汪聂才：《沉思与慧观：奥古斯丁的冥契主义思想》，《现代哲学》2018 年第 5 期，第 93—101 页。关于格里高利对默观、默观生活与行动生活的讨论，见 R. A. Markus, *Gregory the Great and His World*, pp. 17-23. Bernard McGinn, *The Growth of Mysticism*, pp. 34-79. Carole Straw, *Gregory the Great: Perfection in Imperfection*, pp. 189-193, 247-253; Claude Dagens, *Saint Grégoire le Grand: Culture et éxperience chrétiennes*, pp. 133-163. George E. Demacopoulos, *Gregory the Great*, pp. 28-30. Giles Constable, *Three Studies in Medieval Religious and Social Thought* (Cambridge: Cambridge University Press, 1998), pp. 1-141. Mary Elizabeth Mason, *Active Life and Contemplative Life*, pp. 46-77. J. D. Green, "*Augustinianism*", pp. 33-51。

1 见 Constant J. Mews and Claire Renkin, "The Legacy of Gregory the Great in the Latin West", in *A Companion to Gregory the Great*, eds. Bronwen Neil and Matthew Dal Santo, pp. 336-337。

2 *HEz*. 2.2.8, p. 230.

3 "Actiua enim uita est, panem esurienti tribuere, uerbo sapientiae nescientem docere, errantem corrigere, ad humilitatis uiam superbientem proximum reuocare, infirmantis curam gerere, quae singulis quibusque expediant dispensare, et commissis nobis qualiter subsistere ualeant prouidere." *HEz*. 2.2.8, p. 230. 经常地，格里高利视默观生活为爱天主的生活方式，将爱邻人归于行动生活。例如，在另一篇《〈厄则克耳〉布道辞》中，他说："行动生活和默观生活都统一在十诫中，因为十诫要求爱天主和爱服务于邻人。显然，爱天主走向默观生活，爱邻人走向行动生活。"（"Actiua etenim ac contemplatiua uita simul in Decalogi mandatis coniuncta est, quia in eo et amor Dei, et amor seruari proximi iubetur. Amor quippe Dei ad contemplatiuam, amor uero proximi pertinet ad actiuam."）*HEz*. 2.6.5, p. 297. 但是，关于默观生活是否为最理想的生活状态，格里高利并非没有矛盾。他偶尔也认为默观生活是既爱天主又爱邻人的生活。*HEz*. 2.2.8, p. 230.

4 *HEz*. 1.3.9-10, pp. 37-38. *HEz*. 2.2.9, pp. 230-231. *Mor*. 6.37.61, p. 330.

背负有原罪本就容易产生对物欲的贪着。所以完成与尘世的切割，是人走向回归原初的必由之路。唯一可以完全隔绝人与尘世的，正是默观生活。[1]

在搭建两种生活的理论框架时，格里高利赋予行动生活以积极意义，并且将它的积极作用建立在默观生活的不俱足上。他高度称颂默观生活，却不认为默观生活完美无瑕。人的生存状态，限制了默观在现世可实现的程度。首先，世间之人不可能获得真正的默观。肉身为灵魂提供居所，但也令人成为尘世的奴隶，使人可以起观，但所见的"那内在的宁静"如在迷雾中，并不真切。人能够达到的默观，充其量只是一种模拟的状态，是心灵造就之像（imagitio）。[2] 其次，肉身的软弱，迫使灵魂在超越自我时，必须回转去照拂它的需求。这决定了修行者不可能长时间处于灵性提升的状态之中。[3] 再者，默观生活有它自身的危险性。诱惑与默观是伴生关系，人越深入默观，越容易滋长傲慢，灵魂受到的诱惑也越大。[4] 总之，人自身的局限性决定了他不可能通过默观达到完全的善，甚至也不可能长期处于默观之中，而一旦失去默观，他反而容易被诱惑主宰。

正是默观生活自身的缺陷，要求修行者必须以行动生活为其必要的补充。行动生活不及默观崇高，却是一种可持续的善，足以让清白的善工占据人的生命，让人没有机会犯错，实现对人的有效保护。[5] 然而，行动生活之善，仅限于维持已有道德，却不能提升道德水平。格里高利在此偏离了加西安以来的修道传统，剥夺了行动生活在去除恶习与辨析美德方面的作用，将提升德性的工作完全留给了默观。[6] 这主要是出于他对人之软弱的认知：人之为人，既无力去维持一种高于自身的善，也不能依靠自身力量去提升德性。格里高利说：

---

1 格里高利将它比喻为坟墓，形容默观生活将修行者埋葬起来，"如同隔开死人与尘世"，让修行者"远离属世的欲念，却在内心深处得到提升"。*Mor.* 6.37.56, p. 325.

2 *Mor.* 23.39, pp. 1173–1174. *Mor.* 31.51.101, pp. 1619–1620. *HEz.* 1.3.13, p. 41.

3 *HEz.* 1.5.2, p. 57. *HEz.* 1.5.12, pp. 62–63. *Mor.* 8.30.50, p. 421. *Mor.* 10.15.31, p. 559.

4 *HEz.* 2.2.3, p. 226.

5 *Mor.* 10.15.31, p. 559. *Mor.* 6.37.56, p. 325.

6 比较 John Cassian, *The Conferences*, trans. Colm Luibheid (New York: Paulist Press, 1985), p. 156。

任谁，倘若不能自内心明白那尚未实现的"是（quod est）"，都不可能在行为上为现在的"我（quod nondum est）"哀哭。[1]

要探究那"是"，去悟善恶，唯一的途径是默观体验。在此，格里高利陷入了一种循环论证：人可以实现默观、走向至善的途径是心灵纯洁；纯净心灵却是默观的成果，非人力可为。在逻辑上，可能将人导向对自身本质的彻底反思的，只有默观之所见。它令人因着对末日审判的敬畏而检视自己曾经犯下的种种恶，或让人因对善之爱而认识到充斥周边世界的种种不善。[2] 人在默观中观得越多，就会对自己沉沦红尘的现状越加痛心，在痛悔中洁净心灵，更为坚定地走向默观。[3] 默观是个人检视自我的必需，是人们提升道德的必由之路。

德性的提升是默观关照之下循序渐进的过程。默观之人与生俱来的软弱决定了该过程必然艰难且时断时续。服务邻人的行动生活是这一过程暂停时必要且有益的填充。然而，行动生活虽善，做的却乃是世间的事，它将人留在尘世之中。默观生活与行动生活之间的矛盾，体现的是天国与尘世的对立。[4] 因而，尽管默观生活要求行动与默观交织，但是行动只能成为随侍默观的婢女。然而，也正是由于修行者随时可能需要行动生活为默观提供补充，默观生活不必也不可拘囿于尘世之外。格里高利说，修行者的心灵，如同葬入了坟墓，不再受到外界的干扰，这既表示在物理意义上默观者与凡尘俗世实现短暂切割，也比喻在精神层面上默观为修行者的心灵提供持久守护。默观是一种生命的状态——不起心动念，专注于灵修，只为见证天主存在。当修道者修的是心之定，那么他无须终身幽闭于修道院中。通过强调修道的道德提升功能、行动的可持续性与必要性，以及修心修定对灵魂拯救的意义，实际上，格里高利

---

1 "Neque enim fleret extrinsecus quisque quod est, si non intrinsecus potuisset sentire quod nondum est." *Mor.* 23.21.43, p. 1177.

2 *Mor.* 23.21.41, p. 1175. *Mor.* 24.6.10–11, pp. 1194–1195. 见 Carole Straw, *Gregory the Great: Perfection in Imperfection*, pp. 213–235。

3 *Mor.* 5.24.51–5.33.60, pp. 253–261. *Mor.* 23.21.41–43, pp. 1176–1177.

4 *HEz.* 2.2.11, pp. 232–234.

将加西安的修道理论带出了修道院的围墙，为修行者行走于尘世提供支持。

四、尘世的负累：格里高利的理想与实践

默观与行动两种生活皆为善工，各有裨益与缺憾。在将人导向原初之定的过程中，它们有着各自不可替代的功用。在《约伯道德书》与《〈厄则克耳〉布道辞》中，格里高利都曾绘制以默观为中心、以行动为补充的救赎之路。当默观难以为继之时，修道之人应该投入善行，"以使心灵，在尚无力朝着默观生活的方向抬升时，不拒绝行它可以的善"。善的积累，可以提升心灵，使它"重回默观，从默观真理所得的食品中汲取爱的给养"[1]。如此循环往复，修行者的心灵始终处于善工的庇护之下。[2]

格里高利认为，由行动生活上升到默观，再由默观生活回到行动，循环往复于这两种生活之间，是最为理想的生活，是基督教导并亲自践行的皈依模式。道成肉身的意义，在于以可见的方式，为不可见的真理做出示范。耶稣白天在城内显示神迹，晚上在山上彻夜祷告，是以实实在在的生活，解说如何结合默观与行动：

> 既不因专心默观而忽略对邻人的关照，也不因过于致力于照管邻人而舍弃默观的努力，而是以这样一种方式，让这分道的两者在心灵结合，既不让对邻人的爱妨碍到对天主的爱，也不让对邻人之爱，因僭越而侵害对天主之爱。[3]

1　"Et necesse est ut ad actiuam redeat seque ipsum continue in usu bonae operationis exerceat ut cum mens surgere ad contemplanda caelestia non ualet, quaeque potest bona agere non recuset. Sicque fit ut ipsis suis bonis actibus adiuta ad superiora rursus in contemplationem surgat et amoris pastum de pabulo contemplatae ueritatis accipiat." *HEz.* 1.5.12, p. 63.

2　*HEz.* 1.5.12, p. 63.

3　"Exemplum suis fidelibus praebuit, ut nec contemplationis studio proximorum curam neglegant, nec rursum cura proximorum immoderatius obligati contemplationis studia derelinquant, sed sic in utrisque mentem partiendo coniungant, quatenus nec amorem Dei praepediat amor proximi, nec amorem proximi, quia transcendit, abiciat amor Dei." *Mor.* 27.13.33, pp. 1420–1421.

基督教导信众，要让默观生活与行动生活这"分道的两者在心灵结合"，是让人获得内心的平静（quies，requies），将那属世的一切抛在脑后，全心系于属灵的事。[1] 这样的生活，结合默观与行动，取二者之长，舍两者之短，是以神迹对道做出示范，将信众导向对默观的向往。

能够在世间践行基督示范的理想生活的人，不是"属于尘世的心灵"，只可能是教会中的精英阶层——布道者。[2] 在写给主教们的小册子——《牧灵规章》中，格里高利称这个群体为"统领人"（rector）。在解读《约伯传》时，格里高利对教会精英的生活做出了诗化的演绎。在这个比拟中，尘世是为寒冬，生活在其间的人们，心虽向往天国，灵魂却束缚在僵化麻木且必死的肉身之中。统领人身在尘世，心灵则如同水滴，在默观中抬升，上到高处，因能够略观至善而得坚定，凝成雪花。出于对依旧在尘世中的人们的爱，已经到达高处的他放下身段，谦卑地去俯就邻人，如同雪花飘落，触地而化，将默观所得，融为雪水，滋润邻人干涸的心灵。[3] 水在天空与大地之间循环，洁净自身，灌溉大地。同理，统领人在默观生活与行动生活的往复中，拯救他人，也提升自己的灵魂。

格里高利带着对"理想生活"的信念走上教宗岗位。他甚至相信，在上述理想生活模式之下，当内心只存有对智慧的向往，对属世的一切不起心动念时，人可以做布道之外的事务。格里高利注意到古圣先贤中不乏成功的个案。在《约伯道德书》中，他列举了若瑟（Joseph）与达尼尔（Daniel），前者掌管过全埃及的事务，在饥荒来临时救下埃及人与其他族人的性命；后者授命出任巴比伦首领，治理巴比伦全省。[4] 让格里高利有信心的，还有同辈中人的实践。在当时，修士—主教模式在帝国东部已经成为常态，格里高利在帝都君士坦丁堡居住六年，对帝国东部的教会生态了如指掌。他用

1　*HEz.* 1.3.13, p. 43.

2　在面向罗马城教士与信众的公开布道中，教宗从不曾使用"默观生活"与"行动生活"这一组名词。在《福音书布道辞》中，即使谈到默观上主与服务邻人，格里高利使用的都是较为通俗的"知"（intellectus）与"行"（opperatio）或"观天主"与"爱邻人"。*Homiliae in Evangelia*, ed. Raymond Étaix, *CCSL*, Vol. 141 (Turhout: Brepols, 1999), pp. 62, 370.

3　*Mor.* 27.24.44–45, pp. 1363–1366.

4　*Mor.* 18.43.69, p. 935. 比较格里高利笔下的若瑟与达尼尔和两者在《圣经》中的形象，可以看到格里高利的自我投射。尤其是，格里高利强调了若瑟在危难中接过权力，在饥荒中为埃及本土人与外来人提供粮食。*Mor.* 18.43.68–70, pp. 933–936.

以指导与规范主教牧灵的《牧灵规章》，前言中就提到了纳西昂的格里高利，就是当时颇负盛名的一位修士—主教。

然而，格里高利自身的理想实践并不顺利。在上任教宗之后的第二个月，他向故友、被罢黜的安条克主教阿纳斯大修一世（Anastasius I，561—571、593—599 年在位）诉说自己的困境，认为自己被"直接拖下了尘世，以至于彻底失了心灵之义，没了默观之目"[1]。如果说，重入尘世的苦恼和对灵魂沉沦的担忧，是初任教宗时候的生活体验，那么，到 599 年，格里高利已经深刻地认识到，结合默观与行动的基督徒生活理想，在教宗这个位置，只能留于决心与梦想。这一年，他向曾经在君士坦丁堡聆听他讲经的西班牙主教雷昂达倾诉自己的放逐之苦：

> 尊位的负担将我沉沉压下，无数的事情喧嚣着。当我的灵魂将自己导向天主时，事务的压力如剑一般将它断开。我的心无法得安静。它跌入深渊，被种种念想的负担压垮。极少，甚至是没有一次，默观的翅膀能将它高高抬起。我的心灵麻木无力，被尘世的事务围困，已经沦落到几近愚笨的地步……[2]

小　结

斯爵在《大格里高利：不完美之中的完美》的开篇指出："即便在其最克己虔修的表述中，古代晚期基督教从来不曾彻底弃世。"基督教的完美生活要求基督徒爱邻人；

1　"... usque ad terram me superposito onere depressistis, ita ut mentis rectitudinem funditus perdens contemplationisque aciem amittens, ..." *S. Gregorii Magni Registrvm Epistvlarvm*（下为 *Reg.*），1.7, ed. Dag Norberg, *CCSL* 140, (Turnhout: Typographi Brepols, 1982), p. 9.

2　"At nunc multum me deprimit honor onerosus, curae innumerae perstrepunt, et cum sese ad Deum animus colligit, hunc suis impulsibus quasi quibusdam gladiis scindunt. Nulla cordi quies est. Prostratum iacet in infimis suae cogitationis pondere depressum. Aut rara ualde aut nulla hoc in sublimibus penna contemplationis leuat. Torpet ignaua mens et circumlatrantibus curis temporalibus iam paene ad stuporem ... cogitur ..." *Reg.* 9.228, p. 803.

缺了这样的爱，基督徒生活断无完美可言。[1]但是，我们也必须看到，罗马世界所呈现的"末世"之相，让格里高利相信圣经关于末世审判的预言是真实可信的，并且这一切正在他可见的世界中成为现实。格里高利思想中构建的这种"现实"，决定了他不可能是入世的。出世的需要与入世的要求之间形成巨大的张力。关于默观与行动两种生活的讨论，是这样一种张力之下的产物，也是格里高利迎接末世的举措：让默观生活走出修道院，让布道成为基督教精英的责任。

格里高利这样一名执着于默观的修道士能够被推选成为教宗，从一个侧面论证了卡梅伦（Averil Cameron）的结论：修道的想法，在当时，并非少数人独有。[2]至少在6世纪末7世纪初的罗马，在人们眼中，长年的天灾人祸，昭示着末日的来临。人们面对的，不仅仅是战乱、瘟疫、饥荒，还有即将到来的基督的审判。他们需要的领导者，既要在现世层面上带他们走出困顿，也要让他们在最后审判中减轻刑罚。格里高利的经历与他的思想，恰恰符合着这样一种需要。

带着修道的信念与布道的理想，格里高利成为罗马教宗。他系统论述理想生活的著述，全部出自修道院之外。这些著述带有浓厚的个人宗教体验色彩，也烙印有他独特的出入世经历。正因此，格里高利的圣经阐释固然有神秘主义的一面，但同样有他作为教会高层管理者务实入世的一面。他提出的皈依模式，建立在其独特的灵肉关系认识之上，以基督道成肉身的示范性为依据，要求基督教的精英们按圣经的要求，积极在善工——默观与行动——中提升自己，以生活实现真正的皈依。[3]这个皈依模式，不同于已有的范式。它体现的是格里高利的救赎观，反映了末世语境下一位古代教宗对人性、对尘世的认知。这位忙碌于事务性工作的教宗赋予行动生活更为积极的效用。他为基督教精英绘制出一种理想生活，以回归原初为导向，以默观生活为中心，但不放弃关爱邻人之善。这种皈依模式，允许修行者将默观生活带出修道院院墙，令

1　Carole Straw, *Gregory the Great: Perfection in Imperfection*, p. 1.

2　Averil Cameron, "Ascetic Closure and the End of Antiquity", in *Asceticism*, eds. Vincent L. Wimbush and Richard Valantasis (Oxford and New York: Oxford University Press, 1998), p. 148.

3　*HEz.* 2.2.1, p. 225.

遁世的精英可以为教会所用，让忙碌于俗务的教会管理者在默观中去寻求心之所定。

担任教宗初年，格里高利乐观地认为这种理想生活可以实现，并力图通过提拔和重用践行这种生活的神职人员改良教会。然而，随着时间的推移，他越来越感受到理想在尘世负累之下难以为继。格里高利的生活尝试似乎以失败告终。然而，这位动荡岁月中的教宗在探求自己与苦难和解的过程中，提供了一套超越教派之争的宗教话语。[1] 它是关乎道德和灵修的神学，基本不涉及系统的义理理论。神学家们因而认为它难登大雅之堂，但在古代晚期与中世纪早期，它却契合了当时的社会需要，为中古欧洲的人论定下基调。[2]

（本文作者为北京外国语大学历史学院副教授）

1　格里高利不仅在天主教会被封为圣徒，也受东正教会的尊奉，甚至还得到新教领袖加尔文的赞赏。Lester K. Little, "Calvin's Appreciation of Gregory the Great", *The Harvard Theological Review*, Vol. 56 (1963), pp. 145-157.

2　尽管《约伯道德书》全书合 35 卷本，逾 48 万字，却有超过 500 份抄本传世，是中世纪早期神职人员"读得最多，用得最多，传播最多"的作品之一。勒高夫指出，格里高利解读的约伯，与中世纪（尤其是 4—9 与 11—12 世纪）对人的认知——软弱、有罪、对天主恭顺谦卑——完全一致。Jacques Le Goff, "Introduction: Medieval Man", in *The Medieval World*, ed. Jacques Le Goff, trans. Lydia G. Cochrane (London: Parkgate Books, 1997), pp. 4-5. Peter Brown, "The Rise and Function of the Holy Man in Late Antiquity", *Journal of Roman Studies*, Vol. 61 (1971), pp. 80-101.

算术与语法之间

拜占庭人如何用算术诠释希腊字母的奥秘

褚敏绮

希腊字母不仅是希腊语语法学习的基础，更是被希腊人用以计数直至如今。[1] 在拜占庭时期抄写的多个希腊语抄本中，我们发现了一个标题为 "πῶς χρὴ μερίσαι τὰ ΚΔ´ γράμματα εἰς τρία μέρη ἰσόψηφα; πῶς χρὴ κατ᾽ ορθοῦ ἐκφωνῆσθαι τὰ ΚΔ´ στοιχεῖα εἰς τὸν ἄλφα τῶν ἀριθμῶν;" 的短小文本，它从算术的角度展示了 24 个希腊字母的奥秘：首先，该文本将 24 个字母分为三组，每组字母所对应数值相加均可得到 1333，三组相加总和为 3999；再者，将 24 个字母按 "正确" 的方式进行拼写，其拼写所用每个字母对应数值相加，最后所得正巧为 10000。这一短小但充满趣味性的文本并非我们常见的史料类型，且没有受到学界广泛关注。因此，本文试图对该文本进行整理、校勘与中文翻译，并将该文本放入拜占庭世俗教育尤其是语法教育的历史背景之中，分析其写作目的及其每一次传抄所反映的历史真实。

本文的第一部分将从古书册学（codicology）、古字体学（palaeography）与语文学（philology）角度出发，分析抄有该文本的四个主要抄本（均抄写于拜占庭时期）：Paris.suppl.gr.920、Vat.Reg.gr.Pio II 47、Messan.S. Salvatore. gr.156 与 Paris.gr.1630[2]；并推测这四份抄本之间的传承关系。在第二部分中，本文将展示对于该文本的校勘成

1　希腊字母、希腊计数体系及其与阿拉伯数字之间的对应关系详见附录。

2　这一文本还出现在另外两份拜占庭希腊语抄本 Leid. Univ. Voss. gr. Q 20（13 世纪）与 Bologna, Biblioteca Universitaria, 3632（15 世纪）。见 F. Acerbi, "Byzantine Easter Computi. An Overview with an Edition of Anonymus 892", in *Jahrbuch der Oesterreichischen byzantinistik*, Vol. 71 (2021), p. 23, n. 104.

果，并将校勘文本进行中文翻译。最后，在第三部分中，本文将重点关注抄写于 10—11 世纪意大利南部的三份抄本 Paris.suppl.gr.920、Vat.Reg.gr.Pio II 47 与 Messan.S. Salvatore.gr.156，探究该文本在意大利南部语法教育中所扮演的角色，以及每份抄本的抄写所展现的当地语法教育的实际状况。

一、抄本内容及其传承关系梳理

这一文本抄写于多个希腊语抄本之中，本文讨论以下四个最为主要的抄本：Paris. suppl.gr.920、Vat.Reg.gr.Pio II 47、Messan.S.Salvatore.gr.156 以及 Paris.gr.1630。

1.1　Paris. suppl. gr. 920=A

这份现藏于法国国家图书馆（Bibliothèque nationale de France）的希腊语抄本 Paris.suppl.gr.920，抄写于拜占庭意大利南部希腊语区（图1、图2）。该抄本如今共有 22 个 folios，尺寸为 150×110 mm[1]，共由四个 quires 组成：首先是一个独立的 folio；而后是两个规则的 quaternions（ff.2-9 以及 ff.10-17）；最后是一个不完整的 quinion （ff.18-22），其中第 22 个 folio 之后的部分已经缺失。

从文本内容的角度而言，这份抄本所抄文本及其分布如下：f.1r 第 1—5 行抄写了希腊语语法片段，出自归为古典语法学家 Herodian 的作品 *De catholica prosodia*[2]；

---

[1]　Fabio Acerbi, "How to Spell the Greek Alphabet Letters", in *Estudios bizantinos*, Vol. 7 (2019), p. 120.

[2]　该作品目前已经亡佚，但是，其残篇以及后世对于该作品的概述（epitome）或引用仍流传至今。出土自埃及中部 Antinoöpolis 的 4 或 5 世纪羊皮纸残片 P. Ant. 2. 67 保留了该作品第五章节的部分内容；Pseudo-Arcadius 对该作品前 19 章内容进行了归纳与概述。与此同时，古代晚期与拜占庭时期诸多希腊语法学家，如 Theodoretus le grammatikos 与 Theognostus，都对 Herodian 所著该作品进行了引用与转述。见 Alfons Wouters, *The Grammatical Papyri from Graeco-roman Egypt. Contributions to the Study of the "Ars Grammatica" in Antiquity* (Brussel: Paleis der Academiën, 1979), pp. 216-223; Stefano di Brazzano, "Primi prolegomena per l'editio princeps dell'epitome erodianea Περὶ πνευμάτων (*De spiritibus*) di Teodoreto grammatico", in *Incontri triestini di filologia classica*, Vol. 8 (2008-2009), pp. 51-83; Eleanor Dickey, "A Catalogue of Works Attributed to the Grammarian Herodian", in *Classical Philology*, Vol. 109 (2014), pp. 332-335; Stephanie Roussou, "The Reception of Herodian in the Byzantine Period: The case of Theognostus", in *Greek, Roman, and Byzantine Studies*, Vol. 57 (2017), pp. 482-506; Stephanie Roussou, *Pseudo-Arcadius' Epitome of Herodian's* De Prosodia Catholica (Oxford: Oxford University Press, 2018), pp. 54-57。

ff.2r–19r 则抄写了一系列天文历法作品，包括太阳历与月亮历的推演、复活节周期的推算以及黄道十二星座等内容[1]；ff.19v–22v 主要抄有希腊教父大巴希尔与纳西安的格里高利的作品片段。本文关注的文本抄于该抄本的 ff.1r–v，即 *De catholica prosodia* 片段之后。同时，值得注意的是，该抄本 ff.1v–3 边缘空白处单独抄写了现在被称为《剑桥编年史》的西西里本土编年史，该编年史最初由阿拉伯语写作而成，并在写作不

1　f. 2r$^{l.1-14}$, δεῖ γινώσκειν ὅτι ἄρχεται ὁ κύκλος τοῦ ἡλίου ἀπὸ τῆς α τοῦ Ὀκτοβρίου καὶ ἀνέρχεται ἕως κη καὶ πάλιν εἰς πρῶτον ὑποστρέφει

f. 2r$^{l.14}$–f. 2v$^{l.3}$, τὸ πῶς δεῖ εὑρίσκειν τὰς ἐπακτὰς τοῦ ἡλίου

f. 2v$^{l.3-11}$, τὸ πῶς γίνεται βίσεκτον

f. 2v$^{l.12}$–f. 3r$^{l.2}$, σὺν Θεῷ ψῆφος δι᾽οὗ εὑρίσκεται ὁ κύκλος τοῦ ἡλίου

f. 3r$^{l.2-6}$, ἕτερος ψῆφος δι᾽οὗ εὑρίσκεται ὁ κύκλος τῆς σελήνης

f. 3r$^{l.7}$–f. 3v$^{l.13}$, ἕτερος ψῆφος δι᾽οὗ εὑρίσκεται ἴνδικτος

f. 3v$^{l.14}$–f. 4v$^{l.10}$, ψῆφος δι᾽οὗ εὑρίσκεται ἡ καθημερινὴ ποσότης τῆς σελήνης

f. 4v$^{l.11}$–f. 5r$^{l.2}$, ψῆφος σὺν Θεῷ εἰς τὸ εὑρεῖν τ(ὴν)ἴνδικτον

f. 5r$^{l.3-l.13}$, ἕτερος ψῆφος εἰς τὸ εὑρεῖν τὸν κύκλον τοῦ ἡλίου

f. 5r$^{l.14}$–f. 5v$^{l.8}$, ἕτερος ψῆφος δι᾽οὗ εὑρίσκεται ὁ κύκλος τῆς σελήνης

f. 5v$^{l.9}$–f. 7v$^{l.4}$, ἕτερος ψῆφος τοῦ Πάσχα δι᾽οὗ εὑρίσκεται ἑκάστου ἔτους

f. 7v$^{l.5}$–f. 8r$^{l.1}$, ἕτερος ψῆφος δι᾽οὗ εὑρίσκεται ἑκάστη ἡμέρα τῆς ἑβδομάδος

f. 8r$^{l.1}$–f. 8v$^{l.15}$, ψῆφος τὸν εὑρεῖν τὸ νομικὸν Πάσχα

f. 8v$^{l.16}$–f. 9r$^{l.15}$, ἕτερος ψῆφος τοῦ νομικοῦ Πάσχα

f. 9r$^{l.15}$–f. 9v$^{l.4}$, ἕτερος ψῆφος τοῦ Πάσχα

f. 9v$^{l.5-16}$, ἕτερος ψῆφος σύντομος τοῦ Πάσχα

f. 9v$^{l.17}$–f. 10v$^{l.14}$, Βᾳ ψηφοφορία τοῦ Πάσχα

f. 10v$^{l.14}$–f. 11r$^{l.17}$, περὶ ἐμβολῆ μοῦ χρόνου

f. 11r$^{l.18}$–f. 14v$^{l.4}$, ψῆφος ἕτερος εἰς τὸ εὑρεῖν τὰς ἐπακτὰς τοῦ ἡλίου

f. 14v$^{l.5-17}$, ἕτερος ψῆφος εἰς τὸ γνῶναι πόσας ὥρας λάμπει ἡ σελήνη

f. 14v$^{l.18}$–f. 15v$^{l.9}$, σὺν Θεῷ ψῆφος σύντομος τοῦ νομικοῦ Πάσχα

f. 15v$^{l.10}$–f. 16r$^{l.5}$, χρὴ γινώσκειν τὸ πῶς ὑφείλονται τὰ ἔτη ἀπὸ κτίσεως κόσμου εἰς τὸ εὑρίσκειν τὴν ἴνδικτον καὶ τοὺς λοιποὺς κύκλους

f. 16r$^{l.6}$–f. 16v$^{l.12}$, γίνωσκε δὲ τέσσαρεις ὥρας ἔχει ὁ χρόνος τὰς κι᾽ καιρούς λεγομένας

f. 16v$^{l.12}$–f. 17r$^{l.9}$, ἐπὶ τὰ βόρια

f. 17r$^{l.10}$–f. 17v$^{l.1}$, περὶ ἀνέμων

f. 17v$^{l.2}$–18v$^{l.5}$, [...] Μᾳτρός κα᾽ ἰσημερία

f. 18v$^{l.6}$–f. 19r$^{l.7}$, περὶ [...] ὧν τίνες ἐξ αὐτ [...] οι καὶ τίνες κακοποιοί

f. 19r$^{l.7-16}$, περὶ [...] στοιχεῖα

f. 19r$^{l.16}$–19v$^{l.5}$, Ἄλλη τάξις τῶν δώδεκα ζῳδίων

f. 19v$^{l.6-13}$, περὶ αἱρέσεως ἀστέρων

久后由阿拉伯语翻译为希腊语。[1]

从书写字体的角度而言，这份抄本主要由两种笔迹构成。第一位抄工的笔迹出现在该抄本的第一个 folio，即上文所言的 Herodian 语法作品片段以及本文所关注的文本。该笔迹所用字体为 10—11 世纪拜占庭时期意大利南部地区所独有，由古字体学家 Paul Canart 命名为 "as de pique"。第二位抄工抄写了 ff.2–22v 的内容。

第二位抄工的笔迹，与另一份抄写于拜占庭时期意大利南部的希腊语抄本 Vat. gr.1257 十分相似：首先，字母 *xi* 与 *zeta* 的小写体形式都呈现圆形且左倾；再者，上述两个笔迹中均出现了 $\dot{\alpha}\pi o\sigma\tau o\lambda(\tilde{\omega}\nu)$ 一词的如下写作方式，这一缩写形式在拜占庭时期的希腊语抄本中十分罕见；最后，虽然上述两个笔迹均非典型的 "as de pique" 字体，但在字母 *epsilon* 与 *rho* 的小写体连笔书写中，偶尔出现典型的 "as de pique" 特征。当然，这两个笔迹虽然十分相似，但也有不可忽略的差异：首先，字母 *phi* 的小写体形式在 Paris.suppl.gr.920 中呈略左倾与圆扁状，而在 Vat. gr.1257 则呈狭长且略右倾状；其次，字母 *epsilon* 与 *iota* 的小写体连笔书写在 Paris.suppl.gr.920 成如下状，而在 Vat.gr.1257 中则总是呈如下状；最后，字母 *epsilon* 与 *sigma* 的连笔书写中，字母 *sigma* 在 Paris.suppl.gr.920 中均呈现半闭合状，而在 Vat.gr.1257 中则为完全闭合状。

由此可见，虽然抄本 Paris.suppl.gr.920 的第二位抄工，即 ff.2–22v 内容的书写者，与抄本 Vat.gr.1257 的抄工应当并非同一人，但他们笔迹的相似性与独特性也足以让我们相信他们来自同一地区和时代。事实上，Filippo Ronconi 将 Vat.gr.1257 的笔迹归于 10 世纪末至 11 世纪初的意大利南部卡拉布里亚地区。如果这一推断是正确的，那么 Paris.suppl.gr.920 的第二位抄工，或许也同样来自 10—11 世纪的卡拉布里亚地区。除了上述两位主要的抄工外，第三位或许来自 11 世纪的抄工抄写了西西里本土希腊语编年史。他抄写了该编年史自开篇（即 827 年）至 982 年的西西里历史。因此，我们可以确认，上述第三位抄工的抄写应当晚于 982 年。

---

1 Charles Astruc and Marie-Louise Concasty, *Bibliothèque nationale. catalogue des manuscrits grecs. 3ᵉ partie: le supplément grec. t.III (numéros 901–1371)* (Paris: BnF Éditions, 1960), pp. 18–19; Peter Schreiner, ed., *Die Byzantinischen Kleinchroniken*, Vol.1 (Vienna: Österreichischen Akademie der Wissenschaften, 1975), pp. 326–340.

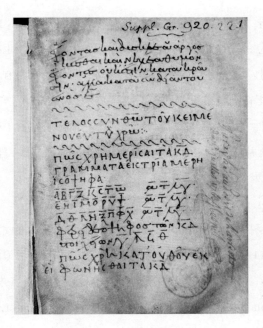

图 1　Paris.suppl.gr.920, f.1r

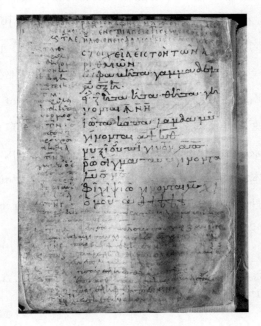

图 2　Paris.suppl.gr.920, ff.1v–2r

综合上述书册学、古字体学与文本内容排布信息而言，抄本 Paris.suppl.gr.920 主要可以分为完全独立的两个部分：第一部分是 f.1，由第一位抄工在 10—11 世纪的意大利南部希腊语区抄写，内容为希腊语语法教材；第二部分为 ff.2-22v，由第二位来自 10 世纪末 11 世纪初卡拉布里亚的抄工抄写，内容为天文历法与教父作品。上述两个部分应当在各自独立成册后独立流传，直至第三位抄工在 ff.1v-3 抄写西西里本土编年史之前，它们合并成为同一册书，或者如 Acerbi 所言，第一部语法教材的其中一个 folio 被再次利用为第二册书的封面。

1.2　Vat. Reg. gr. Pio II 47=B

现藏于梵蒂冈图书馆（Bibliotheca Apostolica Vaticana）的希腊语抄本 Vat.Reg. gr.Pio II 47 抄写于 11 世纪初期的卡拉布里亚地区。这份小尺寸（156×114 mm）的书册共有 153 个 folios，由同一位抄工抄写而成。这位抄工所用字体为拜占庭时期意大利南部典型的 "scuola niliana" 字体，由意大利古字体学家 Santo Lucà 命名。[1]

从书册学的角度而言，这份抄本主要由 20 个 quires 组成：首先是 18 个规则的 quaternions（f.1-f.144），而后是一个 ternion（ff.145-150），最后是一个由 5 个 folio 组成的不规则 quire（ff.151-155）。Quire 编号出现在第 4 至第 19 个 quires 的第一个 *folio recto* 的右上角，用希腊字母大写体（Δ-IΘ）书写而成。[2]

从书写文本而言，这份抄本的内容主要可以分为两大部分。第一部分 ff.1-75v 主要抄写了多部语法作品：古典希腊语法学家 Dionysius of Thrax 的作品 *Τέχνη Γραμματική*，古代晚期语法学家 Theodosius of Alexandria 的语法作品 *Κανόνες εἰσαγωγικοί περὶ κλίσεως ὀνομάτων καὶ ῥημάτων* 以及其他多种古代语法作品片段。[3] 在这一部分的主要文本结束于 f.73r：f.73r 末尾的结束语 "τέλος σὺν θεῷ τοῦ κειμένου εὐτυχῶς Χριστῷ"，证明了此处正文已经结束。而后，f.73v-f.75r 出现了四个与正文并无任何关联的附属文本：

1　Filippo Ronconi, *I Manoscritti Greci Miscellanei. Ricerche su esemplari dei secoli IX-XII* (Spoleto: Fondazione CISAM, 2008), pp. 173-174.

2　Ibid., p. 174.

3　Ibid., pp. 173-174.

f.73v, πῶς χρὴ μερίσαι τὰ ΚΔ´ γράμματα εἰς τρία μέρη ἱσόψηφα; πῶς χρὴ κατ᾽ οὐ [...] κφωνείσθαι τὰ ΚΘ´ στοιχεῖα εἰς τὸν τῶν ἀριθμῶμ; (即本文关注的文本)

ff.73v–74r, [...] ἐκ τῶν Ζ´ ἡρερῶν

f.74v, περὶ ἀνέμων

ff.74v–75r, περὶ μέτρων καὶ σταθμῶν

第二部分（ff.75r–153v）的内容与上述第一部分全然不同，它抄写了诸多宗教作品 如 *Dialogus Aquilae Ebraei et Christiani Timothei* (ff.75v–138v)、*Testimonia Sacrae Scripturae Adversus Judaeos* (ff.139r–147r)、*Argumenta Librorum Pentateuchi* (f.147r)、*Quarstiones Biblicae cum Responsionibus* (ff.147v–148r)、*De Prophetis Excerpta* (ff.148r–150v) 以及 *De Moyse et Aaron* 和 *Nomina XII Apostolorum* (ff.150v–153v)。[1]

综合上述书册学、古字体学与文本内容排布信息，我们可以看到，与上文所述抄本 Paris.suppl.gr.920 这样由不同抄工在不同时间与地点独立抄写与流传并最终合并成册的一手文集（primary miscellaneous）不同，Vat.Reg.gr.Pio II 47 是由同一位抄工在同一时间与地点连续抄写不同文本形成的二手文集（secondary collection）。

然而，如果追溯至它的底本（model），我们可以合理地推测，它应当由两个来源不同的独立底本组合装订而成：第一个底本为 ff.1–75r 的语法教材，在主体内容抄写完成后，包括本文所关注文本在内的四个附属文本被添加，用以填补书末的留白部分；第二个底本为 ff.75v–153v 的宗教作品集。上述两个独立的底本在某个时刻被合并成一本一手文集，此后作为一本书籍继续流传并被抄写，直至 11 世纪初期来自卡拉布里亚的匿名抄工再次抄写，形成了二手文集 Vat.Reg.gr.Pio II 47。

Vat.Reg.gr.Pio II 47 的第一部分，或者说是它的第一个底本，与抄本 Paris.suppl.gr.920 的第一部分（语法部分）有着深刻的渊源。事实上，Vat.Reg.gr.Pio II 47 第一部分及其底本结尾处的结构，与 Paris.suppl.gr.920 第一部分（语法部分）相同：在 *De catholica prosodia* 片段（Vat.Reg.gr.Pio II 47 将其命名为 περὶ διχρόνων，出现在 ff.70r–73r）结束后，出现结束语 "τέλος σὺν θ (ε) ῶ τοῦ κειμένου εὐτυχῶς Χριστῶ"，而后紧接着出现本文关注之文本。值得注意的是，从语文学的角度而言，Paris.suppl.

1　Filippo Ronconi, *I Manoscritti Greci Miscellanei. Ricerche su esemplari dei secoli IX–XII*, p. 174.

gr.920 所抄 *De catholica prosodia* 片段与 Vat.Reg.gr.Pio II 47 完全相同，没有任何出入。[1] 当然，由于 Paris.suppl.gr.920 的 folio 1 前的文本已经佚失，我们并没有机会在这份抄本上看到完整的 *De catholica prosodia* 片段，进行更为精确的语文学分析。

在 10—11 世纪拜占庭意大利南部抄写的另一部语法教材 Leiden.Voss.gr.Q.76 中，我们也看到了类似的结构。在这份抄本的 ff.126v-127r 出现了相同的 *De catholica prosodia* 片段，而后，在 f.127r，在这一语法片段文本结束后，出现了相同的结束语 "τέλος σὺν θεῷ τοῦ κειμένου εὐτυχῶς Χριστῷ ὦπαῖ"。但是，在这份抄本中，本文关注的文本并没有出现在结束语之后。同时，从语文学的角度而言，该抄本所抄 *De catholica prosodia* 片段与前述两份抄本 Paris.suppl.gr.920、Vat.Reg.gr.Pio II 47 存在较多出入[2]，它应当出自一个全然不同的文本传统。

由上可知，Paris.suppl.gr.920 的语法部分与 Vat.Reg.gr.Pio II 47 第一部分之间更为相似，而它们与同样抄写于 10—11 世纪拜占庭意大利南部的语法教材抄本 Leiden.Voss.gr.Q.76 则存在巨大差异。那么，我们可以粗略地推测，Paris.suppl.gr.920 的语法部分与 Vat.Reg.gr.Pio II 47 第一部分或者说它的第一个底本之间，或许出自同一抄本传统。当然，遗憾的是，因为 Paris.suppl.gr.920 第一个 folio 之前文本的佚失，我们难以通过语文学研究分析出上述三份抄本所抄 *De catholica prosodia* 片段之间的具体文本传承关系。

1.3　Messan. S. Salvatore. gr. 156=C

除了上述两份抄本外，现藏于西西里麦西亚的希腊语抄本 Messan.S.Salvatore.gr.156 也抄写了这一文本。这份曾经长期收藏于麦西亚的 St. Salvatore 希腊修道院的手抄本，应当制作于 11 世纪前期的意大利南部或西西里岛（图 3 至图 5）。[3]

1　其文本内容为：ἔχοντας καὶ δυσκλέα Ἄργος ἱκέσθαι καὶ νηλέα θυμόν ἔχοντες οὐκ ἔστιν κατὰ κρᾶσιν ἀλλὰ κατὰ ἔνδειαν τοῦ ενὸς ε。

2　AB: Ἄργος ‖ Leiden: Ἄργως；AB: ἔστιν ‖ Leiden: ἔτι；AB: κρᾶσιν ‖ Leiden: κράσιν。

3　Santo Lucà, "La produzione libraria", in Renata Lavagnini and Cristina Rognoni, eds., *Byzantino-Sicula VI. La Sicilia e Bisanzio nei secoli XI e XII (Atti delle X Giornate di Studio della Associazione Italiana di studi bizantini, Palermo, 27–28 Maggio 2011)* (Palermo: Istituto siciliano di studi bizantini e neoellenici "Bruno Lavagnini", 2014), p. 151; Santo Lucà and Arianna Vena, "Resti di un codice grammaticale greco ad Acerenza, in Basilicata", in *Néa Ῥώμη. Rivista di ricerche bizantinistiche*, Vol. 2 (2014), p. 131.

图 3　Messan.S.Salvatore.gr.156, f.5v

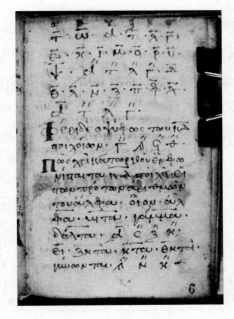

图 4　Messan.S.Salvatore.gr.156, f.6r

图 5　Messan.S.Salvatore.gr.156, f.6v

　　从书册学的角度而言，这份较小尺寸（140×97 mm）的抄本，现存共 61 个 folios，每页抄写一栏（column），由 8 个 quires 组成：首先是三个规则的 quaternions（ff.1r–24v），而后是一个 ternion（ff.25r–30v），再之后是 6 个规则的 quaternions（ff.31r–54v），最后还有一个最后一个 folio 已经遗失的 quaternion（ff.55r–61v）。用大写希腊字母书写的 quire 编号出现在每个 quire 的第一个 *folio recto* 的右上角。该抄本的 quire 编号如下：

	页码	编号		页码	编号
佚失		[Aʹ]	4	ff.25–30	[Zʹ]
佚失		[Bʹ]	5	ff.31–38	Hʹ
佚失		[Γʹ]	6	ff.39–46	Θʹ
1	ff.1–8	[Δʹ]	7	ff.47–54	Iʹ
2	ff.9–16	Eʹ	8	ff.55–61 (+1)	I [A]ʹ
3	ff.17–24	ςʹ			

如上表所示，该抄本的 quire 编号始自 4（ff.1-8），也就是说在现存的第一个 quire（ff.1-8）并非该抄本原始的开篇，在这一 quire 之前，应当还有三个已经佚失的 quires。同时，在该抄本最后，应当还有一个抄有文本的 folio 已经在流传中佚失。

从抄写字体的角度而言，该抄本均由同一位来自 11 世纪早期意大利南部或西西里岛的抄工抄写而成。这位抄工应当并非专业的抄写员，因为其所用字体相当潦草但并非专业书法。同时，值得注意的是，这份抄本中出现了上文所言 Paris.suppl. gr.920 第二位抄工以及 Vat.gr.1257 抄工所用特殊缩写形式，即对于 ἀποστολῶν 一词的如下写法 ⲗⲁ̅ⲡ̅ⲏ̅。基于这一缩写形式的独特性，或许我们可以粗略地将 Messan. S.Salvatore.gr.156 的抄写地归于卡拉布里亚地区。

从书写内容的角度而言，这份抄本内容杂多：

ff.1-5v, *prolegomena vossiana*[1]

ff.5v-6v, 本文重点关注之希腊字母与数字计算文本

ff.6v-20v, ἑρμηνεία σὺν θεῷ τῆς γραμματικῆς [2]

ff.20v-22r, 24 希腊字母

ff. 22r-24v, 语法知识问答

ff. 25r-30v, 教宗文本片段合集

ff. 31r-43v, 十二使徒名字解释

ff. 43v-45r, Ἱππολύτου Θηβαίου ἐκ τὸν Χριστὸν συντάγματος καὶ περὶ τὴν γενεαλογία τῆς ἁγίας θεοτόκου

ff. 45v-46r, περὶ τῆς γεννήσεως τῆς θεοτόκου πῶς κατάγεται ἔκ φυλεὶς Ἰουδά τοῦ Δαβίδ

ff. 46r-52v, ἐκ τοῦ χρονικοῦ Ἱππολύτου Διδασκαλίας

ff. 52v-61v, ἀμφιλογία παρὰ Βασιλίου καὶ Γρηγορίου καὶ Ἰωάννη

1　该文本的标题因前三个 quires 的佚失而不可考，但是，由于这一文本也出现在抄本 Leiden.voss.gr.Q.76 中，因此被学者称为 *prolegomena vossiana*，见 Floris Bernard, *Writing and Reading Byzantine Secular Poetery, 1025-1081* (Oxford: Oxford University Press, 2014), p. 219。

2　Alfred Hilgard, *Grammatici Graeci*, Vol. 1.3 (Leipzig, 1901, repr. Hildesheim: G. Olms, 1965), pp. 566-570.

在这份抄本之中，本文所关注之文本被抄写于两个语法片段之间。值得注意的是，在上述所抄作品中，无论是希腊语语法片段，还是年代计算相关的作品（比如计算圣母的出生时间等），还是关于十二使徒的姓名解释等基督教基础概念，都是当时日常生活实践尤其是当地希腊修道院的日常生活中，最为常用且必需的知识。由此可见，这份制作相当潦草的抄本，应当是对于日常所需文本的汇集抄写，并在抄写完成后被频繁使用于日常实践之中。

1.4　Paris. gr. 1630=D

与前三份抄写于 10—11 世纪拜占庭意大利南部的抄本不同，这份现藏于法国国家图书馆的希腊语抄本，抄写于 14 世纪上半叶的君士坦丁堡（图 6）。同时，与上述三份兽皮纸册子不同，这份包含 278 个 folios 的抄本由纸张制作而成。[1]

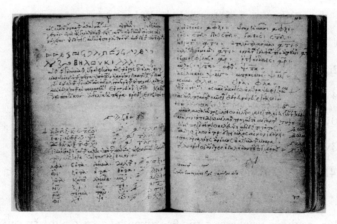

图 6　Paris.gr.1630, ff.101v–102r

这份抄本主要由来自君士坦丁堡 τῶν Ὁδηγῶν 修道院抄写。这座修道院位于圣索菲亚教堂附近，拥有著名的缮写室（scriptorium），抄写并留存了大量希腊语神圣与

1　Inmaculada Pérez Martín, "Les Kephalaia de Chariton des Hodèges (Paris, BNF, gr. 1630)", in Peter Van Deun and Caroline Macé, eds., *Encyclopedic Trends in Byzantium? Proceedings of the International Conference held in Leuven, 6–8 May 2009* (Leuven-Paris-Walpole, MA: Peeters, 2011), pp. 361–362.

世俗书籍。古字体学家 Linos Politis 将出自这一缮写室的小写字体命名为 "style *ton Hodegon*"。[1]

根据西班牙学者 Inmaculada Pérez Martín 的研究，这份抄本的抄写者应当是该修道院一位名叫 Chariton 的修士。他并不是巴列奥略王朝时期的大知识分子，但他作为职业的抄工，活跃于 1319—1346 年，抄写了包括这份抄本在内的多部神圣与世俗书籍。[2]

从书写内容而言，这份文集收录了诸多不同类型的实用文本，如诗歌与散文、启示录与箴言以及希腊语词典等，其所录作品门类包括了医学、地理、算术、语法以及宗教理论与实践用书等。[3] 由此可见，与上文所述 Messan.S.Salvatore.gr.156 类似，Paris.gr.1630 也是汇集了日常所需文本的实用书籍，应当被频繁使用于修士—抄工 Chariton 所在的 τῶν Ὁδηγῶν 修道院。本文所关注之文本抄录于该抄本的 f.101v。[4]

1.5　四份抄本之间的传承关系推测

此前，意大利学者 Fabio Acerbi 已经在他的文章 "How to spell the Greek alphabet letters" 中转写并分析了 Paris.suppl.gr.920（A）与 Paris.gr.1630（D）两份抄本中的该文本。但是，他的文章并没有提及剩余两份抄本。因此，本文试图在 Acerbi 转写与分析成果的基础上，新增加 Vat.Reg.gr.Pio II 47（B）与 Messan.S.Salvatore.gr.156（C）两份抄本，对该文本进行更进一步的整理与校勘。

从文本对比与校勘结果而言，这四份抄本之间的文本关系十分清晰。首先，D 抄本与其他三份抄本的文本差异最大。其中，D 抄本所抄该文本与其他三份抄本最大的差异在于标题：在 D 抄本中，第一部分标题被省略，而第二部分的标题为 "εἰ δὲ ὁλόγραφα ταυτα καθως ὑπὸ τ(ῆς) γλωττης ἐκφωνουναι συμ ψηφίσεις, τὸν μύρια συνίστασαι ἀριθμόν"，与其他三份抄本所抄标题完全不同。D 抄本其他独特异文（variants）举例如下：

1　Inmaculada Pérez Martín, "Les Kephalaia de Chariton des Hodèges (Paris, BNF, gr. 1630)", pp. 361–362.

2　Ibid., p. 361.

3　Ibid.

4　Fabio Acerbi, "How to Spell the Greek Alphabet Letters", p. 120.

1. ατλγ A B C ‖ ὁμοῦ add. D

2. ατλγ A B C ‖ ὁμοῦ add. D

3. ατλγ A B C ‖ ὁμοῦ add. D

4. δέλτα A B ‖ δελτα C ‖ δέλτα ὁμοῦ D

5. θῆτα γήνονται A ‖ θῆτα γήνονται B ‖ θητα γύνωνται C ‖ θῆτα ὁμοῦ D

6. γίνονται αψκθ A ‖ γίνονται αψκα B ‖ γύνονται, αψκθ C ‖ ὁμοῦ αωθ D

7. γίνονται βσνε A ‖ γίνοντ (αι) βσνε B ‖ βσνε C ‖ ὁμοῦ βσνε D

8. γίνονται βχλ A ‖ γίνοντ (αι) βχλ B ‖ γύνωνται μύρια ἑξὰ κώσια τριάκωντα C ‖ ὁμοῦ βχλ D

再者，在 A、B 与 C 三份 10—11 世纪拜占庭意大利所抄抄本中，C 抄本与 A、B 之间存在差异较大的异文。其中差异最为明显的异文如下：

1. πῶς χρὴ A B ‖ πός χρὶ C

2. εἰς τρία μέρη A B ‖ εἰς Γ΄ μέρι C

3. ἰσόψηφα A B ‖ εἰς ὦψυφα C

4. φέρει A B ‖ φέρι C

5. στοιχείων A B ‖ στοιχοίων C

6. πῶς χρὴ A B ‖ πῶς χρὶ C

7. δε ο ψήφος A ‖ δὲ ὁ ψῆφος B ‖ δὲ ὁ ψῆφως C

8. κατ᾽ οὐθοῦ A ‖ κατ᾽ οὐ [...] B ‖ κατωρθοῦ C

9. ἐκφωνῆσθαι τὰ ΚΔ΄ στοιχεῖα A ‖ [...] κφωνείσθαι τὰ ΚΘ΄ στοιχεῖα B ‖ ἐν φωνίσται τὰ ΚΔ΄ στοιχεῖ C

10. εἰς τὸν τῶν ἀριθμῶν A ‖ εἰς τὸν τῶν ἀριθμῶμ B ‖ εἰς των πρότων ἀριθμῶν του ἄλφα, οἷον C

11. βῆτα A B ‖ βίτα C

12. θῆτα γήνονται A ‖ θῆτα γήνονται B ‖ θητα γύνωνται C

13. κάπα A B ‖ καππα C

14. μῦ A B ‖ μὴ C

15. υ A B ‖ ὕψυλο C

16. πῖ A B ‖ πη C

17. γίνονται βϟε A ‖ B βϟνε C

18. γίνονται βχλ A B ‖ γύνωνται μύρια ἑξὰ κώσια τριάκωντα C

19. ὁμοῦ α′ A ‖ ὁμοῦ [...] B ‖ ὅλα ομοῦ το α′ τουτέστιν αοδ C

由此可以推测，C 抄本虽然与 A、B 抄本类似，均抄写于 10—11 世纪的拜占庭意大利南部希腊语区，但是，它们很有可能来自不同的文本传统。C 抄本中保留了多处其他三份抄本均未出现的文本，比如 "εἷς ὤψυφα""κατωρθοῦ""ἓν φωνίσται""εἰς των πρότων ἀριθμῶν του ἄλφα, οἷον" 以及 "ὅλα ομοῦ το α′ τουτέστιν αοδ" 等。其中，"εἷς ὤψυφα""κατωρθοῦ" 为明显的抄写错误。同时，值得注意的是，C 抄本的抄写中也出现了诸多拼写错误，比如 "πῶς χρὴ" 被抄写为 "πός χρὶ" 或 "πῶς χρὶ"，"μέρη" 被写作 "μέρι"，"φέρει" 被抄写为 "φέρι"，或是 "στοιχείων" 被写作 "στοιχοίων" 等。尽管在拜占庭希腊语中，这些 "错误" 并没有导致单词发音的改变，但从拼写角度而言，C 抄本与当时流行的拼写法存在较大出入。此外，C 抄本所抄内容还出现了大量重音符标记错误。总而言之，C 抄本较低的抄写质量展现出其抄写者的水平之有限。

最后，A 与 B 抄本中的文本最为接近，它们或许有着共同的文本渊源。事实上，除了来自该文本的证据外，上文所言 Paris.suppl.gr.920 第一部分与 Vat.reg.gr.Pio II 47 第一部分结尾处文本顺序及其所抄 *De catholica prosodia* 片段文句的相似性，进一步证实了这两份抄本之间存在的共同渊源。

虽然如此，A 与 B 抄本所抄文本中仍存在异文如下：

1. δε ο ψήφος A ‖ δὲ ὁ ψήφος B

2. ἐκφωνῆσθαι τὰ ΚΔ′ στοιχεῖα A ‖ [...] κφωνείσθαι τὰ ΚΘ′ στοιχεῖα B

3. εἰς τὸν τῶν ἀριθμῶν A ‖ εἰς τὸν τῶν ἀριθμῶμ B

4. θῆτα γήνονται A ‖ θῆτα γῆνονται B

5. λάμδα A ‖ λάβδα B

6. ξῖ A ‖ ξε B

7. οὖ A ‖ ον B

8. ταῦ A ‖ τᾶς B

这些异文可能是 B 抄本的抄工（或是其底本的抄本）因为对文本内容的不理解而造成的抄写错误。

综上所言，上述四份抄本之间的关系如下图所示：

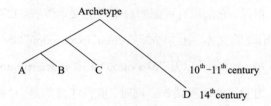

二、文本内容校勘与翻译

πῶς χρὴ μερίσαι τὰ ΚΔ΄ γράμματα εἰς τρία μέρη ἰσόψηφα;

Α Β Γ Ζ Κ Σ Τ Ω ͵ατλγ

Ε Η Ι Μ Ο Ρ Υ Ψ ͵ατλγ

Δ Θ Λ Ν Ξ Π Φ Χ ͵ατλγ

5   φέρει δὲ ὁ ψῆφος τῶν ΚΔ΄ στοιχείων ͵γϡοθ

1. Titulum euanidum D. πῶς χρὴ A B: πός χρὶ C; μερίσαι A: μερι[...] B μερίσε C; εἰς τρία μέρη A B: εἷς Γ΄ μέρι C; ἰσόψηφα A B: εἷς ῶψυφα C ‖ 2. ͵ατλγ A B C: ὁμοῦ add. D ‖ 3. ͵ατλγ A B C: ὁμοῦ add. D ‖ 4. ͵ατλγ A B C: ὁμοῦ add. D ‖ 5. φέρει A B: φέρι C om. D; δὲ ὁ ψῆφος: δε ο ψῆφος A δὲ ὁ ψῆφος B δὲ ὁ ψῆφως C om. D; στοιχείων A: στοιχείω（ν）B στοιχοίων C om. D

πῶς χρὴ κατ᾽ ορθοῦ ἐκφωνῆσθαι τὰ ΚΔ΄ στοιχεῖα εἰς τὸν ἄλφα τῶν ἀριθμῶν[1];

ἄλφα βῆτα γάμμα δέλτα ͵ασξη

εἶ ζῆτα ἦτα θῆτα γίνονται ͵ηνη

ἰῶτα κάππα λάμδα[2] μῦ ὁμοῦ ͵αωθ

5 νῦ ξῖ οὔ πῖ γίνονται ͵απ

ῥῶ σίγμα ταῦ ὖ γίνονται ͵βσνε

φῖ χῖ ψῖ ῶ γίνονται ͵βχλ

ὁμοῦ α΄[3]

1. πῶς χρὴ A B: πῶς χρὶ C; κατ᾽ ορθοῦ: κατ᾽ οὐθοῦ A κατ᾽ οὐ [...] B κατωρθοῦ C; ἐκφωνῆσθαι τὰ ΚΔ΄ στοιχεῖα A: [...] κφωνείσθαι τὰ ΚΘ΄ στοιχεῖα B ἐν φωνίσται τὰ ΚΔ΄ στοιχεῖ C; εἰς τὸν ἄλφα τῶν ἀριθμῶν: εἰς τὸν τῶν ἀριθμῶν A εἰς τὸν τῶν ἀριθμῶμ B εἰς των πρότων ἀριθμῶν του ἄλφα, οἶον C εἰ δὲ ὁλόγραφα ταυτα καθως ὑπὸ τ(ῆς) γλωττης ἐκφωνουναι συμψηφίσεις, τὸν μύρια συνίστασαι ἀριθόν ‖ 2. ἄλφα A B D: ἀλφα C; βῆτα A B D: βίτα C; δέλτα A B: δελτα C δέλτα ὁμοῦ D ‖ 3. εἶ A B D: ει C; ζῆτα A B D: ζητα C; ἦτα A B D: ἤτα C; θῆτα γίνονται: θῆτα γήνονται A: θῆτα γῆνονται B θητα γύνωνται C θῆτα ὁμοῦ D ‖ 4. ἰῶτα A B D: ιωτα C; κάππα D: κάπα A B καππα C; λάμδα A D: λάβδα

---

1 根据文本内容与抄本 D，此处标题的正确书写应当为 εἰς τὸν Μ^α（即数值 10000）τῶν ἀριθμῶν。但是，用 α΄ 代表数值 10000 在拜占庭时期也有其他案例，见 Fabio Acerbi, Divna Manolova and Inmaculada Pérez Martín, "The Source of Nicholas Rhabdas' Letter to Khatzykes: An anonymous arithmetical treatise in Vat.Barb.gr.4", in *Jahrbuch der Österreichischen Byzantinistik*, Vol. 68 (2018), p. 18。

2 该文本中，除 *lambda* 外，其余 23 个字母的发音与拼写均为古典与拜占庭语法书所载通行方式，包括 *epsilon* 拼写为 εἶ。但是，字母 *lambda* 的通行拼写法并非 λάμδα，而是 λάμβδα，或少数语法书中所载为 λάβδα。该文本作者不选择上述两种更为通行的拼写方法，将其拼作 λάμδα，其目的显然是为了使得 24 个字母拼写法所用字母相加数值为 10000 这一奥秘成立（见 Fabio Acerbi, "How to Spell the Greek Alphabet Letters", p. 126）。但是，在题为 Τὰ ὀνόματα τῶν ΚΔ΄ στοιχείων σχολεία 的匿名语法文本中，我们也看到了 λάμδα 这种拼法。而更值得注意的是，该匿名语法文本被抄写于下述拜占庭时期所制意大利南部希腊语语法抄本中：Messan. gr. 156、Leid. Voss. gr. Q 76（及其底本 Monac. gr. 310）、Cyrpt. Z. α. III (gr. 57) 以及 Vat. Reg. gr. Pio II 47。同时，Paris. suppl. gr. 920 目前丢失内容也极有可能抄有该文本（基于这一抄本与 Vat. Reg. gr. Pio II 47 的相似性）。由此可见，字母 *lambda* 的这一拼写法在拜占庭的意大利南部希腊语区有较为广泛的流传。

3 同上注，此处文本最合理为 ὁμοῦ Μ^α。

B λαμδα C; μῦ A B D: μὴ C; γίνονται, αωθ: γίνονται, αψκθ A γίνονται, αψκα B γύνονται,

αψκθ C ὁμοῦ αωθ D ‖ 5. ξῖ A D: ξε B ξη C; οὖ A D: ον B ου C; πῖ A B D: πη C; γίνονται

απ A: γίνοντ (αι) απ B ὁμου απ C ὁμοῦ απ D ‖ 6. ῥῶ A B D: ῥῶ C; ταῦ A D: τᾶς B ταυ C;

ῦ D: υ A B ὕψυλο C; γίνονται βσνε A: γίνοντ(αι) βσνε B βσνε C ὁμοῦ βσνε D ‖ 7. φῖ A B

D: φὶ C; χῖ A B D: χι C; ψῖ A B D: ψι C; ῶ A B D: ω C; γίνονται βχλ A: γίνοντ(αι) βχλ B

γύνωνται μύρια ἑξὰ κώσια τριάκωντα C ὁμοῦ βχλ D ‖ 8. ὁμοῦ α' A: ὁμοῦ [...] B ὅλα ὁμοῦ

το α' τουτέστιν αοδ C om. D

如何将 24 个字母划分为三个相等的部分？

Α Β Γ Ζ Κ C Τ Ω（相加为）1333

【Α Β Γ Ζ Κ C Τ Ω 这 8 个字母对应的数值为 1 2 3 7 20 200 300 800，相加得到

1333】

Ε Η Ι Μ Ο Ρ Υ Ψ（相加为）1333

【Ε Η Ι Μ Ο Ρ Υ Ψ 这 8 个字母对应的数值为 5 8 10 40 70 100 400 700，相加同样

得到 1333】

Δ Θ Λ Ν Ξ Π Φ Χ（相加为）1333

【Δ Θ Λ Ν Ξ Π Φ Χ 这 8 个字母对应的数值为 4 9 30 50 60 80 500 600，相加同样

得到 1333】

由此 24 个字母的数值相加得到 3999

如何正确地发音（与拼写）24 个字母，以得到 10000？

ἄλφα βῆτα γάμμα δέλτα（相加得到）1268

【字母 Α 拼写所用四个字母 α λ φ α 对应的数值为 1、30、500 与 1，相加所得为

532；字母 Β 拼写所用四个字母 β η τ α 所对应数值相加为 2+8+300+1=311；以此类

推，字母 Α Β Γ Δ 拼写所用字母 ἄ λ φ α β ῆ τ α γ ά μ μ α δ έ λ τ α 对应的数值相加为：

（1+30+500+1）+（2+8+300+1）+（3+1+40+40+1）+（4+5+30+300+1）=1268】

εἶ ζῆτα ἦτα θῆτα 得到 958

【（5+10）+（7+8+300+1）+（8+300+1）+（9+8+300+1）= 958】

ἰῶτα κάππα λάμδα μῦ 相加得 1809

【（10+800+300+1）+（20+1+80+80+1）+（30+1+40+4+1）+（40+400）=1809】

νῦ ξῖ οὖ πῖ 得到 1080

【（50+400）+（60+10）+（70+400）+（80+10）=1080】

ῥῶ σίγμα ταῦ ὖ 得到 2255

【（100+800）+（200+10+3+40+1）+（300+1+400）+400=2255】

φῖ χῖ ψῖ ὦ 得到 2630

【（500+10）+（600+10）+（700+10）+800=2630】

最后所有数值相加所得为 10000

【上述所有数值相加：1268+958+1809+1080+2255+2630=10000】

三、希腊字母的奥秘与 10—11 世纪拜占庭意大利的希腊语法教育

由上可见，该文本通过对于 24 个希腊字母所对应的数值的排列组合与运算，向读者展示了希腊字母所蕴含的算术奥秘。然而，在展现数字奥秘的背后，该文本真正传递的知识，则是希腊字母的正确书写、发音与拼写方式。事实上，如果任何一个字母的发音与拼写出现错误，最后据其拼写所得数值相加都无法为 10000 整。因此，这一文本可以说是与希腊语语法知识密切相关。在上文所言四份抄本之中，尤其是在 10—11 世纪拜占庭意大利南部抄写的三份抄本中，该文本均紧接在语法作品后出现。我们可以推测，在 10—11 世纪的拜占庭意大利，该文本是当地流传的希腊语语法知识的基础内容之一。

事实上，在 10—11 世纪的意大利南部，希腊语语法是当地地方教育的重要组成部分。根据 9 世纪君士坦丁堡牧首 Methodus 的传记记载，这位圣徒出生于西西里的

叙拉古斯，并在年轻时就为进入帝国行政体系而离开家乡前往君士坦丁堡，尽管他最后选择成为修士并进入君士坦丁堡的 Chènolakkos 修道院。[1] 如果他前往君士坦丁堡以前，均是在他的家乡接受教育，那么，我们可以认为，他在西西里接受了足以使他进入帝国行政系统的教育。[2] 事实上，他的圣徒传记记载了他所受教育的详细内容：语法、历史、拼写与速写法（πᾶσαν γραμματικῆς τέχνην καὶ ἱστορίας, ὀρθογραφίαν τε καὶ ὀξυγραφίαν）。[3] 他极有可能在自己的家乡西西里接受了上述教育。

除了 Methodus 外，9 世纪来自西西里的知识分子君士坦丁，也在年轻时选择前往君士坦丁堡接受更进一步的教育。他后来成为当时君士坦丁堡著名知识分子 Magnaura 学校教师的哲学家利奥（Leo the philosopher）的学生。如果他也像 Methodus 那样在前往君士坦丁堡前在自己的故乡西西里接受全部教育，那么，我们可以推测，他所接受的教育应当包含了语法甚至修辞这样的高级别学科，以使他到达君士坦丁堡后能够成功融入帝国中心大知识分子的交流圈。[4]

除了上述史料记载外，10—11 世纪的拜占庭意大利，出产了数量不少的语法教材，为当地语法教育状况的研究提供了最为重要的证据。除上文已经提及的语法教材抄本 Paris.suppl.gr.920（f.1），Vat.Reg.gr.Pio II 47 的第一部分，Leiden.Voss.gr.Q.76 以及 Messan.S.Salvatore.gr.156 外，还有其他语法抄本如 Monansis.gr.310（这份抄本与 Leiden.Voss.gr.Q.76 有着共同的渊源，后者应当是前者的复制品），Crypt.Z.a.III 以及重写本（palimpsest）Vat.reg.gr.Pii II 35（这份抄本如今已经被覆盖的底部文本为抄写于 10—11 世纪意大利南部的希腊语语法内容）。[5] 此外，意大利学者 Santo Lucà 还在

1　Vita S. Methodii Patriarchae CP., *PG*, 100, coll.1243B.

2　Vivien Prigent, "*À l'ouest rien de nouveau*? L'Italie du sud et le premier humanisme byzantin", in Bernard Flusin and Jean-Claude Cheynet, eds., *Autour du Premier Humanisme Byzantin & des Cinq études sur le XIe siècle, quarante ans après Paul Lemerle* (Paris: ACHCByz, 2017), p. 151.

3　Vita S. Methodii Patriarchae CP., coll.1243B.

4　Vivien Prigent, "*À l'ouest rien de nouveau*? L'Italie du sud et le premier humanisme byzantin", p. 152.

5　Filippo Ronconi, *I Manoscritti miscellanei. Ricerche su esemplari dei secoli IX–XII*, pp. 150–154, 173 and 180; Santo Lucà, "Testi medici e tecnico-scientifici", in Giuseppe De Gregorio and Maria Galante, eds., *La produzione scritta tecnica e scientifica nel Medioevo: Libro e documento tra scuole e professioni (Atti del Convegno internazionale di studio dell'Associazione italiana dei Paleografi e Diplomatisti, Fisciano-Salerno, 28–30 settembre 2009)* (Spoleto: Fondazione CISAM, 2012), pp. 563 and 567; Stephanie Roussou, *Pseudo-Acracius' Epitome of Herodian's* De Prosodia Catholica, pp. 55–56. Santo Lucà and Arianna Vena, "Resti di un codice grammaticale greco ad Acerenza, in Basilicata", pp. 127–132.

意大利阿切伦扎图书馆（Biblioteca Diocesana di Acerenza）发现了另一部抄写于 10—11 世纪意大利南部的希腊语语法教材抄本的碎片。[1]

事实上，10—11 世纪拜占庭意大利这样的帝国边陲地区，能够传抄并留存如上数量的希腊语语法书籍，是一件令人意外的事。与此形成鲜明对比的是，我们没有发现任何抄写于同一时期拜占庭帝国中心地区且流传至今的希腊语语法抄本。[2] 由此可见，10—11 世纪的意大利南部相当重视希腊语语法教育，语法这一学科应当是当地世俗教育体系中极为重要的组成部分。

那么，为何希腊语语法教育对于 10—11 世纪的意大利南部而言如此重要？这一问题不难回答。当时的意大利南部作为拜占庭帝国的西部边疆，与多个政权毗邻：在南部，9 世纪来自北非的穆斯林就攻占了西西里岛并在 10—11 世纪持续侵扰意大利南部卡拉布里亚等地区；在北部，拜占庭意大利与拉丁世界直接接壤，并与罗马教会为代表的拉丁世界密切交流。在这样的背景下，意大利南部成为伊斯兰—阿拉伯文化、拉丁文化与拜占庭—希腊文化交汇之处。就伊斯兰—阿拉伯文化而言，我们可以看到 10—11 世纪意大利南部希腊语区所制多部希腊语—阿拉伯语双语抄本，其中最为典型的例子便是抄写于 1043 年的路加福音抄本 Paris.suppl.gr.911。[3] 拉丁文化对于

1　Santo Lucà and Arianna Vena, "Resti di un codice grammaticale greco ad Acerenza, in Basilicata", pp. 127-131.

2　但这并不意味着10—11 世纪拜占庭帝国中心地区缺乏希腊语语法教育。事实上，在当时的拜占庭帝国核心地区，尤其是君士坦丁堡，语法课程多使用简洁易懂的图表或是教授语法课程的老师自己的归纳总结。相反，成册的语法理论作品集在当地的传播与重复抄写则极为罕见。但是，同一时期意大利南部的情况则相反，在当地，希腊语语法学习主要依赖大篇幅古典语法作品，比如古典语法学家 Dionysius of Thrax 的作品 *Τέχνη Γραμματική* 和 3 世纪亚历山大里亚的语法学家 Theodosius of Alexandria 的作品 *Κανόνες εἰσαγωγικοί περὶ κλίσεως ὀνομάτων καὶ ῥημάτων*（这一语法作品本质上是对 Dionysius of Thrax 作品 *Τέχνη Γραμματική* 的总结归纳与概括）。因此，成册的古典语法著作在当地广泛传抄并流传至今。见 Filippo Ronconi, *I Manoscritti miscellanei. Ricerche su esemplari dei secoli IX-XII*, pp. 149-150; Filippo Ronconi, "Quelle grammaire à Byzance?", in Giuseppe De Gregorio and Maria Galante, eds., *La produzione scritta tecnica e scientifica nel Medioevo: Libro e documento tra scuole e professioni (Atti del Convegno internazionale di studio dell'Associazione italiana dei Paleografi e Diplomatisti, Fisciano-Salerno, 28-30 settembre 2009)*, pp. 101-107。

3　Paul Géhin, "Un manuscrit bilingue grec-arabe, BnF, Supplément grec 911 (année 1043)", in François Déroche and Francis Richard, eds., *Scribes et manuscrits du Moyen-orient* (Paris, 1997), pp. 161-175; Santo Lucà, "Interferenze linguistiche Greco-Latine a Grottaferrata tra XI e XII secolo", in Mario Capasso and Mario De Nonno, eds., *Studi paleografici e papyrologici* (Lecce: Pensa Multimedia, 2015), pp. 297-298.

意大利南部希腊语区的影响更是不言而喻。事实上，来自卡拉布里亚与西西里的多位当地圣徒都是拉丁—希腊双语。来自 10 世纪西西里的圣徒 Sabbas 就熟练掌握拉丁、希腊双语，并将名为 *Μέλας Βυθὸς* 的希腊语对话录翻译为拉丁语。[1] 来自 10 世纪卡拉布里亚的希腊修士 Neilos of Rossano 及其部分学生，也都是拉丁—希腊双语者，并对希腊—拉丁教父作品进行翻译。[2] 在这样的多元文化交汇之地，希腊语语法教育成为当地维持拜占庭—希腊认同的重要途径，也是当地与拜占庭帝国中心地区交流沟通的主要桥梁。

由此，本文所关注的诠释希腊字母奥秘的此类文本，既提供了关于希腊字母书写、拼写与发音的基础语法知识，更是用算术的方式展现了希腊字母或者说是希腊语这门语言的神秘与魅力，它可以提升当地人了解希腊字母并学习希腊语这门语言的兴趣，更可以增强希腊语语法学习本身的趣味性，对当地语法教育的推广帮助颇大。

但是，值得注意的是，除了抄写于 14 世纪君士坦丁堡的抄本 D 并没有出现任何文本错误外，10—11 世纪拜占庭意大利南部制作的 A、B、C（前文已标注）三份抄本所抄该文本均出现了明显的错误，且它们的文本错误均集中在 24 个希腊字母正确拼写相加所得数值为 10000 这一处。A 抄本所抄内容如下：

πῶς χρὴ κατ' οὐθοῦ ἐκφωνῆσθαι τὰ κδ στοιχεῖα εἰς τὸν τῶν ἀριθμῶν;

ἄλφα βῆτα γάμμα δέλτα ͵ασξη

εἶ ζῆτα ἦτα θῆτα γήνονται ͵ϳνη

ἰῶτα κάπα λάμδα μῦ γίνονται ͵αψκθ

νῦ ξῖ οὖ πῖ γίνονται ͵απ

ῥῶ σίγμα ταῦ υ γίνονται ͵βσνε

φῖ χῖ ψῖ ῶ γίνονται ͵βχλ

---

1 Ioseph Cozza-Luzi, *Historia et Laudes SS. Sabae et Macarii iuniorum e sicilia* (Rome: Typis Vaticanis, 1892), p. 92.

2 Filippo Ronconi, "*Graecae linguae non est nobis habitus*. Notes sur la tradition des Pères grecs en Occident (IVe-IXe s.)", in Michele Cutino, Emanuela Prinzivalli, Isabelle Perée and Françoise Vinel, eds., *Transmission et Réception des Pères grecs dans l'Occident, de l'Antiquité tardive à la Renaissance* (Paris: Institut d'études augustiniennes, 2016), p. 351.

ὁμοῦ αʹ

其中，"ἰῶτα κάππα λάμδα μῦ" 被抄写为 "ἰῶτα κάπα λάμδα μῦ"，导致上述四个字母拼写相加不能得到数值 αωθ（1809），而只能得到 αψκθ（1729）。由此，所有 24 个字母拼写相加所得数值不再是 10000，而是 9920。但是，A 抄本并没有注意到这一最终计算的错误。由此可见，A 抄本的抄工或许并没有完全理解该文本所展现的希腊字母的数学奥秘，同时，他也没有能力对希腊字母进行当时通行的正确拼写。

B 抄本所抄文本差异更为显著：

πῶς χρὴ κατ᾽ οὐ [...] κφωνείσθαι τὰ ΚΘʹ στοιχεῖα εἰς τὸν τῶν ἀριθμῶμ;

ἄλφα βῆτα γάμμα δέλτα ͺασξη

εἶ ζῆτα ἦτα θῆτα γῆνονται ͺϽνη

ἰῶτα κάπα λάβδα μῦ γίνονται ͺαψκα

νῦ ξε ον πῖ γίνοντ（αι）ͺαπ

ῥῶ σίγμα τᾶς υ γίνοντ（αι）ͺβσνε

φῖ χῖ ψῖ ῶ γίνοντ（αι）ͺβχλ

ὁμοῦ [...]

首先，B 抄本所抄标题就存在明显错误，"24 个字母"（τὰ ΚΔʹ στοιχεῖα）被误抄为 "29 个字母"（τὰ ΚΘʹ στοιχεῖα）。当然，ἀριθμῶν 也被误抄为 ἀριθμῶμ。此外，B 抄本所抄 24 个希腊字母的拼写和发音也与其他抄本存在较大出入：λάμδα 被抄为 λάβδα[1]，ξῖ 被抄为 ξε，οὐ 被抄为 ον，ταῦ 被抄为 τᾶς。由此可见，B 抄本的抄工应当完全不能理解该文本的内容。当然，他也并不熟悉此时拜占庭帝国通行的希腊语字母发音与拼

---

1 如本书第 120 页注释 2 所言，字母 *lambda* 的通行拼写法为 λάμβδα，或少数语法书中为 λάβδα，然而在本文关注之文本中，作者为了使得所有希腊字母拼写法所用字母对应数值相加正好为 10000，将其拼写为 λάμδα。值得注意的是，在 B 抄本中，字母 *lambda* 的拼写被 "纠正" 为 λάβδα，与其他三份抄本完全不同。然而，我们很难断言这是抄工本人对于文本内容的纠正，因为该抄本抄工在抄写过程中完全没有理解该文本文意，甚至连 "24 个字母" 都被抄错为 "29 个字母"。我们可以推测，该抄工或许并没有对文本内容进行纠正的能力。与此同时，另一种情况可能的情况也值得考虑：在手抄小写体希腊字母中，字母 β（B 抄本抄工所抄小写体 β 如图 ）与 μ（B 抄本抄工所抄小写体 μ 如图 ）的写法十分相似，这位抄工极有可能在抄写过程中将 μ 误认作了 β。

写。同时，字母拼写的变化必将导致其相加总和的改变，但显而易见的是，B 抄本抄工也并没有留意这一点，他当然完全没有理解该文本所展示的算术奥秘。

上文已经提到，与 A 和 B 抄本相比，C 抄本的抄写质量相对更低：

πῶς χρὶ κατωρθοῦ ἐν φωνίσται τὰ ΚΔ´ στοιχεῖ εἰς των πρότων ἀριθμῶν του ἄλφα, οἶον,

ἄλφα, βίτα, γάμμα, δέλτα ͵ασξη

ει, ζητα, ἤτα, θητα, γύνωνται ͵ͅενη

ιωτα, καππα λαμδα μὴ γύνονται ͵αψκθ

νυ, ξη, ου, πη, ὁμου ͵απ

ρῶ, σίγμα, ταυ, ὕψυλο ͵βσνε

φὶ, χι, ψι, ω, γύνωνται μύρια, ἐξὰ κώσια τριάκωντα

ὅλα ομοῦ το α´ τουτέστιν ͵αοδ

其中，C 抄本出现了许多拼写差异：βῆτα 被拼写为 βίτα，μῦ 被拼为 μὴ，ξῖ 为 ξη 以及 πῖ 为 πη。上述拼写都展现了 Iotacisme 对希腊语字母拼写的实际影响。此外，值得注意的是，C 抄本是所有四份抄本中唯一将字母 *upsilon* 拼写为 ὕψυλο（而非 υ φίλον）的抄本。我们可以认为，该抄本的抄工并不掌握当时通行的希腊字母拼写法。同样，上述希腊字母拼写差异必然导致其相加之后数值的变化，但 C 抄本抄工也并没有意识到这一点，可见，他虽然抄写了该文本，但也并没有真正理解其所表达的奥秘。

综上而言，尽管本文所关注之文本将数字与字母结合，用算术的方式展现了希腊字母的奥秘，并传达了关于希腊语字母发音与拼写的基础语法知识。对于拜占庭意大利南部这样多元文化交汇的帝国边陲地区而言，希腊语语法教育的重要性不言而喻，这一文本在当地的传播与重复抄写更是有助于提升当地对于希腊语语法学习的兴趣，增强语法学习过程的趣味性。

但是，从 10—11 世纪意大利南部所抄三个复制品来看，当地人并没有理解该文本的知识储备与能力：当地人对于希腊字母拼写与发音的认知也并不完善，尽管这是希腊语语法与正字法（orthography）教学的基础内容；此外，当地人也并不能从数字与算术的角度正确理解该文本所传达的希腊字母的奥秘。由此可见，在 10—11 世纪的意大利南部希腊语区，虽然语法教育是当地世俗教育最为重要的部分之一，但其实际教学质量或许远没有我们想象中的那么优异。

附录: 希腊数字表示法及其对应的数值 [1]

希腊数字	相应数值	希腊数字	相应数值	希腊数字	相应数值	希腊数字	相应数值
Α α	1	Ι ι	10	Ρ ρ	100	͵Α α	1000
Β β	2	Κ κ	20	Σ/C σ	200	͵Β β	2000
Γ γ	3	Λ λ	30	Τ τ	300	͵Γ γ	3000
Δ δ	4	Μ μ	40	Υ υ	400	͵Δ δ	4000
Ε ε	5	Ν ν	50	Φ φ	500	͵Ε ε	5000
Ϛ ς	6	Ξ ξ	60	Χ χ	600	͵Ϛ ς	6000
Ζ ζ	7	Ο ο	70	Ψ ψ	700	͵Ζ ζ	7000
Η η	8	Π π	80	Ω ω	800	͵Η η	8000
Θ θ	9	Ϙ ϙ	90	Ϡ ϡ	900	͵Θ η	9000

注: 希腊数字共有 27 个标示符号, 其中包括 24 个希腊字母以及其他三个符号: 用于表示数字 6 的符号 "stigma/στίγμα"(在 7/8 世纪前常用符号 Ϲ / Ϝ 表示, 称为 "digmma/δίγαμμα"); 用于表示数字 90 的符号 "koppa/ κόππα"; 以及用于表示数字 900 的符号 "sampi/σαμπῖ"。

（本文作者为索邦大学博士研究生）

1　10000 以上大数值表达法, 见 Filippo Ronconi, *La trasliterazione dei testi greci* (Spoleto: Fondazione CISAM, 2003), pp. 145–148。

12世纪本笃修士的财产观与清贫观

以奥德里克·维塔利斯的《教会史》为中心

王骞禹

1141年，诺曼底圣埃夫鲁尔（Saint Évroul）本笃修道院的修士奥德里克·维塔利斯（Orderic Vitalis）完成了他13卷《教会史》（*Historia ecclesiastica*）的写作。在结尾回顾自己一生时，奥德里克写道："受到上帝恩典的鼓舞，我得以享有服从和清贫的保护。"[1] 然而在12世纪，本笃修士（the Benedictines）的竞争对手——西多修士（the Cistercians）——才被广泛认为是清贫的代表，其代表人物贝尔纳（Bernard of Clairvaux）强调修士要怀有放弃财物、自愿选择清贫生活的决心。本笃修士因其拥有大量世俗财产和较为宽松的生活方式遭到批评，但奥德里克等本笃修士认为他们代表清贫，那么，奥德里克如何协调清贫理想和拥有财富的事实之间的张力？理解本笃修士的清贫观至关重要，因为清贫是修道生活正当性的依据。清贫概念可以作为一个切入点，来观察两种修道生活核心冲突，进而考察12世纪修道生活的整体变化。

中世纪神学意义的"清贫"一词与现代社会的贫穷不同，其含义随着经济社会的发展而发生变化。在商品经济不发达的中世纪早期，清贫与权势是对立的，修士们放弃世俗世界的地位和保护自己的武器就是清贫的体现。大多数研究者都注意到11—12世纪西欧经济发展对清贫概念的影响。随着货币和商品交易不断发展，教会意识到金钱腐蚀宗教生活的危险性，于是与财富相对立的清贫观念出现了，清贫也被视为

---

1 Orderic Vitalis, *The Ecclesiastical History of Orderic Vitalis*（以下简称 *HE*），ed. and trans. M. Chibnall. (Oxford: Oxford University Press, 1975–1983), Vol. 6, p. 550: "Gratia Dei corroboratus securitate subiectionis et paupertatis tripudio."

一种精神财富。[1] 清贫观念变化反映了 12 世纪基督教通往沉思生活的转向，并且回应了 11 世纪教会的道德改革和制度改革。[2] 研究 13 世纪清贫观念的学者指出，清贫观念可以作为一种手段，来打破现有的权力模式和挑战现有的社会权利分配。[3] 相比之下，12 世纪初本笃修士的清贫观尚未得到应有的重视，也没有与当时教会改革和修会改革的实践结合起来。

关于盎格鲁-诺曼世界本笃修道院的研究历史悠久[4]，但直到 20 世纪 80 年代，主流观点认为 12 世纪本笃修道院受到世俗财富的腐蚀，陷入危机。[5] 晚近研究纠正了这一传统观点，认为本笃修道院向来重视财富积累，财富与修道理想并不冲突，反而相辅相成。[6] 已经有学者关注到本笃修士对财富的看法受到 12 世纪经济发展的影响，但

1　关于 11—12 世纪清贫发展成为与财富相对立的概念，请参考 William H. Brackney, "Poverty and the Poor in the Christian Tradition", in William H. Brackney and Rupen Das, eds., *Poverty and the Poor in the World's Religious Traditions* (Santa Barbara: ABC-CLIO, LLC, 2019), pp. 187-227; Bronislaw Geremek, *Poverty: A History*, trans. Agnieszka Kolakowska (Oxford: Blackwell Publishers Ltd., 1994); Lester K. Little, *Religious Poverty and the Profit Economy in Medieval Europe* (New York: Cornell University Press, 1978)。

2　Giles Constable, *The Reformation of the Twelfth Century* (Cambridge: Cambridge University Press, 1996); M.-D. Chenu, *Nature, Man and Society in the Twelfth Century: Essays on New Theological Perspectives in the Latin West*, eds. and trans. Jetome Taylor and Lester K. Little (Toronto: University of Toronto Press, 1997).

3　Brian Hamilton, "*Pauperes Christi*: Voluntary Poverty as Political Practice" (PhD. dissertation, University of Notre Dame, 2015).

4　本文讨论的时段为 1150—1141 年（从圣埃夫鲁尔修道院建立到奥德里克完成《教会史》的书写），涉及英格兰国王威廉一世、威廉二世、亨利一世和斯蒂芬王的统治。威廉二世统治时期，诺曼底公爵是他的兄长罗贝尔，罗贝尔统治不力，又一度参加十字军东征而远离领地，造成诺曼底教会事务的混乱，直至 1106 年亨利一世击败兄长成为海峡两岸的统治者。英格兰和诺曼底在大部分时间中都是统一的整体，由同一位首脑统治，同时担任英格兰国王和诺曼底公爵。英格兰和诺曼底的教会事务具有很强的相似性。因此，本文使用"盎格鲁-诺曼王国（Anglo-Norman Kingdom）"这个概念来称呼这个跨海峡的政治体，同时使用英格兰和诺曼底的材料来考察诺曼底教会的变化。

5　J. Leclercq, "The Monastic Crisis of the Eleventh and Twelfth Centuries", in *Cluniac Monasticism in the Central Middle Ages*, ed. Noreen Hunt (London and Basingstoke, 1971); Norman F. Cantor, "The Crisis of Western Monasticism, 1050-1130", *American Historical Review*, Vol. 66 (1960), pp. 47-67.

6　Lester K. Little, *Religious Poverty and the Profit Economy in Medieval Europe* (New York: Cornell University Press, 1978); J. Engen, "The 'Crisis of Cenobitism' Reconsidered: Benedictine Monasticism in the Years 1050-1150", *Speculum*, Vol. 61, No. 2 (1986), pp. 269-304; Thomas O'Donnell, "Meanders, Loops and Dean Ends: Literary Form and the Common Life in Orderic's *Historia ecclesiastica*", in *Orderic Vitalis: Life, Works, and Interpretations*, eds. Charles C. Rozier, Daniel Roach, Giles E. M. Gasper and Elisabeth van Houts (Woodbridge: The Boydell Press, 2016), pp. 298-323.

相关研究仍在起步阶段。[1] 相比之下，更多研究把视角聚焦在本笃修道院的财富管理，以及修道院与教会和世俗贵族的联系上。[2] 然而，现有研究很少关注到本笃修士认为他们自己才代表真正的清贫，也很少同时从思想和实践两个层面考察本笃修士的清贫观与财富观。

奥德里克·维塔利斯（1075—约 1142 年）和他的《教会史》是探讨本笃修士财产与清贫的绝佳研究对象。奥德里克历时 27 年完成这部 13 卷巨著。《教会史》前一半内容记载奥德里克所在圣埃夫鲁尔修道院的历史，后一半转向与诺曼人有关的世界史，包括教会改革对诺曼底修道院的影响。文献中记载了西多会的早期历史，并且通过一场虚构的修士辩论体现不同宗教团体针对清贫与财产的思想交锋。同时，奥德里克提供了大量关于修道院财产的记录；在《教会史》的字里行间，奥德里克也流露出他自己对于清贫与财产的看法。因此，奥德里克的《教会史》有助于观察修士清贫与财产的理想及实践，以及修道院与外部世界的关系。近年来，奥德里克《教会史》的

1　加斯珀考察了 11—12 世纪本笃修道院历史著作中对金钱使用的记载，他的研究指出，在这个变化的时代中本笃修士也意识到了金钱可能危害修道生活，但同时他们认为修道生活中的美德，包括遵守（observance）、纪律（discipline）和警觉（vigilance）可以抵抗金钱的腐蚀性。Giles E. M. Gasper, "Economy Distorted, Economy Restored: Order, Economy and Salvation in Anglo-Norman Monastic Writing", *Anglo-Norman Studies*, Vol. 38 (2016), pp. 51–65; "Contemplating Money and Wealth in Monastic Writing c. 1060–c. 1160", in Giles E. M. Gasper and Svein H. Gullbekk, eds., *Money and the Church in Medieval Europe, 1000 –1200* (London and New York: Routledge, 2016), pp. 39–76.

2　现有研究讨论了 11—12 世纪部分盎格鲁-诺曼修道院的财产构成和管理方式，但大多数作品只讨论单一修道院或修道院的部分财产，缺少整体研究，更缺少关于修道院财产与 11—12 世纪教会改革和修会改革关系的讨论。主要作品有 Donald Matthew, *The Norman Monasteries and their English Possessions* (Oxford: Oxford University Press, 1963); Marjorie Chibnall, *The English Lands of the Abbey of Le Bec* (Oxford: Oxford University Press, 1968); Catherine Letouzey-Réty, "L'organisation seigneuriale dans les possessions anglaises et normandes de l'abbaye de la Trinité de Caen au XIIe siècle: étude comparée", 1ère Partie: *Annales de Normandie*, Vol. 55, n° 3 (2005), pp. 213–245; 2ème partie: *Annales de Normandie*, Vol. 55, n° 4 (2005), pp. 291–332"。关于修道院与赞助修道院的世俗贵族的联系，请参考 K. Hammond, "Monastic Patronage and Family Disputes in Eleventh and Early Twelfth-Century Normandy", *Anglo-Norman Studies*, Vol. 38 (2016), pp. 68–79; Emma Cownie, *Religious Patronage in Anglo-Norman England 1066-1135* (Woodbridge: The Boydell Press, 1998)。关于修道院财产和独立性受到教区主教（diocesan bishop）和大主教（archbishop）的威胁，请参考 David S. Spear, "The Norman Episcopate under Henry I, King of England and Duke of Normandy" (PhD. Dissertation, University of California, Santa Barbara, 1982); Véronique Gazeau, *Normannia monastica*, 2 Vols (Caen: Publications du Centre de Recherches Archéologiques et Historiques Médiévales, 2007)。

历史书写成为热门的研究主题，本文将从修士清贫和财产的角度深入讨论这一主题。[1]

本文将考察本笃修士的清贫观并给出自己的定义，这有助于理解 12 世纪初关于清贫争论的实质。本文将同时考察本笃修士的清贫理想、修道院的财富积累与财富观，以及 12 世纪的教会改革和修会改革，并且解释三者如何互动。第一部分从《教会史》第八卷西多会历史的记载展开，考察本笃修士与西多修士如何看待清贫、财产，以及其他相关概念；第二部分考察圣埃夫鲁尔修道院的财富积累和使用情况，并解释奥德里克如何协调理想与现实的张力；第三部分讨论奥德里克的财产观和清贫观与 12 世纪教会改革及修会改革的联系。

一、基于《本笃规章》的修士财产争论

在《教会史》第八卷结尾，奥德里克记载了西多修道院（the Abbey of Cîteaux）的早期历史。[2] 这是 12 世纪上半叶对西多会早期历史为数不多的记录，年代上甚至早于西多会的官方文献。[3] 除了建立西多修道院的来龙去脉，奥德里克还提供了罗贝尔和莫莱

1　历史书写（historical writing）指把历史作品视为文本，分析作者的写作意图与写作技巧，这一领域最具代表性的研究是 Gabrielle M. Spiegel, *The Past as Text: The Theory and Practice of Medieval Historiography* (Baltimore and London: Johns Hopkins University Press, 1997)。近年来，从历史书写角度考察奥德里克的《教会史》成为主流研究方向，主要成果有 Daniel Roach, "Narrative Strategy in the *Historia ecclesiastica* of Orderic Vitalis" (PhD. dissertation, University of Exeter, 2012); Charles C. Rozier, Daniel Roach, Giles E. M. Gasper and Elisabeth van Houts, eds., *Orderic Vitalis: Life, Works, and Interpretations* (Woodbridge: The Boydell Press, 2016); Tom Powles, "Writing History for an Age of Reform: Orderic Vitalis and the *Historia ecclesiastica*" (PhD. dissertation, University of York, 2019)。

2　奥德里克对于西多会建立的记载见 *HE*, Vol. 4, pp. 310–326。

3　在这份记录中，奥德里克提道："现在自罗贝尔院长按照我所说的那样建立西多修道院大约 37 年（Iam fere xxxvii anni sunt ex quo Robertus abbas ut dictum est Cistercium incoluit）"，由此可见奥德里克记载于 1135 年，*HE*, Vol. 4, p. 324。西多会记载自己建立历史的早期文献有两篇，分别是《西多会起源》（*Exordium Cistercii*）和《小起源》（*Exordium Parvum*）。关于这两部文献的书写年代存在很大争议。根据万德尔（Chrysogonus Wandell）的推论，《西多会起源》在巴尔的勒诺（Raynaud du Bar）担任院长期间（1134—1150 年）书写而成；《小起源》主体部分在 1113 年左右写出，但完整的文献形成略晚于《西多会起源》，大约在 1147 年，Chrysogonus Waddell., *Narrative and Legislative Texts from Early Cîteaux* (Brecht, Belgium: Cîteaux: Commentarii cistercienses,（转下页）

斯姆（Molesme）修士们的一场精彩绝伦的辩论，但经过与其他早期材料的对比可知，这场辩论并非真实，而是奥德里克杜撰而成。[1] 他记载的并不是 1098 年罗贝尔与莫莱斯姆修士的争论，而实际上是 1135 年他书写这段历史时西多修士和本笃修士的争论。

西多会的创建者罗贝尔（Robert of Molesme）曾是勃艮第莫莱斯姆修道院院长，教导他的修士们在神圣的清贫中追求美德。在仔细考察当时修道院的习俗和《本笃规章》（Regula Benedicti/The Rule of St. Benedict，注释中简写为 RSB）后，罗贝尔发现修士们没有严格遵守所有规定，其中主要包括衣食、体力劳动和财产三方面。罗贝尔呼吁修士们严守《本笃规章》规定的生活方式：

> 因此我提议，我们在一切方面遵循圣本笃的规章，注意既不向左偏也不向右偏。让我们通过自己的双手的劳动保障食物和衣物的供应，让我们依照规章，避免身穿马裤、衬衫和羔羊皮制作的衣物。让我们弃绝本该归为教堂服务的教士们所有的什一税和教堂祭品，让我们充满热情地努力追逐教父们的足迹，跟在基督身后。[2]

（接上页）1999), pp. 156–161, 205–231。万德尔的论证另见 Janet Burtun and Julie Kerr, *The Cistercians in the Middle Ages* (Woodbridge: The Boydell Press, 2011), pp. 12–13。另有一派意见认为这两个文件都是 1160 年后形成，但没有得到普遍认同，见 Constance H. Berman, *The Cistercian Revolution* (Philadelphia and Oxford: University of Pennsylvania Press, 2000), p. 9。马姆斯伯里的威廉以斯蒂芬·哈丁（Stephen Harding）院长为切入点介绍了西多修道院的建立，书写于 1124 年，William of Malmesbury, *Gesta Regum Anglorum*, eds. and trans. R. A. B. Mynors, R. M. Thomson and M. Winterbottom (Oxford and New York: Oxford University Press, 1998), Vol. 1, pp. 576–585。

1　不论是西多会文献《西多会起源》和《小起源》，还是马姆斯伯里的威廉的记载，都没有任何内容涉及这场辩论。相比于西多修道院的建立，奥德里克对于辩论的记载过于详细，却没有任何信息来源，这本身便给文献真实性带来疑问。奇布纳尔（Marjorie Chibnall）对比《小起源》和《教会史》的记载后，发现奥德里克的记载在很多地方与西多会文献不符合，他对于西多会建立的了解有限。更重要的是，即便是西多会文献，呈现的大部分也是第二代西多修士的思想。西多修士的理想是不断演变的，最早的理想是严格遵循《本笃规章》，而另一个重要思想——清贫，则是以贝尔纳为代表的第二代西多修士的产物。奥德里克的记载混合了这两种理想，本身就足以证明他讨论的是 1135 年的争论。奇布纳尔的文献考证见 *HE*, Vol. 4, xl–xlii。西多会理想的演变见 Martha G. Newman, "Foundation and Twelfth Century", in *The Cambridge Companion to the Cistercian Order*, ed. Mette B. Bruun (Cambridge: Cambridge University Press, 2013), pp. 25–38, at 28–32。

2　*HE*, Vol. 4, p. 314: "Laudo igitur ut omnino regulam sancti Benedicti teneamus, cauentes ne ad dexteram uel ad sinistram ab ea deuiemus. Victum et uestitum labore manuum nostrarum uendicemus, a femoralibus et staminiis pelliciisque secundum regulam adstineamus. Decimas et oblationes clericis qui diocesi famulantur relinquamus, et sic per uestigia patrum post Christum currere feruenter insudemus."

衣食、体力劳动和财产被认为是遵守《本笃规章》的具体方法，三者之间存在内在联系，它们揭示了罗贝尔和莫莱斯姆修士关于修道理想的分歧。

莫莱斯姆修士们对院长的号召不以为然，他们通过强调《本笃规章》的灵活性和适度原则依次反驳罗贝尔。《本笃规章》虽然存在关于修士衣食的质量和数量的严格规定，但同时也强调衣食要满足修士的基本需求，因此年迈和生病的修士可以适当打破衣食的限制。

灵活性与适度原则同样可以帮助解释《本笃规章》的另一个重要原则——体力劳动——为何没有被遵守。修士们提到圣摩尔（St. Maur）为体弱的修士们单独制定工作量，以保证"他们既不会变得懒惰，也不会因繁重的劳动筋疲力尽，远离修道生活"[1]。然而在这一问题上，灵活性与适度原则不足以解释全部，因为修士们不是削减了工作量，而是完全荒废了体力劳动。因此，修士们宣称他们日常的阅读、祈祷和礼拜是同样辛苦的精神劳动，他们只是变换了劳动形式，并没有变得懒惰。[2]

既然修士们不在田地上劳作，他们需要接受平信徒的财产来满足生活需要。修士们指出他们接受平信徒捐赠的传统可以追溯到墨洛温和加洛林的国王们。此外，当时的修士们大多兼领牧师职务，他们不论在等级上还是在职务上都属于教士，因此有权获得教士享有的什一税和祭品。[3]

在这场辩论中，罗贝尔表达出遵循规章的理想主义，而莫莱斯姆修士强调修道生活的现实主义。罗贝尔强调遵循《本笃规章》的每个方面，实际上却试图改变莫莱斯姆修道院的现有习俗；莫莱斯姆修士强调规章的变通性，却坚持认为现有习俗不容改变。修士们论证现有修道生活合法性的逻辑是一致的：一方面，《本笃规章》的变通性和适度原则允许修道院根据具体环境和修士的软弱性适当改变规章；另一方面，现有

1　*HE*, Vol. 4, p. 318: "Fratribus infirmis art delicatis talem operam uel artem iubet iniungi ut nec ociosi sint, nec uiolentia laboris opprimantur ut effugentur."

2　*HE*, Vol. 4, pp. 318–320.

3　*HE*, Vol. 4, p. 320.

的修道生活源自墨洛温王朝以来的传统。

在记载西多会历史的开头和结尾，奥德里克都表明了自己的立场：他同情西多修士的改革理想，但并不认为这种理想比传统的修道主义更加高明。他认为本笃修士是谦卑的代表，因为他们身穿代表谦卑的黑色长袍；相反，西多修士身穿未染过的白衣，这虽然是简朴的体现，但与他们激进的改革一样引人注目。[1] 西多会的成员良莠不齐，固然有修士被清贫理想所吸引，但其中也不乏伪君子。[2]

更加值得注意的是，奥德里克认为尽管西多修士追求自愿清贫的生活，但实际上是本笃修士代表真正的清贫。在记载修士辩论之前，奥德里克首先赞扬了罗贝尔治理下莫莱斯姆的修道生活：

> 法兰西国王菲利普统治时期，可敬的罗贝尔院长在此建立修道院，通过圣灵的恩典他聚集了这个杰出团体的信徒，按照与其他修道院一样的习俗，他悉心教导他们渴望美德，生活在神圣的清贫中。[3]

如果莫莱斯姆修士生活在神圣的清贫中，那么罗贝尔离开莫莱斯姆来到西多，采取完全不同的修道方式，显然是背弃了清贫生活。问题在于，西多修士放弃了教会财产，采取更加严苛、朴素的生活方式，为何距离清贫越来越远？若想解决这个问题，首先要理解清贫的含义，以及与之相关的概念。在修士辩论中可以看出，清贫与修道院财产、体力劳动、饮食与衣着等概念联系紧密，而把这些概念串联在一起的正是《本笃规章》。本笃修士和西多修士都认为自己在遵循《本笃规章》：莫莱斯姆修士引用规章的原文来证明它的变通性和适度原则，而罗贝尔更是强调要遵循规章的每一处细节。因此，从《本笃规章》考察修士辩论中的相关概念是十分必要的。

1　*HE*, Vol. 4, pp. 310–312.

2　*HE*, Vol. 4, pp. 312, 316.

3　*HE*, Vol. 4, p. 312: "Ibi tempore Philippi regis Francorum uenerabilis Robertus abbas cenobium condidit, et inspirante gratia Spiritus Sancti discipulos magnae religionis aggregauit, studioque uirtutum in sancta paupertate iuxta usum aliorum cenobiorum comiter instruxit."

在修道院财产方面,《本笃规章》规定修道院的财产是共有的, 院长有责任了解修道院的财产情况, 把物品交给他认为可靠的修士管理。《规章》禁止修士拥有任何的私有财产, 这是不容妥协的。修士不得擅自给予或接受物品, "即使是书、笔、写字板" 都是公有, 由院长统一分配管理。[1]《规章》对此进一步解释: "事实上, 就连他们的身体和意愿, 都不能完全由自己来随意支配。"[2] 禁止私有物品与 "服从"(obedience)密切相关, 它的目的是修士放弃自我的意愿, 听从院长的安排。[3] 修道院共有的财产却不在讨论范围之内,《规章》中提到的修道院财产是 "器皿、衣物和其他物品", 并未讨论接受什一税和教堂祭品是否合适。[4]

在体力劳动方面,《规章》有着清楚明确的指示。劳动通常和阅读一起讨论, 二者构成除祈祷之外修士日常生活最重要的部分。《规章》根据季节制定了修士的作息。在夏季(复活节至十月一日), 修士们被要求在第一小时晨祷以后到第四小时这段时间从事劳动, 之后的时间则全部用来阅读; 冬季则从第三个小时劳动到第九个小时。在特定时期(四旬节期间), 阅读成了更加重要的任务。每天的前三个小时只能用来阅读, 而且修士们被要求从头至尾读完《圣经》中的一卷书。[5]

劳动与阅读并置体现了二者功能的相似性, 都是培养美德、对抗懒散的手段。《规章》提到: "闲散是灵魂的仇敌, 为此, 弟兄们应该在一定的时间里从事手工劳动, 在一定的时间里阅读圣书。"[6] 在圣本笃之前, 传统的日程安排是每天第三至第九小时从事劳动, 如果因为必要的劳动而不得不侵占阅读时间, 这也是允许的。《规章》极大地缩短了夏季劳动的时间, 并且出于对修士身体的考虑, 只安排每日早晨较为凉爽的时

1　*RSB.* 33.3. 本文所引用的拉丁文《本笃规章》来自 *Benedicti Regula. Corpus Scriptorum Ecclesiasticorum Latinorum*, Vol. 75 (Vienna, 1977)。

2　《本笃会规评注》, 第 401 页。文中引用《本笃规章》的中文版均来自 [奥] 米歇尔·普契卡评注:《本笃会规评注》, 杜海龙译, 上海三联书店, 2015 年。笔者适当调整了中文翻译。

3　见《本笃会规评注》, 第 405 页。

4　*RSB.* 32.1.

5　*RSB.* 48.15.

6　*RSB.* 48.1. "Otiositas inimica est animae, et ideo certis temporibus occupari debent fratres in labore manuun, certis iterum horis in lectione divina."《本笃会规评注》, 第 543—544 页。

间劳动。相反,《规章》更加注意保护修士的阅读时间,甚至把阅读作为二者中优先的选项,因为"如果有人疏忽懒惰,是因为他不愿意读书或者缺乏阅读能力,那么就派给他一些工作,免得他无所事事"[1]。劳动时间大大缩短,从一定程度上反映出修士并不完全依靠劳动来养活自己,《规章》中也没有任何关于修士自给自足的要求。

本笃修士可以从《规章》中获取对"精神劳动"的足够支持,但这并不代表体力劳动可以被完全取缔,因为后者模仿基督的功能是无法代替的。《规章》指出,如果条件需要修士应该自己动手收割庄稼,因为"只有他们像我们的父辈们和使徒们一样,依靠自己的双手劳作而生活时,他们才算得上是真正的修士"[2]。劳动的必要性源于奥古斯丁的思想,他指出劳动是专属于穷人的事情,当修士试图模仿基督时,劳动成为贫穷的象征。[3]

在饮食方面,《规章》也没有西多会修士形容的那样严苛。《规章》允许每餐有两道熟食和比较充足的面包,在特定情况下可以增加食物的供应,甚至考虑到"软弱弟兄们"的需要允许饮酒。[4]《规章》强调的重点是节制,修士不应获取超出自己需要的饮食。

通过对《本笃规章》的考察可以发现,尽管修士辩论中的几个关键概念——修道院财产、体力劳动和衣食均有涉及,但辩论中这些概念与《本笃规章》并不完全一致。例如,规章中的财产指修士的生活必需品,完全不涉及贵族赠礼和教会财产;体力劳动指农活,是修士必须完成的任务,但劳动的目的在更大程度上是为了避免懒惰,而不是让修士养活自己。

既然《本笃规章》中的具体规定可以变通,那么规章真正的原则是什么?从上文讨论可以发现,规章希望修士在遵守具体规定中培养美德,即服从、缄默和谦卑。在

---

1 *RSB.* 48.23. "Si quis vero ita neglegens et desidiosus fuerit ut non velit aut non possit meditare aut legere, iniungatur ei opus quod faciat, ut non vacet."《本笃会规评注》,第 555 页。

2 *RSB.* 48.8. "quia tunc vere monachi sunt si labore manuum suarum vivunt, sicut et patres nostri et apostoli".《本笃会规评注》,第 547 页。

3 《本笃会规评注》,第 543 页。

4 *RSB.* 39—40.

这之中，服从尤其受到强调。虽然规章可以变通，但变通的权力在院长一人手中，修士只能服从院长的安排。规章在谈及葡萄酒的分量时指出，受到地方环境的限制，有些地方的修士可能连规定的分量都无法实现，但"住在那里的弟兄们应该赞美天主，而不是抱怨；比所有事情更应注意的是，一定要远离抱怨"[1]。出于同样的理由，修士不得拥有任何财物，所有的必需品都应交给院长统一分配。[2] 由此可见，在《本笃规章》中，服从与修士放弃个人财产、过着清贫的生活有紧密联系，同时与劳动、饮食、衣着等相关概念也有紧密的联系。在奥德里克生活的年代，服从与财产和清贫的关系是本文下一部分重点讨论的问题。

二、清贫理想与修道院财富

若想了解本笃修士对于财产的看法，必须首先知道修道院究竟拥有多少财产，修士们如何获得、经营和使用财产。这不仅是为了考察财产多寡，以判断本笃修道院是否生活在清贫之中，也是为了通过考察具体的修道院经济活动来发现财产对于本笃修道院的意义，以及奥德里克如何调解修道院拥有大量财产的事实和修士清贫理想的冲突。

据奥德里克记载，圣埃夫鲁尔修道院在 7 世纪晚期诺曼底建立，但早已荒废。1050 年，吉华（Giroie）和格兰麦尼尔（Grandmesnil）两个新兴家族重建了修道院。他们资助修道院部分是出于占有土地的实际需要。圣埃夫鲁尔修道院坐落在两个家族领地的南部，紧靠与他们敌对的贝勒姆（Bêlleme）家族的领地。在乌什建立修道院可以把这片土地置于利雪（Lisieux）主教的保护之下，避免贝勒姆家族的侵扰。[3] 在建

---

1 *RSB*. 40.8–9: "benedicant deum, qui ibi habitant, et non murmurent, hoc ante omnia ammonentes, ut absque murmurationibus sint."

2 *RSB*. 33.3; 55.18.

3 关于诺曼底贵族资助修建修道院的动机，见 M. Chibnall, *The World of Orderic Vitalis* (Oxford: Oxford University Press, 1984), pp. 45–48; M. Chibnall, "General Introduction", *HE*, Vol. 1, p. 7。

立初期，修道院可以被认为是两个家族的私有财产，创始人之一格兰麦尼尔的罗贝尔（Robert of Grandmesnil）一度担任院长，以加强对修道院的控制。但是吉华和格兰麦尼尔家族的控制并不长久，他们被指控密谋反对公爵，院长罗贝尔被迫逃离诺曼底。威廉公爵安排自己的亲信奥斯本（Osbern）接任院长。从此以后，诺曼底公爵成为修道院更高层面上的庇护者，修道院获得海峡两岸多位贵族的赠予，在诺曼底和英格兰都获得大量财产。[1]

贵族的赠予在本质上是一种交易：贵族以土地或其他财产换取修士的祈祷，换取自己和家人的灵魂拯救。在 11—12 世纪，修士作为平信徒和上帝之间的调解人（intercessor）这一身份十分重要。此时基本的经济思想是：人的原罪破坏了世界的经济平衡，需要做出补偿，但平信徒不具有完全补偿的能力，因此需要调解人。[2] 贵族向修道院的赠礼通常以特许状确定下来，除了记录财产，特许状中经常提到希望灵魂得救的愿望。作为回报，贵族除了得到修士代祷之外，在去世之前可以选择进入修道院，被接纳为修士；贵族享有去世后埋葬在修道院的权利，他的名字被写进讣告名单（obituary roll），在死后继续享受修士祈祷的益处，这些都被视为修士们义务的延伸。[3]

圣埃夫鲁尔修道院的财产种类繁多，其中最常见的是耕地、教堂和什一税。这些赠礼在特许状中通常的表述是：某地教堂及全部或部分什一税（decima），或是教会附属地（terra presbyteri），有时附加某位教士的俸禄。根据《教会史》第三至六卷的粗略统计表明，圣埃夫鲁尔修道院在物质上极为富足，其主要资产包括 64 座教堂、84 项什一税，以及 61 处面积不明确的地产。[4] 除上述三种财产，还需要加上修道院受赠的

1　据《教会史》记载，圣埃夫鲁尔院长麦内尔曾前往英格兰接受征服者威廉和英格兰贵族的赠予。*HE*, Vol. 3, pp. 232−242.

2　G. Gasper, "Economy Distorted, Economy Restored: Order, Economy and Salvation in Anglo-Norman Monastic Writing", *Anglo-Norman Studies*, Vol. 38 (2016), pp. 51−65. 关于贵族以土地换取修士代祷，见 K. Hammond, "Monastic Patronage and Family Disputes in Eleventh and Early Twelfth-Century Normandy", *Anglo-Norman Studies*, Vol. 38 (2016), pp. 68−79。

3　Chibnall, *The World of Orderic Vitalis*, p. 70.

4　若材料的表述模糊，仅提到某人的全部教堂和地产，统计中记为 1 座教堂和 1 处地产。什一税有时是教堂或村庄全部的什一税，有时仅为某项产品的部分什一税，但只要《教会史》中提到，都记为 1 项。面积不明的地产包括村庄的全部或部分地产、教会附属地、庄园、森林、果园、城镇等，只要《教会史》中提到都记为 1 处。

金钱和其他珍宝。《教会史》提到,圣埃夫鲁尔修道院即使在最鼎盛时也只有 90 名左右修士。[1] 修道院财产足以保障每个修士过着体面而富足的生活,修士们饮食、穿衣等基本需求只消耗收入中很小一部分。

修道院也绝不仅仅是世俗财产的被动接受者,同时也积极扩张自己的财富。《教会史》展现了修道院努力经营和扩充财产的蛛丝马迹。在特许状中除了贵族的赠礼,有时还会记载修道院的回礼,通常是一定数目的金钱;当贵族死后,需要继承人重新确认赠礼时,修道院以金钱换取重新确认是十分常见的形式。据《教会史》记载,当威廉和奥布丽(Aubrée)夫妇给修道院赠礼时,时任修道院院长麦内尔(Mainer)回赠了他们 15 镑现金;当他们的继承人重新确认这笔赠礼时,修道院除了回赠一定数量的金钱之外,又送给了继承人一匹马。[2] 上述记录表明贵族赠礼的经济意义,贵族和修士各取所需,扩张自己的财富。奇布纳尔指出,修士以征收固定租金的形式管理地产。对于农民和骑士来说,修道院起到与现代银行类似的作用。[3]

奥德里克从未批判扩充修道院财富的做法,而是努力维护修道院的一切财产。看似矛盾的是,《教会史》充斥着对世俗财产的蔑视之情。奥德里克反复规劝贵族们不要贪求世俗的财富,因为人生转瞬即逝,应当把更多精力放在灵魂的得救之道上。在记载英格兰什鲁斯伯里(Shrewsbury)——奥德里克的故乡——建立修道院时,他借自己父亲之口说道:"他们(修士们)拒绝俗世和俗世中的寄生者,把一切欢愉视为污秽,并且因为对天国的希望躲开俗世的财富。"[4] 对奥德里克两种态度的唯一解释就是他认为修道院共有的财富不属于修士本身,而是属于上帝。奇布纳尔给出了精辟的总结:清贫理想是个人的而不是团体的。[5] 为了探究这一思想背后的逻辑,需要考察圣埃夫鲁尔修道院如何使用财富。

---

1 *HE*, Vol. 2, p. 150.

2 *HE*, Vol. 3, pp. 132–134.

3 Chibnall, *The World of Orderic Vitalis*, pp. 56, 64.

4 *HE*, Vol. 3, p. 144: "Ipsi nempe mundo mundanisque parasitis insultant, dum mundana oblectamenta uelut stercus deuitant, et mundanas opes pro superna spe contemptibiliter conculcant."

5 Chibnall, *The World of Orderic Vitalis*, p. 62.

　　修道院财富总体来说有三种用途。首先是修士们的生活必需品，包括饮食、衣着和住宿。从《教会史》可以得知圣埃夫鲁尔修士们日常食用猪肉，在四旬节斋戒期间以鱼肉代替。[1]此外，贵族赠予的葡萄园每天提供固定份额的葡萄酒。[2]修士们的饮食比起西多修士宽松一些，或许也超出了《本笃规章》的限定，但总体上并未背离《本笃规章》的适度精神。财富第二种用途是接待客人和救济穷人。待客（hospitium）是本笃修道院的传统，在《本笃规章》中便可见到院长和客人一同用餐，而客人主要是国王及其随从和旅行者。[3]《教会史》记载了亨利一世做客圣埃夫鲁尔修道院的盛况，临走前国王赠予修道院 60 头腌过的猪和大量小麦，据说这是补偿修道院招待他的消耗。[4]救济穷人是教会和修道院的义务，但济贫只是圣埃夫鲁尔修道院的边缘活动。修道院第三任院长奥斯本（Osbern）要求管窖人（celler）为 7 位麻风病人提供每日饮食，待遇与修士们相同，但其继任者麦内尔把救济人数降为 3 人，这一传统一直持续到奥德里克生活的年代。[5]

　　修道院的大多数财产都用作第三种用途——献给上帝。修士们要么积极搜寻用于举办仪式的精美饰品和器具，要么通过建筑表达对天主的虔敬。圣埃夫鲁尔的罗杰（Roger of Warrene）早年曾被麦内尔院长派到英格兰管理教堂，在此期间他制作了一个用金银装饰的宝箱来存放圣髑，同时努力搜寻用来装饰教堂的财宝，包括多种家具陈设、领唱者长袍，以及礼服、烛台和银质圣餐杯等饰品。凭借搜寻宝物的功劳，罗杰在麦内尔去世后被选为修道院院长。[6]修建教堂是更加艰苦的工作，因为耗资巨大，

1　多为贵族的赠礼中包含修士在林地中的养猪权，由此推测猪肉在修士的日常食谱中占据一席之地。此外，本段下文提到亨利一世送给修士们 60 头腌过的猪作为修道院款待的补偿，显然这 60 头猪也最终进入修士们腹中。见 *HE*, Vol. 2, pp. 124, 140; Vol. 6, pp. 174–176。

2　*HE*, Vol. 3, pp. 124, 246.

3　*RSB*. 53, 56. 关于修道院招待客人和救济穷人，见 David Knowles, *The Monastic Order in England*, Second Edition (Cambridge: Cambridge University Press, 1963), pp. 479–486。

4　*HE*, Vol. 6, pp. 174–176.

5　*HE*, Vol. 2, p. 116. 吉勒梅的研究表明，中世纪本笃修道院济贫开销只占据收入的一小部分，例如 13—14 世纪的圣丹尼修道院的济贫开销只占总收入的 3%。在中世纪晚期，布施者更倾向于把救济品捐给专门的济贫机构，以防修道院挪为他用。见 Bronislaw Geremek, *Poverty: A History*, trans. Agnieszka Kolakowska (Oxford: Oxford University Press, 1994), pp. 40–41.

6　*HE*, Vol. 3, pp. 240–242.

往往需要数代人共同完成，但也会给修建者带来无比的荣耀。圣埃夫鲁尔修道院的教堂修建计划从第二任院长罗贝尔开始，直到第四任院长麦内尔期间完成。修建教堂不仅是修道院内部事务，也受到贵族和教会首脑的关注。1077 年，坎特伯雷大主教兰弗朗克（Lanfranc）在卡昂参加修道院落成典礼时，赠予修道院 44 镑和 2 金马克；玛蒂尔达王后也赠送 100 鲁昂镑用来修建食堂。[1] 圣奥昂（St. Ouen）修道院圣彼得教堂的修建历经三位院长长达 60 年的努力，但也给修建教堂的第一任院长尼古拉斯带来无上荣耀。他的墓志铭如此写道："他用爱治理他的羊群，他修建了这座庙堂。"[2]

通过以上分析可以得出奥德里克对修道院财产的看法。修道院的财富全部由集体所有，修士没有个人财产。绝大部分集体财产用于举办仪式和修建教堂，最终献给上帝。通过这样的逻辑，本笃修士实现了个人清贫与集体富有。也是因为这一逻辑，尽管奥德里克蔑视世俗财富，他仍然认为修道院扩张财富是必要的。然而，修会改革者们担心过多牵涉世俗事务、追逐世俗财产可能会导致对精神的忽视，于是西多修士选择拒绝接受世俗财产，通过劳动养活自己。奥德里克如何论证本笃修士个人清贫、集体富有的修道方式优于他们竞争对手的集体清贫模式呢?《教会史》对各位修道院院长的评价可以帮助回答这一问题。

奥德里克对于修道院院长的最高评价是"妥善处理内部和外部事务"（intus et exterius solertiam adhibere），圣埃夫鲁尔的多位院长和其他多所修道院院长都得到如此评价。[3] 内部事务指修道院内部纪律，外部事务指修道院的财富。奥德里克记载了英格兰什鲁斯伯里（Shewsbury）修道院建成初期修士们艰难处理内外事务：

> 他们历尽千辛万苦扩大新修道院的外部财富，在内部建立杰出的修道纪律，以实现追随者们的灵魂拯救。[4]

1　*HE*, Vol. 2, pp. 148–150.

2　*HE*, Vol. 4, p. 308: "Rexit amore gregam, quam cernis condidit edem."

3　*HE*, Vol. 2, pp. 114, 146; Vol. 3, p. 228; Vol. 4, p. 306.

4　*HE*, Vol. 3, p. 148: "Ingenti cura res noui monasterii exterius auxerunt, et instituta morum ad salutem animarum interius discipulis laudabiliter sanxerunt."

奥德里克没有明确指出内部财产和外部财富的关系，但他对圣埃夫鲁尔前两位院长——蒂埃里（Thierry）和罗贝尔的记载可以发现蛛丝马迹。两位院长各自代表内外事务的一方面，因此都没能获得"妥善处理内外事务"这一最高赞美。

《教会史》中第一任院长蒂埃里严格遵循《本笃规章》，重视沉思生活和苦修，某种程度上甚至更像一位西多修士。他在言行上为修士们做表率，坚持祈祷、禁食和守夜；另一方面，他为了把时间投入到沉思生活，尽可能地把世俗事务委派给其他修士。蒂埃里忽视外部事务招致修士们的不满，他们如此批评院长：

> 务必不可让这样一个对外部事务如此无知和漠不关心的人成为院长。没有播种者，演说家如何存活？这个人如此渴望在修道院内阅读和书写，而不是给他的弟兄们寻找生计，这是多么愚蠢啊。[1]

外部事务的目的是为了给修士们寻找生计，《教会史》中一旦称赞某位院长妥善处理内外事务，往往紧接着便记载其如何满足修士们的生活需求。蒂埃里院长关注灵修生活值得称赞，但不足以弥补他忽视外部事务造成的缺失。他很快与时任副院长罗贝尔势同水火，不得已放弃院长职位，离开圣埃夫鲁尔。[2] 蒂埃里出走后，罗贝尔被修士们一致推选为第二任院长，之后他不知疲倦地为修士们寻找衣物和食物，同时开启了新教堂的建设工作。然而只扩张外部财富也是不够的，奥德里克毫不避讳地指出罗贝尔对内部纪律的忽视：

> 一旦他渴望做一件事，不论好坏，他都热情洋溢地想要尽快完成；一旦听说

1　*HE*, Vol. 2, p. 52: "Talis homo non debet abbas esse, qui exteriores curas nescit neglegitque. Vnde uiuent oratores, si defecerint aratores? Insipiens est qui plus appetit in claustro legere uel scribere, quam unde fratrum uictus exhibeatur procurare."

2　*HE*, Vol. 2, pp. 64–68.

或目睹他不喜欢的事情,他立刻生气动怒;他渴望领导远胜于跟随,渴望发号施令而不是服从命令……因为他正如我所说的那样一贯充满慷慨:他在自己祖产上建立这座修道院,当兄弟们从各处被召集以崇拜天主后,他又提供必需的帮助让他们变得富足;因此,在这座新建的修道院中,他无法被教规纪律所约束。[1]

内外事务的平衡有可能实现吗?又应该如何实现?奥德里克的回答是肯定的:二者实际上不可分割,内部纪律被遵守的同时,外部财富也会扩张。在回顾圣埃夫鲁尔修道院积累财富的历程时,奥德里克提到,修道院建立初期,周围邻居们并不愿意提供帮助,甚至使用阴谋诡计争夺修道院的财产,修士们被迫从远处寻找必需品;"然而,修士们从修道院建立开始就服从教规纪律,因此获得大贵族和虔诚的主教们的喜爱,他们获赠什一税、教堂和其他让他们足以维持生活的赠礼,受到尊敬"[2]。修道院获得物质财富是自己努力和上帝恩典的结果,正如范恩金提出的精辟总结:对于本笃修士来说,物质财富是精神繁荣的条件,也是精神繁荣的标志。[3]圣埃夫鲁尔修道院能够获得贵族大量赠礼,证明修士们在修道院日常生活中服从纪律,遵守《本笃规章》,这其中必然包括个人清贫、饮食节制、蔑视财富等内容。相反,如果修士们的基本生活无法得到保障,修道院内部纪律也必然是松弛的,蒂埃里院长注重内部事务而忽视财富积累,反而造成圣埃夫鲁尔修道院最严重的一次内乱。

在奥德里克看来,清贫与财富的数量并不直接相关,而是要通过服从来实现。1056 年,为了解决圣埃夫鲁尔院长蒂埃里和副院长罗贝尔的矛盾,鲁昂大主教毛瑞

1　*HE*, Vol. 2, pp. 64–66: "Nam in bonis seu malis quae cupiebat uelox ad peragendum erat ac feruidus, et auditis siue uisis quae nolebat ad irascendum festinus, magisque praeesse quam subesse et imperare potius quam obsecumdare cupidus ... Et quia ipse ut dictum est excelsae generositatis lampade renitebat, et expatrimonio suo coenobium illud fundauerat, et collectis undecunque ad cultum Dei fratribus subsidiisque necessariis procuratis ditauerat, ideo regularis disciplinae iiugo in nouella domo coherceri non poterat."

2　*HE*, Vol. 3, p. 124: "Verum quia regulari disciplinae a primordio institutionis suae mancipati sunt, summi proceres et religiosi praesules eos dilexerunt, datisque rebus necessariis in decimis aecclesiisque et aliis donationibus fideliter uenerati sunt."

3　J. van Engen, "The 'Crisis of Cenobitism' Reconsidered: Benedictine Monasticism in the Years 1050–1150", p. 291.

利乌斯（Maurilius）带领诸位诺曼底的主教和修道院院长来到圣埃夫鲁尔。当了解二人分歧的原委后，大主教命令蒂埃里院长继续掌权，他劝告罗贝尔"模仿基督的清贫，在一切事务中都谦卑地服从他精神上的父亲，上帝的仆人"[1]。效仿基督的清贫与服从院长连在一起，表明奥德里克意识到了清贫与服从之间的联系。二者的联系同样可以在《本笃规章》中看到。在论及修士私有财产时，《本笃规章》不忘提醒："事实上，就连他们的身体和意愿，都不能完全由自己来随意支配。"[2] 在本笃修士看来，财产上的一无所有并不能算清贫，只有把自身的一切都奉献出才算清贫。在实际的修道生活中，这种清贫体现在对于团体的服从，遵循修道院的习俗。西多会的创建者罗贝尔的苦修生活抛弃了高卢地区的修道传统，被奥德里克形容为"遵循新的习俗，接受不同的习惯"（nouisque ritibus uariisque scematibus）[3]。刻意追求物质上的贫穷而抛弃真正的清贫——服从，这是奥德里克无法认同西多修士的原因。如果能够实现绝对的服从，拥有财富的数量反而成为细枝末节。或许正如奥唐奈所指出，当拥有足够多的财产时，修士们会拥有一种对财富的超然态度，不再受到世俗财产的迷惑，从而保持内心的纯洁。[4]

三、清贫理想与改革年代

本文第二部分基本上解决了奥德里克对于修道院财产与清贫思想的背后逻辑。然而，单做静态考察的历史学研究是不够的。奥德里克关于财产与清贫的思想从何而

1　*HE*, Vol. 2, p. 66: "Robertum uero priorem ut paupertatem Christi sequeretur patrique suo spirituali pro Deo humiliter in omnibus obtemperaret copiosa sermocinatione admonierunt."

2　*RSB*. 33.4.

3　*HE*, Vol. 4, p. 310.

4　Thomas O'Donnell, "Meanders, Loops and Dean Ends: Literary Form and the Common Life in Orderic's *Historia ecclesiastica*", in Rozier, C. et al., eds., *Orderic Vitalis: Life, Works, and Interpretations* (Woodbridge, 2016), pp. 298–323, at 321.

来？他在写作历史时试图回应所处时代的什么问题？本文第三部分通过考察 12 世纪初诺曼底教会与修道院的历史背景来尝试回答上述问题。本笃修士对修道院财产正当性的辩护通常被认为是回应修会改革。西多会等修会的崛起的确给传统修道院带来压力，但不应被高估，因为在奥德里克生活的年代新修会尚未在诺曼底兴起，《教会史》也并未记载本笃修道院内部出现关于修道理想的分歧。[1] 相比之下，教会改革与奥德里克的财产和清贫思想的联系值得进一步讨论。正如本文第二部分指出，11—12 世纪诺曼底的本笃修道院经历了从家族私产到公爵庇护模式的转变，在此期间罗马教廷的影响十分有限，而 12 世纪初罗马教会改革逐渐影响到诺曼底，并干涉本笃修道院的生活传统和财产经营。奥德里克在《教会史》中阐述财产和清贫思想很可能是为了回应教会改革，以保护本笃修道院的财产、习惯和独立性。

若想讨论格里高利改革对诺曼底本笃修会的影响，势必要面对盎格鲁-诺曼王国与罗马教廷的关系这一经典问题。政教关系的讨论涉及三方势力的互动，包括英格兰国王（通常情况下也是诺曼底公爵）、盎格鲁-诺曼教会和罗马教廷。直到 11 世纪初，罗马教廷与地方教会的联系十分松散，这是因为此时教宗缺乏可靠的通信手段和办事人员。[2] 忏悔者爱德华时期，英格兰与罗马唯一的常规联系是每位新任坎特伯雷大主教要到罗马领取象征大主教权力的披肩，教宗难以介入任何教会的具体事务。教宗格里高利七世（Gregory VII）拉开了教会改革的序幕。此后，教宗积极加强与地方的联系。一方面，派遣教宗特使（papal legate）到地方教会传播教会法和改革精神；另一方面，鼓励大主教前往罗马领取披肩、参加公会议。征服者威廉打着净化英格兰教会的旗号完成诺曼征服。他在一定程度上愿意承认教宗权威，但牢牢把控自己对教会的控制和对教会职位的任免权，为此不惜限制教宗特使进入英格兰。

亨利一世统治时期是这一关系发展的转折点。一方面亨利仍然保持着对诺曼底

1　诺曼底的第一座西多修道院在 1137 年建立，发生在奥德里克完成著名的莫莱斯姆修士辩论两年后。关于西多会在诺曼底的发展史，见 Richard Allen, "History, Memory and Community in Cistercian Normandy (12th-13th Centuries)", *The Downside Review*, Vol. 139. 1 (2021), pp. 44–64。

2　Frank Barlow, *The English Church, 1066–1154* (London: Langman, 1979), pp. 104–105.

教职任命的控制权，教会的运作与之前并没有显著不同；另一方面，教会的稳定是暂时的，在此期间教宗对英格兰和诺曼底的影响不断增强，而随着亨利去世，国王对教会的控制土崩瓦解。[1] 妥协是亨利一世对待罗马教廷的一贯政策。1106 年，他与流亡在外的坎特伯雷大主教安瑟姆达成妥协，放弃了对教会职位的授职仪式（investiture）。亨利的妥协政策也表现在对教宗特使的态度上。他在统治初期沿用了父兄的政策，严禁教宗使者进入英格兰，但 1125 年和 1128 年亨利竟然允许教宗特使约翰（John of Crema）和马修（Matthew bishop of Albano）分别在英格兰和诺曼底主持宗教会议，甚至颁布教会法令。[2] 在这之后，坎特伯雷大主教威廉（William of Corbeil）和鲁昂大主教于格（Hugh of Amiens）分别成为教宗特使，国王与教宗在教会的影响实现了平衡。随着教会改革不断深入，教俗分离的观念得到认同，而本笃修道院与世俗贵族互动、获得赠礼的行为成为深化教会改革的障碍，修道院的独立性和财产安全也将受到教会改革威胁。

在 11 世纪，本笃修道院的特权与财富即使在名义上也不是来自罗马，而是来自公爵（国王）和其他贵族。公爵为修道院提供总体的庇护，贵族赠予的财产经公爵同意以特许状的形式确定下来。诺曼底的主教难以干涉修道院的事务，各个本笃修道院拥有相当大的独立性。然而，在亨利一世统治期间，诺曼底的主教和大主教通过服从表白（profession of obedience）的方式取得对于修道院（尤其是财产）名义上的控制权。

服从表白源自盎格鲁-撒克逊时期的英格兰，在兰弗朗克担任大主教期间复兴。11 世纪末，诺曼底的大主教和主教借鉴服从表白的形式，用来加强对教区内修道院的

---

1 亨利一世去世后布洛瓦的斯蒂芬继承王位，他的弟弟温彻斯特主教、教宗使者亨利是英格兰最有权势的教会人物。亨利成为教宗使者，在他的努力下，斯蒂芬被迫承认教会自由原则，失去了选择教会职位的权力。斯蒂芬从未完全控制诺曼底，见 Z. N. Brooke, *The English Church and the Papacy*, 2nd edition (Cambridge: Cambridge University Press, 1989), pp. 181-183; David S. Spear, "The Norman Episcopate under Henry I, King of England and Duke of Normandy" (PhD. dissertation, University of California, Santa Barbara, 1982), pp. 185-186。

2 *HE*, Vol. 6, pp. 388-390; Frank Barlow, *The English Church 1066-1154* (London and New York: Longman, 1979), p. 109; Brooke, *The English Church and the Papacy*, pp. 169-170; Spear, "The Norman Episcopate under Henry I, King of England and Duke of Normandy", p. 74.

控制，但遭到修道院的抵制，往往需要世俗统治者出面调解。《教会史》记载了圣埃夫鲁尔修道院及其从属的利雪主教的多年斗争。在罗贝尔公爵（Robert Curthose）统治期间，利雪主教吉尔伯特（Gilbert）要求圣埃夫鲁尔的两任院长赛尔洛（Serlo）和罗杰（Roger）向他提交一份宣布服从于他的书面表白，否则便不给他们祝福。此事僵持了十年之久，直到英格兰国王威廉二世要求主教按照旧的习俗祝福才最终解决。[1] 1123年瓦兰（Warin）被选为圣埃夫鲁尔院长时，情况发生变化，院长候选人首先请求利雪主教的同意，接着才向亨利一世报告。[2] 院长当选过程的变化反映出在这段时期内主教对修道院的控制增强了，修士也普遍承认主教的权威。

鲁昂大主教亚眠的于格在任期间（1130—1164 年）试图借助教宗的力量得到诺曼底修道院院长的服从表白。1131 年，教宗英诺森二世（Innocent II）致信圣万德里耶修道院院长阿兰（Alan Abbot of St. Wandrille），要求他"为了领取神圣的祝福，切勿逃避对鲁昂大主教休的服从表白"[3]。英诺森在次年要求大主教休跟被迫向他服从表白的修道院院长们修好，可见 1131 年的服从表白并非个例，而这项举措引发了亨利一世和修道院院长们的不满。[4] 由于史料交代简略，很难讨论修道院院长的服从表白究竟意味着什么，以及主教和大主教对修道院实现了怎样的控制。斯皮尔归纳了一些修道院对主教的义务，包括支付一笔费用以参加宗教会议、当主教莅临修道院时招待主教和随行人员，以及在禁罚（interdict）期间终止履行圣事。[5]

然而，1132 年大主教休给圣埃夫鲁尔的子修道院——新市场修道院（Neufmarché Priory）的特许状表明，大主教要求服从表白绝不仅是为了得到名义上的服从，同时也

1　*HE*, Vol. 5, pp. 262–263. 关于修道院院长向主教的服从表白，另见 Chibnall, *The World of Orderic Vitalis*, p. 30; David Knowles, *The Monastic Orders in England*, p. 587。

2　*HE*, Vol. 6, p. 145.

3　"(Alano) abbati S. Wandregisili (Fontanellensis) praecipiit, ne Hugoni, archiepiscopo Rotomagensi, professionem facere contemnat, utque divinum suscipiat sacramentum." Philip Jaffé ed., *Regesta Pontificum Romanorum ab Condita Ecclesia ad Annum Post Christum Natum MCXCVIII* (Berlin: Veit et Socius, 1851), No. 5392.

4　Ibid., No. 5426, 5427. 关于 1132 年服从表白的分析，见 Spear, "The Norman Episcopate under Henry I, King of England and Duke of Normandy", p. 20。

5　Spear, "The Norman Episcopate under Henry I, King of England and Duke of Normandy", p. 100.

是为了更加有效地控制修道院的财产。首先，大主教休要求新市场修道院院长和全体修士向圣埃夫鲁尔院长服从表白；在这之后，大主教重新确认并交还给新市场修道院获赠的教堂和什一税，从而保持了这一地区的习俗和教会司法不变。[1] 大主教把修道院获赠资产重新交还，似乎并未损害修道院的财产，而且试图保护修道院财产免受贵族掠夺，但提供保护的同时也要求修道院承认大主教的权威，结果造成修道院失去对自己财产的完全掌控。

前文论述了诺曼底本笃修道院的独立性受到教会改革的威胁，同时指出了修道院财产与独立性之间存在紧密联系。下文则试图证明 12 世纪初本笃修士财产观和清贫观的转变在很大程度上是为了回应他们的财产危机。由于篇幅所限，本文无法考察卷入这场争论的所有事件和人物。相比之下，更可行的方法是考察奥德里克的历史记载中如何回应这些变化，如何通过传达本笃修士的清贫思想来捍卫修道院的财产和独立性。

《教会史》中第一个标志性事件是 1119 年的兰斯公会议，这是教会改革传入诺曼底的关键节点。教宗卡里克斯图斯二世（Calixtus II），英格兰和法兰西的大主教、主教，修道院院长悉数出席。奥德里克本人前往兰斯目睹了公会议的全过程，并在《教会史》中留下生动的记载，其中关于修道院财产的表述值得推敲。这次公会议主要是为了解决英法的授职权问题，重申教会改革思想，与之前的历次公会议并没有明显不同。会议通过了以下法令：第一，禁止圣职买卖；第二，禁止世俗贵族干涉教会职务的任免；第三，教会的财产应受到保护；第四，禁止教会职务的血缘继承；第五，禁止教士结婚。[2]

公会议的法令只有第三类涉及财产，它的目的是进一步摆脱世俗对教会财产的干预，并没有明确干涉修道院的财产，但会议中的一个插曲反映出本笃修道院的财产危

---

1 *Orderici Vitalis Ecclesiasticae Historiae Libri Tredecim*, eds. A. Le Prévost and L. Delisle (Paris: Apud Julium Renouard et Socios, 1838–1855), Vol. 5, p. 208: "Nos vero ecclesias et decimas quas eo petente usibus monachorum ibi Deo serviencium consessimus, ita eis tradidimus ut consuetudines et jura ecclesiastica nobis et successoribus nostris retinuerimus."

2 *HE*, Vol. 6, pp. 274–276.

机。里昂大主教亨伯特（Humbert）在会议上提出马孔（Mâcon）主教对克吕尼院长庞修斯（Pontius）的指控，后者被指控严重损害了他和他的教会不公正地夺走教堂什一税，并且拒绝让马孔主教为克吕尼修士授予圣职。庞修斯回应道，克吕尼只服从于教宗和罗马教会，什一税是他们理应获得的特权，而不是篡夺而来。[1]

奥德里克没有公开评论这场争论，但从《教会史》的叙述中可以看出他明显的态度。当里昂大主教结束对克吕尼院长的指控后，很多主教、修士和其他教士大吵大闹地附和大主教。与此相反，当克吕尼院长庞修斯回应指控时，奥德里克如此记载：

> 终于，现场恢复缄默，在众多修士的陪同下，克吕尼院长站起身来，平和、安静地讲话，给出简短的回复，反驳他（大主教）暴躁的指控。[2]

缄默（taciturnitas/silence）是《本笃规章》所强调的修士最重要的品质之一，同时也是谦卑的 12 级阶梯之一。[3] 通过喧闹与缄默的对比，奥德里克含蓄地表明庞修斯才是《本笃规章》真正的信徒，即便克吕尼修士持有教堂和什一税。庞修斯在简短回答的结尾指出，应该操心这些事情的不是他，而是教宗，因为教宗应该守护克吕尼的教堂、什一税和其他财产。[4] 教宗特使约翰进一步解释了庞修斯的回答：

> 因此，既然克吕尼修道院单独服从于教宗，而受上帝之命高于尘世上所有人的教宗保护克吕尼修道院，罗马的权威支持克吕尼的特权，并且以上帝之名向全体教会子民发出指令：没有人可以剥夺修士们原本的特权，没有人可以掠夺他们

---

1 *HE*, Vol. 6, p. 268.

2 *HE*, Vol. 6, p. 268: "Tandem facto silentio Cluniacensis abbas cum grandi conuentu monachorum surrexit, breuique responso et modesta uoce ac tranquilla locutione querulosos impetitores compressit."

3 *RSB*. 6.7. 关于缄默作为谦卑的阶梯之一，见 *RSB*. 7.56: "Nonus humilitatis gradus est, si linguam ad loquendum prohibeat monachus et taciturnitatem habens usque ad interrogationem non loquatur."

4 *HE*, Vol. 6, p. 270: "Æcclesiam suam dominus papa si uult defendat, et aecclesias decimasque cum aliis possessionibus quas ipse michi commisit patrocinetur et custodiat."

先前拥有的财产，没有人可以向他们征收习惯之外的税款。让他们平静地持有这一切，这样他们才会一直有能力侍奉上帝。[1]

在引文中，服从（obedience）和遵守（observance）再度成为主题。克吕尼修士服从于教宗，遵守之前的习惯。"原本的"（pristina）、"先前"（olim）、"习惯上"（solitis）等词汇被着重强调，以论证克吕尼修士的财产合法性。本文第二部分已经论证，清贫从服从中实现，服从是检验清贫的最高标准。克吕尼修士得以持有教堂、什一税等财产，因为他们是最清贫的；他们能够独立于主教的管辖，因为他们是最服从于教宗和上帝，也是最遵守《本笃规章》的修士。圣埃夫鲁尔修道院与克吕尼情况相似，通过记载这段历史，奥德里克也在以同样的理由为自己修道院的财产和独立性进行辩护。

第二个标志性事件是随后召开的鲁昂公会议。鲁昂大主教乔弗里受到兰斯公会议的启发，燃起改革自己教区教士的热情。从兰斯返回后，他在鲁昂召开公会议，公布教会法令。《教会史》只记载了乔弗里公布了教士独身的法令，他禁止教士和女人的一切共居生活，违反法令者会受到他的绝罚。惊恐的诺曼底教士视这项法令为"如此沉重的负担"（tam grave pondus），当有一位教士出于不明原因被逮捕后，教士们发动武装叛乱，大主教乔弗里被迫躲在自己的私人住宅中，无辜的教士受到伤害。[2]把独身视为负担的记载可以看出奥德里克对诺曼底教士的无情嘲讽，但他对充满教会改革热情的大主教乔弗里也评价不高。在奥德里克笔下，乔弗里站在服从和遵守的对立面，他被形容为"在很多方面毫无顾忌、固执易怒、面容和举止严厉、在斥责他人时神情严峻、充满攻击性又时常喋喋不休的不列颠人"[3]。奥德里克从不反对教士独身，他如

1　*HE*, Vol. 6, p. 272: "Igitur cum Cluniacensis abbatia soli papae subiciatur, et ille qui precipiente Deo in terris super omnes est ipsam patrocinetur, Romana auctoritas Cluniacensium priuilegia corroborat, et in uirtute Dei omnibus aecclesiae filiis imperat, ne quis eos temere pristina libertate priuet, nec possessionibus olim habitis spoliet, nec insolitis exactionibus pregrauet. In pace omnia possideant, ut quieti semper seruire Deo ualeant."

2　*HE*, Vol. 6, pp. 290–292.

3　*HE*, Vol. 6, p. 292: "Prefatus enim presul erat Brito in multis indiscretus, tenax et iracundus, uultu gestuque seuerus in increpatione austerus, procax et uerbositate plenus."

此评价乔弗里可能是因为不认同后者在其他方面的改革，可惜的是《教会史》是这次公会议的唯一记录，这个猜想无法得到证实。但可以肯定的是，奥德里克通过对把乔弗里描述为服从和遵守的对立面来表达自己对于教会改革的保留态度。

1128 年，大主教乔弗里即将去世时，阿尔巴诺的马修作为教宗特使来到诺曼底公布教会法。他首先公布的是 1119 年鲁昂公会议上教士独身法令。在这之后又颁布了两条针对修道院财产的重要法令：

> 修士和修道院院长不得从俗人手中直接领取教堂或什一税；相反，俗人应当把自己侵占的财产归还给主教，修士从主教手中领取按照财富持有者的意愿被赠予的财产。

> 尽管通过教宗的大赦，他们可以无忧地持有之前以任何方法获得的财产，但从此之后，如果没有教区主教颁发的许可证，他们不得侵占任何这类财产。[1]

当诺曼底修道院财产面临直接威胁时，奥德里克选择保持沉默。他没有书写有关教会法令或是教宗特使马修的任何评价，而是直接转向记录鲁昂大主教乔弗里之死。这短短十年间的情势变化也许可以帮助解释奥德里克记载的变化。1119 年鲁昂公会议时，教宗特使尚未进入盎格鲁–诺曼王国颁布教会法，来自罗马的直接影响有限。然而，1128 年阿尔巴诺的马修是作为教宗洪诺留二世（Honorius II）的特使来到诺曼底，直接传达教宗的法令，国王亨利一世也出席聆听教会法令，奥德里克自然难以发声反对。教宗的更换也是造成这一变化的重要原因。教宗卡里克斯图斯二世出身克吕尼修道院，这解释了他为何支持克吕尼修士保持什一税。他的继任者洪诺留二世不再信任克吕尼修士，反而对西多修士和奥古斯丁会青睐有加，他对于修道院

1　*HE*, Vol. 6, p. 388: "Vt monachi uel abbates aecclesias seu decimas de manu laicorum non recipiant, sed laici quae usurpauerant episcopo reddant, et ab episcopo monachi pro uoto possessorum oblata recipiant."

"Ea tamen quae antea quoquomodo optinuerant, quiete per indulgentiam papae possideant, sed ulterius aliquid huiusmodi sine presulis in cuius diocesi est licentia usurpare non presumant."

持有什一税的态度也自然发生转变。

什一税的原本用途是教会管理和救济穷人,所以理论上贵族和修士都不应持有什一税。然而,在 12 世纪,什一税与其他财产已经没有太多区别。传统上判断持有什一税合法性的标准是持有人是否履行教牧的义务(pastoral services),而本笃修士通过宣称自己被授予神职(ordained with priesthood)来为自己辩护。[1] 随着修道改革者强调宗教清贫和在"荒野"(wilderness)的新生活方式,传统的解释已经无法回应质疑。因此,本笃修士寻找新的解释来宣称自己本来就生活在清贫中。

1127 年,未来的鲁昂大主教,亚眠的于格担任英格兰赖丁(Reading)修道院院长。在一封给好友阿尔巴诺主教马修的信中,他指出修士们有权享有什一税,这是因为他们生活在清贫之中:他们不仅把自己的财产,也把自己的意愿交给上帝。[2] 于格的书信并没有阻止好友马修在次年颁布针对修道院财产的教会法。三年后,于格成为鲁昂大主教,角色的转变造成他对于修道院财产态度的转变。他决定遵循 1128 年颁布的法令,加强对诺曼底修道院财产的控制。即便如此,作为修道院院长时于格的书信有助于理解奥德里克,因为书信揭示了本笃修士如何通过清贫思想来回应变化的情势。从理论和实践两个角度,清贫思想不仅回应了新修会提出的清贫观,更是回应了影响不断深入的教会改革。

值得补充的是,在修道思想领域,奥德里克书写历史也不仅仅是为了回应新崛起的西多会,而是为了回应与之联系更紧密的克吕尼修会。但康斯特布尔的研究指出,12 世纪新旧修会的思想具有很强的相似性。[3] 一方面,西多修士在实践中并没有如他

---

1 在 12 世纪,本笃修士被授予神职是普遍现象。奥德里克本人先后被授予副助祭(subdeacon)、助祭(deacon)和司铎(priest)职位。在他关于新修会的论文中,他借莫莱斯姆修士之口说道:"无论从等级还是职务来看,我们确实无疑属于教士,我们为已经身在天堂的最高神父提供神父般的服侍,因此通过他的帮助我们得以得到一份属于天国的财产(Nos autem et ordine et officio clerici sumus, et clericale seruitium summo pontifici qui penetrauit celos offerimus, ut sortem supernae hereditatis ipso adiuuante optineamus)。" HE, Vol. 4, p. 320. 兰弗朗克担任坎特伯雷大主教时,英格兰的修士认为他们属于教士(clergy)等级,因此有权享有什一税,修道改革者则试图通过拒绝什一税和其他财产来重振修士等级(monastic order),见 Giles Constable, *Monastic Tithes: From Their Origins to the Twelfth Century* (Cambridge: Cambridge University Press, 1964), pp. 145-150。

2 Giles Constable, *Monastic Tithes: From Their Origins to the Twelfth Century*, pp. 172-173.

3 Giles Constable, *The Reformation of the Twelfth Century* (Cambridge: Cambridge University Press, 1996), p. 312.

们标榜的那样过着极度清贫的生活，他们更加强调清贫的意愿，认为自愿清贫比被迫受穷更加值得赞扬。[1]另一方面，自愿清贫、体力劳动和简化仪式等思想固然由西多会修士提出，在克吕尼修会和本笃修道院中也可以找到上述思想。康斯特布尔并不认为强调清贫理想而不付诸实践是一种堕落，相反，这体现了 12 世纪的新变化：人们更加重视精神本身，以及宗教生活中个人与上帝的直接联系。[2]个人与上帝的联系是一种沉思式的宗教体验，与仪式建立的联系相对立。西多修士因此致力于削减仪式，并且质疑集体财富。如前文所述，本笃修士积累的财富大多数用来举办仪式以崇敬天主，倘若仪式不再重要，财富也无用武之地，反而会引发修士的贪婪。克吕尼修会也受到这一思想的影响，院长可敬者彼得（Peter the Venerable）在任期间（1122—1156 年）进行了一系列改革，力图简化仪式，并要求修士遵循更加严苛的规章。奥德里克与克吕尼修道院的联系紧密，他的清贫思想很大程度上是为了回应克吕尼的转变。[3]

　　1119 年，克吕尼院长庞修斯在兰斯公会议上为修道院的财产进行辩护，但几乎在同时，克吕尼修道院内部就修道院财产和仪式等问题爆发激烈的冲突。一些克吕尼修士指责修道院花费了太多金钱用来举行不必要的仪式，甚至前往罗马，向教宗卡里克斯图斯二世指控庞修斯的浪费行为。庞修斯无力掌控局面，只得辞去院长之位前往耶路撒冷朝圣。[4]直到可敬者彼得被选为院长，克吕尼的修道生活才重回正轨，但这位新院长却准备采取更加严格的规章来规范修士。1132 年，彼得召集克吕尼所有附

1　西多修士无法通过自己的劳动维持生活，于是他们选择依靠世俗兄弟（conversi/lay brothers）的劳动，并寻求额外的收入和财产。学界一度认为 12 世纪晚期的西多修士背弃了早期的清贫理想，但利特尔指出早在 12 世纪初，贝尔纳时期的西多修士就开始用金钱雇佣劳工了，他们不追求清贫的生活，而是强调清贫的意愿。见 Giles Constable, *The Reformation of the Twelfth Century*, pp. 223-232; Lester K. Little, *Religious Poverty and the Profit Economy in Medieval Europe*, pp. 94-96。

2　Giles Constable, *The Reformation of the Twelfth Century*, pp. 263, 266-272.

3　诺曼底的修道院虽然各自独立，不享有克吕尼修会的特权，但从 11 世纪开始学习、模仿克吕尼修道院的习俗。圣埃夫鲁尔修道院的第三任院长奥斯本模仿克吕尼习俗，设立一个纪念修道院捐助者和所有亲友的节日。奥德里克在记载西多会早期历史时，借莫莱斯姆修士之口说道："对于那些我们作为宗教团体的继承人而获得的财产，只要克吕尼修士、图尔的修士和其他修士没有放弃，我们也不会放弃。"通过这份记载可见，虽然圣埃夫鲁尔修道院不受克吕尼的直接管辖，但在修道生活的具体事务选择追随克吕尼。*HE*, Vol.2, p. 114; Vol. 4, p. 320.

4　*HE*, Vol. 6, pp. 310-312.

属修道院的院长参会，宣布了"迄今为止他们遵从的最严厉的修道规章"(monasticae conuersationis austeriora quam hactenus tenuerant)。据奥德里克记载，共有1212位修士参会，包括他本人在内的诺曼底本笃修士也出现在现场。新规的主要内容是克吕尼附属修士新的禁食要求、取消修士谈话时间及对年老和生病修士的宽松政策。[1] 听到克吕尼放弃了传统的修道理想，奥德里克的失望之情可想而知。他称彼得为"严峻的导师"(austerus preceptor)，并以《圣经》中所罗门的箴言提醒他："你先祖所立的地界，你不可挪移。"[2] 新的法规体现了克吕尼对于精神活动的重视，院长彼得对修士清贫的理解与西多修士相似。奥德里克同样以服从和遵守来回应彼得的改革，他希望彼得通过遵守之前历任克吕尼院长的规定来实现清贫，而不是通过严苛的新规。

同时，奥德里克也意识到了12世纪基督教思想总体变化趋势。在记载彼得颁布新规的前一段，奥德里克提到，此时的教士过着更加严格的宗教生活，教士等级(canonicalis ordo)在法兰西和英格兰受到欢迎，在很多方面力量增强。而这段记载的下一句话转向了修道院：

> 因此，修道院院长的热情擅自越过他们先辈划定的界限，在原先的习惯上增加无比严格的要求，把沉重的负担放在弱者的肩膀之上。[3]

奥德里克用"因此"(quoque)衔接这两句话，表明他意识到二者之间的逻辑关系。教会改革、修会改革和克吕尼修会同时推动了12世纪修道主义和清贫观念的变化，推行严格的规章、精简修道仪式、质疑修道院财产的合法性似乎都是大势所趋。相比之下，坚守传统本笃修道主义的奥德里克显得如此孤立无援。他试图在历史书写中用自己对清贫和财产的看法回应变化的时代，但无法阻止修道院受到主教控制、

---

1 *HE*, Vol. 6, pp. 424–426.

2 *HE*, Vol. 6, p. 426. 圣经的中文翻译摘自《圣经》(和合本)，《箴言》22：28。

3 *HE*, Vol. 6, p. 424: "Feruor quoque abbatum metas antecessorum suorum transcendere presumpsit, et priscis institutionibus grauiora superadiecit, satisque dura imbecillibus humeris onera imposuit."

财产合法性受到质疑的事实。即便如此，他的《教会史》仍然清晰地展现出新旧修道理想的交锋和 12 世纪宗教生活与宗教思想的变化，成为帮助后人理解这个时代的珍贵材料。

结　语

本文的书写是把一个较少受到关注的研究主题引向经典问题的一次尝试，也是把思想与实践、个案与时代结合研究的一次尝试。研究结果表明，奥德里克的清贫理想、本笃修士的修道实践和 12 世纪初诺曼底教会的整体变化，这三者之间存在紧密的联系和互动。

在《教会史》中虚构的修士辩论中，奥德里克强调《本笃规章》的变通性和适度原则，认为修道院应该维持既有的习俗不变，继续享有教会财产、从事精神劳动而非体力劳动、选择相对适中的饮食和衣着。奥德里克认为，虽然西多修士选择更加严格的修道生活，但本笃修士才真正遵循了《本笃规章》，是清贫的代表。面对修士清贫理想和修道院积累财富事实之间的张力，奥德里克强调二者并不是对立关系，积累财富反而有利于实现清贫理想。真正的清贫来自修士们对院长的服从和对习俗的遵守，修士放弃自己的意愿，全心全意地侍奉上帝，无论拥有多少财产也无法影响他们清贫的生活。本笃修士在服从和遵守两项比西多修士做得更好，因此他们代表真正的清贫。

在奥德里克书写《教会史》的 12 世纪初，教会改革在诺曼底的影响不断增强，修道院财产和独立性受到所在教区主教的威胁。奥德里克在涉及教会改革和修道院财产等主题的历史记载中，通过表述重视服从和遵循现有习俗的清贫理想为本笃修道院的财产和独立性进行辩护。在修会改革层面，奥德里克不仅在回应西多会的清贫思想，同时也在回应 12 世纪修道思想的整体变化。在这个时代，清贫的意义正在发生转变，从服从变为模仿使徒生活，实现物质上的贫穷。克吕尼修会在与西多会争论的同时走向了相似的改革道路，这给诺曼底本笃修道院带来巨大压力。奥德里克通过表达传统的清贫理想回应克吕尼的新政策,给处于变化时代的本笃修道院带来坚守传统的信心。

奥德里克回应的力量是有限的。在 12 世纪初的诺曼底教会,他的地位无足轻重。面对国王支持下教宗特使颁布的支持主教控制修道院的法令,他没有勇气以自己的清贫理想回应,而是保持沉默。事实上,《教会史》在整个中世纪都没有掀起太大的波澜。然而,奥德里克的记录如实反映了处于变化中的本笃修士对自己价值观的捍卫。修道院无力改变新思想的传入和主教的控制,但修士内心并不认同,而且对此进行了系统的思考。正如奥德里克所说,记载历史是为了下一代人的福祉和对上帝的赞美。[1]直到今日,我们在阅读奥德里克虚构的修士辩论时,仍然能体会到他的修道理想和良苦用心。

(本文作者为根特大学历史学系博士研究生)

1　*HE*, Vol. 6, p. 436.

劳动、育儿与互助：
托钵修士笔下的 13 世纪鲁昂女性日常生活

以鲁昂道明会奇迹集为例

栾颖新

　　了解中世纪女性的生活，尤其是普通女性的生活，也就是说那些不是来自显赫家族的女性的生活，并非易事。正如米歇尔·佩罗（Michelle Perrot）在《女性或历史的沉默》中所写的那样："研究女性史的难点首先在于女性的痕迹被抹去了，不论是在公共领域还是在私人领域。"[1] 在中世纪的史料中，女性留下的痕迹相对少。大部分女性既不是行会成员，也不是兄弟会成员。即便女性一直都在工作，她们在史料中出现的频率也很低。[2] 在司法记载中，女性的声音也很难被听到，因为女性在法庭上往往被男性代表。[3] 正因如此，我们或许需要将目光转向其他类型的史料。从对女性的记载这方面来看，与圣徒有关的文本（如圣徒传记和奇迹集等）变得非常重要，因为这些文本提供了大量关于中世纪日常生活与心态的细节。因此，法国鲁昂道明会修道院撰写的《鲁昂奇迹集》（*Miracula rotomagensia*）非常宝贵。在这部成书于 13 世纪 70 年代

1　Michelle Perrot, *Les femmes ou les silences de l'histoire*, Nouvelle éd. (Paris: Flammarion, 2020), p. 43.

2　Maryanne Kowaleski and Judith M. Bennett, "Crafts, Gilds, and Women in the Middle Ages: Fifty years after Marian K. Dale", in *Sisters and Workers in the Middle Ages* (Chicago: University of Chicago Press, 1989), pp. 12–15.

3　François Rivière, "Les femmes dans les métiers organisés à Rouen aux XIVᵉ et XVᵉ siècles: des droits exceptionnels en Normandie comme en Europe", in Anna Bellavitis et al., eds., *«Tout ce qu'elle saura et pourra faire»: Femmes, droits, travail en Normandie du Moyen Âge à la Grande Guerre* (Mont-Saint-Aignan: Presses universitaires de Rouen et du Havre, 2015), p. 30.

的奇迹集中，出现了大量的女性。这些女性身份多样，跨越不同的年龄层，具有较好的代表性。因此，我们可以用这部奇迹集来观察 13 世纪鲁昂女性的日常生活和情感世界。

　　本文将首先介绍鲁昂道明会奇迹集，从物质的角度出发，考察承载奇迹集手抄本的装订特点和装饰风格，结合道明会 13 世纪在鲁昂当地发展的情况，说明该文本为何产生以及如何被使用。之后，通过奇迹集对女性的记载，还原鲁昂及周边地区的女性的日常生活，尤其是女性的家内劳动、育儿以及女性之间的互助。最后，把鲁昂道明会奇迹集置于历史脉络中，结合鲁昂本地的具体情况，分析为何这个文本中出现了大量与女性有关的记载。

一、作为物件与文本的奇迹集

　　鲁昂道明会奇迹集流传至今的手抄本仅一份，现存于法国国家图书馆。[1] 我们并不知道这个记载了发生在鲁昂及周边地区的、与圣道明有关的奇迹的文本是如何从鲁昂到巴黎的，不过我们可以确定的是：17 世纪该手抄本被保存在巴黎圣奥诺雷道明会修道院。[2] 该文本在 18 世纪有了第一个编校本，该编校本由道明会修士雅克·奎迪夫（Jacques Quétif）和道明会修士雅克·艾沙尔（Jacques Échard）合作完成，被收入 1733 年出版的《圣徒传集成》八月篇第一卷。[3] 参与编校鲁昂道明会奇迹集的这两位修士与这个文本都有紧密的联系。雅克·奎迪夫从 1652 年起任巴黎圣奥诺雷道明会修道院的图书馆管理员，他在任上整理了很多与道明会历史相关的文本。雅克·艾沙尔出生在鲁昂，进入道明会后接管去世的雅克·奎迪夫的项目，继续整理与道明会

1　Paris, Bibliothèque nationale de France, lat. 18309.

2　Nicole Bériou and Bernard Hodel, eds., *Saint Dominique de l'Ordre des Frères Prêcheurs: témoignages écrits, fin XIIe–XIVe siècle* (Paris: Les éditions du Cerf, 2019), p. 1539.

3　Bollandistes, "Miracula quae Rothomagi in Normannia ab anno Christi MCCLXI usque ad annum MCCLXX contigerunt", in *Acta Sanctorum augusti*, Vol. 1, p. 1733.

历史有关的文本。2008 年，道明会修士西蒙·图格维尔（Simon Tugwell）出版了鲁昂道明会奇迹集的第二个编校本。[1] 根据图格维尔的说法，鲁昂奇迹集在 18 世纪曾被根据另一份手抄本编校、整理，但是因为博兰德学会的博物馆后来被毁，那份手抄本的去向现已不可考。[2] 2019 年，妮科尔·贝里乌（Nicole Bériou）和贝尔纳·奥德尔（Bernard Hodel）将鲁昂道明会奇迹集翻译成了法语。[3]

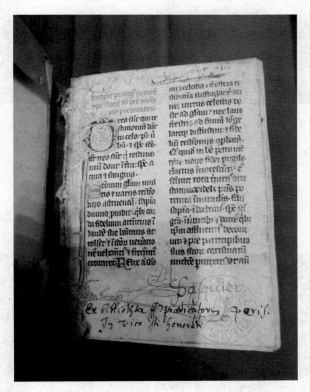

图 1　收录鲁昂道明会奇迹集的手抄本曾被藏于巴黎圣奥诺雷道明会修道院图书馆

（BnF, lat. 18309, f. 1r）

1　Simon Tugwell, ed., "Miracula rothomagensia", in *Humberti de Romanis Legendae sancti Dominici* (Rome: Institutum historicum Ordinis fratrum praedicatorum, 2008), pp. 533–554.

2　Ibid., p. 190.

3　N. Bériou and B. Hodel, eds., *Saint Dominique de l'Ordre des Frères Prêcheurs*, pp. 1535–1566.

图 2　BnF, lat. 18309, f. 99v–f. 100r

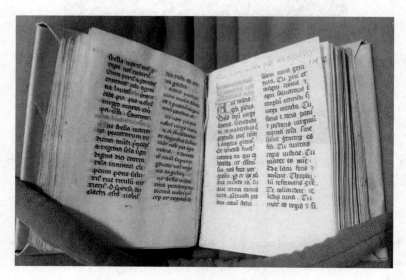

图 3　BnF, lat. 18309, f. 100v–f. 101r

现存于世的、包含鲁昂道明会奇迹集的手抄本（BnF, lat. 18309）共分为三部分。第一部分（ff. 1-100）包括殉道者圣彼得的传记、他被封圣的教宗文书以及一些周六用的赞美圣母的阅读材料。第二部分（ff. 101-172）主要是赞美圣母的礼拜仪式用文本和关于两位女性圣徒的文本。第三部分（ff. 173-260）包括三个文本：第一个文本（ff. 173r-235rb）是罗曼斯的翁伯特（Humbert de Romans）所著的《大传奇》（*Légende majeure*），第二个文本（ff. 235rb-256rb）是鲁昂道明会奇迹集，第三个文本（ff. 256va-260va）是宣布圣道明被封圣的教宗文书。

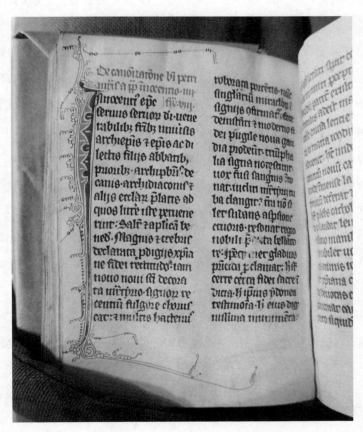

图 4　通过页边的装饰可以看出文本在装订过程中曾被裁切（BnF lat. 18309, f. 44v）

　　该手抄本中的鲁昂道明会奇迹集应为 1276 年之后所抄。手抄本的第一部分和第三部分字体相同，且装饰风格相同，段首字母由彩色墨水装饰，这两部分的装饰均使用蓝色和红色墨水。这两部分的页边都有被裁切的痕迹，有一些装饰和字迹被切掉。这两部分应该是在后世装订的过程中为了跟第二部分的尺寸统一而被裁边的。组成手抄本的三个部分不是同时完成的，而是后来被装订在一起的。手抄本第一部分包含的殉道者圣彼得传记是 1276 年召开的道明会修会总会议号召各地的修道院抄写的，因此第一部分应该不早于 1276 年完成。在认定手抄本的第一部分和第三部分是同一时期被抄写的前提下，我们可以推断出第三部分也不早于 1276 年完成。

　　图格维尔认为该手抄本中的三个部分是在 17 世纪被装订在一起的。[1] 他提出一个假说：鲁昂道明会奇迹集可能是巴黎圣奥诺雷道明会修道院在 17 世纪与鲁昂道明会修道院交换书籍的过程中被带到巴黎的。[2] 但目前没有记载能说明鲁昂道明会奇迹集到底是如何出现在巴黎的道明会修道院的。鲁昂道明会奇迹集的初稿已经不存于世，唯一的手抄本在 17 世纪出现在巴黎，而非鲁昂。这个在鲁昂成型的文本没有在鲁昂留下任何抄本，初稿也没有保存下来。这个现象或许可以从 13 世纪时人们对工作过程中产生的文件的态度来解释。玛丽·德茹（Marie Dejoux）研究了 13 世纪中叶在路易九世命令下在法国各地展开的调查活动，在这些调查中很多工作文件都没有保存下来。她的假说是当时人们认为这些调研过程中产生的文件不重要，只保留最后的调查报告就够了，因此大量工作文件用后即被销毁。[3] 由此类推，鲁昂道明会修士可能认为只保留一份工整的、带有装饰的抄本就够了，因此没有保留初稿。

　　鲁昂道明会奇迹集所记录的奇迹最早发生于 1260 年，最晚发生于 1270 年。奇迹集的作者没有在文本中透露姓名，从叙述中我们可以推断出作者应该是鲁昂道明会修

1　S. Tugwell, ed., *Humberti de Romanis Legendae sancti Dominici*, p. 171.

2　Ibid., p. 173.

3　Marie Dejoux, *Les enquêtes de Saint Louis: gouverner et sauver son âme* (Paris: Presses universitaires de France, 2014), pp. 62–63.

士。作者听来鲁昂道明会教堂还愿的人讲述发生在自己身上的奇迹，还目睹了一些奇迹，由此可见他应该是生活在鲁昂道明会修道院里的修士。而通过用词风格，可以推测出作者可能不止一位，这部奇迹集可能是多位修士合写的。奇迹集对鲁昂居民的称呼有两种，其中一种是 *quaedam Burgensis*，另一种是 *civis Rothomagensis*。[1]13 世纪的鲁昂并没有老城区（cité）与城郊（bourg）的区分，因为至少从 12 世纪起，老城区居民（*civis*）的概念已经包含了城郊居民（*burgensis*）的概念。[2] 鲁昂人在形容一个人是鲁昂居民时，用 *civis* 这个词就可以了。这也是大部分鲁昂文书中形容鲁昂居民时所用的词。这位写下 *quaedam Burgensis* 的修士很可能不是鲁昂人，因为他不够了解鲁昂本地的情况。奇迹集文本中同时出现了 *civis* 和 *burgensis* 两种称呼，说明奇迹集不是一个修士独立完成的，奇迹集的作者至少有两位。

图 5　收录鲁昂道明会奇迹集的手抄本尺寸不大，可以轻松地拿在手中（BnF, lat. 18309）

1　*Miracula quae Rothomagi in Normannia ab anno Christi MCCLXI usque ad annum MCCLXX contigerunt*, édition d'Échard, n. 35, 37.

2　Michel Mollat, ed., *Histoire de Rouen* (Toulouse: Privat, 1982), p. 54.

　　鲁昂道明会奇迹集作为一个文本，从内容上可以为我们提供关于 13 世纪的信息。然而，这个奇迹集并非只有文本这一面，承载该奇迹集的手抄本也是一个物件。手抄本的具体形态向我们展示它曾经的用途。手抄本是历史的见证物。鲁昂道明会奇迹集很可能是礼拜仪式用的文本。奇迹集所在的手抄本长度为 127 毫米，宽度为 95 毫米，厚度为 48 毫米（含封皮）。该抄本尺寸不大，可以轻松地拿在手中，便于携带。整个手抄本的内容多是礼拜仪式用的文本。1246—1247 年，罗曼斯的翁伯特按照礼拜仪式所需的形式，修改了他所著的传记。在我们讨论的这个手抄本中，罗曼斯的翁伯特修改过的圣道明传记正好被抄写在鲁昂道明会奇迹集之前，两个文本之间没有明显的分隔。罗曼斯的翁伯特所著的圣道明传记在一页（f. 235r）的右栏中间结束，抄工随后在同一栏抄写了鲁昂道明会奇迹集。从字体、页面安排和装饰风格来看，鲁昂道明会奇迹集和罗曼斯的翁伯特所著的圣道明传记没有明显的区别。从 13 世纪 30 年代起，在教宗洪诺留三世任上，明确了想要封一个人为圣徒就要提供关于该人神圣性的材料的做法，这些材料主要是该人死后围绕他的坟墓产生的奇迹。[1]13 世纪上半叶，考察一个人是否能被封为圣徒的调查开始成为常规操作。除了与教宗关系非常近的人，比如圣方济各，其他人在被封圣之前都要经过一番调查，圣道明是在经历了这样的调查后在 1233 年被封圣的。[2]在 13 世纪，奇迹集往往紧随圣徒传记，传统上人们认为圣徒传记和奇迹集是"组成双连画的两块木板，或者说是共同组成献给圣徒的纪念碑的建筑部件"[3]。圣徒传记和奇迹集一体两面，都是为了讲述圣徒的神圣性。因此，鲁昂道明会奇迹集紧随罗曼斯的翁伯特所著的圣道明传记并不奇怪。

1　André Vauchez, *La Sainteté en Occident aux derniers siècles du Moyen Âge: d'après les procès de canonisation et les documents hagiographiques* (Rome: École française de Rome, 1988), pp. 49–50.

2　Ibid., p. 55.

3　Nicole Chareyron, "Représentations du corps souffrant dans la Vie et les Miracles de Saint Louis de Guillaume de Saint-Pathus", in *Cahiers de recherches médiévales et humanistes. Journal of medieval and humanistic studies* (1997), n° 4, p. 2.

图 6　鲁昂道明会奇迹集的开头（从右页第二栏的蓝色首字母 A 处开始）（BnF, lat. 18309, f. 235r）

　　13 世纪中叶是托钵修会试图建立起修会统一认同的时代。建立修会内的认同感的方式往往是编写关于修会创始人的传记和撰写礼拜仪式用的文本。礼拜仪式具有现场感和感染力，是一种有团结力量的仪式，对于塑造共同的身份认同非常重要。[1] 在方济各会和道明会内都能看到这样的尝试。13 世纪 40 年代，方济各会开始收集与修会历史有关的材料，试图重写修会的历史，其目的是实现修会的统一。[2] 在礼拜仪式方面，方济各会也开始革新，因为圣方济各的纪念日开始以八日节庆的方式被庆祝，修会需要更多的礼拜仪式用文本。[3] 与此同时，道明会在 1248 年命令四位修士修订整个修会使用的礼拜仪式文本，这是试图统一整个修会的礼拜仪式的尝试。[4] 在 1251 年的修会总会议上，这四位修士展示了他们的劳动成果。[5]1254 年起，罗曼斯的翁伯特开

1　Jacques Dalarun, *Corpus franciscanum: François d'Assise, corps et textes* (Bruxelles: Zones Sensibles Editions, 2021), p. 54.

2　Ibid., p. 78.

3　Ibid., p. 79.

4　S. Tugwell, ed., *Humberti de Romanis Legendae sancti Dominici*, p. 7.

5　Ibid., p. 14.

始担任道明会的总会长。1256 年道明会在巴黎召开了修会总会议，罗曼斯的翁伯特强调礼拜仪式用的文本应该统一。[1] 各地修道院应当以巴黎修道院的文本为基准，修改修道院内的礼拜仪式用文本。[2] 正因如此，罗曼斯的翁伯特所著的圣道明传记在 13 世纪 70 年代出现在了鲁昂的道明会修道院里。[3] 鲁昂道明会奇迹集正是在道明会开始重视礼拜仪式、试图统一礼拜仪式用文本的过程中完成的。图格维尔指出目前没有任何证据直接表明鲁昂道明会奇迹集曾在修道院中被朗读给所有修士听，也没有任何证据表明该文本曾用于晨间祷告。[4] 但是这一点与我们从文本的形式和内容上建立起的猜测并不矛盾，鲁昂奇迹集在撰写时可能考虑到了用于礼拜仪式的可能性，但因该文本后世未被广泛传抄，确实可能没有用在礼拜仪式上。

二、13 世纪鲁昂女性的日常生活

20 世纪 70 年代以来，在女性解放运动的影响下，女性史作为新的研究路径开始得到越来越多的关注。20 世纪 70 年代，英语世界的学者开始关注中世纪的女性。随后，法国的女性史研究也蓬勃发展。在这一背景下，诺曼底的女性也开始得到法国历史学者的关注。1984 年在立雪（Lisieux）召开的第 19 届诺曼底历史学与考古学学会会议的主题是诺曼底的女性。[5] 在这次研讨会中，女性的劳动是讨论主题之一，但是 8 个讨论女性劳动的报告都集中在 18 世纪至 20 世纪，中世纪女性的劳动没有被讨论。2013 年，又召开了一次以诺曼底女性为主题的研讨会。[6] 2015 年春天，海滨塞纳省档

1　S. Tugwell, ed., *Humberti de Romanis Legendae sancti Dominici*, p. 15.

2　Ibid., p. 24.

3　Ibid., p. 31.

4　Ibid., p. 178.

5　*La femme en Normandie: actes du XIXe congrès des sociétés historiques et archéologiques de Normandie* (Caen: Archives départementales du Calvados, 1986).

6　Bernard Bodinier, ed., *Être femme(s) en Normandie* (Louviers: Fédération des sociétés historiques et archéologiques de Normandie, 2014).

案馆举办了名为"海滨塞纳省的劳动女性"的展览。以此为契机，多位历史学者联合出版了一本名为《"所有她会做的和能做的"：从中世纪到第二次世界大战期间诺曼底的女性、法律与劳动》的论文集。[1]

　　为什么要研究中世纪的女性？为什么要了解她们如何劳动和如何生活？正如四位美国的历史学者 1989 年在《中世纪的姐妹与劳动者》一书的序言中所写的那样："作为女性主义者，我们受到我们自身经历和文化带来的视角的限制，而我们一直都在努力把我们从这些限制中解放出来。"[2] 女性史的研究不应该只关心女性的服装等外在的因素，女性的历史不应该被放在整体历史的旁边，不应该是整体论证外单独的一章，还应该从经济史的角度观察女性的劳动与生活。[3] 因为中世纪女性所承受的最严重的制约之一就是经济上的制约，对于选择宗教生活的女性而言，经济因素非常重要，因为她所在的修道院的存续在很大程度上取决于修道院是否能得到足够的经济资助，以及修道院是否有能力创造自己的收入；对于平信徒女性而言，经济因素的重要性不言而喻，女性的日常生活与此息息相关，在经济上处于弱势地位的女性往往还要遭受男性的盘剥。[4] 因此，"中世纪女性的历史，在某种程度上讨论的是女性在经济上处于不利地位而受到的限制、女性的家庭责任和既定的社会角色。不过，中世纪女性的历史同时也是女性如何在这些限制中行动并反抗的历史"[5]。

女性身份

　　鲁昂道明会奇迹集共记载了 41 件奇迹，其中 28 位奇迹受益者是女性。女性在奇迹受益者中占 68%。迪迪埃·莱特（Didier Lett）曾研究托伦蒂诺的尼古拉的封圣过程，根据他的结论：11 世纪至 15 世纪的奇迹集中"出现的人通常有三分之一是女性，

1　Anna Bellavitis et al., eds., «*Tout ce qu'elle saura et pourra faire*»: *Femmes, droits, travail en Normandie du Moyen Âge à la Grande Guerre*, 248p.

2　Judith M. Bennett et al., eds., *Sisters and Workers in the Middle Ages* (Chicago: University of Chicago Press, 1989), p. 1.

3　Arlette Farge, *Le goût de l'archive* (Paris: Éditions du Seuil, 1989), p. 46.

4　J.M. Bennett et al., eds., *Sisters and Workers in the Middle Ages*, pp. 2–3.

5　Ibid., p. 4.

三分之二是男性",男女比例一致的奇迹集十分罕见,女性比男性更多的情况则非同寻常。[1] 正因如此,女性占多数的鲁昂道明会奇迹集非常宝贵。正因为鲁昂道明会奇迹集中出现了很多女性,我们才能通过它研究 13 世纪的女性。

鲁昂道明会奇迹集中出现的女性身份多样,跨越不同的年龄层。从宗教身份的角度划分,有本笃会修女、道明会修女、施济院的女院长(*priorissa hospitii Dei*)和贝居安会成员,还有平信徒女性。从年龄的角度划分,有小女孩、年轻女性、中年女性和老年女性。从社会身份的角度划分,既有贵族女性,也有大量普通女性。奇迹集作者使用丰富的词汇描述这些女性:女人(*mulier*)、母亲(*mater*)、祖母(*avia*)、姐妹(*soror*)、妻子(*uxor*)、女儿(*filia*)、教母(*matrina*)、乳母(*nutrix*)、一位妇人(*matrona, mulier matrona*)、贵族的妻子(*matrona quedam nobilis*)、小女孩(*puella*)、青年女性(*juvencula*)、年长的女性(*mulier quedam aetate*)、一位邻居(*une e vicinis*)、一个女性朋友(*sociam*)、女城堡主(*castellana*)、修女(*monialis, sanctimonialis*)、托钵修会的修女(*soror*)、女院长(*priorissa*)、虔诚的女性(*devota mulier*)、贝居安会成员(*Beguinna*)。

女性被提及时,往往没有名字。女性多被她所充当的角色定义。她们是女儿、妻子、教母、祖母、邻居……奇迹集的作者提及不小心吞下纺锤的小男孩时,提及小男孩名叫约翰;与约翰同时出现的两位女性则只被描述为"母亲"(*matre*)、"他的母亲"(*mater ejus*)和"祖母"(*avia parvuli*),作者没有提及这两位女性的名字。[2] 在另一个奇迹中,作者提到小男孩名叫贾尼埃,但与该奇迹有关的三位女性都没有名字,她们分别被称为"一个女人"(*mulier quedam*)、"他的母亲"(*matri ejus*)和"教母"(*matrina*)。[3] 在奇迹集中,并非所有女性都没有名字,身份显赫的女性有自己的名字,比如"国王侍从的妻子"(*cujusdam servientis regis uxor*)阿涅斯和贵族女性伊丽莎白·德·佩尔

---

1 Didier Lett, "Parentes, amies ou voisines. Les femmes des Marches au début du XIVe siècle d'après le procès de canonisation de Nicola da Tolentino", in *Scrivere il Medioevo: Lo spazio, la santità, il cibo* (Roma: Viella, 2001), p. 205.

2 *Miracula rothomagensia*, n. 2.(本文引用的鲁昂道明会奇迹集编号以图格维尔 2008 年的校勘本为准)

3 Ibid., n. 7.

什（*matrona quadam nobilis, domina Elyxabeth de Perches nomine*）。[1] 另一类被提及名字的女性是修女。奇迹集中出现的非平信徒女性都有名字，不论是本笃会修女、道明会修女、修女院长，还是贝居安会的成员。名字被提及的普通成年女性非常少见，但仍存在。小女孩的名字多被提及，因为她们是奇迹的受益者，是奇迹叙事的主角，是奇迹集作者着重强调的对象。

女性面目模糊并非鲁昂道明会奇迹集独有的特点，与之同时代的女性往往如此。弗朗索瓦·里维埃尔（François Rivière）通过司法材料研究中世纪鲁昂女性的劳动，他发现女性很少在司法文件中出现，偶尔出现的女性都是寡妇，她们死去的丈夫曾经是师傅，她们出庭往往是解决亡夫学徒的归属问题和决定工坊的存续情况。[2] 迪迪埃·莱特在研究圣徒封圣过程时发现 14 世纪"女性身份的定义在很大程度上依靠她与男性的关系"，女性往往被称作某人的妻子（**X** *uxor* **Y**）；描述女性出现的地点往往是"在她丈夫家"（*in domo sua mariti*）和"在她父亲家"（*in domo sua patri*），很少出现"在女证人自己家"（*in domo ipse testis*）的说法。[3] 平信徒女性的身份往往通过亲属关系确定，要么是妻子，要么是女儿。[4] 圣路易的奇迹集与鲁昂道明会奇迹集在同一个时期出现，圣路易奇迹集共有 21 份见证，作者在提及男性时，不会提到婚姻情况，而在提及女性时，一定会提到婚姻情况。[5] 很难在史料中发现从未结婚的女性，也很难在史料中把未婚女性和其他女性区分开。[6] 莎伦·法尔默（Sharon Farmer）在研究中摸索出了经验：如果一个女性被形容为某人的女儿、姐妹和侄女，且这个人跟正在叙述的事情无关，那么这个女性很可能是单身女性。[7]13 世纪的女性很难作为个体存在，

---

1 *Miracula rothomagensia*, n. 3, n. 17.

2 F. Rivière, "Les femmes dans les métiers organisés à Rouen aux XIV ᵉ et XVᵉ siècles", p. 31.

3 D. Lett, "Parentes, amies ou voisines. Les femmes des Marches au début du XIVᵉ siècle d'après le procès de canonisation de Nicola da Tolentino", pp. 206–207.

4 Didier Lett, *Hommes et femmes au Moyen Âge: histoire du genre, XII ᵉ–XV ᵉ siècle* (Paris: Colin, 2013), p. 58.

5 Sharon Farmer, *Surviving Poverty in Medieval Paris: Gender, Ideology, and the Daily Lives of the Poor* (Ithaca N. Y.: Cornell University Press, 2005), p. 118.

6 Ibid., p. 140.

7 Ibid., p. 141.

她的身份往往通过婚姻关系被定义。平信徒单身女性尤其难以作为自己而独立存在，其身份往往需要依靠与之有关的男性亲属来界定。

女性育儿

在 13 世纪的鲁昂，已婚女性跟丈夫住在一起。大家庭仍存在，存在已婚女性跟丈夫和自己的母亲住在一起的情况。在奇迹集讲述的幼儿生病的情况中，多次出现幼儿的祖母。已经生育的女性负责育儿。男性对育儿的参与度很低，在时间和精力上投入有限。以圣热尔韦教区的一位母亲为例：这位母亲有一个年纪很小的儿子，某天她刚给孩子喂完奶，她需要进城一趟，但是她没法马上在附近找到人帮忙照看她的孩子，她就让上帝和圣道明来保佑她的孩子的平安，然后独自出门了。[1] 让上帝和圣道明保佑孩子，这是奇迹集作者的视角。实际情况或许是绝望的母亲实在找不到人帮忙看孩子，不得不把孩子独自留在家中。这也暗示出找人帮忙照看孩子是常见做法。在这个奇迹中，孩子的父亲没有出现。在整个奇迹集中，孩子在生病或遭遇意外时父亲在场的例子不多。其中一个父亲在场并且试图救孩子的例子是后文提到的被戒指卡住嗓子的罗宾的父亲，他试图把手指伸到罗宾的嗓子里，想把戒指抠出来。[2]

男性对孩子的情感投入很有限。以鲁昂居民亚眠的戈迪耶为例，他的妻子名叫杰米娜，他们有一个女儿。有一天，女儿爬上了谷仓，谷仓上有一个洞，透过那个洞可以看到房子。戈迪耶担心女儿掉下来，多次提醒女儿。后来，在戈迪耶和杰米娜都忙着干活的时候，他们的女儿从谷仓的洞里掉了下来。因为谷仓很高，小女孩掉下来以后就昏过去了。戈迪耶跑过来，检查女儿的情况，对杰米娜说："我害怕的事情真的发生了。你的女儿死了。"[3] 戈迪耶使用的形容词很说明问题。他作为一位父亲，在面对遭遇意外的女儿时，对妻子说出的话是"你的女儿"(*filia tua*)死了。在他看来，这不

1　"Alia quedam de parrochia Sancti Gervasii habebat filium parvulum. Quo lacte mamillarum pasto necesse habuit mater ire in civitatem, et non habens commode et prompte cui dimitteret filium custodiendum nisi deo et beato Dominico ipsum dimisit secure commendans beati Dominici custodie." *Miracula rothomagensia*, n. 27.

2　"pater imposito digito temptabat anulum eripere", *Miracula rothomagensia*, n. 36.

3　"Pater vero casum inteliigens, accurrens et ejulans et jurans dicebat matri Vere accidit quod verebar, mortua est filia tua", *Miracula rothomagensia*, n. 34.

是 "我的女儿"，也不是 "我们的女儿"，而是妻子的女儿。在奇迹集中，在大多数儿童生病和遭遇意外的奇迹中，父亲是缺席的；在父亲出现的奇迹中，父亲对孩子的情感投入也有限。育儿的任务和与孩子在情感上的联系似乎都被认为属于女性。

比起男性，女性对孩子的情感投入更多、更明显。生病的、遭遇意外的孩子往往剧烈地牵动母亲的情绪。当一位母亲回家时看到儿子的床着火了时，她 "发疯了似的大喊"（ *clamans quasi furibunda* ）。[1] 当小女孩艾莫琳娜发抖、抽搐时，她的母亲 "惊呆了"（ *stupefacta* ），"流着泪"（ *cum lacrymis* ）把女儿带去道明会的教堂，希望圣道明的祭坛能救女儿，"她开始用惊恐的声音大喊"（ *que mox voce horribili clamare coepit* ）。[2] 情绪的投入不仅包括担心、焦虑和痛苦，在孩子康复、危机解除以后，女性也因此感到喜悦。比如：名为杜兰的小孩不小心吞下了贝壳，因此卡住了嗓子。他的母亲向圣道明祈求。后来小孩吐出了贝壳，母亲因此非常开心（ *cum gaudio* ）。[3]

生病和遭遇意外的孩子不仅牵动母亲的心，目睹类似情形的其他女性的情绪也因此被牵动。面对一个不小心吞下异物的孩子，他的祖母因为担心在路上大喊。[4] 年轻人纪尧姆生病了，一个女人照顾他。这个女人并非他的亲属，却也因看到一个年轻人病重得只能卧床而痛心。[5]

女性劳动

正如玛丽安娜·考瓦洛斯基（ M. Kowaleski ）和朱迪斯·M. 班内特（ J. M. Bennett ）在《手艺、行会和中世纪的女性》的序言中所写的那样：在中世纪，女性普遍劳动，但因为女性大部分情况下不能加入行会，她们的劳动很难在史料中体现出来，她们的劳动很难被看见。因此，需要去其他类型的文本中寻找有关女性劳动的信息。[6] 从这个角

1　*Miracula rothomagensia*, n. 27.

2　Ibid., n. 8.

3　Ibid., n. 9.

4　"semper avia per vicos clamante", *Miracula rothomagensia*, n. 2.

5　"mulier quasi desperate", *Miracula rothomagensia*, n. 4.

6　M. Kowaleski and J. M. Bennett, "Crafts, Gilds, and Women in the Middle Ages: Fifty years after Marian K. Dale", pp. 12–15.

度上来说，鲁昂道明会奇迹集是一个非常珍贵的文本，因为它无意间呈现了很多女性劳动的场景。正如马克·布洛赫（Marc Bloch）所说的那样，关于圣徒的文本记载了当时人们的日常生活和心态，虽然这些可能是文本最不想展现给我们的内容。[1] 克里斯蒂娜·克拉皮什-祖博（Christiane Klapisch-Zuber）在《西方女性史》中世纪卷的序言中写道：在一个交换日益加快的年代，我们却很难确切了解女性对经济生产到底做出了何种贡献，创造出了何种物质财富以及如何参与剩余的再分配。然而克拉皮什-祖博的态度不是完全悲观的，她发现：不论当时的教士、丈夫和审查者如何用力压制女性的话语，女性还是留下了她们话语的"回声"和一些物质层面的痕迹。[2] 在鲁昂道明会奇迹集中，我们既能听到女性的话语，也能听到她们的回声。

已婚女性不仅从事家务劳动，还参与给家庭带来收入的生产性劳动。女性开始劳动的年龄较早，青年女性被认为需要参与家庭内的劳动。奇迹集记载了一件发生于1265年的奇迹，一对父母因女儿的残疾求助于圣道明，他们的女儿因为手扭曲变形无法劳动。[3] 这意味着在她的父母看来她本应劳动。奇迹集作者在形容她时用的词是"小女孩"（*puella*），说明她年纪不大。这个例子可以说明：一般情况下，女性从青年时代就开始参与家庭内的劳动。

已经生育的女性同时育儿和劳动。一边劳动一边育儿的女性往往无法做到一直关注孩子，孩子往往在母亲忙于劳动时发生意外。鲁昂道明会奇迹集记载的第一个奇迹反映了女性不得不在劳动的同时兼顾育儿的情况。在鲁昂的圣埃卢瓦教区，有一个一岁左右的小男孩，名叫约翰。一天早上，他在他母亲身旁玩一个木质纺轮。这个纺锤的重量跟纺纱工用的那种纺锤一样，像一个大核桃那么大。小男孩把这个纺轮跟纺锤一起吞到了喉咙里。[4] 这段记载本来是为了引出圣道明救了这个被纺轮和纺锤卡住

1　Jacques Le Goff, "Préface", in *Apologie pour l'histoire, ou, Métier d'historien* (Malakoff: Dunod, 2020), p. 29.

2　Christiane Klapisch-Zuber, "Introduction", in Christiane Klapisch-Zuber, ed., *Histoire des femmes en Occident* (Paris: Perrin, 2002), Vol. II. Le Moyen Âge, pp. 23–24.

3　"filiam habebat nomine Petronillam que monstruose et deformiter manus habebat inversas et penitus inutiles ad operandum", *Miracula rothomagensia*, n. 35.

4　"coram matre luderet cum quodam verteolo ligneo, quod est pondus fusi nentium mulierum, juxta satis grosse nucis quantitatem, illum cum fuso in gutture infixit", *Miracula rothomagensia*, n. 2.

嗓子的小男孩，但我们也可以从中看出：这位母亲一边纺织一边照看她的孩子。她可能因为忙于劳动，一时疏忽，没有看到小孩吞下纺轮和纺锤。奇迹集还记载了一个类似的事件：1266 年，圣玛丽教区的一个女人叫艾维妮，她有一个不到一岁的儿子，名叫罗宾。艾维妮把一个铜质戒指递给罗宾，罗宾把戒指放到嘴里，然后吞到喉咙里。戒指卡住了，吐不出来，也吞不下去，罗宾因此窒息了。[1] 这两处记载都说明了：小孩没有玩具，只能拿母亲的劳动工具或首饰玩。

同时劳动和育儿的女性承担极大的精神压力。在距离鲁昂 40 余公里的讷沙泰勒昂布赖（Neufchâtel-en-Bray），一个名为伊杜妮娅的女性有一个年幼的儿子。这个小男孩"体弱，很难养育"，她因此"受了很多苦，经常睡不好觉"，整个人的精神状态都很受影响。有一天夜里，她"太累了"，"像被恶魔缠身一般"，她诅咒了她的孩子。奇迹集作者在描写伊杜妮娅对她儿子的诅咒时写道："她因为受了很多苦情不自禁地诅咒了她的儿子，他让她遭的罪很多人都遭过。"[2] 这说明这个崩溃的母亲绝非个例。女性在丈夫缺席的情况下独自育儿，往往还需要兼顾育儿和劳动，体力上和精神上都濒临崩溃。

大部分中世纪女性的劳动没有被看见。莎伦·法尔默在研究圣路易奇迹集的过程中发现作者圣帕丢斯的纪尧姆共记载了 24 位已婚女性，但是其中 23 位都没有职业信息。[3] 正如米歇尔·佩罗所言："女性一直都在劳动。但是她们未必总是从事一项'职业'。"[4] 对于那些没有一项职业的女性而言，她们很难在史料中留下痕迹，她们

1　"Anno autem domini.m.cc.lxvi. accidit in parrochia Sancte Marie dicte La Petite quod quedam mulier nomine Auiegne habebat quendam puerum nundum anniculum Robinum. Huic tradidit mater anulum suum cupreum, quem puer ori suo applicans in guttur recepit. Quem cum non posset inducere vel educere, mutato jam colore propter constrictionem, gutturis angustiam et anelitus interclusionem, quasi in extremo spiritu positus vicine mortis eventum sentiens expirabat", *Miracula rothomagensia*, n. 36.

2　"Apud Novum Castrum in Braio quedam mulier nomine Ydonia habebat quendam puerum masculum qui erat maligniosus et gravis mirabiliter ad educandum. Que cum supra modum gravaretur amittendo sompnum suum sepissime et in aliis multis, quadam nocte instinctu dyabolico, licet esset mulier devota, cum esset valde tedio affecta, pre gravamine quasi effrenata maledixit puero passione illa pessima ad quam male assueti sunt multi", *Miracula rothomagensia*, n. 22.

3　S. Farmer, *Surviving Poverty in Medieval Paris: Gender, Ideology, and the Daily Lives of the Poor*, p. 119.

4　M. Perrot, *Les femmes ou Les silences de l'histoire*, p. 297.

的劳动很难被看见。女性在中世纪城市中从事的大部分劳动要么技术含量低，要么地位低，这样的工作自然无法组织成行会。[1] 女性能进入的行业十分有限，即便在行业内，也受到诸多限制；当人口增长、市场行情和生产状况导致男性劳动力之间产生竞争时，女性更难有机会进入一个行业。[2] 而鲁昂是少有的存在女性主导的行会的城市，此外，巴黎和科隆也是存在女性主导的行会的"例外"城市。[3] 在中世纪，鲁昂共有 5 个女性主导的行会，这 5 个行会都集中在纺织行业。[4] 在鲁昂甚至出现了完全拒绝男性加入的行会，即新亚麻女工行会。[5] 这说明在中世纪鲁昂女性非常活跃地参与劳动。

鲁昂道明会奇迹集则为我们展现了女性实际工作的具体场景。女性在家庭内劳动，兼顾家务和生产性劳动，兼顾劳动和育儿。婴儿不小心吞下的异物是纺织所用的纺轮和纺锤，这些细节虽然是奇迹集作者没想强调的，却也从侧面印证了女性确实在劳动。研究鲁昂纺织行业行会的让-路易·罗什（Jean-Louis Roch）发现很多女性虽然没有被记录在行会内，但她们在丈夫身边从事同种工作。在诺曼底，丈夫去世以后，寡妇重获自由，并且可以重新自由支配嫁妆。在很多行业内，都存在寡妇在丈夫去世后从事丈夫生前从事的行业的情况。按照行会的规定，如果寡妇跟其他行业的男性再婚，她可以把从事该行业的资质转移给该男性。而实际情况下，很多女性在丈夫去世后独自继续从事丈夫生前的行业。让-路易·罗什认为：从官方记载来看，这些女性虽然没有当过该行业的学徒，也没有拿到过该行业的师傅资格，但她们能在丈夫去世后继续从事该行业，说明这些女性在丈夫生前一定与丈夫一起工作，从事同一行业，因而掌握了从事该行业所需的技能。[6] 诺曼底习惯法对寡妇权利的规定使得寡妇有了

1　M. Kowaleski and J. M. Bennett, "Crafts, Gilds, and Women in the Middle Ages: Fifty years after Marian K. Dale", p. 12.

2　Anna Bellavitis, "Présentation", in Anna Bellavitis et al., eds., *«Tout ce qu'elle saura et pourra faire»: Femmes, droits, travail en Normandie du Moyen Âge à la Grande Guerre*, p. 9.

3　M. Kowaleski and J. M. Bennett, "Crafts, Gilds, and Women in the Middle Ages: Fifty years after Marian K. Dale", p. 12.

4　Ibid., p. 18.

5　Daryl M. Hafter, "Introduction", in Anna Bellavitis et al., eds., *«Tout ce qu'elle saura et pourra faire»: Femmes, droits, travail en Normandie du Moyen Âge à la Grande Guerre*, p. 13.

6　Jean-Louis Roch, "Femmes et métiers en Normandie au Moyen Age", in *Être femme(s) en Normandie*, pp. 257–258.

参与工作的自由，对寡妇劳动的记载呈现出了被掩盖的大量已婚女性与丈夫一起工作的情况。里维埃的研究也证明了女性与丈夫共同工作的情况，他在司法材料中发现寡妇经常出现，寡妇往往继续从事丈夫生前的行业，保留亡夫的学徒和家族企业雇佣的人员。[1] 里维埃还发现在与职业有关的案件中，女性经常跟丈夫一起出庭，这也说明女性在家庭中不仅做家务，还参与丈夫的工作。[2] 让-路易·罗什引用一个 14 世纪商人对供应商说的话，这位商人要求供应商的妻子在圣诞节之前完成"所有她会做的和能做的部分"。[3] 这些在司法材料中零星出现的女性从侧面反映出：已婚女性的劳动非常普遍，她们往往跟丈夫从事同一行业，虽然没有在行会的框架内当学徒、获得师傅的资格，但是她们掌握了从事该行业所需的一定技术。

女性互助

很多研究基于性别的、同性别之间互助的历史学者认为"女性之间难以交往"，存在"争吵和嫉妒"。[4] 亚德里安·杜布瓦（Adrien Dubois）通过中世纪晚期诺曼底的赦免状研究诺曼底女性间的互助，推翻了这种刻板印象。在他研究的赦免状中，女性之间互斗的情况非常多，最开始他不禁怀疑"女性是否已经内化了男性统治"[5]。而他在经过更仔细地观察以后发现：女性之间爆发暴力冲突，其源头往往是一方指责另一方没有给她提供帮助，女性之间并非彼此憎恨。[6] 女性指责另一位女性没跟她一起劳动，或是没帮她照顾孩子。在杜布瓦看来，女性之间难以相处是史料偏差带来的错误印象。他认为女性之间没有沟通上的问题，女性因为另一位女性没帮助她而愤怒，这正说明女性互助相当普遍，甚至理所应当，正因如此，一个不肯帮忙的女性才显得过分，

1　F. Rivière, "Les femmes dans les métiers organisés à Rouen aux XIVe et XVe siècles", p. 31.

2　Ibid., p. 32.

3　Jean-Louis Roch, "Femmes et métiers dans la région rouennaise au Moyen Âge", in Anna Bellavitis et al., eds., «Tout ce qu'elle saura et pourra faire»: Femmes, droits, travail en Normandie du Moyen Âge à la Grande Guerre, p. 22.

4　Adrien Dubois, "La solidarité féminine en Normandie à la fin du Moyen Age d'après les lettres de rémission", in Être femme(s) en Normandie, p. 337.

5　Ibid.

6　Ibid., pp. 338–339.

才如此容易激发另一位女性的愤怒。[1]

在鲁昂道明会奇迹集中，女性互助表现得明显、直接，女性之间存在紧密的互助网络。女性互助首先表现为共享信息，当一个女性遇到困难时，她周围的女性为她出主意、提建议。当约翰因吞下纺轮和纺锤而窒息时，他的祖母跟他的母亲提议向圣道明祈祷，因为她"想起来她听人说起过圣道明所行的奇迹"[2]。在平信徒女性之间，圣道明的名声通过共享信息的网络得以传播。多位女性在遇到危急情况时回忆起曾听说过的圣道明所行的奇迹，"回忆起"(*ad memoriam reducens*)这个说法多次出现。家庭内的女性互相分享信息，比如幼儿的祖母给幼儿的母亲提供建议。而家庭内的建议不仅体现为长辈给小辈提供建议，也存在同辈之间的女性互相提建议的情况，比如来自姐妹的建议[3]，也有女儿给母亲提供建议的情况[4]。女性不仅帮助家庭内的成员，还帮助其他人。女性为朋友、教子的母亲和邻居出主意[5]，也有孩子的乳母给孩子的生母出主意的情况[6]。迪迪埃·莱特在研究托伦蒂诺的尼古拉的奇迹集的过程中也发现：女性之间的互助超越了家庭和亲缘的框架，女性帮助朋友和邻居的情况很常见。[7]

在有宗教身份的女性之间，信息的传播往往以修道院为单位。邦德维尔本笃会修女院的一个修女在被圣道明的奇迹治愈后，圣道明的名声在修道院内传开。在这个修女院内，有三个修女先后被圣道明的奇迹治愈。该修道院还因此开始用弥撒庆祝圣

1 Adrien Dubois, "La solidarité féminine en Normandie à la fin du Moyen Age d'après les lettres de rémission", in *Être femme(s) en Normandie*, p. 345.

2 "Accurrens autem avia parvuli, ad memoriam reducens miracula, que per beatum Dominicum fieri audierat", *Miracula rothomagensia*, n. 2.

3 "Quod cum scivit soror sua, devota mulier valde, recordata miraculorum beati Dominici", *Miracula rothomagensia*, n. 22.

4 "a filia est admonita", *Miracula rothomagensia*, n. 18.

5 "de consilio amicorum suorum", *Miracula Rothomagensia*, n. 37. "per quamdam vicinam suam admonita", *Miracula rothomagensia*, n. 8.

6 "nutrix pueri, Matildis nomine, ait matri : Domina mi, vovete filium vestrum beato Dominico", *Miracula rothomagensia*, n.33.

7 D. Lett, "Parentes, amies ou voisines. Les femmes des Marches au début du XIVe siècle d'après le procès de canonisation de Nicola da Tolentino", p. 213.

道明的纪念日。[1] 有宗教身份的女性多通过女性得知圣道明。有两位女性劝瓦德勒伊（Val-de-Reuil）施济院的女院长向圣道明祈祷，其中一位是她在鲁昂的朋友，一位贝居安会成员；另一位是瓦德勒伊的女城堡主。[2]

女性之间的互助还体现在情感层面。女性理解彼此的处境，能与其他女性共情。女性之间的情感联结可以从女性使用的形容词和人称代词上看出来。孩子的母亲在称呼孩子时自然使用"我的"，而孩子的祖母、教母在称呼孩子时也会使用"我的"。以奇迹集讲述的第一个奇迹为例，面对一个吞下了纺轮和纺锤的幼儿，幼儿的祖母向圣道明祈求时说："把我的孩子还给我吧！"[3] 一个女人照顾年轻人纪尧姆，从奇迹集作者的叙述中可以看出她不是纪尧姆的亲人。当她向圣道明祈求时，她用的词也是"我的孩子"[4]。小男孩贾尼埃的腿弯曲变形了，他的教母跟他的母亲说："孩子妈，我们把我的教子献给圣道明吧！"[5] 这位女性强调这个小孩是她的教子，并且用"我们"一词形容她和孩子的母亲，表现出她在情感上跟孩子和孩子的母亲都亲近。在女性的话语中，我们能看出这些女性之间存在强烈的情感联结。在面对一个生病的或遭遇紧急情况的人时，祖母、教母甚至是没有亲缘关系的女性觉得这个人的状况与自己有关，选择置身事内，而不是保持旁观的态度。

女性互助还体现在行动层面。当约翰因吞下纺轮和纺锤而窒息时，医生说除了切开孩子的喉咙，别无他法。约翰的母亲因此情绪崩溃，逃走了。在约翰的祖母提议求助于圣道明之后，是一个女邻居把约翰带去道明会教堂的。[6] 奇迹集的作者还记录了

---

1 "fecerent officium suum amodo in festis suis annuis", *Miracula rothomagensia*, n. 29.

2 "Fuit apud Vallem Rodolii quedam devota mulier a longo tempore dolore dentium acerrime vexata Ada nomine. Erat autem priorissa hospitalis dei, et habebat unam sociam de beguinnis rothomagensibus Aelesiam nomine que hortabatur eam de faciendo votum ad beatum Dominicum...Sed tandem compuncta de consilio castellane de Valle Rodolii devovit se sancto dei Dominico et continuo fuit curata", *Miracula rothomagensia*, n. 31.

3 "redde mihi filium meum", *Miracula rothomagensia*, n. 2.

4 "Nonne vis ire, fili mi?", *Miracula rothomagensia*, n. 4.

5 "Commater, voveamus filiorum meum beato Dominico", *Miracula rothomagensia*, n. 7.

6 "Supervenit autem quidam chirurgicus, qui omnem sue expertus industriam, tandem dixit, hoc solum superesse remedium, ut guttur finderetur: quo audito & viso, mater ejus quasi amens aufugit...Susceptusque parvulus ab una e vicinis ad Fratrum ecclesiam gestabatur", *Miracula rothomagensia*, n. 2.

两个女人一起来教堂还愿的场景。其中一个女人把一个婴儿抱在自己怀里，她走到圣道明的祭坛前，把婴儿放到了祭坛上。一个修士过来问她孩子是不是死了，这个女人说孩子没事。她解释说：孩子的母亲花了整整三天才生下这个孩子，当时她甚至以为孩子会死，在向圣道明求助以后，她顺利地生下孩子。[1] 从这段描写我们可以看出：这位女性陪伴另一位生完孩子没多久的女性去还愿，是她帮忙抱着孩子。

鲁昂的女性互助主要是在日常生活的活动空间内，即家庭内和邻里之间。鲁昂的大部分女性没有加入兄弟团（confrérie），这些没有加入兄弟团的女性无法享受团体提供的互助。顾名思义，兄弟团的大部分成员是男性，女性非常少。在为数不多的女性成员中，大部分是男性成员的妻子，以个人名义加入兄弟团的女性只占 10% 至 20%。[2] 在这个背景下，女性在自己日常生活展开的空间里构筑起了紧密的信息交换网络和互助网络。

女性对他人的帮助不仅局限在邻里空间内，女性在旅行中也给他人提供建议。一位鲁昂女性在去费康（Fécamp）朝圣的路上经过杜德维尔（Doudeville）。那儿有一位饱受疾病折磨的年轻神父，名为弗莱斯奈的纪尧姆。他的母亲为他的疾病担忧，想跟这位来自鲁昂的女性一起去费康朝圣。但是这位神父不同意，他以为自己就要死了，不肯让母亲离开他。这时，这位来自鲁昂的女性忽然想起了圣道明行过的奇迹，提议他们向圣道明祈祷。[3]

女性互助的现象不仅体现在鲁昂道明会的奇迹集中，美国学者莎伦·法尔默研究与鲁昂奇迹集几乎同时代的圣路易奇迹集，她发现了明显的女性互助。贫困女性往往能从亲密的女性朋友处得到帮助。[4] 因疾病长期不能工作或自理的已婚女性往往无法

1　"Eadam die post prandium due mulieres ecclesiam intraverunt quarum una matrona puerulum gestabat in sinu, quem inde extrahens super altare beati Dominici projecit...Nam cum mater ejus in partu per triduum laboraret", *Miracula rothomagensia*, n. 14.

2　Catherine Vincent, *Les confréries médiévales dans le Royaume de France: XIIIᵉ–XVᵉ siècle* (Paris: Albin Michel, 1994), pp. 57–59.

3　"Accidit autem quadam die, Domino volente, quod quedam mulier de Rothomago familiaris eorum veniebat per locum illum apud Fiscannum peregre proficiscens et cum mater infirmi desideraret ire cum ea, filius hec audiens prohuibuit", *Miracula rothomagensia*, n. 21.

4　S. Farmer, *Surviving Poverty in Medieval Paris: Gender, Ideology, and the Daily Lives of the Poor*, p. 137.

得到丈夫的支持和照顾，照顾她们的大多是女性朋友。[1] 莎伦·法尔默还对比了深陷困境的男性和女性的情况，她得出的结论是：女性多受到女性同伴的帮助，而男性却没有从男性身上得到更多的帮助。[2] 由此可见，女性互助的现象确实与性别紧密相关，同性别之间的互助在女性身上更显著，在男性身上则不明显。但是，女性互助的显著并不意味着女性只帮助女性。在鲁昂道明会奇迹集中，一个名为纪尧姆的年轻人因长期饱受病痛折磨，想要自杀，他试图用剪刀刺肚子。照顾他的女人阻止了他。[3]

三、奇迹集中为何出现了大量女性

鲁昂道明会奇迹集在 13 世纪被书写，在 17 世纪被再发现，这两件事都与道明会作为一个修会的发展史有关。1245 年、1252 年和 1260 年召开的道明会修会总会议号召各地修道院院长向修会总会长提供一切能证明圣道明神圣性的奇迹，目的是巩固关于圣道明的记忆。因此，鲁昂道明会奇迹集的产生与 13 世纪修会的整体发展情况有关。[4] 卡特琳娜·文森（Catherine Vincent）认为道明会积极地在鲁昂吸引信徒，试图在诺曼底扎根，这些努力也与同时期巴黎道明会的状况有关。因为 13 世纪中叶，道明会在巴黎与巴黎大学的堂区神父教师产生了一系列围绕托钵修会理念的论战。文森认为因为中世纪的鲁昂是一个没有大学的城市，道明会在鲁昂的努力并不是写理论著作，而是努力传教、争取信徒。[5] 鲁昂道明会奇迹集只被抄写在一个手抄本内，由此

1　S. Farmer, *Surviving Poverty in Medieval Paris: Gender, Ideology, and the Daily Lives of the Poor*, p. 151.

2　Ibid., p. 103.

3　"Octava autem die cum Christi corpus recepisset, assumptis quibusdam forcipibus, illas in ventrem infigere & occidere se volebat, nisi fuisset prohibitus a quadam muliere matrona, illi pro custodia deputata", *Miracula rothomagensia*, n. 4.

4　Catherine Vincent, "Le pèlerinage de saint Dominique au couvent des frères prêcheurs de Rouen (XIIIe siècle): enjeux et aléas d'un sanctuaire urbain", in *Expériences religieuses et chemins de perfection dans l'Occident médiéval*, p. 152.

5　Ibid., p. 167.

我们可以推测出该文本在成型后并没有得到广泛的传播。而这个在中世纪后期没有广泛传播的文本在 17 世纪重见天日，与道明会当时的政策有关。1600 年道明会召开了修会总会议，修会决定征集各地的文件，用来编写整个修会的历史。每一份与某个具体的修道院有关的记忆都要根据一个大纲被整理、归类。在 17 世纪中叶，编写整个修会的历史的计划停滞了，但是道明会没有停止整理与修会有关的文本。正是在这个背景下，奎迪夫和艾沙尔完成了卷帙浩繁的《道明会文献集成》（*Scriptores Ordinis Praedicatorum*）的编校工作。[1] 正是在这个编辑、整理道明会整体历史的过程中，具有极强地方性的鲁昂道明会奇迹集被巴黎道明会修士重新发现了。

我们首先可以排除该奇迹集是为了给圣道明封圣而写的可能性。一般情况下，奇迹集往往附在传记后面，在教宗派人调查某人是否应该被封圣的过程中，传记和奇迹集往往被用来证明一个人的神圣性，证明这个人在某地有名声（*fama*）。但是鲁昂道明会奇迹集应该不属于这种情况，因为圣道明是在 1234 年被封圣的，鲁昂道明会开始撰写该奇迹集时已经是 13 世纪 60 年代。图格维尔提出："一般情况下，本地的奇迹被收集在一起往往是为了促进本地的信仰，但是圣道明不是一个鲁昂的圣徒。"[2] 鲁昂道明会奇迹集的目的正是为了在鲁昂植入一个非本土的信仰。这个非本土的信仰在鲁昂的具体体现便是鲁昂道明会在迁入城内后新建教堂里的祭坛，这个祭坛里有圣道明的圣物。因为这种信仰是外来的，本地人对他还不熟悉，所以才需要通过记录奇迹来推广圣道明的信仰。

托钵修会在新城市落脚

鲁昂道明会奇迹集的产生与鲁昂本地的情况紧密相关。13 世纪 20 年代，道明会和方济各会先后到鲁昂，两个修会最初都安扎在城区之外。13 世纪 50 年代，道明会和方济各会几乎同时开始从城外迁入城内，从信徒处取得捐赠，从主教和国王路易九

---

1 Anne Reltgen-Tallon, "La construction d'une mémoire dominicaine, du Moyen Âge aux temps modernes", in Nicole Bériou, André Vauchez and Michel Zink, eds., *Les Dominicains en France (XIIIe–XXe siècle)* (Paris: Académie des Inscriptions et Belles-Lettres, Editions du Cerf, 2017), p. 127.

2 S. Tugwell, ed., *Humberti de Romanis Legendae sancti Dominici*, p. 175.

世处取得支持。道明会和方济各会都是新兴的托钵修会，在一个刚落脚的城市扎下脚跟、取得本地信徒的支持并不是一件自然而然的事。在鲁昂，本笃会等传统型修会依然强势；诺曼底的律修改革相对迟缓，堂区神父在经历改革后形象一新，在信徒中也有很大的影响力。[1]奇迹集试图把圣道明塑造成比其他圣徒更有效的圣徒。在诺曼底，有很多历史悠久的朝圣地。比如，离鲁昂不远的费康的圣血在鲁昂有很多信徒，与道明会形成了一定的竞争关系。奇迹集作者多次强调离费康很近的邦德维尔的修女和平信徒被圣道明治愈，甚至通过一个例子证明圣道明比圣血更有效。一对夫妇向费康的圣血求助，但圣血没有起效，他们向圣道明求助以后，儿子才脱离险境。[2]一个住在费康附近的邦德维尔的女人"向很多圣徒求助过，但是都没有效果"，最后是圣道明帮了她。[3]

托钵修会共同面对上述的竞争，而在托钵修会内部也存在竞争，因为他们都要试图争取被传统型修会和堂区神父忽视的群体。在鲁昂，方济各会的策略是争取因经商而获得财富，进而在城市内获得政治影响力的家族，这些富商家族的成员往往历任鲁昂市长，或是城市自治体的成员。13 世纪的鲁昂联通英法贸易，是西北欧贸易的中心之一，经济活跃，来自各国的商人在此汇集。方济各会在传道的过程中强调商人也可以获得救赎，因为这一点，他们吸引了很多因 13 世纪经济发展而致富，但没有从传统型修会处得到救赎道路的商人。方济各会在鲁昂取得了很大的成功，其体现之一是鲁昂大教堂的节庆日历在 13 世纪 60 年代已经收录了圣方济各的纪念日，但是这个日历当时还没有收录圣道明的纪念日。[4]圣方济各的纪念日是在鲁昂大主教厄德·里戈（Eudes Rigaud）任上被加入大教堂的节庆日历的，而厄德·里戈本人正来自方济各

1　Mathieu Arnoux, ed., *Des clercs au service de la réforme: études et documents sur les chanoines réguliers de la Province de Rouen* (Turnhout: Brepols, 2000), p. 8.

2　*Miracula rothomagensia*, n. 21, 36.

3　"Factis autem votis ad plures Sanctos, videns, se in nullo proficere", *Miracula rothomagensia*, n. 38.

4　Catherine Vincent, "La lente diffusion du culte de saint Dominique dans le nord du royaume de France (XIIIe–XVe siècle)", in Nicole Bériou, André Vauchez and Michel Zink, eds., *Les Dominicains en France (XIIIe–XXe siècle)*, p. 207.

会。[1]面对同样主张清贫的方济各会，道明会急需建立起属于自己的形象，争取自己的信徒。

　　鲁昂道明会奇迹集的主要目的是在鲁昂市内及周边地区提高圣道明的名声，吸引本地的圣徒到道明会的教堂，鼓励信徒给道明会捐赠。在 13 世纪上半叶，道明会虽然已经在鲁昂城外的圣马修庄园（manoir Saint-Mathieu）落脚，但是他们的身份依然模糊。在文书中，他们往往被称为"圣马修兄弟"，而非道明会修士。比如在鲁昂方济各会的档案中有一份 1228 年的文书提及鲁昂道明会，文书中用的词是"圣马修兄弟"。[2]他们的身份更多与所在地联系在一起，而非与修会有关。奇迹集虽然是从 1260 年开始写的，但叙述并非按时间顺序展开，该文本也记载了修道院迁入城内之前的奇迹。第六段写的是道明会还没有迁入城内时发生在修道院的一个修士身上的奇迹，在叙述的结尾，作者写到"这个奇迹发生的时候，兄弟们还住在塞纳河另一边的圣马修庄园"[3]。这里的"塞纳河另一边"指的是塞纳河左岸，因为中世纪的鲁昂并不像巴黎一样，不是被塞纳河穿过的城市，而是依傍塞纳河的一边建立的城市，城区在塞纳河右岸。13 世纪中叶鲁昂道明会需要传播圣道明的名声，让人们知道他们的修道院和教堂，让人们了解他们作为一个修会的特别之处。奇迹集强调道明会的特质，这种强调在用词上体现得很明显，如"道明会修士"（*frater quidam predicatorum*）、"道明会教堂"（*ecclesia fratrum predicatroum*）和"道明会修道院"（*conventu fratrum predicatorum*）。[4]"不断地书写和重写历史，可能也意味着修会正在试图寻找自己的身份认同，这种身份认同或许不是自然而然形成的。"[5]鲁昂道明会奇迹集正是修道院试图在本地建立起修会的身份认同和名声的尝试。

1　C. Vincent, "Le pèlerinage de saint Dominique au couvent des frères prêcheurs de Rouen (XIIIᵉ siècle): enjeux et aléas d'un sanctuaire urbain", p. 163.

2　Archives départementales de Seine-Maritime (ADSM), 36H36, acte de donation d'Enardus de Rippa en 1228.

3　"Factum est autem hoc eo tempore, quo adhuc Fratres apud Sanctum Matheum ultra Secanam morabantur", *Miracula rothomagensia*, n. 6.

4　在法语中，道明会（ordre dominicain）也被称为传教者修会（Prêcheurs），道明会修士也被称为"传教兄弟"（frère prêcheur）。

5　A. Reltgen-Tallon, "La construction d'une mémoire dominicaine, du Moyen Âge aux temps modernes", p. 111.

　　鲁昂道明会奇迹集具有很强的地方性。玛蒂尔德·卡尔多尼埃（Mathilde Cordonnier）在 2003 年提交的硕士论文中从地理的角度研究了该奇迹集，根据她的统计，奇迹集中共有 44 位奇迹受益者，其中有 39 位的居住地有明确的记载。在这 39 位居住地明确的奇迹受益者中，有 29 位住在鲁昂。在 29 位鲁昂居民中，有 25 位的所属堂区被明确记载。[1] 文森指出属于紧邻道明会修道院的堂区的奇迹受益者在所有来自鲁昂的奇迹受益者中占 45%，在所有奇迹受益者中占 30%。[2] 她由此推断出圣道明信仰涉及的地理范围有限，扩张缓慢。但奇迹集的作者着重书写来自鲁昂的奇迹受益者，也可以说明修道院非常重视吸引本地的信徒。在 13 世纪 60 年代，道明会到鲁昂还不到半个世纪，修会刚迁入城内，他们的首要任务应该是吸引本地的信徒，而非将自己的修道院宣传为一个有跨地区影响力的朝圣地。

　　因托钵修会在初创阶段往往并不重视保存文字记载，或者缺乏保存文字记载的条件，我们很难具体地了解托钵修会刚到一个城市时是如何争取本地信徒、在城市内确立自身地位的。鲁昂道明会奇迹集是展示托钵修会初创阶段发展情况的绝佳案例。文森认为 13 世纪至 15 世纪之间，圣道明的信仰主要集中在文化水平较高的阶层。[3] 她注意到了鲁昂道明会奇迹集中大部分奇迹受益者来自城市的较低阶层。[4] 她也承认奇迹集展示出的圣道明的形象是一个"关注大城市居民的疾苦"的圣徒[5]，不过她认为"仍要怀疑奇迹集是否存在夸大的成分"[6]。然而，奇迹集证明了大量来自普通阶层的信徒信仰圣道明，尤其是女性。在鲁昂，13 世纪下半叶道明会已经在居民中有了一定的影响力，并且有了吸引信徒的能力。1277 年道明会修道院教堂内已经有了圣道明兄

1　Mathilde Cordonnier, *Les miracula de saint Dominique à Rouen au XIIIᵉ siècle, mémoire de maîtrise, Catherine Vincent dir* (Université de Rouen, 2003).

2　C. Vincent, "Le pèlerinage de saint Dominique au couvent des frères prêcheurs de Rouen (XIIIᵉ siècle): enjeux et aléas d'un sanctuaire urbain", p. 163.

3　C. Vincent, "La lente diffusion du culte de saint Dominique dans le nord du royaume de France (XIIIᵉ–XVᵉ siècle)", p. 219.

4　Ibid., p. 204.

5　C. Vincent, "Le pèlerinage de saint Dominique au couvent des frères prêcheurs de Rouen (XIIIᵉ siècle): enjeux et aléas d'un sanctuaire urbain", p. 156.

6　Ibid., p. 162.

弟团，这是道明会在 13 世纪已经吸引了信徒的证明。

在鲁昂推广圣道明信仰

奇迹集通过讲述已经发生的奇迹故事为信徒提供了信仰圣道明的具体方式，包括向圣道明祈祷、求助，去道明会修道院的教堂朝圣和还愿，以及庆祝圣道明的纪念日。在鲁昂道明会迁入城内后新修建的教堂里有圣道明的祭坛、雕像和圣物。一位教母提议把孩子献给圣道明的时候说："孩子他妈啊，我们把我的教子献给圣道明吧，圣道明会在圣雅克教堂。"奇迹集作者随后补充道："因为兄弟们的教堂叫这个名字。"[1] 前往费康朝圣的鲁昂女性在劝人向圣道明求助时，说："你们信了圣道明吧，他的祭坛和圣物在鲁昂道明会教堂里，他在我们那儿行了很多奇迹。"[2] 奇迹集没有介绍圣物具体是什么，不过一个母亲把孩子放到圣物上的行为暗示出圣物可能是一块布。[3] 文森猜测圣物可能是 1233 年圣道明的棺木第一次开启时产生的。[4] 奇迹集还试图明确道明会在视觉上的特点。邦德维尔的一个修女曾看到幻象，"一个道明会修士，他的形象就跟兄弟们教堂祭坛上的圣道明雕塑一样"[5]。圣道明本人的形象和道明会修士的形象都开始为人所知。1267 年，一个修女看到了幻象，"一位面善且可敬的老者出现在她面前，外表像道明会修士一样，对她说：'不要怕，我来帮你'"[6]。奇迹集中多次提及圣道明的纪念日。在圣道明的纪念日多次发生奇迹，信徒也在纪念日来教堂还愿、捐赠。奇迹集还强调属于其他修道团体的人在受到圣道明的奇迹以后开始庆祝圣道明的纪念日。邦德维尔本笃会修女院在三个修女受到圣道明的奇迹以后，开始以礼拜仪式

---

1 "Commater voveamus filiolum meum beato Dominico qui est ad Sanctum Jacobum (sic enim fratrum ecclesia vocitatur)", *Miracula rothomagensia*, n. 7.

2 "Devovete vos ad sanctum Dominicum, cujus altare et reliquie sunt in ecclesia fratrum predicatorum rothomagensium, qui tam crebra facit miracula apud nos", *Miracula rothomagensia*, n. 21.

3 "Appositis autem super illam beati Dominici reliquiis", *Miracula rothomagensia*, n. 8.

4 C. Vincent, "Le pèlerinage de saint Dominique au couvent des frères prêcheurs de Rouen (XIIIe siècle): enjeux et aléas d'un sanctuaire urbain", p. 154.

5 "visumque est ei quod frater quidam predicator similitudinem habens imaginis beati Dominici que super ejus altare in ecclesia fratrum decenter habetur insculpta", *Miracula rothomagensia*, n. 10.

6 "Apparuit ei quidam pulcher et venerandus senex in specie fratris dicens ei: Ne timeas, quia juvabo te", *Miracula rothomagensia*, n. 30.

庆祝圣道明的纪念日。[1] 一位贝居安会成员因圣道明的奇迹康复以后，也开始庆祝圣道明纪念日。[2] 奇迹集鼓励人们在收到奇迹以后去道明会修道院教堂还愿，还愿的主要形式是捐赠，比如捐蜡烛。腿部患病的人在被圣道明治愈后，去还愿时捐赠了一个腿的形状的蜡烛。[3] 奇迹集强调还愿的必要性，收到奇迹但没有还愿的人可能会再次生病。

在亲缘网络和邻里空间内都无法得到帮助的边缘人是道明会在鲁昂重点争取的信徒。非边缘人能从身边得到支持和帮助。名为纪尧姆的年轻人吞下异物时，"周围的人都给他提建议"[4]。奇迹集在叙述阿涅斯生病的情况时，提到了"由于没有任何一个亲人来帮助她"，阿涅斯在病中感到绝望。[5] 在病中无人照顾的情况被强调，正说明在一般情况下互助是广泛存在的。而道明会试图争取的正是那些在互助网络之外的人。圣道明在奇迹集中被塑造成助人者的形象，他解除病痛，救助陷于危急情况的人。奇迹集中讲述了一个修女的幻象，修女的病中见到了一个道明会修士形象的老者，这位老者对她说："不要害怕，我来帮你。"[6]

鲁昂人在病中向圣徒求助，并不意味着他们不相信医学。从奇迹集中的记载，我们可以发现 13 世纪的鲁昂人已经有了求医的习惯。当纺锤和纺轮卡住小男孩的嗓子时，她的母亲先求助于医生（*chirurgicus*），在医生没有办法以后才求助于圣徒。[7] 阿涅斯尝试过"各种不同的疗法，但是都无效"[8]。修士和修女在生病时的第一反应都是求医，而非求圣徒。一个道明会修士在牙疼时，找了医生（*quidam peritus*）给他拔牙。[9]

1　"facerent officium suum amodo in festis suis annuis", *Miracula rothomagensia*, n. 29.

2　"Vovit quod si ab illa febre liberaretur ipsa de cetero festivaret beati Dominici festivitates", *Miracula rothomagensia*, n. 32.

3　"Siquidem paulo ante se beato Dominico devoverat et in signum devotionis tibiam ceream obtulerat", *Miracula rothomagensia*, n. 5.

4　"admonitusque a circumstantibus", *Miracula rothomagensia*, n. 20.

5　"cum mulier nullum illorum sibi prodesse", *Miracula rothomagensia*, n. 3.

6　"Ni timeas, quia juvabo te", *Miracula rothomagensia*, n. 30.

7　*Miracula rothomagensia*, n. 2.

8　"multis autem et variis remediis frustra adhibitis medicorum", *Miracula rothomagensia*, n. 3.

9　*Miracula rothomagensia*, n. 6.

邦德维尔本笃会修女因为生病到鲁昂求医，她为此在鲁昂待了三个月。[1] 道明会修女佩拉塔（Perrata）在求助于圣道明之前也曾尝试各种不同的疗法。[2] 奇迹集的作者试图把所有医学手段都称为"人力帮助"（humanum auxilium），认为圣道明的治愈能力超越医学，这反而证明了鲁昂人在 13 世纪已经有了求医的习惯。一个男人"有一种医生无法确诊又无法治愈的病"（nec curari valebat a medicis nec cognosci），"找不到来自人的帮助"（auxilioi in hominibus non invento），于是才选择向圣道明求助。[3] 这个奇迹精准地总结了人们求助于圣徒的心理机制，正如多米妮克·贡提埃（Dominique Gontier）和克莱尔·勒巴（Claire Le Bas）的研究表明的那样，人们在生病时求助于圣徒，往往是因为医学手段无法治愈疾病。[4] 经济因素也影响人们的选择，病人去朝圣、求助于圣徒往往是因为这样做比看医生更便宜。[5]

鲁昂道明会重视女性信徒

道明会与女性的关系最早可以追溯到 1206—1207 年，道明跟奥斯玛的迪戈主教一起在普鲁耶（Prouilhe）成立了一个修女院。该修女院最初的成员可能是皈依的前清洁派成员，也可能是本地的贵族女性，或者两者都有。道明试图用行动传教，"他想向女性证明除了成为异端之外也有其他的严格修行方式"[6]。西尔维·杜瓦尔（Sylvie Duval）结合 13 世纪平信徒开始追求救赎的背景分析道明会对女性的态度，她认为道明会是在 13 世纪欧洲社会中诞生的，在这个时代，女性开始越来越明显地明确自身地位，尤其是城市中的女性，出现了贝居安会等女性修道团体；13 世纪平信徒兴起的潮流不仅涉及男性，还涉及女性，女性也开始追求更严格的修行方式，道明会无法无视

1　"tunc venit Rothomagum, et mansit ibidem per fere tres menses, ut haberet consilium medicorum", *Miracula rothomagensia*, n. 28.

2　"multis et variis medicorum remediis", *Miracula rothomagensia*, n. 41.

3　*Miracula rothomagensia*, n. 5.

4　Dominique Gontier and Claire Le Bas, "Analyse socio-économique de quelques recueils de miracles dans la Normandie du XIe au XIIIe siècle", in *Annales de Normandie*, Vol. 24, nº 1 (1974), p. 20.

5　Pierre-André Sigal, "Maladie, pèlerinage et guérison au XIIe siècle: Les miracles de saint Gibrien à Reims", in *Annales. Histoire, Sciences Sociales*, Vol. 24, nº 6 (1969), p. 1534.

6　Sylvie Duval, "Les Dominicains et les femmes (fin du Moyen Age-début de l'époque moderne)", in Nicole Bériou, André Vauchez and Michel Zink, eds., *Les Dominicains en France (XIIIe–XXe siècle)*, p. 23.

这种时代潮流。[1]13 世纪中叶，道明会成员罗曼斯的翁伯特在撰写面对不同社会地位人群的布道词时，曾撰写面向女性的布道词。卡拉·卡萨格兰德（Carla Casagrande）指出了罗曼斯的翁伯特在讨论女性时的视角狭隘，比如她认为罗曼斯的翁伯特的布道词针对的女性主要是贵族女性、富裕市民阶层的女性、女性家仆、农妇和妓女，是"从男性社会的标准、价值观和等级体系对女性进行归类的"，"没有考虑到在家庭之外劳动的女性"。[2]然而，在众多教士和修士对女性避而远之的 13 世纪，能在撰写布道词时考虑到女性已经算是一种创新之举。

鲁昂道明会奇迹集记载了大量女性奇迹受益者，这是修道院试图吸引女性信徒的尝试。奇迹集试图把圣道明塑造成一个能治愈疾病、帮人脱离险境的圣徒，一个尤其擅长治愈儿童疾病的圣徒。奇迹集多次描写女性在看到一个生病或遭遇意外的儿童时回想起之前听说过的圣道明所行的奇迹的情况。其中最典型的例子是贾尼埃的教母劝他的母亲向圣道明祈祷，这位教母说道："听说圣道明能治愈儿童，那么他也能治好贾尼埃。"[3]求助于圣道明的方式也很简单，通过言语呼唤圣徒的名字、向圣徒祈祷就足以得到圣徒的帮助。在一些情况下，求助者甚至无须前往道明会修道院的祭坛，无须与圣道明的遗骨接触，奇迹就能发生。对于同时育儿和劳动的女性而言，从实用的角度考虑，一个能远距离起效的圣徒是一个理想的选择。正因如此，圣道明在女性之间受欢迎。

女性是奇迹集作者重要的信息来源。鲁昂道明会奇迹集中记载的一些奇迹是作者亲眼所见，而大部分奇迹都是来教堂还愿的奇迹受益者讲述的。很多讲述奇迹的人都是女性。修道院依赖女性获取关于圣徒所行奇迹的做法由来已久。伊丽莎白·凡·霍茨（Elizabeth Van Houts）研究 11 世纪至 12 世纪的诺曼底奇迹，发现奇迹集作者非常依赖女性的讲述，他们通过女性得知圣徒所行的奇迹。因为奇迹往往发生在家庭生活展开的空间里，而女性在这个空间中非常活跃，女性负责照顾家人和家

1　Sylvie Duval, "Les Dominicains et les femmes (fin du Moyen Age-début de l'époque moderne)", in Nicole Bériou, André Vauchez and Michel Zink, eds., *Les Dominicains en France (XIIIᵉ–XXᵉ siècle)*, pp. 22–23.

2　Carla Casagrande, "La femme gardée", in Christiane Klapisch-Zuber, ed., *Histoire des femmes en Occident*, Vol. II. Le Moyen Âge, pp. 108–109.

3　"Ut dicitur, sanat pueros, ut sanet eum", *Miracula rothomagensia*, n. 7.

畜，女性需要圣徒的帮助。凡·霍茨认为"想推广围绕某一圣徒的信仰，女性的帮助对于修士而言是不可或缺的"[1]。正因鲁昂道明会奇迹集作者是通过他人讲述才得知奇迹的，叙述中有很强的口语性。在直接引语中，我们甚至能"听见"当时的话语。虽然整个奇迹集是用拉丁文写成的，也出现了若干法文词。奇迹集在叙述一个小男孩被牡蛎壳卡住嗓子时，先写了牡蛎的拉丁文 *conche marine*，随后写"这个词在法语里也叫 moules"[2]。奇迹集作者在书写中提及牡蛎一词在法语中的说法，证明13世纪鲁昂道明会修士会说法语，他们应该是用法语跟信徒交流的。

鲁昂道明会重视女性信徒，也与修道院在经济上依赖女性信徒的捐赠有关。在修道院的捐赠者中，有很多女性信徒。1228—1276年之间，道明会修道院共收到21份捐赠，其中有10份捐赠有女性的参与。[3]在这10份女性的捐赠中，有8份是女性主导的，有一份是女性和丈夫一起，还有一份是女性和儿子一起。根据诺曼底的习惯法，夫妻之间没有共同财产，夫妻双方各自继承各自家族世系的财产，但是女性在法律上要服从于丈夫的权威。[4]因此，女性和她的丈夫一起参与的捐赠很可能是出于该女性的主导，捐赠的很可能是她的嫁妆，丈夫之所以出现是因为法律要求丈夫同意这桩捐赠。

道明会与本地女性关系紧密还体现在修女院上。在鲁昂，道明会除了男性修士组成的修道院，还有一个修女院。13世纪50年代后期，道明会男性成员离开位于城外的圣马修庄园，迁入城内。1261年10月，法国国王路易九世从鲁昂大主教手里买下圣马修庄园，把它捐给道明会的修女。[5]1264年和1266年，路易九世继续给鲁昂道明会修女院捐赠。[6]在路易九世的遗嘱中还给鲁昂道明会修女院捐赠了60里

1　Elizabeth Van Houts, "L'oralité dans l'hagiographie normande aux XIe et XIIe siècles", in *Les saints dans la Normandie médiévale* (Caen: Presses universitaires de Caen, 2000), p. 93.

2　"conche marine quas Gallice moules dicunt", *Miracula rothomagensia*, n. 9.

3　ADSM, 36H36.

4　Virginie Lemonnier-Lesage, "La place de la femme normande dans la société conjugale; l'apport des actes de la pratique de Haute-Normandie", in *Annales de Normandie*, Vol. 52, n° 3 (2002), pp. 282−283.

5　Léopold Delisle, ed., *Cartulaire normand: de Philippe-Auguste, Louis VIII, saint Louis et Philippe le Hardi* (Caen, A. Hardel, 1882), n° 678.

6　Ibid., pp. 700, 706, 716.

弗尔。[1] 由此可以推测出鲁昂道明会修女院是一个非常重要的修女院。在鲁昂道明会奇迹集的最后一个奇迹就发生在该修女院的一个修女身上，这个修女名为佩雷拉（Perrera），她是博留的杰弗里（Geoffroy de Beaulieu）的侄女。博留的杰弗里曾是鲁昂的道明会修士，曾任路易九世的告解神父，并撰写路易九世的传记。道明会的修女院吸引鲁昂本地重要家族的女性加入。以尼古拉·费萨（Nicolas Fessart）为例，费萨家族的历史可以追溯到 12 世纪，让·费萨曾在 12 世纪末担任鲁昂市长。[2] 1272 年尼古拉·费萨给道明会修女院捐了 50 里弗尔，因为他的女儿艾莫琳娜是道明会修女院的修女。[3] 尼古拉·费萨同时也给道明会男修院捐赠。这些进入道明会修女院的女性对于道明会男修院而言非常重要，是男修院获得本地重要家族经济支持的渠道之一。

然而，该奇迹集中出现了数量众多的女性这一现象不仅与鲁昂道明会试图吸引女性信徒有关，也中世纪后期的整体变化趋势有关。很多研究都表明 13 世纪起女性开始在奇迹中占有更重要的位置。贡提埃和勒巴研究了 12 部在 11 世纪至 13 世纪之间成型的诺曼底奇迹集，其中 11 部奇迹集都是男性奇迹受益者比女性奇迹受益者更多，只有一部例外。这部与众不同的、女性奇迹受益者更多的是关于比维尔的托马（Thomas Hélie de Biville）的奇迹集，成书年份不早于 1256 年，其中有 20 位男性奇迹受益者和 23 位女性奇迹受益者。[4] 然而，女性在奇迹集中出现比例的提升并非 13 世纪才出现的现象，而是一个渐进的过程。皮埃尔-安德烈·西卡尔称之为"女性的上升"，在他研究的两部 11 世纪的奇迹集中，圣福瓦（Sainte Foy）奇迹集中男性占 76%，圣沃夫兰（Saint Vulfran）奇迹集中男性占比 56%；成书于 12 世纪的兰斯的圣吉布里安（Saint Gibrien）奇迹集中男性占 53%。[5] 雅克·达拉汉（Jacques Dalarun）的研究也佐证了女性在奇迹中出现的比例逐渐提高的趋势：1250—1400 年间女性在圣

1　Archives nationales de France, J403, testaments, n. 5.

2　Manon Six, "The burgesses of Rouen in the late 12th and early 13th centuries", in Leonie V. Hicks and Elma Brenner, eds., *Society and Culture in Medieval Rouen, 911–1300* (Turnhout: Brepols, 2013), p. 262.

3　ADSM, 36H36, 36H8.

4　D. Gontier and C. Le Bas, "Analyse socio-économique de quelques recueils de miracles dans la Normandie du XIe au XIIIe siècle", pp. 17, 27.

5　P.-A. Sigal, "Maladie, pèlerinage et guérison au XIIe siècle", p. 1535.

徒文学中出现得越来越多,同时女性圣徒也在变多。[1]

结 论

鲁昂道明会奇迹集是为了在鲁昂传播圣道明的信仰而作,这个文本见证了道明会作为一个新兴修会在到达一个新城市后扎根落脚的过程。这个由修士写成的文本有很多对女性日常生活的记载,虽然这些记载带有"男性滤镜"和"修道院滤镜",我们仍能从中听到女性的声音和回声。鲁昂道明会奇迹集展现了中世纪女性的日常生活和情感世界。在 13 世纪的鲁昂,女性广泛地劳动,从青年时代就开始劳动。已婚女性往往从事与丈夫相同的行业,兼顾家务、生产性劳动和育儿,在繁忙中承受精神压力。女性之间存在紧密的互助网络,彼此交换信息,提供情感支持,在共情的同时用实际行动帮助他人。女性的互助超越亲缘关系网络,女性也帮助朋友和邻居。

鲁昂道明会奇迹集中出现了大量的女性,这与道明会整体上对女性的重视有关,也与鲁昂当地的情况有关。鲁昂道明会作为新兴的托钵修会,试图在城市里扎根,重视吸引被传统型修会忽视的群体,其中很重要的一部分就是女性。奇迹集试图把圣道明塑造成一个治愈疾病,尤其是治愈儿童疾病、让人脱离险境的圣徒,由此吸引负责育儿的女性和无法得到亲缘支持和团体互助的边缘人。此外,鲁昂道明会在经济上依靠鲁昂女性的捐赠,这也是修道院重视女性信徒的原因之一。中世纪后半期,女性的地位在逐渐提升,女性在文字记载中出现的比例虽然不高,但开始逐渐提升。道明会对女性的重视与整个时代的变化趋势有关。

(本文作者为法国社会科学高等研究院[EHESS]博士生)

---

1 Jacques Dalarun, *Dieu changea de sexe, pour ainsi dire: la religion faite femme, XIe–XVe siècle* (Paris: Fayard, 2008), pp. XIII, XV.

英法百年战争初期英格兰的海疆防御制度

胡佳竹

国内学界近年关于英国海事史和海防史的研究成果中，暴露出一些对中古英格兰沿海防御制度的误解。比如认为中世纪时期英格兰沿海防御主要依靠封建领主的私人武装力量、不存在公共属性，认为征调平民参与沿海防御、在海边设置警报系统等措施是亨利八世时期的新发明，比如高估君主名下王家舰队对英格兰海上力量的贡献程度，认为私掠舰队是 15 世纪 30 年代才活跃起来并且替代了原本王家舰队的职能等。[1]事实上，中古英格兰在海防事务上高度依赖沿海地方资源，无论是在沿海郡县内征募民兵，以守卫沿海疆域，还是颁发私掠许可，借助私人舰船的力量打击来犯敌船，沿海地区为英格兰提供了大量人力和船舶资源，以及航海与海防经验。众多沿海郡县居民和海港人士共同经历战火、深度参与保卫王国的图景，恰恰反映出中世纪英格兰海防事务极强的公共属性。

英美政治史学界在关于大众政治和政治共同体的讨论中，则往往聚焦于农民起义、地区骚动、议会变革，乃至语言和概念的变迁，而常常忽视普通民众在国家军事层面的参与，以及海事因素对于政治、社会的影响。[2]而英格兰沿海居民共同的战争

---

1 例如赵阳：《试论英国都铎王朝时期沿海防御的特点》，《渤海大学学报》2018 年第 2 期；温灏雷、赵芷琦：《中世纪英国"王家舰队"探析》，《经济社会史评论》2019 年第 2 期。

2 Justine Firnhaber-Baker, and Dirk Schoenaers, eds, *The Routledge History Handbook of Medieval Revolt* (London and New York: Routledge, 2017); David Rollison, *A Commonwealth of the People: Popular Politics and England's Long Social Revolution, 1066–1649* (Cambridge: Cambridge University Press, 2010); Samuel K. Cohn, *Lust for Liberty: The Politics of Social Revolt in Medieval Europe, 1200–1425* (Cambridge, MA: Harvard University Press); John Watts, "The Pressure of the Public on Later Medieval Politics", in *The Fifteenth Century IV: Political Culture in Late Medieval Britain*, eds. Linda Clark, and Christine Carpenter (Woodbridge: Boydell Press, 2004), pp. 159–180.

经历和海防经验,从中世纪晚期到至少 16 世纪后期,对其公共意识、国民意识的萌发以及对英格兰统治者海洋意识的发展,其实起着举足轻重的推动作用。另一方面,海防事务高度依赖的平民军役,作为英国"业余军事传统"("amateur military tradition")的一部分,也确实长期落于主流政治、社会、经济史(甚至军事史)的关注之外。[1]

英格兰历史上频繁面临海上来犯,尽管多数袭击并未真正威胁到政权安危,但给沿海地区的经济和民生带来了直接危害,也限制了英格兰君主的海外军事活动。中世纪时期英格兰的海防事务主要聚焦于沿海疆域与近海海域,其中,沿海疆域内的防御阵线是敌人踏入英格兰本土后的重要防线,能否成功拒敌于此、阻止其长驱直入,直接关系到英格兰国土安全以及当地民生。本文即关注英法百年战争初期(14 世纪 30 年代末),英格兰在沿海疆域内实施的基本防御制度及其成效。此阶段英格兰的沿海防御需求急迫,征调大量平民参与海防事务,并在海边部署了警报系统。通过聚焦此阶段的一系列海防相关事件,本文意在揭示中古晚期英格兰沿海防御事务的本质与特征,凸显其公共属性,纠正相关领域内的部分认知偏差,强调沿海地方资源对于中古晚期英格兰海防事务及国家安全的重要意义。

1337 年英法百年战争开启后,英格兰的国家安全面临着前所未有的挑战。为应对法国及其盟友从海上入侵的风险,1337 年 9 月初,爱德华三世向负责南部及西南沿海的汉普郡(Hampshire)、德文郡(Devonshire)、萨默塞特(Somerset)及多塞特(Dorset)二郡防御任务的几位海疆防御使(keepers of the maritime lands)发出指令:

> ……若有公共信标,以火点之,设于坡上及郡内他处,尔与郡守共决,随地随宜,或循旧例;无论何时,各处皆以持械之士四、五、六人,勤加驻守;但使险情迫近,烽火即起;则可示警于民,使其有备。

---

1 Ian F. W. Beckett, "The Amateur Military Tradition", in *War & Society*, Vol. 4, No. 2 (September 1986), pp. 1–16; David Grummitt, "Parliament, War and the 'Public Sphere' in Late Medieval England: The Experience of Lancastrian Kent", in *Political Representation: Communities, Ideas and Institutions in Europe (c. 1200–c. 1690)*, eds. Mario Damen, Jelle Haemers, and Alastair J. Mann (Leiden: Brill, 2018), pp. 267–284 (p. 275).

（ *... quod si communia signa, quae per ignem super montes & alio modo in dicto comitatu [...], tam per vos quam per vicecomitem ejusdem comitatus, ubi et prout melius expedire videretur, et alias in casu hujusmodi fieri consuevit, fieri mandavimus; quodlibet, videlicet, signum per quatuor vel quinque aut sex homines ad arma vel armatos diligenter custodiantur; et quociens aliquod imineat periculum accendantur; satis commode poterunt homines parciam praemuniri.*)[1]

这则指令反映出英格兰彼时在沿海地区实行的两项基本防御措施——一是在沿海郡县任命海疆防御使，由其组织兵力在海疆内展开防御行动；二是在海岸附近及其他高处部署烽火信标（fire beacons），派专人轮番看守，以便在觉察敌情时立即点火、传递警报，为郡内民众争取准备时间，及时集结抗敌、保卫海疆。

中世纪英国史语境中的"海疆"（*terra maritima*，英文中称 the maritime lands），通常是指从海岸往内陆延伸大约 6 里格（six leagues）的临海疆域。[2] 而针对海疆的防御工作是整个沿海防御体系中的关键环节。英格兰海疆防御的核心则在于沿海郡县内实行的征兵制度——1295 年起，沿海郡县 16—60 岁的男性居民均有义务在家国危难之际听令集结、投入当地防御行动，且居住于海疆内者不得因其他事务被调离所在区域。当然，海疆范围之界定并非一成不变。多数时候习惯以 6 里格为标准，但防御形势严峻时可能拓展至 12 里格——例如 1338 年 4 月 6 日发往肯特郡（Kent）的一份令状中，不准当地征兵官将距离海岸 12 里格区域内的弓兵调离该区域，因为这些弓兵须留守当地、对付由海入侵的敌军；在肯特等郡进行采买的王室征购官（purveyors）也不得从离海 12 里格的区域内征购葡萄酒以外的补给。这些措施是为了保障海疆内

1　*Foedera*, 1327-1344, p. 996; *Calendar of Close Rolls (CCR)*, 1337-1339, p. 179. 译文为笔者拙译。

2　一般认为，在中世纪晚期的英格兰，1 里格约等于 3 英里。对欧洲整体而言，里格作为常见的距离或长度单位，受到诸多因素的影响，其标准既不统一也不明确，且随时代发展不断发生着微妙的变化；16 世纪前英格兰的里格同法国的情况类似，有着至少八种不同数值的定义。见 Ronald E. Zupko, *English Weights and Measures from Anglo-Saxon Times to the 19th Century* (Madison: University of Wisconsin Press, 1968), p. 106; Roland Chardon, "The Linear League in North America", in *Annals of the Association of American Geographers*, Vol. 70, No. 2 (June, 1980), pp. 129-153 (pp. 130-143)。

的人力与物力资源。[1]

　　海疆防御使则是由君主任命，负责统筹、指挥其辖区内海疆防御行动的官员，通常由各郡县内 2—3 名当地贵族担任。非常时期也会任命更多人，例如 1346 年 3 月时海疆防御使的数量曾在 4—12 人之间浮动，当地郡守也计入其中，共同承担沿海防御指挥任务。海疆防御使之下还有征兵官（commissioners of array，许多学者也简称其为 arrayers），负责具体的征兵和动员工作，并将防御部队带去防御使指定的地点。不过防御使和征兵官的职权界限变动不居，有时防御使会被委任以征兵、动员相关的具体事务，征兵官也可能获得一些通常由防御使行使的权力。1369 年后，随着英法之间战争的重启，海上威胁陡然突出，防御使和征兵官的界限也越发模糊，逐渐合二为一，沿海郡县的郡守也稳定地参与进防御指挥与征兵动员事务之中。[2]

　　沿海郡县内实行的征兵制度其实是中世纪晚期英格兰郡县民军征兵制度（shire levy）的一部分。英格兰普通民众的军役制度源于盎格鲁–撒克逊时期的民兵制度（fyrd），诺曼征服后延续了下来，在 12、13 世纪历经多次调整，最终在 13 世纪八九十年代成形。此后 260 多年的时间里，直至 1558 年伊丽莎白一世的军事改革，英格兰应用于海疆防御的征兵及军备制度基本没有大的变化。[3] 为海外作战发出的征兵令，通常会向各郡县提出兵种和人数方面的特定要求，而为英格兰本土防御事务发出的征兵令，则没有特定要求。[4]

1　*Foedera*, 1327–1344, pp. 1025–1026; *CCR*, 1337–1339, p. 402; J. R. Alban, "English Coastal Defence: Some Fourteenth Century Modifications within the System", in *Patronage, the Crown, and the Provinces in Later Medieval England*, ed. R. A. Griffiths (Gloucester: Alan Sutton, 1981), pp. 69–70; H. J. Hewitt, *The Organization of War Under Edward III, 1338–62* (Manchester: Manchester University Press, 1966), pp. 6–7.

2　Alban, "English Coastal Defence", pp. 59–68; Hewitt, *The Organization of War Under Edward III*, pp. 7–11.

3　Michael R. Powicke, *Military Obligation in Medieval England: A Study in Liberty and Duty* (Oxford: Oxford University Press, 1962), pp. 1–133; A. Z. Freeman, "A Moat Defensive: The coast defense scheme of 1295", in *Speculum*, Vol. 42, No. 3 (July, 1967), pp. 442–462; Ian F. W. Beckett, *The Amateur Military Tradition, 1558–1945* (Manchester: Manchester University Press, 1991), pp. 8–15; Lindsay Boynton, *The Elizabethan Militia, 1558–1638* (London: Routledge & Kegan Paul, 1967), pp. 7–12; Alban, "English Coastal Defence", p. 60.

4　例如 1339 年 7 月中旬，为派兵前往爱尔兰岛应对战事，王室政府向赫里福德郡（Herefordshire）征调弓兵 60 人、骑兵 1 人，向什罗普郡（Shropshire）征调弓兵 60 人，向格洛斯特郡（Gloucestershire）征调弓兵 80 人、骑兵 1 人；见 *Calendar of Patent Rolls (CPR)*, 1338–1340, p. 355.

爱德华三世在 1337 年 9 月初的指令中要求汉普郡等四郡在山坡等地设置公共信标，每处派 4—6 人值守，并在发现敌情时及时点火传讯。根据 1326 年 8 月的先例，值守烽火信标的"持械之士"很可能也是从沿海郡县内征调的民军步兵中抽调而来。[1] 燃烽火以示警，无论是古希腊还是古代中国的文献中都能见到相关记载，是一项古老而自发的军情传递方法。尽管缺乏直接的考古证据及明确的官方记载，盎格鲁-撒克逊人极有可能也曾用此法监测海上敌情，并且一直沿用下来。诺曼征服后，英格兰关于烽火信标最早的官方记录则出现于 14 世纪 20 年代，当时称其为 *signum per ignem*，意为"燃火的信号"，1372 年起称其为 *bekynes*，对应现代英语中的 beacons，即信标。17 世纪的英格兰也仍在使用烽火信标来传递敌船集结的情报。[2] 加强沿海堡垒驻军、巩固海港城镇的防御工事固然重要，但需要强调的是，敌军显然不会专攻硬茬，而会选择薄弱环节入手。因此海疆防御的重中之重，在于及时识别敌情，发现海边出现大量敌船时即刻递出警报，才能够迅速集结兵力、赶往战场。

仅在上述四郡部署烽火预警系统，显然不足以应对法国及其盟友对英格兰沿海的侵扰。1338 年 3 月 24 日，在法国海军将领尼可拉·贝于歇（Nicolas Béhuchet）的指挥下，一支法国舰队挂起英格兰旗帜，依靠伪装顺利登陆朴次茅斯（Portsmouth），在当地烧杀劫掠。两日后又侵入泽西岛（Isle of Jersey）东部。[3] 1338 年 8 月中旬，获悉敌军又在海边集结了大量战舰后（"... intellexerimus quod quamplures galeae et naves

---

1 *Foedera*, 1307–1327, p. 636; *CCR*, 1323–1327, p. 689.

2 John Baker, and Stuart Brookes, "Signalling Intent: Beacons, Lookouts and Military Communications", in *The Material Culture of the Built Environment of Anglo-Saxon England*, eds. Maren Clegg Hyer and Gale R. Owen-Crocker (Liverpool: Liverpool University Press, 2015), pp. 255–300; Graham Gower, "A Suggested Anglo-Saxon Signalling System Between Chichester and London", in *London Archaeologist*, Vol. 10, No. 3 (Winter 2002), pp. 59–63; H. T. White, "The Beacon System in Kent", in *Archaeologia Cantiana*, Vol. 46 (1934), pp. 77–96; H. T. White, "The Beacon System in Hampshire", in *Papers and Proceedings of the Hampshire Field Club and Archaeological Society*, Vol. 10 (1931), pp. 252–278; *Calendar of Inquisitions Miscellaneous*, II, p. 209; *CCR*, 1369–1374, p. 436.

3 Jonathan Sumption, *Trial by Battle: The Hundred Years War, Vol. 1* (London: Faber & Faber, 1999), p. 226; Graham Cushway, *Edward III and the War at Sea: The English Navy, 1327–1377* (Woodbridge: Boydell & Brewer, 2011), pp. 71–72.

guerrinae supra mare jam de novo congregatae existunt ...""），爱德华三世下令将烽火警报系统扩展至英格兰全境——英格兰所有郡县的郡守都接到了指令，要求在靠近海岸的地方以及远处山坡上设立烽火信标（"... tam super montes longe a mari distantes, quam in aliis locis juxta costeras maris ..."），以便相关地区可以及时得到预警，齐心协力挫败敌军的阴谋（"Ita quod homines ejusdem patriae per illuminationem hujusmodi congruo tempore praemuniri, et dictorum hostium malicia, [...] per homines partium earumdem, eoadunatis viribus, potentius poterunt refrenari"）。[1] 根据中古晚期法国编年史家让·傅华萨（Jean Froissart）的记载，英格兰人会将空葡萄酒桶灌满沙，堆叠在一起，令信标看守者坐于其上，观察海面上的动静，以便及时点火传讯。[2]

面对日趋严峻的海防形势，"为保卫王国免受法国人侵扰"（"for the defence of the realm against the French"），1338 年 7 月，英格兰王室政府将征兵令发往英格兰全境，并在海疆防御使与征兵官之间增设了"征兵监督官"（overseers of commissions of array）之职，将全国郡县划分为七个大组，每组任命 2—4 名监督官，负责监管大组内相关郡县的征兵工作。除西北部的柴郡（Cheshire）与威斯摩兰郡（Westmorland）以及东北部的杜伦（Durham，或译达勒姆）外，36 个英格兰郡县收到了征兵令，受到委任的征兵官以及征召入伍的民兵均须听令于监督官，而监督官则听从海疆防御使的调遣。8 月初，七个郡县组重新划分为十个，负责各组的监督官人数增至4—6 人。[3]

鉴于先前泽西岛东部遭到入侵，英格兰人也随之加强了泽西岛上的防御，然而1338 年 9 月 8 日，法国雇佣的热那亚舰队却出其不意地登陆了附近的根西岛（Isle of Guernsey），岛上两座城堡均告失守。根西岛上派去报信求援的信使也在途中遭到了拦截，英格兰御前会议在将近一周后才得知根西岛遭法国人占领的情况。将近两年后

1　*Foedera*, 1327–1344, p. 1055; *CCR*, 1337–1339, p. 527.

2　Hewitt, *The Organization of War Under Edward III*, p. 5.

3　*CPR*, 1338–1340, pp. 134–142; Alban, "English Coastal Defence", p. 64. 1335 年 1 月下旬有过类似尝试，见 *CPR*, 1334–1338, pp. 137–139; *Foedera*, 1327–1344, p. 901。

英格兰人才重新夺回了根西岛的控制权。1338 年 10 月初，南安普顿（Southampton）突遭洗劫，同样出乎英格兰人的意料。根据傅华萨的记载，法国与热那亚联合舰队在 10 月初一个周日的早晨悄悄登陆，南安普顿人正行弥撒，对于即将临头的灾祸毫无防备。傅华萨这一说法的真实性已很难考证，不过可以确定的是，南安普顿南部地区遭到了严重破坏，基础设施和商贸活动均受重创。南安普顿原本是英格兰重要的羊毛出口港，也是许多意大利商人的聚居之处。爱德华三世的重要债主佩鲁齐（Peruzzi）和巴尔迪（Bardi）家族原本也在南安普顿装载羊毛，此次洗劫过后，他们将生意搬去了西部港口布里斯托（Bristol）。有些意大利商人在将近三年后才重新从南安普顿港出货，有些商人则再也没有回来。[1]

　　因为这一系列的袭击，乔纳森·萨姆欣（Jonathan Sumption）认为英格兰这套防御系统在 1338 年非常失败，之后几年也只是偶有成效，还耗费了大量人力。[2]J. R. 奥尔本（J. R. Alban）也据此认为 1338 年 7、8 月时大规模征兵、增设征兵监督官的试验并没能显著提升海防应对效率。[3]俗话说百密终有一疏，何况英格兰漫长的海岸线上密布着直通大海的港口，14 世纪 60 年代前鲜有海港建有防御工事，可谓到处都是突破口。而法国舰船甚至可以不经港口自行登陆，或者根本不需要靠岸，就在路过时放火焚烧停泊在港口的英格兰舰船。迈克尔·休斯（Michael Hughes）由此指出，英格兰南部沿岸其实并无一处可以高枕无忧。[4]

1　Sumption, *Trial by Battle*, pp. 247–248, 346; Cushway, *Edward III and the War at Sea*, pp. 71–75, 107; N. A. M. Rodger, *The Safeguard of the Sea: A Naval History of Britain, Vol. I: 660–1649* (New York and London: W. W. Norton & Company, 1997), p. 96; Jean Froissart, *Chronicles*, ed. and trans. Geoffrey Brereton (Harmondsworth: Penguin, 1968; repr.1978), p. 69; Colin Platt, *Medieval Southampton: The Port and Trading Community, A.D.1000–1600* (London: Routledge and Kegan Paul, 1973), pp. 109–111, 119; M. Hughes, "The Fourteenth Century French Raids on Hampshire and the Isle of Wight", in *Arms, Armies and Fortifications in the Hundred Years War*, eds. A. Curry and M. Hughes (Woodbridge: Boydell & Brewer, 1994), pp. 126–128; Alwyn A. Ruddock, *Italian Merchants and Shipping in Southampton, 1270–1600* (Winchester: The Wynkeham Press, 1951), pp. 32–36.

2　Sumption, *Trial by Battle*, p. 227.

3　Alban, "English Coastal Defence", p. 64.

4　Susan Rose, *Medieval Naval Warfare, 1000–1500* (London and New York: Routledge, 2002), pp. 68–70; Hughes, "The Fourteenth Century French Raids on Hampshire and the Isle of Wight", p. 140.

敌军侵扰防不胜防的另一重要原因在于，此阶段法国方面的计划并不在于全面入侵英格兰，而正在于频繁以沿海突袭（coastal raiding）的方式骚扰英格兰沿海。沿海突袭在中世纪晚期成为一种常用战术，同骑行劫掠（chevauchée）类似，特点在于快速闪现、快速撤离，在相关地区烧杀劫掠，沿途摧毁城墙房屋等基础设施——这是一种有组织的劫掠行为，有着明确的战略目标。[1] 破坏沿海城镇的资产和民生，焚毁船只，目的在于打击英格兰的海事资源、削弱英格兰的海军力量。同时也迫使英格兰投入更多人力物力用于海疆防御，从而遏制英格兰军队在海外的规模，分化爱德华三世有限的财政资源和军事力量——类似围魏救赵的效果。1338 年后半年，爱德华三世积极与神圣罗马帝国的诸侯谋求合作，试图在欧陆动员一支军队以入侵法国，因此财政需求空前高涨。[2]

法国海军将领贝于歇在其 1339 年呈交法国御前会议的报告中也明确提及了海上战争的经济效应。贝于歇强调，一支强大的法国舰队可以有效打击英格兰昌盛的葡萄酒、渔业、食盐贸易，而摧毁英格兰海港人士的营生相当于狙击了英格兰舰队配置船员所需要的人力资源，掌控海上局势也可以更好地支援苏格兰人。鉴于贝于歇没有明确谈及洗劫英格兰沿海城镇的事宜，萨姆欣猜测贝于歇只是将洗劫城镇视为提振士气、犒劳海员的一种方式，而非特定战术。[3] 萨姆欣这一理解与克里斯托弗·奥尔曼德（Christopher Allmand）一致，奥尔曼德认为骑行劫掠或构成了中世纪晚期英法之间陆上战争的主要形式，其战略意图并不在于通过一场正式的对战击败敌人，而正在于通过深入敌方领土烧杀劫掠的方式，打击敌方士气，并猎取战利品奖赏己方兵士。[4]

1　Rodger, *The Safeguard of the Sea*, p. 91.

2　W. Mark Ormrod, *Edward III* (New Haven and London: Yale University Press, 2011), pp. 200–205; E. B. Fryde, "Financial Resources of Edward III in the Netherlands, 1337–1340 (2nd part)", in *Revue belge de Philologie et d'Histoire*, Vol. 45, No. 4 (1967), pp. 1142–1216; J. E. Ziegler, "Edward III and Low Country Finances:1338–1340, with particular emphasis on the dominant position of Brabant", in *Revue belge de Philologie et d'Histoire*, Vol. 61, No. 4 (1983), pp. 802–817.

3　Sumption, *Trial by Battle*, pp. 227–228; Maurice Jusselin, "Comment la France se préparait à la guerre de Cent ans", in *Bibliothèque de l'École des Chartes*, Vol. 73 (1912), pp. 209–236.

4　Christopher T. Allmand, *Society at War: The Experience of England and France during the Hundred Years War* (New York: Barnes & Noble Books, 1973), pp. 104–105.

骑行劫掠与沿海突袭的区别无非在于，前者是在陆上派遣骑兵，深入敌方领土进行劫掠，而后者则是借由舰船登陆敌岸后，对敌方沿海城镇展开劫掠。不过，由于中世纪晚期英格兰组建海军部队时高度依赖沿海城镇的人力和船舶资源，破坏海港城镇基础设施与破坏海上贸易路线，在战略效果上并无不同，都能够有效打击英格兰的海上力量，南安普顿就是很好的例证。[1] 南安普顿不仅是一个繁忙的贸易港，也是中世纪英格兰海军舰队常用的集结地点与出征起点，还拥有造船产业，其商业与军事价值正是其成为法国攻击目标的根本原因。

南安普顿事件显然也为英格兰王室政府敲响了警钟。1338 年 10 月 13 日，在南安普顿遭遇洗劫约一周后，英格兰王室政府下令彻查汉普郡防御不力一事，要求查清责任归属，惩罚玩忽职守或临阵脱逃的官员和民兵。[2] 并以南安普顿的遭遇为鉴戒，敦促汉普郡另一重要城市温切斯特（Winchester）征收税费、修葺城墙，告诫其加强防御，以防敌军卷土重来。[3]

11 月 12 日，王室政府又令汉普郡、伯克郡（Berkshire）、威尔特郡（Wiltshire）、萨里郡（Surrey）、萨塞克斯郡（Sussex）、肯特郡将郡内防御兵力重点部署至海边，并要求全面排查港口和海岸上防御薄弱之处，还要求当地教会贵族与世俗贵族都积极提供人手、协助防御事务。[4] 同年 11 月下旬，英格兰 15 个郡县郡守及杜伦主教收到君主指令，要求在其辖区内设立钟声警报系统，利用教堂钟鸣来传递敌人来犯的警报：距离海边七里格之内的教堂，无论是宗教节日还是平日，仅可鸣响一座钟，而一旦发现有敌入侵，须万钟齐鸣，向民众示警，以便做好防御准备、击退外敌（"[...] quod una campana tantum in singulis ecclesiis a mari per septem leucas in circuitu, tam in festivis quam in aliis diebus pulsetur; et quod si periculum ex hujusmodi hostilibus aggressibus immineat, omnes pulsentur campanae in qualibet ecclesiarum, pro populi nostri tuitione,

---

1 关于英格兰海军舰队组建方式及舰船来源，见 Craig L. Lambert, *Shipping the Medieval Military: English Maritime Logistics in the Fourteenth Century* (Woodbridge: Boydell & Brewer, 2011), pp. 11–51。

2 *CPR*, 1338–1340, pp. 180–181.

3 Ibid., p. 180.

4 Ibid., pp. 149–150.

et hostium nostrorum praedictorum repulsione praemuniend"）。[1] 由此，中古英格兰海疆上也有了基于听觉的预警系统。这 15 个郡县除萨里郡外均是沿海郡县。而萨里郡自身虽不临海，其东北部毗邻伦敦、南邻萨塞克斯郡、西南部毗邻汉普郡，因此萨里郡在这个钟声警报系统中的作用当是为帮助伦敦更好地接收南部及西南部沿岸发来的警报。

1339 年 3 月，为应对法军卷土重来，英格兰再度加强了汉普郡的防御工事——令南安普顿在海边建造石墙，并派专人为其置办建造防御工事所需材料，由王室财政出资；令温切斯特全面检修城墙，并征调市民保卫该城，又令汉普郡官员协助温切斯特市长进行木材等防御物资的运输，以顺利完成城墙修葺。怀特岛（Isle of Wright）上卡里斯布鲁克城堡（Carisbrook Castle）的司令官也收到指令，在岛上置办防御所需物资。[2] 1339 年 3 月 24 日，恰好是法国舰队袭击朴次茅斯一周年之际，法军舰队行至埃塞克斯郡，在没有城墙保护的渔港城镇哈里奇（Harwich）登陆，不过很快遭到了强力抵抗，并且由于风向原因，法军点的火也没能烧着城内房屋。[3]

整体而言，英格兰在 1339 年的海疆防御工作卓有成效，尤其在南部海疆做了充分的防御准备。同年 5 月中旬，法国舰队再度航行至索伦特海峡（the Solent）。索伦特海峡即横亘于英格兰主岛与怀特岛之间的海峡，是登陆南安普顿的必经之路。但不同于 1338 年 10 月时的长驱直入，此次法国舰队被岸边加建的防御工事和严阵以待的海防民兵所劝退，并未找到适合登陆南安普顿或怀特岛的机会，而是选择沿德文郡和康沃尔郡（Cornwall）海岸继续向西航行，以期寻找防御薄弱处进行侵扰。5 月 20 日，法军登陆普利茅斯（Plymouth），发动突袭，但很快被德文伯爵休·考特尼（Hugh Courtenay）率领的德文郡民兵击退。5 月 24 日，法国舰队折返至怀特岛附近水域，再度试图登陆怀特岛，也很快被赶走。之后数日，法国舰队沿萨塞克斯郡与肯特郡海岸向东航行，除了在 5 月 27 日突袭了（同样没有

1　*Foedera*, 1327−1344, p. 1066; Alban, "English Coastal Defence", p. 70.

2　*CPR*, 1338−1340, pp. 212, 237, 281.

3　Sumption, *Trial by Battle*, p. 261.

城墙保护的）黑斯廷斯（Hastings），未能找到其他登陆突袭的机会。6 月初时该舰队成员已回到法军控制下的加来（Calais），标志着该舰队的突袭任务暂时告一段落。[1]

1339 年后续几个月中，大量法国舰船的踪影频现英吉利海峡，"从泰晤士河入海口至康沃尔，尤见于桑威奇、多佛、福克斯通、莱伊、黑斯廷斯、朴次茅斯及普利茅斯"，在英格兰造成了持续性恐慌，令英格兰沿海人士严阵以待。[2] 这也说明，敌舰突袭的影响并不局限于曾经受到攻击的地区，而会在相当广泛的沿海区域内造成民众恐慌。

通过英格兰沿海地区在 1337 年秋至 1339 年夏的具体战争经历，我们看到彼时英格兰本土面对的主要威胁是法国舰队频繁的沿海突袭。敌人暴力洗劫沿海城镇、纵火焚烧港口停泊的船只，不仅对当地民生与经济造成严重破坏，也是对英格兰海事资源、海军力量施以明确打击。为将敌人拒之海外、减少沿海地区损失、保全英格兰海事资源，英格兰通过郡县民军征兵制度大规模征调民众在海疆内开展防御行动，内陆并部署烽火信标系统和教堂钟声系统用以传递警报。监视海岸、传讯示警、集结防御等一系列任务都离不开大量沿海居民的深度参与。

海洋防务当然不只本文所论及的在海疆内展开的监控与防御行动，在本文未具体涉及的近海防御工作中，沿海地方资源与海港居民的贡献对中古晚期英格兰的海军力量同样起着举足轻重的作用。整体而言，英格兰海防事务并非王族私事，而是关乎王国安危的公共事务。战火侵袭的不只是君主的国土，更是沿海居民的家园。在本文所强调的海防视角下，王室的利益与沿海地方利益深度联结，而这一点为英格兰共同体意识的形成提供了重要基础。

---

1 Sumption, *Trial by Battle*, pp. 262-263.

2 Hewitt, *The Organization of War Under Edward III*, pp. 1-2.

附录: 1337 年 9 月至 1339 年 6 月间英格兰海防相关事件年表

时　间	相关事件
1337 年 9 月 4 日	爱德华三世令汉普、德文、萨默塞特、多塞特四郡部署烽火信标, 要求海边发现敌情时及时点火示警。
1338 年 3 月 24 日	一支法国舰队伪装成英国舰队, 登陆朴次茅斯, 烧杀劫掠。
1338 年 3 月 26 日	法国舰队入侵泽西岛东部。
1338 年 4 月 6 日	禁止肯特郡征兵官将离海 12 里格区域内的弓兵调离该区域。
1338 年 7 月	征兵令发往英格兰 36 个郡县, 并要求各郡县民兵及征兵官听令于防御使。
1338 年 8 月 15 日	爱德华三世令英格兰全部郡县部署烽火警报系统。
1338 年 9 月 8 日	法军占领根西岛。
1338 年 10 月初	南安普顿突遭洗劫。
1338 年 10 月 13 日	王室政府下令彻查汉普郡多地防御不力之事, 要求严惩玩忽职守或临阵脱逃者。
1338 年 10 月 15 日	王室政府令温切斯特市政府对市民评估、征收税费用以修葺城墙、加强防御。
1338 年 11 月 12 日	王室政府令汉普、伯克、威尔特、萨里、萨塞克斯、肯特六郡将防御兵力重点部署至海边, 并全面排查港口与海岸上的薄弱之处。
1338 年 11 月 20 日	爱德华三世下令在英格兰 15 个郡县及杜伦地区部署教堂钟声警报系统。
1339 年 3 月 12 日	王室政府令怀特岛上的卡里斯布鲁克城堡司令官立刻采购防御所需物资。
1339 年 3 月 16 日	王室政府令温切斯特市政官员对城墙进行全面检修, 并征调市民保卫城镇; 令汉普郡官员协助温切斯特市长进行防御物资运输。
1339 年 3 月 24 日	法军突袭哈里奇, 遭到强力抵抗。
1339 年 3 月 30 日	王室政府派遣专人替南安普顿购置防御工事建筑材料, 以便依君主指令于南安普顿岸边建造石墙。
1339 年 5 月中旬	法军舰队行至索伦特海峡, 后沿德文郡与康沃尔郡海岸线继续西行。
1339 年 5 月 20 日	法军突袭普利茅斯, 遭德文郡民兵击退。
1339 年 5 月 24 日	法军舰队再度试图登陆怀特岛, 遭击退。
1339 年 5 月 27 日	法军袭击黑斯廷斯。
1339 年 6 月初	法军舰队成员在加来庆祝。

（本文作者为北京大学海洋研究院博士后）

法律文明进程中的欧洲中世纪行会

议题与线索*

康 宁

以法律为核心的社会框架，缔造了法律文明的基本秩序。在讨论法律文明进程的诸多论述之中，"从身份到契约"的论说是雄辩的。在英国历史法学家亨利·梅因（Henry Maine，1822—1888 年）的笔下，"所有进步社会的运动，到此处为止，是一个'从身份到契约'的运动"[1]。在梅因看来，古代罗马帝国后期职业军人的产生、中世纪采邑组织中的个人权利和义务，都是这一进程在发生学意义上的要件。那么，是否仍有未曾言及的其他因素，在法律文明的进程中同样贡献不菲？

此一问题的答案，无法绕开社会组织的重要形式——行会。行会是为了促进共同利益，按照不同领域组成的社会团体，古已有之。如果从某种意义上说，一部人类法律文明史，就是一部逐步祛除法律中的身份属性、同时增量契约属性的此消彼长的历史，那么就欧洲而言，由身份型传统法律文明向契约型现代法律文明的转变过程，在中世纪行会得到具体而生动的展示，而且，这一历史性转变的实现在相当程度上还得益于后者的引领和带动作用。如果上升到一般性的理论视域，行会这一典型的业缘性社会组织，至少可以为下面的问题提供切入点：在法律文明进程的视域中，欧洲中世纪行会的议题与线索将如何呈现？

---

* 本文内容发表于康宁：《在身份与契约之间：法律文明进程中的欧洲中世纪行会》，社会科学文献出版社，2023 年。

1 Henry Sumner Maine, *Ancient Law* (London: John Murray, 1905), p. 150; Henry Sumner Maine, "Lecture VII: Ancient Divisions of the Family", *Lectures on the Early History of Institutions* (London: John Murray, 1885), p. 185.

一、关于行会的早期论断：既定秩序的"例外"

在古代社会自然崇拜与物活论的争辩中，诸如"真理"与"感官世界"、"存在"与"不存在"、"运动"与"不运动"的概念范畴，一定程度上限定了人们讨论或者尝试多样性的能力——行会不过是既定秩序的"例外情形"。彼时的社会组织，主要是基于生理的、血缘的家庭关系，日常活动体现为祭祀、繁衍的生活。非血缘性的聚集是存在的，初衷更是群体娱乐、宴会或私相帮扶的种种，具体的例证是最早出现在古代希腊的"Corpora"，直译为"团体"。古罗马共和时期也有类似的组织，名为"男子酒会"（male drinking club）。[1] 这种组织的形态当然较为松散，"酒会"本身也仍旧与祭祀活动难逃干系，但多数的"酒会"已经具有了平等帮扶意识的萌芽。到了罗马帝国晚期，这些团体扩及经营性的活动，遂与罗马时代推崇家族共和的政治气质出现背离。帝国晚期的酒会必须获得相应许可才得维持。此后直到古罗马帝国的灭亡，行会的生存均须首先得到官方的许可。

罗马帝国衰亡之后的战乱环境，提供了中世纪行会生发的空间。古代罗马繁荣的商业和经营制度，在帝国灭亡之际遭受了毁灭性打击。在中世纪初期，"蛮族是极其不稳定的，一位领导人打赢了战争，就会逐渐形成以他为领导的部族；一旦战败，这个部族就分裂了；一个新的部族又围绕着另一位战胜者振兴起来"[2]。动荡频仍的社会环境导致传统身份的混乱和个体安全保障的丧失，稳定长久的生计在数百年之内似难实现。失去帝国政权护佑的普通民众纷纷加入方兴未艾的教会寻求依托，并经由基督教神学将现世生活的终极因归之于神，政治、法律、日常体验都不过是神创世界通往"上帝之城"的步骤环节。[3] 到公元 8 世纪，加洛林王朝的采邑制封建效忠体系在各日耳曼领地内普遍建立，蛮族统治者以自上而下的差序分封体系，控制了欧洲绝大多数

1　P. W. Duff, *Personality in Roman Private Law* (Cambridge: Cambridge University Press, 1938), p. 103.

2　［美］朱迪斯·M. 本内特, C. 沃伦·霍利斯特：《欧洲中世纪史》，杨宁、李韵译，上海社会科学院出版社，2007 年，第 36 页。

3　［古罗马］圣·奥古斯丁：《上帝之城》，王晓朝译，人民出版社，2007 年，第四卷章 33："一切国王和王国的时间是由上帝的判断和权能规定的"，第 180 页。

的人口与地产。基督教的势力扩张迅猛，教会组织凭借对文化教育的垄断和经济赋税的豁免，在精神和物质两个层面聚敛资源。乡村与城市开始并存，慢慢呈现社会生活相对多元的舞台。[1] 在这样的背景下，尽管各处"总有一些让城市、团体、商会和个人搞借贷的机会"[2]，但此类非血缘性的联合，仍旧停留在诸种社会关系的"边缘"，它要么是基督教信徒中个别"利欲熏心者的组合"，么是不受保护、颠沛流离者"不得已的归宿"。职业行会力量的微弱具有事实性，在中世纪初期大多数的人们眼中，如果行会无法从形体上加以消灭，那么也不必担心其具有颠覆性的力量。

　　11 世纪至 13 世纪是中世纪行会的迅速发展时期，组建或加入行会成为谋生的主要手段和流行的生活方式。加之此时社会局势趋于稳定，城市开始复兴，商品生产与交易日益繁荣，商人和手工业者聚居一起合伙经营成为常态，职业行会在欧洲各大城市遍地开花。这些行会已经摆脱了出身决定的身份关系的束缚，转而以共同的职业和权利义务约定维系合作，还包括技能传承的实现。作为结果，行会为中世纪时期的主要社会问题——封建盘剥、商业不安、契约不定、秩序崩坏等，提供了可以缓冲的空间，加入行会成为受到普通市民欢迎的选择。尽管基督教神学和封建采邑的力量仍旧限制着中世纪行会的生存环境，行会在与外部环境的妥协与对峙之中争取了机遇，并利用各种内部的典籍、规章巩固这些机遇。[3] 12 世纪以后，手工业、商业的行会普遍获得了王权、领主与教会的承认，内部组织与经营行为也日趋规范化、制度化。到中世纪后期，各地行会已经成为与封建庄园交融共存的世俗联合体，因行会经营而产生的商业贵族、资本贵族与封建贵族、宗教权贵成功达成了共赢的默契。商业、手工业行会迅速而广泛的经营拓展，不仅刺激了人们开拓市场和疆域的欲念，更唤起了对于法律演化必要性的关注。中世纪行会质朴、务实的经营理念，最终酝酿产生了近代社会秩序的变革性力量。

1　［英］伯特兰·罗素：《西方哲学史：及其与从古代到现代的政治、社会情况的联系》，何兆武、李约瑟译，商务印书馆，1982 年，第 103 页。

2　［法］孟德斯鸠：《论法的精神》（下），张雁深译，商务印书馆，1997 年，第 106 页。

3　Charles R. Hickson and Earl A. Thompson, "A New Theory of Guilds and European Economic Development", *Exploration in Economic History*, Vol. 28, 1991), p. 130.

二、行会张力的呈现:"束缚"还是"解放"?

16 世纪,长期浸沐于基督教"邻人之爱"的伦理温情和"政治有机体论"语境下的欧洲人,已经注意到行会组织在社会经济政治生活中的重要性。当时颇具代表性的一个观点是,行会提供了满足城市工商业者经营需要和致富欲望的渠道。意大利的加斯帕罗·孔塔里尼(Gasparo Contarini,1483—1542 年)将中世纪的手工业者描述为:"有多少种贸易或者职业,他们(手工业者)就分化成了多少个组织(company)。每个组织都有特定的法律,指导工匠们的日常经营活动。他们自主选择的管理机构,不仅满足了成员们的利益诉求,还平息了成员之间的利益纠纷。"[1] 帕多瓦的马西利乌斯(Marsiglio de Padua,1275—1342 年)以职业团体的内部自治写就了对抗教会组织的檄文。他认为个体受制于教会的情景是"短时的"(temporally)和"无用的"(useless),个体因职业所进行的联合才是"生存的必需"(necessities of life)。[2] 现代政治学之父尼可罗·马基雅维利(Niccolò Machiavelli,1469—1527 年)则认为,尊重和安抚行会是受人尊敬的君主"应当具有的为人","由于每个城市都分为各种行会或者部族集团,君主必须重视这些社会集团,有时会见他们,自己做出谦虚有礼和宽厚博济的范例,但总是保持着他至尊地位的威严,因为这一点在任何事情上都是不允许削弱的"。[3]

不可否认的是,不少近代启蒙思想家将中世纪行会视作自由市场和个体权利实现的潜在壁垒。伴随着资本主义兴起与发展的需求,行会的规章同样成为理论家眼中的障碍。随之而来的是英国、荷兰等多个地区的"行会弱化政策"(guild-weakening policies)甚至"反行会"(anti-guild)政策,学术界充斥着有关行会制度的怀疑和批判。[4] 古典自然法学派凭借个体自由主义的理论主张,对中世纪的行会体制进行了

---

1 Gasparo Contarini, *De magistribus et republica Venetorum*, trans. by Lewes Lewkenor Esquire as *The Commonwealth and Government of Venice* (London: John Windet, 1599), pp. 34–37.

2 Marsiglio of Padua, *Defensor Minor and De transaltione Imperii* (Cambridge: Cambridge University Press, 1993), p. 33.

3 [意]尼可罗·马基雅维利:《马基雅维利全集 君主论》,潘汉典译,吉林出版集团,2011 年,第 91 页。

4 Charles R. Hickson and Earl A. Thompson, "A New Theory of Guilds and European Economic Development", p. 160.

检省。他们笔下的行会法仅仅是历史遗留的、人造的法（positive law），违背了理性的自然，行会也并非适格的法律主体（corpora legitima）。[1] 约翰·洛克（John Locke，1632—1704年）对团体组织不乏提防之心："社会始终保留着一种最高权力，以保卫自己不受任何团体、即使是他们的立法者的攻击和谋算。"[2] 正是考虑到行会颇为强硬的垄断经营权，18世纪的古典经济学家认为行会在相当长的时段之内阻碍了近代自由市场的形成。亚当·斯密（Adam Smith，1723—1790年）认为"同业组合的排他特权，学徒法规，以及限制特殊职业上竞争人数的各种法规……是一种扩大的垄断，往往使某些产业所有商品的市价能长久超过自然价格"[3]。这种行会垄断的论说着眼近代国家市场经济秩序形成，立场似无不妥，只是对行会所在的特定历史情境进行了相对单一的认识。就原初意义而言，是否行会经营组织一定需要支撑自由市场的经济秩序？毕竟，正如伯特兰·罗素（Bertrand Russell，1872—1970年）的观点，中世纪时期的动荡不安，激发了人们对稳定生存环境的渴望——行会的归属感正迎合了这种渴望。[4] 或者，只要中世纪的社会生产在整体层面上没有突破地域性的限制，亦即，小型的手工业作坊仍然可以满足基本的社会需求，特定的投资人仍没有能力依靠交通的便利、资源的转运而进行厂房的选址，古典经济学家笔下的自由市场就无可能也无必要出现。[5] 行会学家沿着古典经济学家们挑剔的话语，增添了对特定制度背景的探索。

除魅以后的近代欧洲聚焦世俗世界的现实问题，并在个体人、社会组织、国家等主体的实践中获得证成。经过15世纪以后的宗教改革和启蒙运动，基督教神学放弃了对世界的全面解释并撤回到仅仅是神学的领域中。启蒙产生的古典自然法思想，不仅不再诉诸超验的神学，还试图削弱传统理论的单一性逻辑基础，转而强调人们所共

---

1 Otto von Gierke, *Naturrecht und Deutsches Recht* (Frankfurt, 1883), Vol. iii, trans. by Ernest Barker as *Natural Law and the Theory of Society, 1500–1800* (Boston: Beacon Press, 1934), p. 163.

2 ［英］约翰·洛克：《政府论》(下篇)，叶启芳、瞿菊农译，商务印书馆，2010年，第94页。

3 ［英］亚当·斯密：《国富论》，郭大力等译，商务印书馆，2014年，第53页。

4 ［英］伯特兰·罗素：《西方哲学史：及其与从古代到现代的政治、社会情况的联系》，何兆武、李约瑟译，第131页。

5 Eugene F. Rice, *The Foundation of Early Modern Europe, 1460–1559* (New York: W. W. Norton and Company, 1994), p. 70.

同约定的理想秩序图景。契约，尤其是社会契约，变成了实现人类生存理想的有效途径。经典自然法理论认为，契约是人们意志的选择，人类社会的聚集就类似这种意志的选择，社会结构本身具有约定属性，并且可以衍生一套具有确定性内容的规范。曾经中世纪基于契约所获得的权利，此时几乎无须过多的解释，就被理解为与生俱来的当然权利，亦即"自然权利"。

沿着这一建构性的逻辑，有关行会的论断至少包含两个不同的走向：一是将行会视作个体意志自由的束缚，这类认知广泛存在于英、法、美等较早成型的自由资本主义国家，这些国家的传统行会因此遭到了质疑和取缔，行会的经营职能顺势转移到近代冒险资本家和他们经营的公司。二是认为行会本身也是契约的一种形态，并因此在事实上解放了个体自由。它不仅实现了意志的合作，还完成了合作要解决的问题，即通过行会管理体制有效保障了社会秩序的实现。

三、社会理论的阐释：作为社会结构"复杂性"的行会

近代以后，行会已然成为无法绕过的法律议题。长存了千年之久的中世纪行会究竟如何走入近代视野？19 世纪的人们基本否定了一成不变的近代"社会契约"和"理想图景"，认为社会生活未必是法律建构的应然性结果；法律与社会结构之间更多是互动与调试，所谓"自然状态""自然权利"的假设多是源于对法律文明不愿深入细致地研究。是故，行会组织的存在也不奠基于某种至高的、假定的、空洞的原则，它既不是"例外"也不是"应然"，而更是社会持续发展的阶段性成果。循着这样的逻辑，尽管古典契约理论将个体人从中世纪诸多组织性的束缚中解脱出来，19 世纪复又推动个体人重新回应社会结构与劳动分工的组织化需求，中世纪行会以全新的面貌回归人们的视野。

1859 年，查尔斯·罗伯特·达尔文（Charles Robert Darwin，1809—1882 年）的《物种起源》问世。《物种起源》之"遗传""变异"和"选择"的革新性命题如何影响

到社会科学，我们不得而知。根据达尔文的基本观点，生命演化[1]并非一种拉马克（Lamarck）式的高而更高、好了又好的自发上升过程，而是这样一种现象：生命体在其中表现出了自发性、多向性的演化趋势和保持自己祖先模式（pattern）的趋势。这两种效应的结合实际铲除掉了自然界中毫无章法的乱序发展，同时经由"自然选择"的过程淘汰掉了不能适应周围环境的有机体。这样铲除的结果，就留下了多少能够适应其周围环境的生命形式之遗存模式（residual pattern）。[2]有鉴于此，近代社会学之父赫伯特·斯宾塞（Herbert Spencer，1820—1903年）继而认为，有机体或由有机体组成的社会将在下述活动样式中比较长期地保持现状：组织的各个不同部分按照一个大致有意义的模式而共同活动着。斯宾塞将达尔文的观点运用于社会经济领域，推定劳动的专业化分工、市场竞争的优胜劣汰等内容构成了社会演化的基本模式，行业组织正是此种模式的适用场，尽管仍旧需要相当的验证。[3]

《物种起源》问世仅两年后，梅因的《古代法》经由同一家出版社出版发行。[4]在19世纪演化理论的洪流中再观梅因，"从身份到契约"的论说可谓梅因做出的时代性回应。他认为个人自由及其主张可以获得一种"渐进式"的实现，方式就是背离此前法律制度、法律规则和法律学说，从身份到契约就是这种渐进式的变化。通过对古罗马法的考察，梅因注意到原初身份意图的崩溃，以及合约或者协议为基础的一般契约法的发展；社会组织形态的变迁是顺理成章的结果，以血缘家族为主体的社会形态会逐渐瓦解，社会稳定性通过约定和允诺得以维系，以此产生了作为中世纪主要社会结构的封建契约组织。[5]梅因对比这种变迁的前后形态并认为，在以血亲集

1　达尔文演化理论（theory of evolution）目前的通译为达尔文"进化论"。"进化"一词暗藏从低等到高等、从落后到先进的定向性、目的性方向，而这其实与达尔文已经认识到的演化多样性和不确定性并不一致。这里，我们以"演化"代替"进化"的适用，以弱化定向性、目的性的表述。

2　Charles Darwin. M.A. , *On the Origin of Species*, First Edition (London: John Murray, 1859), p. 6.

3　[英]赫伯特·斯宾塞：《社会静力学》，张雄武译，商务印书馆，1999年，第33页。

4　达尔文的《物种起源》（*The Origin of Species*）发表于1859年11月，时间仅早于《古代法》（1861年）两年。1931年，克莱顿·亚伦（Carleton Kemp Allen）在为《古代法》所作导言中，认为梅因引用达尔文生物进化论的观点，作为自然科学上有利于父权制理论的证据。见[英]梅因：《古代法》，沈景一译，商务印书馆，1996年，第9页。

5　[英]亨利·梅因：《古代法》，沈景一译，第206页。

团为单位的社会组织之间，人们只要采取恰当方式维系各个好战集团之间的和平就已足够，而契约则与此不同，它是去中心化的，且体现了相对充分的意志性，是故具有弹性和适应能力，应对不同的情境游刃有余。梅因的论断颇有振聋发聩的感召力，但是单纯的契约结构能否在普遍意义上诠释更多的社会团体，梅因没有展开充分的论述。

契约和社会组织的命题也受到埃米尔·涂尔干（Émile Durkheim，1858—1917年）等同时代社会学家的关注。涂尔干认为梅因的"契约"理论过于简单化，以行会为主体的社会组织更多地保留了道德原则的共同诉求，它是社会功能分化的产物，这是简单"契约"所不能解释的。契约基础上的劳动分工促成了专业领域社会功能的产生，这种行业性的组织印证了"从块状分化向功能分化"的转变，涂尔干称此为"有机性"的合作，它的基础是共享的道德规制。[1] 那么，法律要做的是什么呢？涂尔干认为，法律可以针对后果性的内容，对有机体的合作予以确定，或者及时止损并予以恢复。这样一来，法律是否就处于相对次要的位置——它是不是只能从属于社会结构呢？并非如此。涂尔干反而更加注重法律在有机体维系过程中的意义，只不过这项任务已经呈现为更加复杂的形态。

马克斯·韦伯（Max Weber，1864—1920年）选择与涂尔干大致相近的视角，即从社会经济学的方面考察行会"誓约"在资本主义兴起过程中的作用。在韦伯的经济社会学研究体系中，问题意识在于资本主义何以兴起并影响世界，为此法律其实完成了"实质理性"向"形式理性"的转化，经济誓约的出现一定程度上体现着这种转化，它增加了社会交往的安全性和可计量性。韦伯认为，中古时期欧洲的经济誓约体多是自治的，并且在外部环境的刺激下形成社会性的支配力量。[2] 继乡村土地关系的束缚之后，个体之间出现了对等的"兄弟情谊"（brotherhood），且这种誓约型的兄弟关系，正是受益于中世纪城市与行会的形成。韦伯暗指，行会和城市将不同出身、身份的人

1　[法]埃米尔·涂尔干：《社会分工论》，渠东译，上海三联书店，2013年，第33页。

2　[德]马克斯·韦伯：《非正当性的支配——城市类型学》，康乐、简惠美译，广西师范大学出版社，2005年，第56页。

加以混同，主体之间的差异性被削弱了。这一观点极具启发性。然而，为了解释"兄弟誓约"的整体属性，韦伯将中世纪城市与行会之间的差异进行了模糊化的处理。实际上，尽管城市的市民已经在形式上渐趋平等，行会内部依然存在着师傅、帮工以及学徒的不同。况且，加入行会也不等于加入城市，只有师傅或者一部分老资历的帮工才具有市民的身份。由于行会的培训和晋升机制，学徒以及大多数的帮工争取成为正式市民的过程可能较为漫长。如果再考虑到谋划生计、保障安全的必要，行会还应在城市的地域范围内维持特定的自主性。在韦伯的语境中，城市参与者、行会参与者之间存在的张力关系被弱化了，这就留下了值得推敲的论证空间。

行会制度的系统论证兴起于 19 世纪末 20 世纪初。彼时，工业革命所造成的社会分化，契约自由所带来的资本压迫，使"现实中的资本主义，已经从清教徒肩上轻飘飘的斗篷，变成了一只铁的牢笼"[1]。学者们开始怀念中世纪行会组织中的脉脉温情。社群主义（communitarianism）的研究思潮兴起，行会制度在近代社会的语境之下不断被重述。1900 年前后，行会组织及其法律制度成为意大利社会运动的旗帜。激进的社会学家认为行会团体真正顾及到了广泛的社会正义，是推动社会变革的重要力量。从这个意义上说，马克思、恩格斯的共产主义理论正是这一社会思潮的集大成者。恩格斯在论及西欧封建社会中行会特点时，参考了普布里乌斯·塔西佗（Publius Cornelius Tacitus）《日耳曼尼亚志》（*Germania*）中有关蛮族部落民主的描述，认为城市行会在一定意义上是农村基层组织——马尔克公社的移植，二者同样保有共产主义所有制的形态。[2] 他认为，在农村，占统治地位的是原始共产主义基础上成长起来的马尔克公社，"起初，每个农民都有同样大小的份地，其中包括面积相等的土地，并且每个人在马尔克中也相应享有同样大小的权力。……以后的一切同业公会，都是按照马尔克公社的样子建立起来的。首先就是城市的行会，它的规章制度不过是马尔克的规章制度在享有特权的手工业者上而不是在一定土地面积上的应用。整个组织的中

1　李猛：《除魔的世界与禁欲者的守护神》，北大法律信息网 http://article.chinalawinfo.com/ArticleHtml/Article_2501.shtml，访问时间：2023 年 8 月 8 日。

2　［古罗马］普布里乌斯·塔西佗：《日耳曼尼亚志》，马雍等译，商务印书馆，1985 年。

心，是每个成员都同等的分享那些对全体来说都有保证的特权和利益"[1]。第一次世界大战之后，意大利社会理论家奥登·波尔（Odon Por，1883—? 年）更是抛出了"行会社会主义"（guild socialism）的论说。他褒奖行会是注定以劳动力的垄断"实现生产控制、释放经济自由"，且行会不仅是绝佳的劳动力组织形式，还兼顾高度的个人性格和公共精神（high personal character and public spirit），可以最大限度地适应社会发展与合作的多元需求。[2]

德国法学家基尔克（Otto Friedrich von Gierke，1841—1921 年，又译为祁克）是同一思潮之下的保守者。基尔克是 1900 年《德国民法典》的主要批评者。他反对法典中过度彰显的个体主义框架，认为与传统德意志民族团体主义的精神气质不符。他凭借大量原始资料的分析，以"行会"和"团体"的理论解释了德意志社会演进的五个阶段：第一阶段始于公元 800 年，主体是父权和亲属关系之上的日耳曼部落组织。基尔克认为，这是中世纪团体发展的伊始，也是领主分封制度的开端。团体的组织形式受到了封建附随义务的冲击，但是个体的服务与财产也能得到些许的保护，这就蕴含着团体、城市甚至邦国发展的基因。第二阶段为 11 世纪到 13 世纪，德意志处在团体组织和封建力量的双重控制下。一方面，这一时期的社会秩序相对和平，日耳曼团体在共同经营对象（common subjection）的基础上发展为职业的行会。与自上而下的封建关系相比，行会是自下而上自发形成的。另一方面，封建的契约关系向个体或者团体法律关系的方向转化。正因如此，德意志才发展出了最为古老的地方社群（community，Gemeinde）以及城邦（state）。第三阶段持续至中世纪末期，自发的团体组织具备了统治性的力量。这是自由城市与商人行会、手工业行会的繁荣时期（heyday），并行存在的还有贵族的联盟、教士的组织、经院学者的团队、不同省份或者领主内部的地产庄园、农户社区等。基尔克注意到，各类团体的约束力开始减弱了，比如，罗马法和教会法松动了封建领主的权限，领主对人和土地的控制开始交接

---

1 《马克思恩格斯全集（第二十五卷）》，中央编译局编译，人民出版社，2001 年，第 574、576 页。

2 Odon Por, *Guilds and Co-operations in Italy*, trans. by E. Townshend (London: The Labor Publishing Company, 1923), p. 140.

到邦国（state）的手中。第四阶段的起止时间是具体的，自 1525 年德意志农民起义（German Peasants' War）到 1806 年莱茵河联盟（Confederation of the Rhine），这一时期仍然受到罗马法、教会法和团体法律传统的影响，却也同步开启了国家与个人的时代。[1] 第五阶段始于 1868 年，古老的日耳曼社团精神复苏了，团体也不单纯解决生计问题，而是在国家的体制内获得了新的位置。基尔克重点阐述了这种旧传统的新定位，法律人格、法律团体与自然法、国家和政治权力关联，可以让日耳曼的历史元素为当今所用。他对这一阶段的描述不乏溢美之词，认为调试之后的日耳曼团体主义将取得瞩目的成就。实际的情形也是如此。德国私法体系较早地接纳了"法人"和"团体"的概念，离不开基尔克一脉学者先期的论证及准备。[2]

无论如何，行会是法律文明进程的重要组成部分，这几乎是不存疑义的论题。美国当代社会法学家哈罗德·伯尔曼就是在法律传统的视域中定位中世纪行会。伯尔曼认可韦伯社会经济学视角对中世纪城市与行会的分析，但他认为韦伯尚未触及法律传统产生与演化的原动力因素，亦即中世纪行会固然重要，但合乎时宜的中世纪行会到底缘何产生，它又如何作用于后人称之为"西方"的法律传统？伯尔曼认为，经济社会发展的动力实际来自"教皇革命"，城市与行会是信仰命题的组成部分，行业誓言约束力的实现也借鉴了教会宣誓。[3] 中世纪行会生发的重要基础，是"教皇革命"之后多元自治的世俗共同体，以及不同世俗共同体所不断完善的法律制度，行会是信仰体系中多元性、秩序性的载体之一。[4] 此前之所以没有触及这一要害问题，原因在于对政治经济元素的过分倚重，忽略了作为西方法律传统重要内容的宗教。如此，伯尔曼提出了解释行会问题的社会历史主义进路。[5] 沿着这一进路，中世纪行会的研究还须回

---

1 Otto von Gierke, *Naturrecht und Deutsches Recht* (Frankfurt, 1883), Vol. iii, trans. by Ernest Barker as *Natural Law and the Theory of Society, 1500-1800*, p. 115.

2 Otto von Gierke, *Das deutsche Genossenschaftsrecht*, Vol. iii (Berlin, 1868-1913), trans. by F. W. Maitland as *Political Theories of the Middle Age* (Cambridge: Cambridg University Press, 1900), p. 88.

3 [美]哈罗德·伯尔曼：《法律与革命》，贺卫方、高鸿钧等译，中国大百科全书出版社，1993 年，第 480 页。

4 同上，第 494 页。

5 在这一点上，伯尔曼的《法律与革命》也因大量使用二手文献而非原始资料引起争议。见彭小瑜：《西方历史误读的东方背景：法律革命、宗教改革与修道生活》，《历史研究》2006 年第 1 期，第 124—125 页。

归彼时的社会环境与实践本身。

四、待续的议题：制度史之维

挖掘法律文明进程中欧洲中世纪行会的价值，应当通过呈现欧洲中世纪行会的存在形态与法律属性，还原中世纪法律制度的原貌。就历时维度而言，欧洲中世纪行会堪称是传统法制向现代法制演化过程的一个历史缩影；若从共时维度讲，欧洲中世纪行会是介于身份与契约之间或者说二者兼具的特殊法律共同体。正如英国法律史学家梅特兰（Frederic William Maitland，1850—1906 年）在英国法制史的宏观视野中论及行会和行会法，认为"商人特权的维持"（maintenance of the merchant privileges that have been granted）是行会生活的主要内容，这些内容很大程度上是由行会自己的法庭进行保障的，行会法庭不仅活跃在英格兰，还"不可避免地普遍存在于法兰西、德意志等地区"[1]。关于行会经营秩序的论断，应当以制度史的线索为基础。

欧洲中世纪行会的生存环境是复杂的。个体与组织，身份与契约，实际并不是简单的进程问题，而是张力变迁与调试的动态呈现。根据昂温（Unwin）对中世纪行会（Gilds and Companies of London）的研究，为我们所熟知的现代国家（the state）与城市（municipalty），甚至个体人（the individuals），皆不存在于中世纪的时期，而是处于形成与演化的过程之中。[2] 这些因素彼此间的共处与摩擦，使行会之类社会组织面临的不和谐因素持续存在。一方面，行会是具体社会情境之中的职业团体，它需要得到外部的认可或者保护；另一方面，作为行会外部环境的中世纪封建组织、教权与市镇离不开行会的经营收入，行会也要主动配合外部的政策并服从管理。随着行会专业化程度的提高和市场控制力的增强，社会环境与行会之间的关系可能愈发微妙。仅同类

---

1 Frederick Pollock and Frederic William Maitland, *The History of English Law before the Time of Edward I* (Cambridge: Cambridge University Press, 1968), Vol. I, p. 667.

2 George Unwin, *The Guilds and Companies of London* (London: Frank Cass and Company Ltd., 1963), p. xiii.

行会之间的摩擦与角逐，已经构成行会经营活动中的重重考验；教会组织、零散经营者、异乡人的介入，可能在诸多领域中与行会发生冲突；觊觎行会自治权及经济收入的领主或城市领袖，更可能在压缩行会生存空间的伎俩上大动脑筋；从事远距离贸易的行会组织，则会在客旅生活中遭遇障碍。无论是哪一种情况，行会都只能利用自身的经济实力，不断展开争取与交涉。交涉虽不是一帆风顺，却多以取得授权或者认可而告一段落，这其实是不断明确行会、界定行会的过程，它形成了一种内外兼具的约定性，并在行会化解日常纠纷与矛盾的过程中得到强化。

中世纪行会将妥协、对峙与变革的成果记录下来，形成制度性的文件，也就是行会法。行会法的本质在于职业约定，既是行会成员的内部之约，也是行会与外部环境的权限之约。诚如韦伯所言，中世纪的职业团体兼有自律（autonom）与他律（heteronom）、自治（autokephal）与他治（heterokephal）的属性。但行会法的自律性与他律性，仍旧随实际情况的不同而各具差异。如果行会的自决程度较高，行会亦可较大限度地实现自身诉求，则行会法的实际影响力较大，最典型的是中世纪中后期意大利佛罗伦萨行会同盟的"正义法令"、德意志的汉萨行会法令等。如果行会的对外依附性较大，则行会法的效力空间随之减弱，比如英格兰、法兰西、西班牙等王权建制之下的行会，必须虑及外部授权和特许的现实基础。[1]

整体而言，行会法呈现出了自在性和依附性之间的平衡与较量。这种平衡与较量的关系，使身份和契约在中世纪行会之中的张力长期存在。"身份"当然没有被彻底根除，个体人加盟行会实际也是一种身份资格的取得。只是，"誓词"本身的意义在于遵守行会权利义务的承诺。从此，个体有了行会人的新身份，团体获得了新成员，他们不是某位尊者忠实的臣仆，倒是行会誓约和经营事业的"臣仆"。与此同时，行会法对个体成员行为与意志的规定真实且具体，其有关成员管理、师徒关系和学徒培训的机制，至少暗示着行会制度对个体人利益的平等关怀。行会内部的裁判以及对外上诉机制，使行会团体之约不是束之高阁的空论，而具有了实际的可操作性。可以说，中世

---

1 ［德］马克斯·韦伯：《非正当性的支配——城市类型学》，康乐、简惠美译，第13页。

纪行会蕴含着对会员平等意识的鼓励。这是在扬弃中世纪封建身份差异的同时，叠加了古已有之的经济契约关系。

在制度史的意义上，中世纪行会实际比早先的诸种论断走得更远。毋庸置疑的是，有关契约的理论与实践在古代社会业已出现，但是，把契约作为同行业人士进行合作和维持生产与生计的常规法律手段，毫无疑问是中世纪行会的创举。不能否认，中世纪的行会不仅是借助契约建立起来的，而且是仰赖契约的约束力来维系日常运作。在这一过程中，无论团体还是个人，仍要面临"身份定位"的问题，只不过这样的一种身份，同时认可了后天的努力所得，并且采取法律的形式保障了稳定性和可行性。它不是"从身份到契约的运动"，而是"身份与契约之间的互动"，关于它的价值分析也因此具有了开放性。正因如此，在古代到今天的法律文明演进历程中，中世纪行会的制度贡献也成为未完待续的论题。

（本文作者为中国人民公安大学法学院副教授）

论中世纪英格兰经济的信贷推动[*]

谢丰斋

  英格兰封建经济的运行在很大程度上与其国内的借贷是分不开的。"二战"前，西方"货币学派"（monetarist school）已提出：中世纪经济与"贵金属库存的变量"存在着密切的关系。著名经济史家马克·布洛赫（Marc Bloch）、亨利·劳伦特（Henri Laurent）、阿尔伯特·费维尔依（Albert Feavearyear）和哈密尔顿伯爵（Earl J. Hamilton）等均持这样看法。[1]"二战"结束后，"反货币学派"（the anti-monetarist school）出现了，对"货币学派"的观点进行了反击。然而，至 20 世纪 80 年代，随着"计量史学"的兴起，"货币学派"又重新抬头。他们新提出的观点认为：中世纪经济实际上受到两种力量的交互作用，一是构成经济本身的各项指标，如生产、交换和消费等；再一是"包括金属矿的开采、金银的流通和金属币的增加"等在内的货币运行，而后者是独立的变量，对经济运行起着"传送带"的作用。[2] 这个观点再次把货币流通的作用提升到了与经济运行本身同等的高度，说明货币或信贷对经济所起的作用非常之大。实际情况到底怎样？我们在此做一探讨。

---

[*] 本文是 2019—2022 年教育部哲学社会科学后期资助项目"英国领地经济研究，1086—1380 年"（项目批准号：19JHQ052）成果。本文写作参考了在读硕士生高萌提供的资料。

1 John Day, "The Fisher Equation and Medieval Monetary History", in John Day, *The Medieval Market Economy* (New York: Basil Black Ltd., 1987), pp. 108–109.

2 Ibid.

一、史学界对中世纪英格兰信贷的研究

信贷，即依靠信用进行的存款或贷款。在人类经济发展史上，它是一个从无到有的过程。被誉为政治经济史创始人之一的布鲁诺·希尔德布兰德（Bruno Hildebrand）曾指出，"经济发展主要有三个阶段：史前和中世纪早期的自然经济，货物与其他货物交换；中世纪晚期的'现金'经济，货物用现钞购买；现代信贷经济阶段，商业贸易以信贷为基础"[1]。在希尔德布兰德看来，中世纪属于前信贷阶段，各种信贷活动是不存在的。其后，卡尔·布彻（Karl Bücher）发展了希尔德布兰德的观点，开始注意到中世纪的信贷问题。只是布彻认为，中世纪的信贷还是混乱的借款，其目的是维持生活和进行消费，而不是投入生产性活动，因而对经济社会所起的作用极其有限。[2]直到 1928 年波斯坦（M. M. Postan）发表《中世纪贸易中的信贷》[3]一文，才将中世纪的信贷问题正式提上议事日程，信贷活动的普遍性才逐渐被认识。南丁格尔（Pamela Nightingale）、斯科菲尔德（Phillipp R. Schofield）、布里格斯（Chris Briggs）等学者，开始利用法庭档案和官方信贷凭证等资料，对这个问题进行了大量研究，至此，中世纪晚期英格兰的信贷问题才引起学术界的重视。

大约从 13 世纪起，随着人口的增长和贸易的扩张，英格兰流通中所需的货币量大大增加，不论领主、商人，还是农民，都需要更多的货币。因为领主希望购买奢侈品或购入更多的羊来增加收入；商人希望扩大国内外贸易的规模；农民希望到集市购买村社和庄园不能提供的货物，同时也需要更多的资金来扩大生产。但是，英格兰的货币供应量显然是不足的。首先，频繁的战争使英格兰不得不将大量的货币运往欧洲大陆；其次，少数特权阶层存储了大量的贵金属，例如，"亚当·德·斯特拉顿（Adam de Stratton）于 1289 年，在伦敦的住所存储了 12000 英镑；阿伦德尔伯爵（Earl of

---

1 M. M. Postan, "Credit in Medieval Trade", in *The Economic History Review*, Vol. 1, No. 2 (1928), p. 235. 希尔德布兰德的原文是德文，此处转引波斯坦的英译句。

2 Karl Bücher, *Industrial Evolution*, trans. by Morley Wickett (New York: Henry Holt and Company, 1901).

3 M. M. Postan, "Credit in Medieval Trade", pp. 234–261.

Arundel）于 1376 年去世时，在各地庄园存放了 60240 英镑"[1]；再次，从 13 世纪末至 15 世纪出现的断断续续的"银荒"和货币危机，对英格兰乃至整个欧洲产生了相当大的负面影响。此外，13 世纪末，劳役折算的出现和发展也在一定程度上加剧了货币的短缺。可以说，货币生产与供应不足是中世纪后期英格兰所面对的一个相当严重的问题，在这种情况下，"信贷"（Credit）的地位就变得极为重要了。尽管在 13 世纪时，"农业至少占英格兰国民收入的四分之三，土地所有权集中在不超过 5% 的人口手中"[2]，但信贷纠纷却在巡回法庭、教会法庭和庄园法庭的案件中占有很高的比例。从国王到骑士、庄园领主、主教以及教区牧师、商人、工匠、农民，几乎每一个社会阶层的人都有可能是债权人和债务人，而其每笔信贷的价值从几便士到几百英镑，甚至上千英镑不等。信贷交易不仅规模和数量大，且影响着几乎所有的地区和社会阶层。

二、中世纪早期英格兰的货币流通

英格兰是一个缺少银矿的国家，其早期的财政来源是非常薄弱的。据研究，11 世纪初，英格兰王室每年的财政收入是 10725 英镑，爱德华一世统治时期才增加到每年 60000 英镑。[3] 可是，因英格兰境内牧草丰盛，可以生产优质羊毛，随着欧洲毛织业的发展，羊毛的输出还是给英格兰带来了大量的贵金属。据马赫研究：11 世纪时，英格兰的货币年均流通量只有 25000 英镑，1300 年时已增至年均约 900000 英镑。[4] 又据麦特卡尔夫统计：10 世纪末，英格兰大约有 1200 万至 1500 万个便士，到 13 世纪末，

---

1 Pamela Nightingale, *Enterprise, Money and Credit in England before the Black Death, 1285-1349* (London: Palgrave Macmillan, 2018), p. 6.

2 Ibid., p. 3.

3 Cited in R. H. Britnell & B. M. S. Campbell, eds., *A Commericalising Economy, England 1086 to c. 1300* (Manchester and New York: Manchester University Press, 1994), pp. 13-14.

4 Nicholas Mayhew, "Modelling Medieval Monetisation", in R. H. Britnell & B. M. S. Campbell, eds., *A Commericialising Economy, England 1086 to c. 1300*, pp. 62, 65.

已增至 16800 万个便士，此外，还有 2000 万个"半便士"和 2000 万个"1/4 便士"。[1] 还有一个统计认为：1000 年前后，英格兰用于流通的硬币——便士只有大约 2000 万个[2]，1086 年增加到约 37500 英镑，1180 年又上升至 125000 英镑[3]。但是，在 1180—1280 年期间，英格兰的通货突然"像火箭一样上升"[4]，一种突发性的通货膨胀出现了[5]，对通币的需求激增。

12 世纪时，西欧各地已兴起了一股铸币潮。用于铸币的材质有金、银、铜三种。意大利城邦威尼斯的金币"杜卡特"是当时的国际通用货币，其地位相当于今天的美元。英格兰的币制也开始完善起来。其铸造的金币称"皇家玫瑰"（Rose Royal），等于 2 英镑，合 40 先令。此外，还有"君主"（Sovereign）和"几尼"（Guine）[6]，前者等于 1.5 英镑，合 30 先令，后者等于 1.05 英镑，合 21 先令。其银币称"英镑"（Pound Sovereign），最初就是 1 磅重的白银，合 20 先令，是用于征税的货币单位，日常交易中用不到。还有半英镑，称"半君主"（Half Sovereign），合 10 先令。小于英镑的币值有"安格尔"（Angel）、"克冷"（Crown）和"弗罗林"（Florin），1 安格尔合 2 克冷；1 克冷合 5 先令；1 弗罗林合 2 先令。更小的币值是先令，1 先令（Shilling）等于 20 便士。小于先令的币值有"4 便士"（Groat）、"侏儒"（Dandyprat，合 2 便士）。2 便士以下货币是铜铸币，包括"便士"（Penny）、"半便士"（Hapenny）和"1/4 便士"（Farthing）等。

就货币流通来说，"一个国家所需要的并不是一定数量的金属货币，而是有一定购买力的通货量"[7]。12、13 世纪时，无论是成条的面包，还是成壶的淡啤，只要花费

1　D. M. Metcalf, "How Large was the Anglo-Saxon Currency?" in *The Economic History Review*, New Series, Vol. 18, No. 3 (1965), pp. 476, 481–482, 转引自 P. D. A. Harvey, "The English Inflation of 1180–1220", in *Past and Present*, Vol. 61 (1973), p. 30。

2　R. H. Hilton, *English and French Towns in Feudal Society* (Cambridge, New York, Oakleigh: Cambridge University Press, 1992), pp. 30–31.

3　Nigel Saul, ed., *The Oxford Illustrated History of Medieval England* (Oxford, New York: Oxford University Press, 1997), p. 146.

4　R. H. Britnell, "The Prolliferation of Markets in England, 1200–1349", in *The Economic History Review*, New Series, Vol. 34, No. 2 (1981).

5　Nigel Saul, ed., *The Oxford Illustrated History of Medieval England*, p. 146.

6　"几尼"又称"畿尼"，最初是指来自非洲几内亚的黄金铸币。

7　［英］马歇尔：《货币、信用与商业》，叶元龙、郭家麟译，商务印书馆，1996 年，第 42、52 页。

1/4 便士即 1 个 farthing，即可买到。[1] 即便在价格处于高峰时期，3 个便士还可以买到一只母鸡或 1 蒲式耳燕麦，6 个便士可以买到 1 蒲式耳小麦。[2] 不过，小额便士使用过多是不适用于大宗货物的交易的。据研究，用小币支付 100 英镑，需要收集、清点和运输 24000 个硬币，其清点时带来的麻烦和使用时的笨重会造成很大的不方便。[3] 因此，为应付流通的需要，英格兰出现了货币的替代形式——"支票"或"汇票"。[4] 这样的票据一开始使用时是粗糙又原始的，一些高级的"交换单"（bill of exchange）被刻写在"符木"（notched woodentally）上，或者就是一种"书写成的债务登记"（written records of debt）。[5] 这种初级的信用手段在意大利首先被发展起来，当时的英格兰并没有意大利先进。马歇尔说："货币或通货的代用品主要是支票，有时是汇票。"[6] 它们之所以被使用，就是因为缺少合适的通币。

为了扩大通币的持有量，西欧各国曾想尽办法增加贵金属。远征东方的十字军曾经大力掠夺东方国家的金银币。据《耶路撒冷史》记载：在占领耶路撒冷城以后，十字军首先"对穆斯林不分男女老幼，实行了惨绝人寰的 3 天大屠杀"。接着，为掠取更多的黄金，"勇士们剖开死人的肚皮到肠胃里去寻找。后来，因死人太多，干脆把死人堆架起来，烧成灰烬，再在尸灰里扒寻黄金"[7]。攻占拜占庭的首都君士坦丁堡以后，十字军对该城的烧杀抢掠更是持续达一星期之久，所有的金银财宝、丝绸衣物和艺术珍品几乎被抢夺一空，一个富庶繁华的文明古城变成了"尸山火海下的废墟"。为了分赃方便，十字军又把金属大件包括金属雕塑都熔铸成块。法国编年史家维拉杜安写道："自世界创始以来，攻陷城市所获的战利品从未有如此之多。"

因"农业大垦荒"的进行，至 9、10 世纪起，西欧各地已开始进入商品经济时代，

1　Nigel Saul, ed., *The Oxford Illustrated History of Medieval England*, p. 160.

2　［英］伊·拉蒙德、W. 坎宁安编：《亨莱的田庄管理》，高小斯译，商务印书馆，1995 年，第 46、50、57 页。

3　Nigel Saul, ed., *The Oxford Illustrated History of Medieval England*, p. 160.

4　［英］马歇尔：《货币、信用与商业》，叶元龙、郭家麟译，第 46 页。

5　Nigel Saul, ed., *The Oxford Illustrated History of Medieval England*, pp. 159–160.

6　［英］马歇尔：《货币、信用与商业》，叶元龙、郭家麟译，第 46 页。

7　转引自杜君立：《黄金与现代世界的形成》，《企业观察家》2017 年第 5 期。

对贵金属的需求不断增加。9 世纪中叶，德意志的哈尔茨山银矿首先得到开采，铸成的银币大量流入欧洲。"从 9 世纪中叶到 14 世纪初，德意志的银币一直是欧洲贸易中最重要、也是最基本的商品。"[1]11 世纪末，"十字军东征"开启，为了同东方地区展开持久的贸易，西欧继续加大白银的采掘。12 世纪时，捷克境内的大型银矿被开采，欧洲的白银数量迅速增多。

三、英格兰货币流通的信贷化

中世纪对英格兰来说是信贷业的初创期。当时，下自农夫，上至国王，都存在着信贷问题。信贷的普遍存在带来了货币流通的信贷化。

英格兰国王因国内政局的改变，开始热衷信贷。1214 年之后，因《自由大宪章》的签订和"议会"的设立，国王增税开始受到贵族限制。他已不能随意向国民征税，征税议案须得到议会的审议通过，而议会是被用来限制王权的。因此，国王的收入受到严重影响。为增加财富，国王开始卖官鬻爵，甚至依靠把"关税"承包给债务人等手段来增加收入，但王室本身的消耗比较大，加上军事外交等方面的开支，数目相当大。如何"开源"？最好的办法就是发展经济、鼓励创业，提高国民的整体财富。但是，英格兰本身并没有得天独厚的创业条件，根据《世界经济千年史》的数据，直到 16 世纪时，英格兰一直都是欧洲"最不发达"的国家之一。[2] 其人口数量不是很多，生产力和投资又较少向商业领域转移，故而英格兰希望依靠经济优势获取利润的机会不大。

在国内挣钱比较困难的情况下，国王便把眼光转向了国外。当时的欧洲活跃着不少可提供跨国借贷的商人和金融家，而英国王室又是欧洲最早获得集权的王室之一，

---

1 Steven Epstein, *An Economic and Social History of Later Medieval Europe, 1000–1500* (Cambridge: Cambridge University Press, 2009), p. 93.

2 ［英］安格斯·麦迪森：《世界经济千年史》，伍晓鹰、许宪春、叶燕斐、施发启译，北京大学出版社，2009 年，第 41—42 页。

其国境线四面环海，很少有外敌入侵，经济政治比较稳定，所以，英王自然成为投资人眼中信用值比较高的"潜在客户"。而英王也在一直紧盯着这批能够为其带来大笔资金的财主们。二者相互青睐，没过多久，联系就建立起来了。当时的欧洲总体而言还是一个"禁欲的欧洲"。在基督教伦理的控制下，贷款行为一直被视为是不依靠劳动而赚取利润的不良行为，所以，欧洲最早从事借贷业务的人多是东方来的犹太人，此后意大利人也步其后尘。因为意大利人靠近教廷，目睹了那些"言行不一"的教士人员的高利贷经营，所以，他们从事借贷业所受到的心灵责备，要比那些远离罗马的虔信阶层少得多。在欧洲由农业经济向商业经济发展时，罗马开始组织一些有关高利贷是否可行的教理谈判。他们从"劳动"的具体概念入手，证明放贷人手中的金钱也是劳动所得，其获得的贷款利润纯属应当。而且，意大利由于其地理位置优势，较早接触到东西方之间的商务往来，很早就形成了专门从事商业的地方贵族。这些人不断积累财富，并透过种种关系联系到各国的君主，所以，意大利银行家成为 11—14 世纪垄断西欧金融业的翘楚。英王亨利二世不愿低头向议会请求新开税源，便向弗兰芒地区的大商人威廉·凯德借款。凯德从 12 世纪中期到 60 年代末，一共从王室财产中收入了 5000 多英镑。亨利三世的政治同盟是一些教会贵族，年轻时，他经常向一些骑士团和大修道院借款。这些教会团体不要求国王提供金钱回报，只要求做出政治地位上的回应，其在位期间，正是英国大肆扩建修道院的时期。国王的弟弟理查是亨利三世后期的另一位借贷人，同样不寻求经济上的回报，而要求被赐予保举他人入职，正是在他的引荐下，意大利银行家第一次出现在王室借贷人的行列里。这个时期的意大利人已不单单向国王提供贷款，还被委任为治理国家的财会秘书。亨利的继任者爱德华一世在十字军东征时期受到过意大利商人的帮助，对意大利人尤为信任。在从东方回到英格兰的路途中，他专门雇用了一批熟悉金融业务的帮手，为他回国处理财务。这批人帮助爱德华改革了国内的税收制度，1275 年，他们力主推行了羊毛出口税制度。[1] 正是羊毛税的实行，使爱德华攒下了足额的资金，支持他下半生取得了赫赫

1　E. M. Carus-Wilson and O. Coleman, *England's Export Trade, 1275–1547* (Oxford, New York: Oxford University Press, 1963), p. 3.

战功。在其任内的中后期，曾一度率军向整个不列颠岛开战。由于战争的长期耗资，爱德华又向卢卡的第里卡迪公司临时借贷，其数额一度高达 40 万英镑。为按时还款，爱德华将英格兰的海关关税出让给了该公司，该公司代理人又将海关控制权按竞价转手出租给了英国国内的商人，再次获利。1294 年，爱德华又发动了对法国的战争，在这次行动中，他没收了停留在英国海关的全部羊毛以充军用，并夺回了第里卡迪公司的关税控制权。而在法王这边，由于对第里卡迪服好英王的做法生气，亦单边停止了该公司在法的一切业务。突如其来的两头亏空，使第里卡迪公司一蹶不振，从此淡出了金融圈。

虽然为国王借款的风险越来越高，但随着宫廷用度的增多，仍然有来自意大利各地的金融家们竞相为王室供贷。一些人甚至不惜用重金打通国王身边的重臣或名媛，用相对低廉的利息吸引国王借款。而英格兰王室在其国内状况不佳或面对战争动荡时，也会使用强制性手段摆脱欠款，但商人们不怕，因为他们仅凭短期利率就能赎回本金，甚至赚得更多。

再看中世纪英格兰农民的信贷活动。中世纪早期的农民是自给自足的，基本不使用货币，也缺乏参与贸易的需求或能力。但是随着对乡村研究的深入，我们发现，越来越多的庄园法庭卷轴和文献显示，中世纪农民是信贷活动的主体，他们以延期支付的方式出售牲畜或谷物，向朋友借款纳税或结婚，或租借土地以清偿现有债务，从而卷入广泛而复杂的信贷活动中。

相对较低水平的信贷协议的大量研究表明，在北欧尤其是在英格兰，标准的信贷通常以延迟或推迟付款的形式存在。[1] 在农村，大多数个人信贷交易，通常是不同规模的，但大多数都是小规模的信贷交易；而绝大多数小规模的信贷协议，几乎可以肯定是以口头方式进行的，没有明显的担保。[2] 并且，乡村中还存在着大量的"非正式

---

1 Phillipp R. Schofield and Thijs Lambrecht, eds., *Credit and the Rrural Economy in North-Western Europe, c. 1200-c. 1850* (Turnhout: Brepols, 2016), p. 4.

2 Phillipp R. Schofield, "Peasant Debt in English Manorial Courts: Form and Nature", in Julie-Mayade Claustre, ed., *Endettement prive et justice au Moyen Age* (Paris: Publications de la Sorbonne, 2007), pp. 55-67.

信贷"，这种"非正式信贷"就像是海面上漂浮的冰山，只有在口头协议或者其他方式签订的信贷协议失败后，信贷双方产生了债务纠纷并被记录下来，我们才能了解这一切，更多的信贷信息则是隐藏在海面下的那一部分冰山，无法估量。虽然这种"非正式信贷"的数量无法详细衡量，但从诉讼记录、账簿和遗嘱清单中可以看出，这种延期付款促进和推动了乡村的交流。

不同的债务类型，信贷的不同来源和用途，使得中世纪乡村信贷多种多样，信贷类型不同，对乡村经济的影响也不同。

第一，被动举债。被动举债是乡村经济生活中常见的债务类型，尤其当遭遇饥荒等重大变故时更常见，它可以划分为货币债务和实物债务。货币债务就是以真实的货币来偿还，而实物债务则以谷物、牲畜和其他商品来偿还。并不是所有的债务案例都产自信贷协议，导致村民"负债"的手段很多，他们可能是被动与债权人商定承担未偿债务。例如，遗嘱执行人因未能支付继承金而产生的债务，显然不代表"真正"的信贷，就双方自愿达成的协议而言，最明显的例子可能是货币贷款。实物债务可能是在谷物或牲畜遭受灾害或死亡后，未能提供商定的赔偿额而产生。例如有一个记载详尽的债务案例，源于威廉·德·埃利斯早期指控的非法侵占（但未详细说明），他在之后的债务诉讼中担任原告。约翰·波蒂厄伊承认了非法侵占的罪行，并同意向威廉支付 40 便士的赔偿，但他请求延期支付。之后约翰仍未偿还债务，引发了债务诉讼。值得注意的是，约翰在承认非法侵占直到债务逾期，他已经接受了某种信贷。没有人试图要求约翰将其财物或牲畜转交威廉来偿还他的债务。[1]

第二，应付欠款，如工资和服役（service）等。其他重要的债务种类之一就是拖欠的应付工资和服役。拖欠的应付工资指雇工向雇主索取未付款项时产生的债务。其中有些会特别提到被扣的工资。比拖欠工资更常见的债务是拖欠的服役费用，这类债务源于一种交易，即个体允许将其优越的土地和财产资源转给他人使用，而他们则延期支付费用。如雇佣牲畜的债务；租赁船只的债务；以及帮助债务人支付的款项，

1　CRO, R 939, m 25 (Littleport, I December 1326). The defendant in the debt case was in fact John's pledge lor the ohligation, William Meyre.

如法庭罚金。常见的债务还涉及犁耕和饲养牲畜等。正如克拉克论述的，在第一种情况下，个人在缺少耕犁或挽畜时，可以从富有的邻居那里获取犁耕或租用他们需要的用具，而在第二种情况下，个体拥有牲畜但没有足够的牧草或饲料来喂养它们，便把牲畜交由有剩余饲料的人喂养。即当缺少某些资源的人向持有这类资源的人寻求信贷时，就会产生因提供服务而欠下的债务。

第三，贷款。贷款也是一种常见的信贷交易类型。这一类信贷交易通常是债权人向债务人提供了一笔金钱或一些谷物，或牲畜，或其他物品，以及延期支付的条款，而债务人因逾期产生了实物债务或者货币债务。涉及贷款的信贷会有"正式具结"，这是一种罕见的法庭卷轴条目，它不代表债务纠纷的解决，而是新债务一经形成便作为法庭档案的一部分记载下来，其记载了偿还货币债务的具体日期。

乡村的信贷不完全是经济活动，村民需要资金来购买大型牲畜、种子用作耕作，也需要资金来应付紧急情况，如结婚、缴纳罚金等。但是信贷也涉及乡村经济活动，比较典型的是信贷进入了乡村的土地市场。在乡村生活中，土地无疑是最重要的财产，直接与农民的生存挂钩，我们一般认为，不到万不得已，农民不会出售自己的土地，但是在信贷活动中，乡村的土地流转非常活跃。不过大部分的土地转让几乎不会出现在土地市场，1279—1284 年和 1289—1299 年一个调查显示，在这一时期的庄园法庭卷宗里有 151 个土地转让记录，土地转让的平均面积不超过一英亩。[1] 在辛德莱克庄园，认为亲属间的土地流转是不明智的，因为它不是商业的交易，出售给非亲属的土地是最典型的土地流转形式，尽管庄园法庭的卷宗里识别亲属身份是困难的。在 1278—1283 年间，有 16 次亲属间土地流转，36 次非亲属间土地流转，在 1294—1299 年间，亲属间土地流转数为 27 次，非亲属间土地流转数为 62 次。[2] 同样地，非亲属之间的土地转让也异常频繁，在收成不好的年份，土地市场更加活跃，在 13 世纪 90 年代，发生了大饥荒，亚当之子威廉是最活跃的土地购买者。在 1294—1299 年

---

1 Phillipp R. Schofield, "Dearth, Debt and the Local Land Market in a Late Thirteenth-Century Village Community", in *The Agricultural History Review*, Vol. 45, No. 1 (1997), p. 4.

2 Ibid., p. 10.

间，他从 5 个不同的个体手中买了 8 次地，这些卖家似乎都和威廉没有亲属关系，并且全都是同一时期相当频率出售土地的人。[1] 当然也有很多进入土地市场的农民，既是债务人，又是债权人，上述威廉是辛德莱克最大的土地购买者，同时也是出售土地的人。

作为信贷双方，债务人和债权人在乡村土地市场上是否存在"剥削"情况呢？英国村庄出现的大部分信贷活动，都是在一个村民与另一个村民之间发生的。这是债权人和债务人身份的关键之处。因此可以肯定地说，英国乡村信贷，是一种"农民"信贷。尽管我们在 14 世纪所留存的材料中可以看到，乡村中有少数"维兰"通过土地市场积累财富，逐步拉开与同村村民的贫富差距，但是在对债务人和债权人的考察中，我们可以得出一个结论，即根据已审查的纳税和土地持有数据得知，大多数债权人和债务人的财富大致相当。虽然债权人和债务人在一些地方形成了相对不同的群体，但这并不一定意味着前者一定比后者更富有。毫无疑问，有几个富有的债权人，其拥有土地和纳税的特点使他们比几乎所有的村民都富有。然而，总的说来，债权人和债务人的土地和动产财富大致相等。大多数信用关系是"水平的"。[2]

总之，通过对乡村信贷的研究，可以看到乡村信贷已深深扎根于中世纪英国乡村生活，虽然不同区域信贷的规模和种类不同，但在英国乡村，债权人也可能是债务人，债权人与债务人的财富差距并没有悬殊，也没有过于明显的"剥削"。当然，有一部分维兰在土地市场积累了大量财富，在社会转型中成功跨越了社会阶层。在中世纪晚期，信贷的主要作用是增强乡村社会中较富裕阶层的财富、影响力和独立身份。毋庸置疑的是乡村信贷也促进了乡村经济的发展，加强了各地区和地区内部之前的联系，如果没有他们在中世纪晚期为自己发展起来的无处不在的、往往具有惊人弹性的信贷结构，中世纪的村民将无法对变化和新出现的机遇做出反应。

1　Phillipp R. Schofield, "Dearth, Debt and the Local Land Market in a Late Thirteenth-Century Village Community", p. 11.

2　Chris Briggs, *Credit and Village Society in Fourteenth-Century England* (New York: Oxford University Press, USA, 2009), p. 147.

四、中世纪盛期英格兰的借贷规模

在借贷问题上，英、法两国的态度和做法存在着很大的不同。

法国王室的做法相当极端。为了扩大王室财政，曾经不惜杀人越货，强行掠取，虽然短期内可以由此获得巨量的财富，但是，在接下来的日子里就很难建立起有效的信贷系统了。圣殿骑士团的覆灭充分说明了这一点。1187 年 7 月，阿拉伯的传奇领袖萨拉丁在哈丁战役中大败十字军主力之后，开始围攻耶路撒冷，守卫的圣殿骑士几乎伤亡殆尽，余下的成员退守到塞浦路斯。他们在这里凭借其遍布欧洲和中东的联系网络，发明了一项新业务：任何参加十字军的骑士，可以先将钱存放在某处的分支机构，然后再到中东附近的机构凭单据领取现金。这样，一个大范围的资金流通网络出现了。这个网络的业务具备了银行的特点，可以存钱、取钱，还能使钱通过票据流通。一些商人、城镇领主，甚至各国王室也成为这个网络的客户，英王约翰、克吕尼修道院、法王路易七世都曾到骑士团借到了大笔资金。骑士团有自己的武装，还有教皇做后盾，所以不怕客户们赖账。到了 13 世纪末期，圣殿骑士团已成为欧洲最有权势、最富裕的团体，拥有至少 9000 处庄园或领地，年收入超过 600 万英镑，相当于大约 100 个英王的年收入。[1] 骑士团的金融事业已经从单纯的存贷款扩展到汇款、信托和托管，几乎囊括了传统银行的所有业务。

可是，在腓力四世继位以后，情况改变了。为增加法国的财力，腓力四世不仅没收了"什一税"，将教皇变成"阿维尼翁之囚"，还将"黑手"伸向了圣殿骑士团。他向各地官员发出密函，特命他们在 1307 年 10 月 13 日同时逮捕法兰西王国境内全部圣殿骑士，收监候审；并将其所有动产、不动产悉数收押。这天正好是星期五，金融界的"黑色星期五"便由此而来。包括最高首领在内的几十名圣殿骑士团领袖被处以火刑，圣殿骑士团就此覆亡，其大笔财富落入腓力四世手中，其欠下的巨额债务也被一笔勾销。

腓力四世这样做的结果是法国的信誉扫地，外商不可能再向法国借钱了。相比

1　金亮：《金融史》（*Financial History*），同济大学 2021 年（英文）课件，"金融手段"（financial means）。

较而言，英国王室则相对信守承诺，借贷还钱。从 13 世纪起，英格兰王室开始向意大利商人借贷。13 世纪 50 年代后期，亨利三世为了进行"西西里冒险"（Sicilian adventure），向锡耶纳（Siennese）商人借款 54000 英镑。爱德华一世在他统治的第一个 7 年里，就向意大利银行家——卢卡的尼卡迪家族借贷 200000 英镑，用于威尔士战争，贷款条件是同意意大利人征集 1275 年的税收，并作为王室其他贷款的代理人。[1] 从 1272—1294 年，尼卡迪给爱德华一世的贷款总额达 400000 英镑。1294—1310 年间，佛罗伦萨的弗雷斯科巴尔迪（Frescobaldi）商行在 1302 年以前平均每年贷款 4000 英镑，以后增加到每年 15000 英镑，总计贷款数额包括利息在内约 155000 英镑。[2]

当然，外资给英国的借贷不仅有王室，也包括英格兰民众。如卢卡的尼卡迪和佛罗伦萨的弗雷斯科巴尔迪不仅为英国王室提供信贷支持，也向拥有各种分散地产的英国地主提供信贷服务。大额贷款者如莱维斯小修院（Lewes Priory）在 13 世纪 90 年代初曾欠意大利商人 2800 英镑，林肯伯爵欠 360 英镑；少者如诺森伯兰郡的赫尔勒小修院（Hulne Priory）仅欠款 1 英镑 6 先令 8 便士，某个教区牧师欠款 1 英镑；另有威廉·哈沃德（William Howard）以"1 只布施用的碟子和 1 只银杯担保"，得到 13 英镑 6 先令 8 便士的贷款，阿米尔·德·瓦伦斯（Aymer de Valence）将"1 只银杯、1 只银盘和 5 只金铃"用作贷款担保。[3] 为了广泛开展金融业务，佛罗伦萨的莫里（Mori）和斯平尼（Spini）等商号在伦敦建有票号，债务人可以到那里缴付他们的欠款。[4]

就当时意大利商人与英格兰之间的信用关系来说，约翰·德（John Day）的研究曾将它称之为"货币殖民主义"。他表示，在中世纪时期，"以意大利，特别是以威尼斯为主的各种形式的'货币殖民主义'在经济依附的情况下可能持续了很久"[5]。正是

1　J. L. Bolton, *The Medieval English Economy, 1150–1500* (London: J. M. Dent & Sons Ltd. and New York: Rowman & Littlefield Totowa, 1980), p. 176.

2　R. W. Kaeuper, "The Frescobaldi and the English crown", in *Studies in Medieval and Renaissance History*, Vol. 10 (1973), pp. 45–95; Cited in E. Miller, *Medieval England: Towns, Commerce and Crafts 1086–1348* (London and New York: Longman, 1995), p. 201.

3　N. Denholm-Young, *Seignorial Administraltion in England* (London: Oxford University Press, 1937), pp. 60–66.

4　E. Miller, *Medieval England: Towns, Commerce and Crafts 1086–1348*, p. 201.

5　John Day, *The Medieval Market Economy* (New York, Oxford: Basil Blackwell, 1987), p. 116.

在这个意义上，波尔顿表示，13 世纪的英国在欧洲国际贸易方面实际上还是一个"部分发达的殖民地"。[1] 当时的英国是北欧贸易圈中的一个轴，但是其商业利益的大部分流到了外国人的手里；英国是"欧亚国际贸易网络中的一分子"，但是，"它在这个贸易网络中的地位还相当谦卑，主要是原材料的提供者和制成品及奢侈品的进口者"。[2] 究其原因，就是因为英国王室在财政上极度依赖外国银行家。其结果使得外商在英国享有本国商人所没有的特权地位，包括贸易自由、出口签证、免税权和其他王室优惠等，而英国本土的商人还不能参与竞争，因为其金融力量太弱，只能依靠借贷。下面，我们看 13 世纪末至 16 世纪早期的英格兰的借贷情况，见图 1。

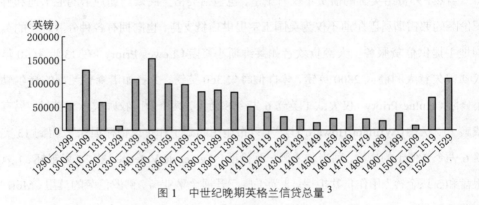

图 1　中世纪晚期英格兰信贷总量 [3]

这个统计显示，从 13 世纪末到 14 世纪末的一百年间，除了 1320—1329 年外，英格兰的信贷幅度都比较大。整个 15 世纪的信贷幅度则比较小，16 世纪又开始上升。

我们再看不同时期英格兰信贷的具体变化。

13 世纪 90 年代，英格兰的借贷总额还相对比较低。其原因首先是货币短缺。虽然说信贷的出现和广泛使用一定程度上缓解了流通货币不足所带来的负面影响，但

1　John L. Bolton, *The Medieval English Economy, 1150–1500*, p. 177.

2　Nigel Saul, ed., *The Oxford Illustrated History of Medieval England*, p. 146.

3　Pamela Nightingale, "Gold, Credit, and Mortality: Distinguishing Deflationary Pressures on the Late Medieval English Economy", in *The Economic History Review*, New Series, Vol. 63, No. 4 (2010), p. 1084.

信贷不是无限扩张的。当流通领域的货币短缺达到一定程度时，放贷人会看衰经济发展，对信贷行为持消极态度，同时会急于收回贷款并减少放贷，这时信贷活动的数量和总价值就会下降。整个 90 年代，伦敦和坎特伯雷造币厂的产量急剧下降，发行的银币数量也从 80 年代的 54000 多英镑下降到了 6519.1 英镑。[1] 另外，13 世纪末大量来自大陆的劣质货币流入英格兰，爱德华一世在 13 世纪 90 年代开始对其进行管制和收缴，这有助于 14 世纪初货币流通状况的改善，但在当时却导致了流通货币的大量减少。另外，从 1294 年到 1299 年间，英格兰经历了多场战争：在国内，爱德华一世镇压了一场叛乱并与苏格兰发生了冲突；在国外，英法之间因加斯科尼地区爆发了战争。这些战役给英格兰的人力、物力和财力造成了巨大损失，"据计算，这一时期爱德华在战争上的花费约为 75 万英镑"[2]。受动荡局势的影响，高额的商业信贷和小额的乡村信贷都萎缩了。

到了 14 世纪前十年，英格兰的信贷活动则比较繁荣，见表 1。

表 1　1290—1299 年和 1300—1309 年间，22 个信贷增长最快的郡[3]

郡	1290—1299 年（单位：英镑）	1300—1309 年（单位：英镑）
国内总量	55800	128102
伦敦	15123	25804
约克郡	5600	19574
诺福克郡	4681	10498
林肯郡	3842	9713
诺丁汉郡	3551	7182
德文郡	1773	6510
什罗普郡	4305	5331
赫里福郡	973.7	4297
牛津郡	85.3	3765

1　Pamela Nightingale, *Enterprise, Money and Credit in England before the Black Death, 1285—1349*, p. 99.

2　Ibid., p. 131.

3　Ibid., p. 156.

（续表）

郡	1290—1299 年（单位：英镑）	1300—1309 年（单位：英镑）
肯特郡	338.4	3340
汉普顿郡	2447	3185
埃塞克斯郡	1894.4	2934
布里斯托尔	859.3	2286
莱斯特郡	265.62	1866
格洛斯特郡	400.8	1605
萨默塞特	1185.6	1479
伯克郡	70	1388.7
斯塔福郡	242.3	1286
北安普敦郡	35	1134
白金汉郡	114.9	945.9
威尔特郡	496.6	843.7
萨福克郡	191	825.4

　　统计可见，许多郡或城市的信贷总额较 13 世纪末有了大幅提升，全国信贷总额增长了近 1.3 倍，其中伦敦增长了约 70%，约克郡增长了约 2.5 倍，增幅最大的牛津郡更是增长了 44 倍。促使这一时期信贷活动繁荣的因素有很多。其一，伦敦等地区的造币厂在 1300—1301 年间铸造了大量银币，这重新恢复了放贷人对流通货币的信心，并带来了信贷活动的回暖。其二，14 世纪前十年羊毛的平均价格上涨到了新的高度，羊毛出口量也大幅增加，这使英格兰白银储量激增。同时，该时期英格兰人口增长明显，这意味着进行信贷活动的人口基数增大，刺激了信贷交易数量和总额的上涨，"它们（指信贷）的价值从 1300—1304 年的 42219 英镑增至 1305—1309 年的 86883 英镑"[1]，14 世纪前十年的信贷总额飙升到了 128102 英镑。

　　到了 1310—1329 年间，英格兰的信贷总额又出现了大幅度的下滑。导致这种现象出现的原因非常值得关注。首先是 1315—1317 年的大饥荒，饥荒使人口下降，这

1　Pamela Nightingale, *Enterprise, Money and Credit in England before the Black Death, 1285–1349*, pp. 185–186.

必然会造成信贷活动的萎靡。除此之外，还有一个原因很少被注意到，1311 年之后，英格兰全国绝大多数的官方信贷登记处规定只允许商人作为债务人或债权人到此登记，这就意味着忽略了该时期各地领主、神职人员和农民中的信贷活动[1]，这一时期的信贷数据其实并未反映出英格兰真实的信贷活动状况。

14 世纪 30 年代，信贷规模又明显增大，这主要是因为羊毛贸易在 30 年代初有一定增长，同时官方信贷登记处的限制也取消了。但危机也在这一时期出现了，"从 1330 年 10 月 1 日起，伦敦造币厂因贵金属短缺关闭了 3 个半月，而坎特伯雷造币厂在 1332—1344 年之间在东南部根本没有铸造任何货币"[2]。另外，百年战争于 1337 年正式打响，这在未来很长一段时间内都对英格兰的经济社会带来了巨大的负面影响。虽然危机在 30 年代对信贷活动所造成的影响并不明显，但我们仍然可以从一些例子中看出端倪："从 1337 年起，奥金顿的债务诉讼突然增加。"[3] 这显然是由于经济、政治危机的出现，为了避免危机可能带来的不稳定因素、应对战争税和海外贸易收缩带来的经济困难，债权人急于寻求收回之前的债务，但此时债务人的经济压力也很大，所以没有能力还款，从而导致信贷交易诉讼增加。

14 世纪 40 年代并未像一般推测的那样，因战争、贸易衰退、黑死病暴发等因素导致信贷总额锐减，而是达到了峰值，"他们总共记录了 144283 英镑，比 14 世纪 30 年代高出 29%"[4]。究其原因，首先，爱德华三世因对法战争的军费过于庞大，无法偿还意大利金融家所提供的巨额贷款，从而导致了大量意大利银行的倒闭和意大利商人的破产，尤其是 1345 年巴尔迪家族和佩鲁齐家族银行的破产，引发了欧洲金融界一系列恶性反应，但却为英格兰本土商人的发展带来了机遇，促进了他们在国内的信贷投资活动。其次，由于爱德华三世此时难以从国外获得贷款，因此他不得不求助于国内市场和本国商人，大量的资本转移到国王的战争"投资"中。另外特别值得

---

1 Pamela Nightingale, *Enterprise, Money and Credit in England before the Black Death, 1285−1349*, p. 221.

2 Ibid., p. 255.

3 Chris Briggs, "Manor Court Procedures, Debt Litigation Levels, and Rural Credit Provision in England, c. 1290− c. 1380", in *Law and History Review*, Vol. 24, No. 3 (2006), pp. 531−532.

4 Pamela Nightingale, *Enterprise, Money and Credit in England before the Black Death, 1285−1349*, p. 300.

注意的是，1344 年英格兰发行官方金币 "leopards" [1]，价值高昂的官方金币的发行鼓励了国内商业信贷的扩张，拓展了英格兰信贷活动的容量，从而使信贷总额达到了峰值。

就 14 世纪 40 年代以前的信贷规模看，布里格斯曾对黑死病前奥金顿（Oakington）、德雷顿（Dry Drayton）和考滕汉姆（Cottenham）等地区的信贷做了抽样调查，调查结果显示：2 先令以下的信贷交易约占总数的 40% 和总额的 10%；2 先令1 便士至 5 先令的信贷交易约占总数的 30% 和总额的 22%；5 先令以上的信贷交易约占总数的 30% 和总额的 68%，见图 2。

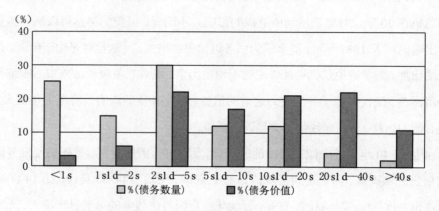

图 2　1291—1350 年间奥金顿、德雷顿和考滕汉姆地区的债务 [2]

据推测，额度较大的信贷交易主要在上层人物当中进行，也就是说上层是普遍参与信贷交易的。小额信贷应属于社会中下层的农民、工匠人群，并且占 40% 左右。可见，社会各个阶层都广泛参与了信贷活动，信贷的普及程度相当高。

黑死病暴发对信贷活动产生的影响在 14 世纪 50 年代开始显现。人口急剧减少就意味着信贷活动的人口基数大幅下降，所以信贷活动数量随之减少。但货币不会

1　Pamela Nightingale, "Gold, Credit, and Mortality: Distinguishing Deflationary Pressures on the Late Medieval English Economy", p. 1088.

2　Chris Briggs, *Credit and Village Society in Fourteenth-Century England*, p. 59.

和病人一同消失。此时，人均货币持有量增长迅速，人们手中和流通中的货币较为充足，虽然信贷活动数量因人口的大幅减少而减少，但信贷交易的平均额度却大大提高了。另外，14 世纪下半叶英格兰的货币产量先增后减：50 年代产量有所增加，60 年代后产量不断减少。以伦敦铸币厂为例，1361—1370 年每年产出的银便士总价值 3334 英镑，1371—1380 年下降到 1299 英镑，1381—1390 年为 1092 英镑。[1] 与此同时，英格兰的纺织品出口扩张了，"尽管英格兰造币厂的产量在 1370—1400 年之间下降了约三分之二，但英格兰布料的出口量却从 14 世纪 50 年代的每年约 2000 块增长到 1390—1395 年的 40000 多块"[2]。该时期信贷总额的保持主要就是由于纺织业的繁荣，其商品大量出口所带来的利润弥补了本土造币厂产量的不足。推动和阻碍信贷发展的因素同时存在且相互抵消，使 14 世纪下半叶英格兰的信贷总额较 40 年代大幅下降，但仍稳定地保持了半个世纪，没有因战争、黑死病后人口恢复速度的缓慢而出现连续的下跌。

与 14 世纪相比，15 世纪的信贷交易量和总额都下滑明显。14 世纪末欧洲范围内出现的"银荒"对英格兰的影响一直持续到了 15 世纪 60 年代[3]，信贷不能无限期地"拯救"货币供应量的下降，长时间的货币短缺不仅使英格兰国内信贷活动减少，而且削弱了英格兰商人对外贸易的能力。15 世纪初期，英格兰商人丧失了半个多世纪以来对本国羊毛贸易和纺织业的支配地位，"在 1408—1430 年间，他们（指意大利商人）主导了伦敦和南安普顿两个主要港口的英格兰布料出口"[4]。国内外商业贸易的不振和经济形势的持续走低，使各阶层的信贷活动陷入长时间的颓萎。另外值得注意的是，作为处理信贷纠纷重要机构之一的庄园法庭在这一时期影响力的下降，也对信贷活动

1　John Craig, *The Mint: A History of the London Mint from A. D. 287 to1948* (Cambridge: Cambridge University Press, 2011), pp. 408–413.

2　Pamela Nightingale, "Monetary Contraction and Mercantile Credit in Later Medieval England", in *The Economic History Review*, Vol. 43, No. 4 (1990), p. 560.

3　Chris Briggs, "The Availability of Credit in the English Countryside, 1400–1480", in *Agricultural History Review*, Vol. 56, Part I (2008), p. 10.

4　Pamela Nightingale, "Monetary Contraction and Mercantile Credit in Later Medieval England", in *The Economic History Review*, Vol. 43, No. 4 (1990), p. 573.

的开展产生了不良影响。15 世纪以前，庄园法庭对广大的农业人群来说一直是最方便、最有效的法律机构，大量的信贷纠纷是在庄园法庭中进行审理的，"这些机构有权迫使债务人诉诸法律，就是否存在未偿债务达成权威和透明的判决，以及在债务人未履行债务时扣押其货物作为赔付"[1]。如果某地的庄园法庭能够为债权人评估债务人财产并追回贷款，能够有效地处理信贷诉讼，那么该地区的放贷人就有相当的信心进行信贷活动。随着 15 世纪领主自营地的大规模出租和庄园的消失，庄园法庭也就失去了在保护信贷活动方面的作用，因此对信贷交易产生了一定的负面影响，尤其是在农村地区。

到了 15 世纪末 16 世纪初，英格兰的信贷活动才再次向好发展。都铎王朝建立后，由于亨利七世降低铸币税等政策的实施，货币产量从 1470 年的约 90 万英镑增加到 1504 年的 140 万—160 万英镑，并且其中大部分是银币。到 1525 年，流通中的银币明显充裕了，信贷交易的数量和价值也稳步增加。[2]另外，教会法庭逐渐取代了庄园法庭，开始越来越多地审理农村信贷纠纷，成为处理信贷诉讼的主要机构，正如布里格斯所说，"这种情况（指教会法庭在审理农村信贷纠纷方面取代庄园法庭）对信贷的提供具有潜在的重大意义"。同时，战争的结束、国内外较稳定的环境、商业贸易的再度扩张等因素，也强有力地促进了信贷活动的开展和经济的发展。

五、信贷对中世纪英格兰经济的刺激和推动

其实，关于金融促进经济增长的理由，我们可以看一下今天的中国。1989 年，我国的 EM2 的水平即广义货币发行量是 1 万亿元人民币，30 年后到了 2019 年，EM2 的水平达到了 200 万亿元人民币，增长了 200 倍。与此同时，我们看到，我国的 GDP

1　Chris Briggs, "The Availability of Credit in the English Countryside, 1400–1480", p. 14.

2　Pamela Nightingale, "Gold, Credit, and Mortality: Distinguishing Deflationary Pressures on the Late Medieval English Economy", pp. 1099–1100.

水平也增加了至少 100 倍。[1] 由此可以看到，货币刺激财富增长的力量是不可小觑的。

信贷的存在无疑使英格兰的物价在信贷高峰期内（12—14 世纪期间）维持在一个高位点上，而只有物价保持在一个高位点上，才能使这个时期的经济保持增长和兴盛。因为领主和小生产者看到农产品价格一直处在高位点上，就会不断扩大土地对市场的供应，增加土地的农产品再生产，以便获取更多的销售收入。这也是 12—14 世纪期间英格兰能够长期保持经济繁荣的根本原因所在。

20 世纪 70 年代，"世界体系"理论的创始人伊曼纽尔·沃勒斯坦（Immanuel Wallerstein）在"货币学派"的基础上进一步证实：在 12—17 世纪期间，欧洲的价格变化存在着一个"波动周期"，虽然"对周期的日期划分意见不同，对引起周期的原因的看法更为纷繁"，但是，对"这一现象的真实性是大家都同意的"。[2] 见表 2。

表 2　工业革命发生以前欧洲的价格变动 [3]

年　　代	价格变动
1160—1260	迅速上升
1260—1310（1330、1380）	持续高涨
1310（1330、1380）—1480	逐渐下降
1480—1620（1650）	高
1620（1650）—1734（1755）	跌落

在这里，我们看到，英格兰的高物价从 1160 年开始，一直持续到 1380 年前后。

其实，英国学者很早就注意到这个问题了。1866 年，索罗尔多·罗格斯（Thorold Rogers）已经注意到英国历史上存在着"价格拉动生产"这一事实，因为 1260 年之后的庄园账目中存在着"丰富的有关价格上升的证据"[4]。1908 年，詹姆士·拉蒙塞爵

1　《中国历年广义货币 M2》专辑网页。

2　［美］伊曼纽尔·沃勒斯坦：《现代世界体系》，罗荣渠等译，高等教育出版社，1998 年，第 81—82 页。

3　同上，第 82 页。

4　J. E. T. Rogers, *A History of Agriculture and Price of England: From the Year after the Oxford Parliament (1259) to the Commencement of the Continental War (1793)*, Vol. 1 (Oxford: Clarendon Press, 1866–1902), pp. i–ii.

士（Sir James Ramsay）的研究又发现："从大约 1200 年开始，到亨利三世死去，价格一直稳定地持续上升。"[1] 1914 年，米切尔（S. K. Micthell）的研究也发现："大约在 1190—1250 年间，价格持续上升，但上升的速度可能还比较慢。"[2] 1915 年，格拉斯（N. S. B. Gras）在研究英国谷物市场时也看到："13 世纪时，所有的农产品价格都在普遍上涨。"[3] 因此，进入 20 世纪 30 年代以后，农产品价格上涨便成为中世纪研究的焦点之一。比佛里奇爵士（Lord Beveridge）、波尔（A. L. Poole）和法默博士（Dr. D. L. Farmer）等，分别在 1927 年、1940 年和 1956—1958 年利用王室卷档和温切斯特主教地产的庄园账目，陆续对这个时期的农产品价格做了"年代上和种类上的"分类，建立了这个时期英国的价格走势，由此可以看到，1180—1220 年间，谷物、牲畜和其他少数商品的价格增加了一至两倍；1220 年以后，价格还在微微上升；直到 1260 年以后才开始持平。[4] 大约从这个时期起，英国庄园陆续出现了记录财务的财簿。[5] 至 20 世纪 80 年代，中世纪的价格研究开始走向细化，并不断得到修正。1980 年，坎贝尔（Bruce M. Campbell）发现：12—14 世纪前半期，西欧农产品价格的上升高达 2—4 倍。[6] 1984 年，霍林斯沃思博士（Dr. Hollingsworth）则估计：1143—1173 年间既是英国人口增长最快的时期，也是谷物价格迅速攀升的时期。[7] 米勒（Edward Miller）和哈切尔（John Hatcher）的看法是：1200 年，英国 1 夸脱小麦的价值是 5.7 先令，1300 年为 6.5 先令。因此，13 世纪时，英国价格上涨的幅度并不大。[8] 不久，米歇尔·波士坦

1　Sir James Ramsay, *The Dawn of the Constitution* (London: S. Sonnenschein & co. Ltd., 1908), p. 301.

2　S. K. Micthell, *Studies in Taxation under John and Henry III* (New Haven: Yale Historical Publications, Studies ii, 1914), p. 2.

3　N. S. B. Gras, *The Evolution of the English Corn Market from the Twelfth to the Eighteenth Century* (London: H. Milford, Oxford University Press, 1915). p. 42.

4　P. D. A. Harvey, "The English Inflation of 1180−1220", p. 3.

5　Ibid.

6　Wilhelm M. Abel, trans. by Oleve Ordish, *Agricultural Fluctuations in Europe* (New York: St. Martin's Press, 1980), p. 10.

7　John Hatcher, *Plague, Population and the English Economy 1348−1530* (London and New York: Macmillan Publishers Ltd., 1986), p. 71.

8　Edward Miller and John Hatcher, eds., *Medieval England-Rural Society and Economic Change 1086−1348* (London and New York: Longman, 1978), p. 66.

（M. M. Postan）以每隔 20 年为一周期，对 1160—1339 年间英国小麦价格做了一个再整理，其变化见表 3。

表 3 1160—1339 年英国的小麦价格 [1]

时　　间	每夸脱先令	每夸脱克冷
1160—1179	1.89	534
1180—1199	2.60	744
1200—1219	4.33	1082
1220—1239	4.19	1047
1240—1259	4.58	1144
1260—1279	5.62	1404
1280—1299	5.97	1491
1300—1319	7.01	1734
1320—1339	6.27	1547

该统计显示：1160—1320 年间，英国的小麦价格从每夸脱 1.89 先令上升到了 7.01 先令，上涨率超过 370%。其他农产品价格也存在着类似的上涨比率。如 13 世纪初，1 头公牛的价格是 3 先令，至 13 世纪中期已上涨到 14 先令。[2]

正是基于这种价格推动生产的事实，1944 年，米歇尔·波士坦教授发表了著名的《货币经济的兴起》一文。他提出："金银币的增多在 16 世纪时曾广为人知，并日益大众化；但是，类似的流通增加在 12 世纪晚期和 13 世纪时已经发生。"[3] 1973 年，哈维（P. Harvey）又再次重申："近 40 年来，不断问世的著作一步步证实了这样一个预测。现在是时候把 1180—1220 年与 16 世纪、20 世纪放在一起，作为有记录的英国历史上曾经发生过的三次通货膨胀期之一了。"哈维甚至质问："历史学家和别的人

---

1 M. M. Postan, ed., *The Cambridge Economic History of Europe*, VII (Cambridge: Cambridge University Press, 1987), p. 215.

2 James H. Ramsay, *A History of the Revenues of the Kings of England 1066–1399*, Vol. I (Chicago: Chicago University Press, 1936), p. 362.

3 M. M. Postan, "The Rise of a Money Economy", in *The Economic History Review*, Vol. 14, No. 2 (1944), p. 128.

能够将那种深刻而可怕的后果给予后两次通胀，为什么不能把同样的后果也给予第一次通胀呢？"[1] 这是公开承认英国中世纪历史上存在着价格通胀问题。1963 年，斯利切·范·巴思（B. H. Slicher Van Bath）也在《西欧农业史》一书中表示："大约从1150 年起，西欧的粮食生产已经从'直接消费'阶段转向了'间接消费'阶段。"[2] 言下之意，中世纪盛期的西欧居民需要通过购买来获得粮食。

进入 13、14 世纪之交，英国农产品价格仍居高不下。据研究，1320 年前后，英国的人口数量最低达到 350 万—450 万，最高可能多达 600 万—700 万。[3] 人口持续增长，使新增人口需要更多的土地来维持生存，于是，地价攀升，领主感到出售农产品所得不如出租土地所得，导致"竞争性地租"（competitive rents）出现，出租土地的利润超过了经营土地的利润，英国的领地经营又发生新的变化。这个时期，租赁经营再次出现。例如，13 世纪下半叶，在伊利主教地产上，超过 1000 英亩的直营地被租出。其中的威斯贝奇·巴顿（Wisbech Bartonn）庄园的租金在 1320—1345 年间从 3 英镑增加到 48 英镑。再如，1297—1347 年间，在温切斯特主教地产上，有将近 2000 英亩的直营地被租出，农民上缴的租金在 1253—1348 年间增加了 7 倍以上，而谷物销售在1270 年前后已经回落。[4]

1348 年，"黑死病"暴发后，欧洲人口骤降[5]，领主直领经营或出租经营的趋势也

1　P. D. A. Harvey, "The English Inflation of 1180–1220", p. 30.

2　B. H. Slicher Van Bath, trans. by Olive Ordish, *The Agraian History of Western Europe, A. D. 500–1850* (New York: St. Martin's Press, 1963), p. 24.

3　罗塞尔（J. C. Russell）估算：1347 年，英国人口为 370 万，见 Josiah Cox Russell, *British Medieval Population* (Albuquerque: University of New Mexico Press, 1948), p. 263。达比认为：14 世纪初，英国有人口 400 万或 450 万，见 H. C. Darby, *Domesday England* (Cambridge, New York: Cambridge University Press, 1977), p. 75。波尔顿估计：在 14 世纪中期"黑死病"到来之前，英国有人口 500 万或 600 万之多，见 J. L. Bolton, *The Medieval English Economy, 1150–1500*, p. 71。波士坦表示，13、14 世纪之交，英国人口达到 700 万左右，转见 Edward Miller and John Hatcher, eds., *Medieval England: Rural Society and Economic Change 1086–1348*, p. 29。

4　Edward Miller and John Hatcher, eds., *Medieval England-Rural Society and Economic Change 1086–1348*, pp. 201–202, 235.

5　安格斯·麦迪森估计：黑死病"使英国人口减少了三分之一"，见［英］安格斯·麦迪森：《世界经济千年史》，伍晓鹰、许宪春、叶燕斐、施发启译，第 81 页。国内青年学者李化成提供的数字显示，大瘟疫在短时间内夺走了英国 30%—45% 的人口，见李化成：《论黑死病对英国人口影响》，《史学月刊》2006 年第 9 期，第 88 页。

随之变动。然而，大量研究显示，在 1348 之后的大约 30 年间，英国的物价并没有马上回落，而是依然保持坚挺。直到 1375 年前后，价格下跌的趋势才正式出现。据记载，"在 14 世纪第二个四分之一世纪，谷物价格最低，而在第三个四分之一世纪则维持在迄今所看到的最高价格水平上"[1]。因此，在大约 1380 年之前，英国直营地的出租和租金收入并没有减少。据玛维斯·迈特（Mavis Mate）研究：在大约 1380 年以前，"只是在几起案例当中，佃户的条件占优势，可以确保地租降低；但是，就总体情况来说，地租全面消失的情况非常少，在许多庄园上只占地租卷档的大约 4%"[2]。

从 14 世纪 70 年代中期开始，价格持续下降的趋势出现了。在 14 世纪 80—90 年代，英国的谷物价格下跌了 25%—30%，至 15 世纪的前半期有小幅回升，15 世纪中期再次下滑，至 15 世纪后半期变得"反反复复，时起时落"。而牲畜和奶产品的价格因人均生活水平提高，需求加大，下跌程度对比谷物呈现出更大的反弹。按"复合消费品"价格[3]统计，菲尔普斯·布朗和哈布金斯认为：14 世纪 70 年代后期，英国农产品的价格下跌明显。[4]15 世纪的第一个四分之一世纪，英国的价格曾经有小步回升；1440—1479 年间又"暴跌至'黑死病'以来的新低"[5]。英格兰的经济也由此进入一个发展的低迷期。

应该看到，英国历史上的有效信贷曾经使英格兰长期保持着灵活而充足的活力。因金融充实，特别是在实行"盾牌钱"之后，英格兰的骑士服役制度被雇佣兵制度取代，士兵开始受到常规化训练，并且可以不断补充或运用新式武器（如新式长），因此，在 1337 年英法百年战争爆发时，英国一直占据着 1421 年女英雄贞德到来之前的战场优势，不仅侵占了法国多达三分之二的国土，还一度夺取了法兰西的王位继承权。可以设想，如果没有出现兵制改革，没有雄厚的财力做支撑，英格兰不可能有如

---

1 John Hatcher, *Plague, Population and the English Economy 1348-1530*, pp. 48-49.

2 Mavis Mate, "Agrarian Economy after the Black Death: The Manors of Canterbury Cathedral Priory, 1348-1391", in *The Economic History Review*, New Series, Vol. 37, No. 3 (Aug., 1984), p. 342.

3 80% 的消费品是食品和饮料，20% 是纺织品和燃料。转见同上。

4 John Hatcher, *Plague, Population and the English Economy 1348-1530*, pp. 48-49.

5 Ibid.

此强大之国力。因为当时的法兰西拥有超过 1000 万人，而英国的人口最低只有 350 万，双方实力相距太大。但是，法国就是没有英国的新式军队，也没有英国强大的财力，因此，战场上只能节节败退，一度造成丧权辱国的局面。

结　语

我们看到，中世纪时期，外资已经大量流入英格兰，改变着英格兰的社会经济。英格兰在信贷力量的作用下，加上自由大宪章的签订和议会制度的设立，使中世纪的英格兰出现了"前"市场经济。就英法两国比较来说，法国完全采用旧的封建主义的做法，剥夺了一切流动性资产，导致信贷的力量几乎不再存在，或者远离法国，这种情况对于法国后期的发展是非常负面的。而英国则不一样，他们以王室为代表，基本上对借贷者照单全收，照本纳税，所以英国的信贷信誉一直良好，这种信誉对于中世纪后期以来英国经济的持续发展产生了正面作用。

（本文作者为天津师范大学历史文化学院教授）

教学论文

语法配价法

一种意大利式拉丁语学习法[*]

桑 阳

一、介绍

2021 年 10 月，我得以在北京大学历史学系组织和举办一次拉丁语工作坊，工作坊以本科生和硕士生为受众，参与条件是达到拉丁语中级水平。我很快就讲习形式与组织者们达成一致，一周举办线下五讲，每讲两场，各为 45 分钟，一共面对面教学 8 小时左右。此外，我们都期待学生们在每讲前用一到两个小时时间自学，以熟悉指定文本和它在历史语境下的弦外之音。大家同意工作坊全程用英语交流。然而，在商量目标、内容和教学方法时，组织方表述的意愿引起了一场更具挑战性和更为意义深远的对话。在他们的设想中，这次工作坊旨在展示拉丁古典写作的元素和特征，在北京大学的课程中，它们通常会因为时间受限而被忽视。组织方特别强调，要让学生们接触文体和修辞分析的原则和要点，应当采取一种能与他们所受的历史学训练和工作相关的方式。我们在工作坊之前和期间的交流中，很自然地过渡到了对中国诸高校目前使用的拉丁语教学技术与方法的全面讨论。[1] 我们的直接动机是评估这些方法的可行

---

* 本文主要由桑阳（Luca Sansone di Campobianco）完成。景蓝天同学协助完成了"结语"部分的写作。景蓝天同学、吴悦同学和杨杰同学共同负责翻译工作：第一、二、三、五部分主要为吴悦、杨杰同学负责，第四、六部分由三人共同完成。景蓝天同学是北京大学 2018 级艺术学院的同学，吴悦同学和杨杰同学是北京大学 2018 级历史学系同学，她们三人同时也是第十届古典班项目—西方古典学的成员。全文一稿获北京外国语大学李慧老师评议修订，特此鸣谢。

1 关于 2018 年及以前中国拉丁语教学状况的详细分析，参考李慧的结论（Li Hui, "The Status of Latin Language Teaching in China", in *Latinitas*, Vol. 1 [2018], pp. 148–152）。

性和有效性，以满足我们为工作坊设定的目标和目标受众（中级拉丁语水平的中国学生）的学习需求。但是，主要的目的逐渐转变为利用此次工作坊的机会来探索和测试目前主流教学方法的可替代方法。[1] 尤其是，我们希望有一种教学工具能够更好地解释我们在交流中发现的、阻碍学生在学习过程中持续进步的这三个因素：

1. 他们的母语在构词、句法和语音系统方面与拉丁语几乎没有对应或相似之处，这为他们的拉丁语学习带来了困难。

2. 学生们缺乏对历史和文化背景的了解或对其不够熟悉，但这些历史和文化背景解释了作者创作古典拉丁文时对词汇、语域和修辞手法的选择。[2]

3. 学生在第一年的学习后积极性普遍下降，在这一年中他们通常会投入精力记忆拉丁语的主要形态和句法的首要要素。[3]

通过本文，我希望分享和讨论一下我在这次交流后采取的教学方法，以及我根据这一教学法的原则制作的阅读材料。清晰起见，我还将提供一个样本[4]，其中呈现了一些听众们听完指导性分析后的与会发言。最后，我将向读者提供组织者和我从与会学生那里收到的切中肯綮的反馈内容。

二、意大利式语法配价法（*Grammatica Valenziale*）

我的教学法以法国语言学家吕献·德涅（Lucien Tesniére）在 20 世纪中期制定的依存性语法（Grammaire de Dépendance）为根本原则。[5] 诚然，这种方法在欧洲学

1　也就是语法翻译法和语法优先法，见 Li Hui, "The Status of Latin Language Teaching in China", pp. 145-146。不过她也颇为感慨地说，似乎不是每个老师都完全了解他们所选方法的理论框架。

2　暂言之，我所说的古典拉丁语是指活跃于罗马共和国晚期至罗马帝国早期（约为公元前 2 世纪至公元 3 世纪）的作家们认定为文学标准的语言。

3　这也是李慧的报告中强调的问题，见 Li Hui, "The Status of Latin Language Teaching in China", pp. 146-147。

4　受限于篇幅，我决定只包括对西塞罗的《为马凯鲁斯辩护》1.1-5 部分进行分析，因为它可以更全面地介绍我所选择的方法的独特特征。

5　在英国和德国的学术传统中分别被称为 "dependency grammar" 和 "Dependenzgrammatik"。然而，我将在本文中坚持使用其意大利语名称，因为其目前的表述和在意大利学校中讲习拉丁语的方法原本是意大利拉丁语言学家和语言学所推动的产物。

术传统中，特别是在目前意大利高中和大学实行的教学体系中，几乎不足为奇。德涅的理论早在 20 世纪 80 年代就在拉丁语的教学中付诸实际，这也是拉丁语言学家日耳曼诺·普罗维尔比奥（Germano Proverbio）推动教学创新的一些结果。[1] 不过，在中国，英美教学传统显得颇为盛行，这种方法似乎仍然有些被忽视，其应用也远非普遍。语法配价法的核心是一种短语描述和话语分析的模型，一般认为，它在我们的学校系统中取代了传统的逻辑分析法。逻辑分析法将短语解构为各个组成部分，来确定它们的功能作用；而与逻辑分析法不同，语法配价法主要关注的是短语作为一个整体所传递的信息。这促使我们对这个短语进行整体分析，而非探讨它的每一个组成部分所提供的信息，以及它们是如何合作表意的。让我们看一个非常简单的例子：

出于绝望，米娅在一家便利店狼吞虎咽地吃了一个三明治

对这个句子的逻辑分析将会是：

—出于绝望：原因补语

—米娅：主语

—狼吞虎咽地：动词修饰语

—吃了：动词

——个三明治：直接宾语补语

—在一家便利店：地点补语

相反，在语法配价法设定的理论框架内进行的分析将会是：

---

[1] 第一位建议将德涅理论应用于拉丁语教学的学者，见 Germano Proverbio, *Note sulla Didattica della Dipendenza* (Torino: G. Giappichelli, 1986); Id. *La Didattica del Latino: Prospettive, Modelli ed Indicazioni per lo Studio e l'Insegnamento della Lingua e Cultura Latina* (Foggia: Atlantica, 1987)。

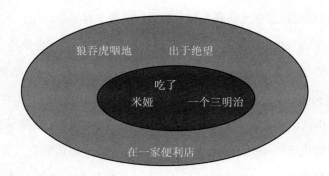

在这个模型中，我们认为这个短句是由一个核心支撑的，它提供了主要的信息或内核，即动作［吃了］、施动者［米娅］，以及该动作的施行对象［一个三明治］。这个短句的其他元素作为背景存在，这些元素通过定义动作实施的条件来修改其意义。因此，我们得到了米娅吃东西的原因［出于绝望］、地点［在一家便利店］和方式［狼吞虎咽地］的这些附属信息。这种分析模式的显著特征是将动词置于核心位置，其理论前提是：动词发挥最强大的语义引力，使其能够连接、维持和组织周围的其他成分。[1]当应用于拉丁语教学时，这种分析模式可以让学生获得并练习一种关键技能，我们可以将它定义为语言学的千里眼。让我们考虑一个非常简单的拉丁文句子：

Homines vino gaudent

在传统教学法下，学生将从如下方式的逻辑分析开始对该句子进行解构：

—*homines*：名词 / 指代词 / 代词，复数，阳性，第三类变位名词

—*vino*：定语 / 定语，单数，中性，第二类变位名词

—*gaudent*：动词变位自 *gaudeo*，*gavisus*，*gaudēre*，直陈式、现在时、主动态、第

1　动词所特有的这种唤起和组织与其意义相关的信息的特性，在意大利语中被定义为价（valenza），理论家们由此得出了定义这一方法的形容词"配价式"（valenziale）。动词需要配多少价才能使句子具有意义，这是动词被分为四组的标准所在。例言之，任何及物动词通常都需要至少两个价，因为像"艾琳亲吻"这样的句子，如果不提及宾语就无法被理解。不同的是，像"睡眠"这样的动词只需要主语的价就能产生意义。

三人称复数

然后，根据他们的拉丁语水平、句子的复杂程度以及他们的拉丁语词汇量，随后或同时，学生将继续确定 *homines* 为主格 > 短句的主语，*vino* 为夺格 > 原因补语。最后，他们将其翻译为：人们因为（这些）酒而高兴。在语法配价法中，学生将从动词开始分析，解构其形态部分，并汇总每个部分所承载的信息。比如说：

—*gaudent*

i. *gaud-*= 词根，提供快乐、喜悦、愉悦的概念

ii. *-e-* = ē 类词干元音 > 直陈式、现在时

iii. *-nt* = 人称结尾 > 第三人称复数，主动态

利用这些信息，学生已经可以预测句子中是否存在主格名词复数，并随之落实于搜索。在实际操作中，他们将寻找以 *-ae*、*-i*、*-a*、*-es*、*-us* 结尾的名词。同样，根据动词的含义他们可以预测可能找到的条件式信息的类型，并利用他们的古典拉丁语知识，着手寻找相应的构词或句法结构。

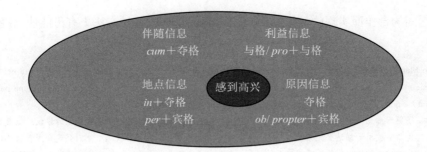

通过这种分析模式，学生们会立即看到 *homines* 是主格，因为涉及的动词（*verbum affectum*）*gaudeo* 通常不考虑以宾语为价，即加宾格形式的宾语；同样，如果要想象呼格名词的存在，我们更期待动词可能是虚拟语气中的第二人称复数。在我们的例句中，*vino* 的存在为我们提供了一个机会，来对这种教学法做出必要的相关评论：此处

学生是否能立即看出 *vino* 是原因夺格，还取决于他们对拉丁语词汇的学习和掌握情况。知道了这个词的含义，他们就能迅速将其识别为携带他们预测的、"原因"信息的夺格，而不是携带"利益"信息的与格。语法配价法要求对词汇的学习和掌握，这旨在弥补其他传统方法最有争议的缺陷之一：完美的拉丁语语法知识，很少（如果不是完全没有）能转化为理解和翻译拉丁文的能力。"学生们闯入了古典世界，但他们就好比一群知道许多被意大利人忽视的语法规则、但几乎不懂意大利语的旅客；他不是要面包，而是要一个单数以 -e 结尾、复数以 -i 结尾的名词。"[1] 然而，在语法配价法方法论中，学习词汇并不只是简单的背诵行为，即把名词和动词与目标语言中的相应单词做配对。受过历史语法和语言学训练的意大利学者努力将德涅的理论纳入意大利学术界的教学框架中，在那里，按照传统，古代语言的教学是由古典语言学系负责的。语法配价法并没有暗示单词之间存在完美的匹配，而是将对拉丁语言历史发展的系统研究引入其中，这些研究关注形态、句法和词汇等要素，其目的是帮助学生认识到，一个句法结构或一个词由于使用情况的不同可能承载着意义上的细微或明显的差异。[2] 因此，学生需要学习选文的文化背景、其语言的历史特殊性[3]、这一体裁的传统和作者选择的语域等。这种方法既学习一种语言的历史发展，又研究这种语言得以产生的文明土壤，在意大利的体系中，依据这种方法的教学是通过古典语言学和古代史两院系之间的合作而实现的。[4] 或许会有人提出异议，称这种方法更有可能使已经达到

---

1 Enzo Mandruzzato, *Il Piacere del Latino* (Milano: A. Mondadori, 1989), p. 21: "Lo studente si aggira nel mondo classico come lo straniero che sapesse molte regole che gli italiani ignorano, e praticamente nessuna parola di italiano; e non chiedesse del pane, ma uno dei sostantivi in -e, con il plurale in -i."

2 例如，了解希腊语的历史发展应该可以防止学生在学习荷马希腊语时犯一个非常常见的错误。据教科书所言，这也通常被用于描述公元前 4 世纪和 3 世纪之间的古希腊语——阿提卡方言，他们会选择用英语"will+ 动词原型"结构来翻译他们认为是将来时的动词。然而，这种翻译方法并不能反映荷马希腊语，在荷马史诗中，这种形式更多的是表达行为者的意图或愿望，应该使用像 wish 这样的助动词来翻译。

3 可以说明这种需要的一个直接例子是 imperator 一词的翻译，众所周知，它是由罗马政治制度的变化决定的。拉丁语词汇的记忆方法只是让学生记住 imperator = 皇帝，从 imperium = 军事指挥中衍生而来。而语法配价法则要求学生熟悉其使用的历史和文化环境，与他们一起讨论其含义随着罗马政制从共和国到帝国的转变而演变。

4 在 2001 年博洛尼亚协议（Bologna agreements）签署之前，授予古典文学硕士学位的传统课程设置要求学生修完古典语言学系和古代历史系共同开设的 21 门课程，涵盖语言、历史以及希腊和罗马文明的相关内容。

中级或更高语言水平的学生受益，并认为教师应该避免将无谓的、复杂的语文学方法介绍给基础水平的学生。基于语法筑基法和语法翻译法的记忆操练仍然是他们的最佳选择，因为其效益与投入之比率更高。虽然这些反对意见值得考虑，但在我看来，即便是在基础阶段，语法配价法仍然优于两种更传统的方法。学生其实需要在一开始就投入时间和精力，以取代他们对语言更为"传统"的理解，传统上讲，语言被视为一个由语法、构词和句法规则构成的系统。而根据我的经验，语言可以被视为一个信息系统的范式，这可以成功地应用于所有级别的语言学习：从分析对某词的构词到研究一些文本集合。比如，在最基础的阶段，它使学生能够将语素与它们所承载的信息类型联系起来，减轻他们的记忆任务，并增强他们对不同单词的使用方法和意义的认识。例言之，让我们比较一下语法筑基法和语法配价法对古希腊语动词 τιτρώσκω 的分析：

语法筑基法或语法翻译法：

τιτρώσκ-ω> 直陈式、现在时、第一人称单数、主动态：我杀害

语法配价法：

τι-τρώ-σκ-ω：

1. τι> 词根叠词，传达"未完成的"信息

2. τρω> 词根，承载意义信息：伤害或杀害

3. (ι)σκ> 词缀，承载表始或重复的信息

4. ω> 词缀，承载人称、人数、语态信息

与让学生学习语法筑基法来理解 τιτρώσκω 相比，向他们解释每个词素之间有什么联系可能需要花费更多的时间和精力。然而，这种方法很可能会使他们在以后面对其不定过去时形式 ἔτρωσα 时不至于感到迷惑。在老师的指导下，他们将会运用这些知识来识别其他一些在现在时中以词根叠用为标志的动词，并迅速理解其中缘故，

比如说，γιγνώσκω、γίγνομαι、δίδομι 的动词形式 ἔγνων、ἐγενόμην、ἔδων。此外，了解 -σκ- 词缀所传递的信息可以帮助他们更生动地感知动词本身的意义，因为它说明了动词的语义：在伤人和杀人之间摇摆不定。[1] 同样，它也可以帮助学生发现、理解和推测其他看似相同的动词之间的意义差异。例如，在 γηράσκω 和 γηράω 这一对词中，前者的 -σκ- 词缀所携带的不确定性信息表明该动词描述了一个正在进行的过程，（因此为"我正在变老"），而后者没有这个词缀，表明上述过程已经完成（因此为"我已经老了"）。至于拉丁语，也可以有并且已经有了类似的考量，考虑本方法论实用性，尤其是当我们考虑到拉丁语的构词、句法和词汇中其他更复杂的元素与结构的时候。[2] 然而，我确实同意，在学生完成了构词法的学习、开始研究和翻译更复杂的句法结构之后，语法配价法固有的全部好处就会更好地体现出来。这时，学生有可能失去动力，因为他们面对的句子明显比他们在学习构词法时常做的 *Marcus Romam venit cum socibus ut videret consulem*（马尔库斯和他的同伴们去罗马见执政官）更复杂。他们似乎突然迷失在了更复杂的拉丁语散文实例中，在分析诸如西塞罗的一些文本时努力寻找方向，在这些文本中，从属关系可以深入到四到六个层次。这突显了语法筑基法和语法翻译法的另一个众所周知的缺陷：它们没有提供一个适用于阐述翻译理论的理论框架。既然它们都不曾关注到将短语作为意义单元来学习和分析，它们又如何能提供这一理论框架呢？这一关注的缺失使得它的缺陷在某种程度上是内在的，而且随着学生语言熟练程度的提高，以及他们的目标从翻译一篇文章过渡到理解其信息的全部语义范围，这一缺陷必将变得更加明显。同样，语法筑基法素来对修辞学研究缄口不言，或将其简化为教科书末尾的一章附录。[3] 但是，对作者而言，仅仅通过摆弄由修辞

---

1 非常生动的是，-σκ- 词缀表明，伤害和杀害之间的区别可以由我们打了多少下、打得多深、打得多认真来决定。同样，学生们也能在语义与其他带有 -σκ- 词缀的动词间搭建必要的联系，并理解，比如说，γιγνώσκω 的形式意味着知识这一概念与所关涉概念的反复出现交织在一起。

2 见 M. Babič（2011）在文章中的见解："Tesniére's Dependency Grammar and its Application in Teaching Latin: a Slovenian Experience", in Renato Oniga, Rossella Iovino and Giuliana Giusti, eds., *Formal Linguistics and the Teaching of Latin* (Newcastle upon Tyne: Cambridge Scholars Publishing, 2011), pp. 394–412。

3 遍地通行的《韦洛克拉丁语》没有涉及修辞学的基础知识，而丰碑式的艾伦和格林诺夫的《新拉丁文语法》只提供了一份最常见的修辞方法清单，并附有一份术语性的且相当抽象的描述。

学造诣使他们能够使用的语义过滤器，就可以显著地影响和修改他们的信息。因此，关注意义研究的方法将成为更好的选择，因为它自然而然地将修辞手段、语域和其他相关的修辞元素的研究内在地交织于其分析中。

三、使用语法配价法和选择西塞罗的《为马凯鲁斯辩护》的理由

上述结论应当已经暗示了那些使我决定在工作坊中采取语法配价法和选用西塞罗的《为马凯鲁斯辩护》(*Pro Marcello*) 的原因。工作坊的对象是已经学习了一年拉丁语并掌握了构词法和句法主要原则 (即研究文本所需的基本工具) 的学生们。根据我的经验，在第一年的语言学习之后，某种几乎是生理性的精神疲惫是会出现的。例言之，经常有这样的人，他们从头到尾学习了一本语法课本 (比如各处盛行的《韦洛克拉丁语》)，投入了相当大的努力并尽力记忆，但当从拉丁语习题变成真正的拉丁语时，他们还是会遇到困难。[1] 在挣扎的过程中，他们可能会觉得自己辛辛苦苦学来的知识似乎还不够用，并得出结论：拉丁语实在太难学了。这种观念，觉得拉丁语自带难以克服的困难，可能是在第一年学习结束时在学生中流传的最常见、最有害的错误观念之一。不过，这往往是由于教师们没有意识到，获得翻译所需的工具并不等同于完全掌握如何使用它们。通过向听众们介绍语法配价法，我想让他们看到从这种方法中产生的翻译方法可以如何为他们提供一个方向和一种框架来使用他们的知识。其次，我想帮助他们认识到，如果他们把注意力从挖掘文本的历史数据转移到分析、讨论和解码其信息，他们还能用文献材料来做什么。诚然，对于受训为历史学家的学生来说，可能会对这种转变的可行性和实用性产生合理的怀疑。如果学习拉丁语的目的是通过直接接触材料来提取"客观"数据，那么人们可能仍然反对说，阅读一篇文本本

1　相当有趣的是，这种情况似乎也会影响到中国的拉丁语学生，见 Li Hui, "The Status of Latin Language Teaching in China", p. 144。

身就够了。但是，这种考虑可能只适用于部分拉丁语文本，在这些文本中，或出于作者选择，或由于自身风格的限制，没有经过修辞手段修改的信息或多或少地与文本相吻合和重合。例如，粗糙地阅读恺撒的《高卢战记》，此书可能会以事实陈述的形式提供"客观"数据，如"恺撒于公元前 58 年在高卢地区"，或"恺撒于公元前 56 年击败威尼西亚人"（尽管学生应始终警惕他这种富有欺骗性的简明风格）。但是，这种方法在处理出于提供历史记述以外的意图而写的文本时，可能很快就会显示出其局限性。西塞罗的作品可能是一个很好的基准，因为他既把自己定位为历史的传声筒，又把自己定位为历史的创造者。他的演讲是研究共和国晚期罗马政制演变必不可少的材料，不过，尽管它们确实提供了对历史环境的记述，但西塞罗的主要目的是塑造他所描述的那段历史。这使得从西塞罗的作品中推导出事实性的陈述是一种更加危险的做法。当然，我们仍然可以从他的作品中推导出一些事实性的陈述，如"西塞罗在公元前 63 年担任执政官"，或"西塞罗在竞选执政官的过程中受到喀提林的敌视"。然而，当我们根据他在所有作品中的实际发言，特别是在他的演讲中说的话来下定论时，就很难摆脱错综复杂的解释。在这里，我们试图追踪一种更难以捉摸的信息，其形式是"西塞罗想"、"西塞罗希望"、"西塞罗的计划是"，除了西塞罗自己的话和其他一些略有相关性的材料外，往往没有其他依据。而且这可能还是多余的，但最好记住，西塞罗的遣词造句往往是精心编造的修辞结果，它们传递的信息不一定与文本重叠或一致。在我看来，考虑到发表的历史环境、所针对的受众、对西塞罗的意义，《为马凯鲁斯辩护》是展示这种情况的更好选择。我想向受众展示语法配价法如何帮助他们理解文本，并通过仔细研究它们选择的交流策略了解作者的思想和意图。对此问题我将暂不赘述，因为我将在后文所写的《为马凯鲁斯辩护》1.1-5 的分析样本中展开。

最后，我想强调工作坊的另一个层面，即我想通过它让受众了解语法配价法的另一个关键特征。语法筑基法往往会在学生的头脑中建立一个相当抽象的拉丁语形象。这种抽象的副作用之一就是会使学生误认为拉丁语单词只存在于书面而没有声音的维度。这种态度直接体现在拉丁语词汇的学习中：一种单词仅以静止的图形符号而非声音单元存在的记忆练习。然而，由于缺乏听觉上的刺激，学生们无法运用他们的声音辅助记忆,这使得信息的持存成为一项更困难的任务。此外,将拉丁语归结为书面形式,也会阻碍中国学生熟悉不同的语音系统。由此造成的拉丁文朗读不流畅随即对他们的学习过程造成了影响,并最终影响了他们分析和理解长难句的熟练程度。近期的心理语言学研究认为,即使我们默读一篇文章,我们仍然在使用自己的声音的内在记忆来解析单词。[1] 一位朗读流利性差的学生可能需要经常暂停他们的阅读,无论是默读还是其他,这将使他们面临丧失感知整句方向和意义能力的风险。在语法配价法中,声音变得格外重要,因为学生受训去辨别它们所携带的信息。确实,我们现在稍难察觉和再现长音 e 和短音 e 发音上的差异,而拉丁语用这种差异使分别作为未完成时和完成时形态的 *vĕnit/vēnit* 两词判然有别。但拉丁语的其他音素依然是特色鲜明和易于鉴别的,当这些发音承载着一定的意涵时,发音本身可以立刻为学生提供一个有效的语音提示。例言之,如果一个学生接受了良好的语音训练,并在他的头脑中形成了人称结尾的声像记忆,那只要一读到这个动词,声像记忆就能帮他识别这个动词的人称、激活他的语言洞察力(补足潜在主语)。正是基于这样的想法,我视《为马凯鲁斯辩护》为一个不错的训练平台,学生们可以借此了解拉丁语学习里语音的重要性,并练习他们的听辨技巧。选文的文体本身也使这种做法更有道理,因为创作者在设计这一别出心裁的文体时,已经在心中排练了演说时的实际效果。通过语法配价法,我意在鼓励学生们对词句的语音投注更多关注,同时也想训练他们通过韵律辨别句子成分,并体悟这些词句传达的言外之意。

四、工作坊所用的材料

以下是我为学生们准备的资料集,在工作坊开始前一周就分发给了学生们。就形

---

1 见 R. P. Vilhauer, "Inner Reading Voices: An overlooked form of inner speech", in *Psychosis: Psychological, Social, and Integrative Approaches*, Vol. 8.1 (2016), pp. 37-46。非常有趣的是,作者强调了这种情境下在默读中使用我们自己而非他人声音的自然倾向。

式而言，我从《为马凯鲁斯辩护》中选取了四段文本，每段都略少于 20 行。依据我能在西塞罗的演说中找到的叙述，我为每段文本添加了历史背景介绍。我还为学生提供了各选段的朗读录音，以便于他们熟悉西塞罗选择的语音和韵律。由于工作坊的重点在于研究西塞罗在传达信息时的交流策略和风格，我增加了"拉丁文法注释"这一部分，在其中努力预测他们在文本中会遇到的形态或句法上的困难，以此来帮助学生翻译。我也如出一辙地准备了"文风举要"这一部分，以此为他们提供一些关于所议文段中最有趣的修辞元素的线索，以便于我们能够在课上讨论这些元素。

《为马凯鲁斯辩护》的简要介绍

西塞罗在公元前 46 年 9 月到公元前 45 年 11 月之间完成了三篇演说辞（Pro Marcello, Pro Ligario, Pro Rega Deiotaro），《为马凯鲁斯辩护》——或依据当前一些"时髦"学者的说法 [1]——《关于马凯鲁斯》（ de Marcello ），就是其中的第一篇，这三篇演说辞都是为感激恺撒召回了其流亡海外的政敌而作的。我们的问题恰源于此。如果我们遵循西塞罗自己的说法，那《为马凯鲁斯辩护》完全有理由被认为是一篇"谢表（ gratiarum actio ）[颂词（ panegyric ）]"，即一种同时表达感激和颂扬的演说体。西塞罗以如此方式展露了自己的才能，他赞美当权者时言语雄浑而不失庄重和克制，以至于百年后的小普林尼在颂扬图拉真大帝时仍将西塞罗奉为圭臬。

但在此处产生了第一个问题：如果这篇演说确实是对恺撒的称颂（ laus ），那它这个沿袭已久的标题，我们先不管这个标题的来处，会显得措辞有些奇怪。一篇辩护演说的目的是说服（ suadere ）行动者遵循某人的利益行动。确实，西塞罗在马凯鲁斯其人其事上费了一些口舌，但我们仍很难将这篇演说辞视为一篇真正的辩护演说：没有辩护的必要。令在场的人震惊和敬佩的是，恺撒已经宽恕了马凯鲁斯。与这篇演说的主旨相比，马凯鲁斯看起来其实更像一个不太相关的小插曲。一个简明的内容概述可以增加这个说法的说服力：《为马凯鲁斯辩护》（喔，我们的版本是这么叫它的）是建立在两个对称、平衡的部分之上的。第一个部分是序言（ proemium ），暂且按下不提，

1　Cicero, *Political Speeches*, trans. D. H. Berry (Oxford: Oxford World's Classics, 2006), p. 204.

第二到六章是精心雕琢的、献给恺撒的颂词，第七到十一章则是一连串的、西塞罗希望恺撒能听进去并且照着做的敦促与劝诫，马凯鲁斯只在其中某几处出现过。

由此，我们的第二个难题就藏在《为马凯鲁斯辩护》的结构里——这两个互相绞连又服务于不同目的的部分。如果这篇演说辞的第一个部分确实是颂词，那传统意义上讲，它的目标应该是取悦（delectare）被赞颂的对象以及听众们。根据西塞罗自己在《演说家》（Orator）一书里提出的修辞艺术理论，这种类型的演说需要一系列的技巧、特定的语域和变音的语言处理，以及一种与演说本身相关的独特表演形式（actio）。西塞罗写道，当筹备一篇颂词时，这些修辞手法的使用需要与受"雅言体"（genus medium）支配的各原则相和，而西塞罗在跟着莫隆（Molon）学了两年演说之后，已经可以非常熟练地驾驭这一风格了。

但这篇演说的第二部分则完全不同。这时，西塞罗已经不再赞美恺撒了，与之相反，西塞罗开始鞭策他，揶揄他，说，他现在做的还不足以为他取得真正的尊荣。通过一个修辞学意义上的小小花招，西塞罗一改之前的立场——对已得的好处满怀感激，而变成了一位导师——去教授、指导、敦促恺撒，用自己新得的权势多行善事。这肯定不是一个人期待从一位呈递颂词的演说家嘴里听到的东西，或者他应有的姿态，即使是西塞罗也不能例外！当西塞罗《为马凯鲁斯辩护》的第二部分次第展开的时候，我们得知道有什么东西正在发生变化。此刻，这篇演说辞的目的从取悦恺撒，变成：西塞罗不仅要摇撼恺撒，还要鼓动（movere）他朝向那真正的、但仍未被他实现的最大的善。在文风上发生的戏剧性的变化恰如一面镜子，反映了这样的转变：西塞罗此刻完全投入了他最得心应手的、修辞学意义上的"华美体"（sublime genus）的怀抱之中。

最后，这篇演说收效甚微。恺撒没有遵循西塞罗的"教诲"，在《为马凯鲁斯辩护》发表了两年之后，他为这一选择付出了生命的代价。无论怎样，当西塞罗逐渐从一位法庭上的风云人物蜕变成共和国领袖时，这篇演说被呈现在我们面前，这是西塞罗作品里极璀璨的一个篇章，是糅合不同文体的杰出范例，也是他修辞技法的精湛呈现。

第一讲　序言的魔力

我们终于正式开始阅读《为马凯鲁斯辩护》了。我们很有理由从序言开始。从风格上来说，序言对于任何一篇演说辞都很重要，因为它是传统中用来一一展示演说家各种能力的集萃。对于西塞罗的这一篇演说，序言尤其特别，因为这是西塞罗在沉寂六年之后首次"发声"（当然，我们看到的是发表的版本），上一次还是他惨败的《为米洛辩护》（*Pro Milo*）。他长久的（*diūturnus*）沉寂也的确是他在序言中最先提及的内容，而且他用了一个文采斐然的句子，让他作为演说家的精湛技艺一目了然。这一韵律以反复格律型的音乐节拍为特点，听起来沉肃而缓慢。首句以主句为支点，从句的分布和嵌套体现出完美的对称结构，而且从句、主句的形式关系蕴含了演说家想表达的意义。西塞罗几乎是在用序言来宣布自己的隆重回归，而且能力不逊当年。

Cicero, *Mar.* 1.1–4.6

[1.1] Diuturni silenti, patres conscripti, quo eram his temporibus usus, non timore aliquo, sed partim dolore, partim verecundia, finem hodiernus dies attulit, idemque[1] initium quae vellem quaeque sentirem[2] meo pristino more dicendi. [1.5] Tantam enim mansuetudinem, tam inusitatam inauditamque clementiam, tantum in summa potestate[3] rerum omnium modum, tam denique incredibilem sapientiam ac paene [2.1] divinam tacitus praeterire nullo modo possum. M. enim Marcello vobis, patres conscripti, reique publicae reddito[4] non illius solum sed etiam meam vocem et auctoritatem vobis et rei publicae conservatam ac restitutam[5] puto.

[2.5] Dolebam enim, patres conscripti, et vehementer angebar, cum viderem virum talem, cum in eadem causa in qua ego[6] fuisset[7], non in eadem esse[8] fortuna, nec mihi persuadere poteram nec fas esse ducebam[9] versari me in nostro vetere curriculo[10] illo aemulo atque imitatore studiorum ac laborum meorum quasi quodam socio a me et comite distracto[11]. Ergo et mihi meae pristinae vitae consuetudinem, C. Caesar, interclusam aperuisti et his omnibus[12] ad bene de re publica sperandum[13] quasi signum aliquod [3.1] sustulisti. Intellectum est enim mihi quidem in multis et maxime in me ipso, sed paulo ante omnibus[14], cum M. Marcellum senatui reique publicae concessisti, commemoratis praesertim offensionibus[15], te auctoritatem huius ordinis dignitatemque [3.5] rei publicae tuis vel doloribus vel suspicionibus anteferre[16]. Ille quidem fructum omnis ante actae vitae hodierno die maximum cepit, cum summo consensu senatus tum[17] iudicio tuo gravissimo et maximo. Ex quo profecto intellegis quanta in dato beneficio sit laus, cum in accepto sit tanta gloria. [4.1] Est vero fortunatus cuius ex salute non minor paene ad omnis quam ad illum ventura sit Laetitia pervenerit: quod quidem merito atque optimo iure contigit. Quis enim est illo[18] aut nobilitate aut probitate aut optimarum [4.5] artium studio aut innocentia aut ullo [in] laudis genere praestantior?

拉丁文法注释

1. 此处 *idemque* 表强调，and also 或 furthermore。

2. *quae vellem, quae sentirem* 是间接疑问句，跟随 *dicendi*，也可以用名词翻译。

3. *summa potestate* 可以当作借代（metonyn）来翻译。

4. 注意 *M. Marcello reddito* 是表示时间状语的绝对夺格。

5. 补上省略的 *conservatam [esse] restitutam [esse]*，是跟随 *puto* 的不定式从句动词。

6. 补上省略的 *in qua ego [fui]*。

7. 把 *cum* 从句翻译为情况让步状语从句。

8. 把 *virum talem [...] esse* 当作承接前面 *verba affectuum*（变位动词）的不定式宾语从句，并且补上 *non in eadem esse fortuna [in qua ego sum]*。

9. 这里 *ducebam* 是主句的动词，由 *nec* 引导，*fas esse* 是主句的不定式宾语。

10. 把 *vetere curriculo* 翻译为 in my old customs/ in my old life。

11. 把 *illo [...] distracto* 翻译为表示因果关系的绝对夺格。

12. 把 *mihi* 和 *his omnibus* 翻译为利益与格。

13. 把 *ad bene [...] sperandum* 理解为目的动名词。

14. 注意 *mihi* 和 *omnibus* 是施事夺格，跟随被动迂回用法 *intellectum est*。

15. 把 *commemorates offensionibus* 当作表示时间状语的绝对夺格。

16. 这里 *te [...] anteferre* 是主语不定式从句，由 *intellectum est* 引导。

17. 这里 *cum* 和 *tum* 相互关联。一般来说，翻译中要强调 *tum* 引导的内容。

18. 这里 *illo* 是 Marcellus，比较后项的夺格。

文风举要

i. 第一句（1-5）中西塞罗展示了精湛的"结构表意"（*concinnitas*），即用排列关系表达意义。在你分析的时候，首先试试划分句子的结构，以图形的方式表现主句从句的嵌套关系（从句比主句低一层，以此类推）。尤其要注意把主句和从句的位置分开，隔绝出主句，考察主句中不同部分的排列顺序。它的优雅效果是通过什么达到的？你能从中获取什么样的信息？

ii. 第二步：考察第二句（1.6-2.1）的结构，还是用图形的表现方式。这次，尤其要注意西塞罗如何根据词语及用词与句子部分之间的关系来组织他的用词。这句话和上一句之间在句子结构上有什么区别？

iii. 第二句（1.6-2.1）中的词汇中有哪些词之间有语义上的区别或对比，和它们在句子中的位置、它们和句子结构的有什么关系？西塞罗如此组织语言，除了展示"结构表意"的技术之外，还在表达什么意思？

iv. 考察 *Dolebam [...] distracto* 这一句：首先，这确实是一个非常长、非常迂回的句子，但是，当我们把它**读出声来**（正如演说辞就是应该读出来的），我们感受到它的各部分浸透着一种灵动的美感。仔细朗读这句话，特别注意在朗读过程中，在哪里自然应该停顿，哪里应该被强调。

v. *illo [...] distracto* 一句很好地展示了西塞罗"夹心结构"（*framing*）技巧，即用一组相关的词语框定整个句子。考察这句话中所有词语的组织方式，看看西塞罗是否在词语排列中设定了某种平衡和对称。

vi. 总体来看，西塞罗似乎特别喜欢用"十字配列"（*chiasmus*）和"重言"（*hendiadys*）的修辞技巧，以此达到不同词语之间的对称和平衡。你在前五句话中可以找到多少符合这两种排列的例子？

vii. *anteferre*（3.5）之后，西塞罗的句子结构似乎一下子变了。你注意到了什么变化吗？你觉得这是为什么？

第二讲　颂词（抑或是指控？）

分析《序言》之后，我们开始考察西塞罗如何表述他对恺撒的赞美。我们关注的文本内容是，在恺撒达到和展示的诸多成就和品质之中，究竟哪一个是西塞罗着重赞颂的，又有哪一个是西塞罗有意略过的？不必多言，西塞罗强调和省略的选择本身是具有意义的，而且构成了西塞罗在《为马凯鲁斯辩护》第二部分中表达给恺撒整体意思的一部分。我们关注的语言特征是，西塞罗这部分中的话语是否有"言外之意"呢？这是一个现在已经被驳斥的古早解读：西塞罗在这一段中实际上并非称颂恺撒，而是正相反，他运用词语的不同寓意和一般颂词中不常见的手法，在巧妙地控诉恺撒。

赞美恺撒的军事天才是西塞罗一个顺理成章的选择，但是在按部就班地讲述恺撒的军事成就以后，西塞罗出人意料地转变了他的语言。西塞罗说他感觉到（或者——也许西塞罗是想让恺撒这么感觉？）战争终于结束了。虽然军事天才依旧是罗马社会中最受赞誉的卓越品质，但是胜利本身和随之而来的和平却有着其他要求。然而，无论如何，恺撒首先是一个军人。在我们接下来要读的第二章，我们会看到西塞罗有趣又极其危险的修辞如何解决了这个复杂难题。

Cicero, *Mar.* 8.1–10.8

[8.1] Domuisti gentis immanitate barbaras, multitudine innumerabilis, locis[1] infinitas, omni copiarum genere abundantis[2]: ea[3] tamen vicisti quae et naturam et condicionem ut vinci possent[4] [8.5] habebant. Nulla est enim tanta vis quae non ferro et viribus debilitari frangique possit. Animum vincere, iracundiam cohibere, victo temperare, adversarium nobilitate, ingenio, virtute praestantem non modo extollere iacentem sed etiam amplificare eius pristinam dignitatem, haec qui [8.10] faciat[5], non ego eum cum summis viris comparo, sed simillimum deo iudico. [9.1] Itaque, C. Caesar, bellicae tuae laudes celebrabuntur illae[6] quidem non solum nostris sed paene omnium gentium litteris atque linguis, neque ulla umquam aetas de tuis laudibus conticescet; sed tamen eius modi res [9.5], nescio quo modo, etiam cum leguntur[7], obstrepi clamore militum videntur et tubarum sono. At vero cum aliquid clementer, mansuete, iuste, moderate, sapienter factum[8], in iracundia praesertim quae est inimica consilio, et in victoria quae natura insolens et superba est, audimus aut legimus[9] [9.10], quo studio[10] incendimur, non modo in gestis rebus sed etiam in fictis ut eos saepe quos numquam vidimus diligamus! [10.1] Te vero quem praesentem intuemur, cuius mentem sensusque et os cernimus, ut, quicquid belli fortuna reliquum rei publicae fecerit, id esse salvum velis[11], quibus laudibus efferemus, quibus studiis prosequemur, qua benevolentia [10.5] complectemur? Parietes, me dius fidius[12], ut mihi videtur, huius curiae tibi gratias agere gestiunt, quod brevi tempore futura sit[13] illa auctoritas in his maiorum suorum et suis sedibus.

拉丁文法注释

1. 把 *immanitate, multitudine* 和 *locis* 翻译为限制夺格。

2. 注意 *gentis* 是宾格复数 *gentes* 的古风拼写。随后 *innumerabilis* 和 *abundantis* 是配合 *gentis* 的形容词。

3. 前述的词组被看作一个中性整体，用 *ea* 来统一指代。

4. 把这里 *ut [...] possent* 翻译为让步状语从句。

5. 注意关系从句中的虚拟式动词并且翻译出它和直陈式之间的细微区别。

6. 顺序是 *illae tuae bellicae laudes celebrantur*，注意要翻译出 *illae* 一词表述的微妙意义。

7. 把 *etiam cum legentur* 理解为表示时间状语（甚至在某某某时刻）的 *cum* 从句。

8. 这里补上 *factum [esse]* 作为跟随 *audiumus/legimus* 的不定式宾语从句。

9. 注意 *cum+audimus* 和 *legimus* 是 *cum* 时间状语从句，所以这里没有虚拟式。

10. 把 *studio* 翻译为工具夺格，*quo* 用来强调它作为疑问代词 *quis, quid*（而不是关系代词 *qui*）的形容词形式，西塞罗用它来把句子构建成一个设问句。

11. 这里 *ut* 引导一个从句来解释恺撒的 *mens*，以此语序应为 *ut velis salvum esse id, quicquid fortuna belli reliquum fecerit rei publicae*。

12. 拉丁语惯用语 *me dius fidius [iuvet]* 翻译为 so help me Juppiter。

13. 这里 *quod* 引导原因状语从句，而且一般来讲的确应该用直陈式动词。但是为什么我们这里用了一个虚拟式动词呢？

文风举要

i. 整段话综合来看可以视为西塞罗称颂体（epideictic）的绝妙例子。考察段落中句子的一般结构，并把这种结构和《序言》中句子的结构对比，你发现了什么区别？你如何解释它们？

ii. 圈出西塞罗直接赞颂恺撒的不同句子。你能否看出这些赞美之词中暗含"阴影"，即隐含着可能用于讽刺的内涵？你会这样来理解它们吗？

iii. 正如我们期待的那样，声音，尤其是变音（*euphony*）在西塞罗的语言中起到了重要作用。制造变音的效果需要两个元素：首先，通过精心运用词语格律型（*clausulae*）获得的韵律。一个格律型是一个标准的节奏序列，我们在句子末尾经常看到它。西塞罗有偏爱的格律型，最常见的是以一个"扬抑扬"节奏（cretic）[– ⌣ –]开始，一个"扬抑"（trochee）[– ⌣]结束。当然，一个长音节[–]总是可以被换为两个短音节[⌣ ⌣]。你觉得这太混乱了吗？不要担心，只需要记住口诀 *esse videātur*[– ⌣ ⌣ ⌣]+[– ⌣]，你就可以巧妙地记住一个"扬抑扬"加一个"扬抑"格律型（cretic+trochee）的例子。现在，朗读最后一部分的前两个句子，你找到了哪些格律型呢？

iv. 制造变音效果的另一个元素更好理解，即在遣词造句中巧妙运用重复的声音的音律技巧，比如西塞罗在这里运用头韵（ *alliteration* ）、类韵（ *assonance* ）、辅音韵（ *consonance* ）以及偶尔的不和谐音（ *cacophony* ）。朗读这一段落，尽可能多地找出西塞罗运用这些音律技巧的例子。

v. 现在，回顾你在第 iii 和 iv 条中找到的句子，文段中是否有哪里运用这些音律技巧的频率上升了呢？它们和西塞罗表意的目的有关系吗？

第三讲　转折

在第三讲，我们将关注《为马凯鲁斯辩护》第二部分开篇的一个选段，在这里西塞罗正在将颂词转向规箴。如果你不慎用通用的英语词典来查 "规箴"（ protreptic ）这个词的话，你可能只会看到一个简短的定义，它被解释为："言说，例如演讲，目的是说教和劝告（某人）。"这个定义并非有误，只是不幸被它的范围牵制住了，所以请让我对它补充一番。规箴一词，源自希腊语 "προτρεπτικός"，我们用它表示哲学演说的一种文体，在这种演说中一位老师教导、劝勉、指引桃李臻于一个具体而积极的目标。这个目标通常是哲学学习，我们仍有一些由亚里士多德所著、这类作品的残篇，而我们同样也知道盖伦写过一篇劝人学医的规箴。所以，我们这里讨论的、西塞罗发表的这个选段，其实非常像他在对恺撒作类似的规箴。但问题在于，你认为恺撒和西塞罗二位中谁的地位更高呢？假使西塞罗会问这样的问题，那这么问意义不大：当恺撒当权，西塞罗只能是屈居人下，除非西塞罗尝试重新定义他们二人的关系，将它纳入一个迥异的范式，在这个范式里，统治者会向被统治者更高的智慧低头。不必多言，这需要三寸不烂之舌来完成这个转变（可能还需要一点厚颜无耻……）

Cicero, *Mar.* 23.5—27.1

[23.5] <u>Omnia</u>[1] sunt excitanda tibi, C. Caesar, uni,<u>quae iacere</u> sentis belli ipsius impetu, quod necesse fuit, <u>perculsa atque prostrata</u>[2]: constituenda iudicia, revocanda fides, comprimendae libidines, propaganda suboles, omnia quae dilapsa [24.1] iam diffluxerunt severis legibus vincienda sunt. <u>Non fuit recusandum</u> in tanto civili bello, tanto animorum ardore et armorum, <u>quin</u>[3] quassata res publica, quicumque belli eventus <u>fuisset</u>[4], multa perderet et ornamenta dignitatis et [24.5] praesidia stabilitatis suae, <u>multaque</u> uterque <u>dux faceret</u>[5] armatus quae idem togatus fieri prohibuisset. <u>Quae</u>[6] quidem tibi nunc <u>omnia</u> belli <u>volnera</u>[7] sananda sunt, quibus praeter te [25.1] mederi nemo potest. Itaque illam tuam praeclarissimam et sapientissimam vocem invitus audivi: "Satis diu vel naturae vixi vel gloriae". <u>Satis</u>[8], si ita vis, fortasse naturae, addam etiam, si placet, gloriae: at, quod maximum est, patriae certe [25.5] parum. Qua re omitte, quaeso, istam doctorum hominum in contemnenda morte prudentiam: <u>noli</u> nostro periculo <u>esse</u>[9] sapiens. Saepe enim venit ad meas <u>auris</u>[10] te idem <u>istud</u>[11] nimis crebro dicere, satis te tibi vixisse. Credo, sed tum id audirem, si tibi soli viveres aut si <u>tibi</u>[12] etiam soli [25.10] natus esses. Omnium salutem civium cunctamque rempublicam res tuae gestae complexae sunt; <u>tantum</u> abes <u>a perfectione</u>[13] maximorum oper<u>umut</u>[14] fundamenta nondum quae cogitas ieceris. Hic tu modum vitae tuae non salute rei publicae, sed aequitate animi definies? <u>Quid</u>[15], si istud [25.15] ne gloriae quidem satis est? cuius te esse avidissimum, [26.1] quamvis sis sapiens, non negabis. "Parum<u>ne</u>[16]" - inquies - "magna relinquemus?" Immo vero aliis quamvis multis satis, tibi uni parum. Quicquid est enim, quamvis amplum sit, id est parum <u>tum</u> <u>cum</u>[17] est aliquid amplius. Quod si rerum [26.5] tuarum immortalium, C. Caesar, hic exitus futurus fuit ut devictis adversariis rem publicam in eo statu relinqueres in quo nunc est, vide, quaeso, ne tua divina virtus admirationis plus sit habitura quam gloriae; <u>si</u> <u>quidem</u>[18] gloria est inlustris et pervagata magnorum [27.1] vel in suos civis vel in patriam vel in omne genus hominum fama meritorum.

拉丁文法注释

1. 这是个常见的充当集体概念的通指中性。这里将它理解成"国家的所有功能"。

2. 这里的语序: *Omnia sunt excitanda tibi uni, C. Caesar, [ea] quae sentis iacere perculsa atque prostrata impetu belli ipsius, quod necesse fuit*。

3. 请谨记 *recuso*，正如 *impedo*，可能会带出一个补语从句，这个从句或由

quominus（肯定的主句）或由 *quin*（否定的主句）引导。

4. 当我们更期待一个直陈式的时候，正如以 "*-cumque*" 结尾的代词或副词所要求的，你会怎么解释这里出现的虚拟式 *fuisset* 呢？

5. 也暗示有一个 "*quin*" 引导这个从句。

6. 请注意这句话开头的关系词，将它理解成 "*[et ea] omnia vulnera ...*"。这里的 "*ea*" 指西塞罗刚刚在前句中列出来的那些事物。

7. 语序：*quae omnia vulnera belli sananda sunt tibi quidem [ea] quibus nemo praeter te potest mederi*。

8. 暗含一个指向恺撒的 "*vixisti*"。

9. 这里 "*noli esse*" 是一个否定的命令（命令式）= 不要做贤人。

10. 将这个 *istud* 视作恺撒引文的前奏、作为一个宾语不定式从句，这在拉丁语里被理解为中性的全项。

11. 常见的以 *-is* 结尾替代复数宾格结尾 *-es*。

12. 两个 *tibi* 都是利益与格。

13. 将这个 *a perfectione* 理解成 *a ut perfeceris*= 从结束以后。

14. 由 *tantum* 引导的结果从句。

15. 这里 *quid* 引导一个省略的问句 = 如果说……你会怎么说呢？

16. 附属后缀 *-ne* 给这个问题添加了什么特殊的细微差别呢？

17. 这里的 *cum*［与 *tum* 一致］引导一个时间从句。

18. 习语 = 如果……是对的。

文风举要

i. 西塞罗反对恺撒满足于现状的主要论据是什么？

ii. 想象一下你是恺撒，在听西塞罗的演讲。在这段的什么地方，如果有的话，会让你觉得他将、正在、曾有些过火呢？

iii. 和《为马凯鲁斯辩护》中"谢恩"部分的一般结构相比，西塞罗在这段用了相当特别的方式组织句子结构。你能发现哪些差别？又将如何解释它们呢？

iv. 措辞、变音和声律在这段也发生了同样的变化，尽管此处好像通过（至少）两次语域的陡转分成了三部分，大体上呈现为（1）23.5 到 25.5；（2）25.5 到 26.1；（3）26.1 到 27.1。想一想每个部分中哪些文风特点看起来是主导性的，以及为什么会这样。

v. 想一想这个句子：*immo vero aliis quamvis multis satis, tibi uni parum*，辨认西塞罗在这里用了什么格律型，以及他试图达到什么样的效果。

vi. 思考这个表述：*saepe enim venit ad meas auris*，这里西塞罗使用了什么修辞手法？你认为它和别的表述，比如说 *crebriter audivi*，在哪些方面有所不同？

vii. 关注整段的声律和音色，并将它理解为一篇（古典）乐章，由一个标准乐团（木管、铜管、弓弦乐、打击乐）并有着常见的强弱变化——渐强、持平和渐弱。你认为这三部分分别对应哪种乐器呢？在哪儿你会感到这支曲子渐强、持平或渐弱呢？

第四讲　不朽

随着演说接近尾声，西塞罗倾泻了一阵结构表意的枪林弹雨，试图说服恺撒回归普通公民。是的，这部分内容正体现了西塞罗敢于用一些不可理喻的措辞质问恺撒。但是，谁又会如此愚蠢地接受这样的观点呢？或者说，西塞罗怎么会真心实意地认为，那已经在为他自己的性命满怀忧虑的恺撒可能会心甘情愿地放弃他拼搏和奋斗得来的一切呢？我想说的是，西塞罗在这里真的心口相应吗？有些人认为这部分是演讲的重头戏，潜藏的申斥最终爆发，西塞罗撕破了他作为恺撒新政支持者的面具，回归到他那旧共和派的自我人格。此外，另有一种可能是，恺撒的处境让他想到了苏拉（Lucius Cornelius Sulla）。苏拉在此篇演说中倒是一直没有被提到，他曾自愿于公元前 79 年辞去独裁官一职，并复得返回个人生活；但苏拉是一个骄傲的权贵派，也是元老院须在错综复杂的共和国权力体制中有至上权力的坚实拥护者。在年轻一代中，恺撒已经属于一个由他自己一手促成的新世界了。

Cicero, *Mar*. 27.1–30.4

[27.1] Haec igitur tibi reliqua pars est; hic restat actus, in hoc elaborandum est <u>ut</u> rem publicam constituas, eaque tu in primis summa tranquillitate et otio <u>perfruare</u>[1]: tum <u>te</u>, si voles, cum et [27.5] patriae quod debes <u>solveris</u> et naturam ipsam expleveris[2] satietate vivendi, satis diu vixisse <u>dicito</u>[3]. Quid enim est omnino hoc ipsum diu in quo est aliquid extremum? <u>Quod</u>[4] cum venit, omnis voluptas praeterita pro nihilo est, quia postea <u>nulla</u>[5] est futura. <u>Quamquam</u>[6] iste tuus animus [27.10] numquam his angustiis quas natura nobis ad vivendum dedit contentus fuit, semper immortalitatis amore flagravit. [28.1] Nec vero haec <u>tua vita ducenda est</u>[7] quae corpore et spiritu continetur: illa, inquam, illa vita est tua quae vigebit memoria saeculorum omnium, quam posteritas alet, quam ipsa aeternitas semper tuebitur. <u>Huic</u>[8] tu <u>inservias</u>, huic te [28.5] <u>ostentes oportet</u>[9]; <u>quae</u> quidem <u>quae</u> miretur iam pridem multa habet, nunc etiam <u>quae</u>[10] laudet exspectat.

拉丁文法注释

1. 语序：*ut [...] tu in primis summa tranquillitate et otio perfruaris ea [republica constituta]*。"*perfruare*" 是 "*perfruaris*" 的古体。

2. 当心！这里 *solveris* 和 *expleveris* 是将来完成时直陈式，因为西塞罗使用了将来时 *dicito*，这里按照时间连续（*consecutio temporum*）原则必须如此。

3. *dicito* 是个相当罕见，也因此有着有趣风格的将来时命令式。

4. 关系关联词（*relative nexus*）指前文的 *extremum*。

5. 这里 *nulla* 指 *voluptas*。

6. 将这个 *quamquam* 理解为一个转折小品词，即"毕竟"。

7. 这里 *tua vita* 是迂说式 *ducenda est* 的主语，而 *haec* 是它的主语补足语，因为 *duco* 在这里意思是"视为"，也即"你的生命将不会被视为（仅仅）如此……"。

8. 西塞罗用 *huic* 可能是指前文的 *posteritas*（后代）。

9. 注意！*inservias* 和 *ostentes* 都是补语从句的动词，附着于 *oportet* 之后，后者并

没有用我们期待出现的连词 *ut*。

10. 请注意第一个 *quae* 是主格单数阴性形式,与 *posteritas* 一致,而接下来的两个 *quae* 是宾格复数中性形式并引导了两个结果关系从句: *quae [posteritas] iam pridiem habet multa quae [is] miretur, nunc etiam [posteritas] expectat [mulat] quae [is] laudet*。

文风举要

这一讲没有提前写好的文风要点。相反,我更想让你们活学活用前几讲中学到的方法,并且整理出一个表格,它至少要包括四点你认为格外值得关注的文风要素。只要记住,在这里西塞罗完全转向了第二种文风,并且他使用的修辞手法完全不同于开篇。言尽于此,祝你好运! 我期待听你们说在这段中淘出的砂金!

五、语法配价分析法:声律举要

我们在工作坊期间通力合作,围绕文本完成了很多工作,以下是我们在第一次工作坊期间完成内容的节选。由于篇幅所限,此处只收录了我们就《为马凯鲁斯辩护》序言的前几行所做的评议。我希望这一部分的语言风格能再现工作坊的整体氛围。

a. 评议:《为马凯鲁斯辩护》1.1–5

终于,我们启程探索西塞罗演说中隐藏着的音型、韵律和匠心独运的语音修辞运用。我们从分析《为马凯鲁斯辩护》中素来关键的部分开始,它的意义在古典希腊语和拉丁语传统中的任何其他演说中同样如此:序言,也即最初的几句开场白。因为你们知道开端意味着什么:就像初吻,或者一段未知旋律的第一个音符,它们往往会脱颖而出,钻入我们的注意力和记忆中一个特殊的重要位置。也许是因为,起码从人类学的角度来看,天生的体制让我们往往在发轫处看到一些更重要的东西,因为我们相信它们自有"神话"特质,可以引入、塑造从而决定"接踵而至"的事物。另一方面,或者这一判断对此序言来说尤其正确，因为发表《为马凯鲁斯辩护》演说有其一系列特殊的历史环境、政治意义和潜在后果。若果真如此，那么对这些背景进行简单的探讨将有助于更好地辨别和欣赏西塞罗将语音修辞和节奏交织使用的交流策略。因为在讨论这篇演说时，我们要始终记住，在这里我们有一位为听众所熟知的演讲者，他的名声不仅是因为他的修辞技巧和在法庭上的成就，还因为他在过去四十年中一直扮演着塑造罗马历史本身的角色。首先，他在青年时期就参与了罗马城的政治斗争，为贵族阶层有影响力的重要成员进行辩护或对其提出指控。此后，在他职业生涯的不同阶段，他直接参与了公共事务；在职业生涯巅峰——担任执政官期间，他在有生命威胁的喀提林事件中发挥了作用。最后，在他的晚年，他支持庞培以反对恺撒的野心和他对权力的追求，试图维护元老院在复杂的机构权重和权衡系统中的主导地位，这构成了"他的"共和（ *Res Publica* ）理念的核心。然而，在恺撒那于他有利的仁慈行事（ *clementia* ）之后，他从自我流放中回到了罗马，这位活生生的罗马史，曾通过自己的话语来塑造事件和生活，现在却选择了沉默。因为，正如他致信阿提库斯所言，在内战结束后，"那些通过胜利提高自身份的人对待我们几乎就像对待战败者；同样，那些被我们的失败所困扰的人们，对我们的苟活于世感到悲哀"（《家书集》9.2 ）。由于在政治上处于孤立状态、没有可靠的效忠关系可以依靠，他淡出了同侪的视野，不再是他们的话资。而面对恺撒史无前例的权力，沉默是他最好的防御。事实上，在公元前 52年《为米洛辩护》这一演说失败后，他保持了六年多的沉默，这一演说导致了他的政治死敌克洛迪乌斯（ Clodius ）的胜利和他最亲密的朋友和政治赞助人之一米洛的永久流亡。这篇据称是即兴的，因此出乎意料的演讲，因为是由一连串同样出乎意料的事件引起的，其意义正是在于打破了这种长期的沉默，并标志着西塞罗正式回到了政治活动中。因而，不难想象，当其他元老看到西塞罗从座位上起身说话时，一种惊讶的感觉会窜流他们的头脑和四肢，可能还夹杂着一丝突然的紧张和欣喜。"他终于要说什么了？"在他开始之前的那一小段蔓延在讲堂里的沉默中，每个人都会充满期待地想知道这个问题的答案。同样，像西塞罗这样老练的演讲者和政治家也不可能不知道他所处的环境，以及他即将发表的第一句正式讲话对政治或对他个人的意义。他的元老同僚们坐在那里，他即将对他们讲话；此外，恺撒也坐在那里，他是元老，但同时也是有着一些更多其他身份的人。在他们中间站着的是西塞罗，他终于打破了沉默，可能这个开场在恺撒听来已经像是谴责了。西塞罗深知自己的演说的重要性，在 1.1-5 部分，他所传达的意义远不止来自他所使用的文词，而是由不同层次的话语在一场精心编排的协奏中产生的：【1】句法的艺术性构造；【2】使用韵律以增强演说关键部分表现力；【3】一些声音和音型反复出现，他们织就的网络在各部分和观点之间构成了联系，在观众的头脑中潜移默化地发挥了作用。让我们逐一考察它们。

【1】让我从研究西塞罗在序言中所使用的句法结构开始，我将使用一种具象的"二维"模式来更好地分析他在这里做什么：

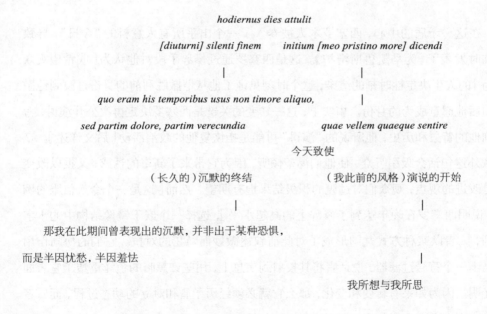

hodiernus dies attulit

[diuturni] silenti finem initium [meo pristino more] dicendi

quo eram his temporibus usus non timore aliquo,

sed partim dolore, partim verecundia quae vellem quaeque sentire

今天致使

（长久的）沉默的终结   （我此前的风格）演说的开始

那我在此期间曾表现出的沉默，并非出于某种恐惧，

而是半因忧愁，半因羞怯

我所想与我所思

这应该已经帮助我们一瞥一个精心构造的镜面结构，它在西塞罗的第一句话的之后，并将这些词塑形。主句的核心，即一组主语[hodiernus dies，今天]和动词[attulit，带来]，是这个结构的原点。从这个核心出发，就像从河流的源头滥觞，语义

流随即加倍，变成两个平行的支流，穿过语义上相反的一对名词，即 *finem*［结束］和 *iniutum*［开始］，这又被同样相反的一对属词 *silenti*［沉默］和 *dicendi*［演说］进一步限定。这是一个相当别出心裁的十字配列结构，西塞罗用它来建立一对饱含深意的对比，持续进行、层层递进，并两两相反：

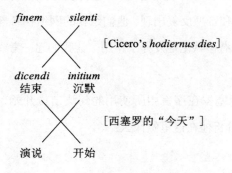

在这一矛盾的中心，西塞罗本人被卷入了一个出乎所有人意料的"今日"，导致他临时发表了《为马凯鲁斯辩护》。这是西塞罗通过修辞手段对他认为［或希望观众认为］的人生决定性时刻的渲染，这个时刻见证了他从恺撒胜利前的身份过渡到恺撒胜利后他愿意成为的身份。事实上，这一转变的关键是西塞罗决定再次公开演讲，考虑到他的背景和历史，他所说的"演讲"可能是指恢复他的政治活动［后文详述］。毫不意外这句话会吸引听众，使他们渴望倾听，因为它带来了新奇的诱惑；又据以改变就是改进的观点，观众们对过渡的积极结果抱有期望。然而［这是一个令人信服的例子，说明西塞罗在晚年达到了修辞上的高超水平］，选择一个嵌于镜像结构中的十字配列，二者以某种方式共同形成了对此前叙述微妙而隐秘的对抗。它们的协同作用相当于一个符号过滤器，说话者将其投射到信息上，用些许黑暗的色泽重塑了它表面的光明。因为如果有转变和变化，那么它就必须经历矛盾和对立的动态过程，而后者是由这个十字配列唤起和实现的。同样，如果西塞罗要再次发言，那么十字配列所嫁接的镜面结构也可能暗示他的话存在一个反像，悄无声息地在演讲的符号学表面下运行，他委托它传递一个不同乃至相反的信息。在接下来的几讲中，我们将更好地观察西塞罗是如何在这些前提下，通过精心制作一个与他的赞美相反的声音，缓缓地从

《为马凯鲁斯辩护》中浮现，直到达到一个转折点，在那儿两支叙述立场的对立清晰可见。现在，我只想指出，学者们有时也发现很难界定这篇演讲的体裁，在颂词和与之相反的指控之间徘徊不定。回到对句法结构的分析上来，我们现在可以注意到它是如何在两股"支流"的末尾最终展开成一个条件句的。一边是长句［*quo ... verecundia*］；另一边是相对较短的句子［*quae ... vellem; quae (que)... sentirem*］。它们在结构中的位置已经暗示了一种联系的存在，然而根据我们的分析，我们现在甚至可以推测它们之间的这种关系是一种"反转"的关系，其中一个是为了给另一个提供反像。然而，辨别和理解哪两部分相关（和相反），都需要我们现在过渡到分析文本的第二和第三层，这两层与西塞罗对语音修辞、韵律和音乐的使用有更多的联系。

【2&3】套用一个老套的说法，我们可以说：在语篇分析里，对韵律、语音修辞和音型重要性的强调永远都不会是言过其实。然而，就它们在拉丁语演说里的重要性而言，这一说法仍显得力有不逮。拉丁语演说是专为表演设计的文学作品，其受众似乎耳朵格外敏感、对声音的运用期待颇高，即便是未受教育者也不例外。[1] 因此，西塞罗会尤其关注修辞的这一方面也丝毫不令人意外：他热衷于使用特定的格律型，尤为关注句尾，或者他认为因承载了特定信息而意义非凡的部分。任何这一方面的专著大概都会提到西塞罗在发表《为马凯鲁斯辩护》期间发展出来的格律偏好：他喜欢把扬抑扬格［－◡－］和具有鲜明顿挫感的扬抑格［－◡］组合起来。[2] 对此，*ēsse videātur* 这个搭配提供给我们一个不错的记忆妙方，它完美契合了西塞罗惯常的"扬抑扬［－◡◡=*ésse vide*］和扬抑格［－◡=*átur*］"组合。尽管如此，这些格律型之中蕴藏着潜在的语义，它们使得格律型不只是作为演说中可有可无、哗众取宠的点缀而存在。具体地

---

1 参见西塞罗在《演说家》第 214 节提到的逸事，很能说明这一情况。他在此处提到，当演说家使用双重扬抑格，并成功地匹配好了句子成分和韵律时，这能在观众里激起了巨大的热情。但这也造成了另一个略显辛酸的问题，即大部分罗马听众好像对演说家的演说技巧捕捉得有点太快了，所以西塞罗建议不要滥用经典韵律，否则它的效果会变得十分有限，并引起观众的蔑视。

2 这里仅列举其中一例，见 Michael von Albrecht, *Cicero's Style, A Synopsis. Followed by Selected Analytic Studies* (Leiden: Brill, 2003), pp. 110–114。它为多年来西塞罗修辞作品里的韵律偏好提供了一份简明却完整的叙述。

说，它们就像是符号过滤器一样，能够强调、衬托、缓和甚至是隐藏部分已呈现出的内容，从而重新定义话语的意涵；在更微妙的层面上，基于它们在文化语境下与特殊文体和诗艺传统业已建立的联系，这些格律型也能在观众心中触发一系列既定的情感。举个例子，通过使用史诗型六音步这一韵律，演说者能营造出史诗这种文体蕴含的沉肃感，从而在他的措辞和信息里糅入一种文化体感上的庄重氛围；最后，这些格律型相互组合、彼此呼应，同样能够编织起一个贯穿整个演说的音型和格律型的网状结构。尽管说起来有些操纵人心的意味，但这是一种非常好用的手法，演说者利用它——各音素间彼此呼应的原始能力，能在观众心中搭建起理念与概念之间的联结。在歌剧中，"主题曲"往往与特定的角色联系在一起，用来凸显或者提醒观众舞台上角色们的存在。但演说里的格律型与之不同，格律型的复现可以在句子、章节、整部作品的不同，或在其他方面似乎并不相关的几个部分之间构建联系。然而，一旦我们采纳这个视角，我们必须将演说的第一层和第二层联系起来加以分析和考虑，从而更好地理解西塞罗是如何参与这场修辞思维游戏的，或者说，他是否真的玩弄了修辞。那就让我们从仔细观察句子首尾开始：

diuturni silenti   = |·|– ⏑ ⏑|–⏑|

patres conscripti   = |– ⏑ ⏑|–⏑|

more dicendi   = |– ⏑ ⏑|–⏑|

不出所料（至少在我们此刻分析的这点上），西塞罗看起来在用富有韵律的格律型去进一步加强两条十字配列分支之间的联系。《为马凯鲁斯辩护》由这个十字配列开启，这两条分支即 [a] *diuturni silenti* 和 [b] *more dicendi*，它俩都可以被归入名为"史诗式"格律型的一种，这种格律型一般被用于在史诗六音步末尾 [– ⏑ ⏑|– ×]，西塞罗把最后一个扬扬格转变为扬抑格。事实上，*diuturni silenti* 看起来似乎比史诗式格律型多了一个开头处的 *diu*。但这样一个引人注目的差异可以被简单地理解为一个"舞台灯效变化"，西塞罗在这段韵律中留下这样一个"提词卡"来提醒自己：

在这段呈现之初，就应该有一个意味深长的停顿。西塞罗在一封写给苏尔皮基乌斯（Sulpicius）的信中说[《家书集》4.4.2–3]，似乎是在全场所有元老们的点名要求之下，他被要求赞美恺撒的决议（按照他的自己的说法：*gratias agere-* 表达谢意）。这是一个至关重要的时刻，他被传召上前发表演说，一改他过去再不演说的计划，在六年沉寂之后，借即兴发表《为马凯鲁斯辩护》之机重返台前。毫无疑问，对他个人来说，这个时刻意义重大，因为这标志着他正式决定回归政务的辛劳（*negotium* 辛劳）（他在《为马凯鲁斯辩护》27.1 中用 *negotium* 的反义词 *otium*［闲暇］作此暗示）。就这样，他开始了他的演说，在他开始的这一刻，当六年沉寂已被打破，他或许会想用一个修辞上的停顿来渲染这一时刻，以此更好地表达出他对新考量的徘徊与游移不定。这个技巧令史诗式格律型独具的语感力度充盈在十字配列第一条分支之间，通过这样的方式，这些承载了他新考量的词句被笼罩在一种简明却深长的意义氛围之中。[1] 同样，我会构想他将在 *silenti* 之后再次停顿，这个词代表着十字配列第一部分的终结。这是因为：首先，在演说中，或许真实的沉默才是唤起"沉默"之概念与"沉默"之心灵意象最有效的方式；另外，由于这个传统的称呼——与会诸公（*patres conscripti*，即元老们）——被置于两次停顿之间，这就给了西塞罗再一次应用这一史诗式格律型的机会。演说启以沉肃，这一重复又使得这一沉肃感倍增；最后（这仅仅是我个人的感觉），这种"且停且行"式的开头将西塞罗打破六年沉默坚冰时需要与之斗争的犹疑与挣扎表达得淋漓尽致。我们可以感觉到，在 *quo* 及其所引导的从句之中，句子的韵律和顿挫逐渐铺展开来，变得更为轻盈和松快，宛如西塞罗骤然战胜了他的犹疑，完成了他魔术般地凯旋回归。演说继续流淌，词句的旋律在以下一组表达中达到了高潮：

1　确实，我们也有一定理由相信西塞罗可能不建议使用史诗式格律型（见 Michael von Albrecht, *Cicero's Style*, p. 14，以及《演说家》第 64 节的第 217 句），但在他的早期演说中，他显然很喜欢这个格律型在观众中引发的效果，而且当风格本应更简明一些时，他也继续使用它（见 Louis Laurand, "Les Fins d'Hexamètre dans les Discours de Cicéron", in *Revue de Philologie, de Littérature et d'Histoire Anciennes*, Vol. 35, No. 1 [1911], pp. 75–88）。

i. *partim dolore* = |– ⏑ ⏑|– ⏑| [heroic *clausula*]

半因忧愁 = |– ⏑ ⏑|– ⏑| [史诗式格律型]

ii. *partim verecundia* = |– ⏑ ⏑ ⏑|– ⏑| [cretic + trochee]

半因羞怯 = |– ⏑ ⏑ ⏑|– ⏑| [扬抑扬格 + 扬抑格]

这一组的上阕再次重复了由史诗式顿挫所带来的史诗氛围，下阕则凸显了西塞罗明快、优雅甚至有一分活泼感的韵律选择。但这一对词组似乎提醒着我们另一组韵律，西塞罗曾用这一韵律令另一组句子意味盎然，即在我们之前已经指出并且分析过的、这一对承结构中与这一组遥遥相对的那对，如下：

i. *quae vellem* = |– ⏑ ⏑|

i. 我所想 = |– ⏑ ⏑|

ii. *quaeque sentirem* = |– ⏑ ⏑|– ⏑|

ii. 我所思 = |– ⏑ ⏑|– ⏑|

将这两对词组列在此处做个对比：

partim dolore = |– ⏑ ⏑|– ⏑| *quae vellem* = |– ⏑ ⏑|

partim verecundia = |– ⏑ ⏑ ⏑|– ⏑| *quaeque sentirem*= |– ⏑ ⏑|– ⏑|

诚然，这两对词组并非完全匹配。但我们不应忘记，这两对词组本身即因为它们在句法结构里的对称位置而具有联系，我们对这一联系的印象也可以由音韵上的提示而加强。音韵提示即：

1. 这两组句子都由两阕组成，第一阕比第二阕更短。这表明了在它们呈现方式上的相似性，如二四拍的节奏，声音自然地从一阕滑向下一阕。

2. 这两组还通过类韵相连。第一组的两阕通过句首 *partim* 的复现相连，第二组

的两阕则通过 *quae* 的复现相连。此外，第二组中 *-em* 尾音的重复也令人忆起第一组中重复的 *-im* 尾音，这也就构成了所谓类韵。

若这些观察属实的话，那前两行为我们提供了一个非常好的例子，呈现了西塞罗是如何发挥语篇内三个层次的协同作用，从而创造出相异又相互绞缠的意义层的。就第一层面而言，这一开端传达出了这样的信息：在这一天，西塞罗的内心世界与行为方式发生了重大转变，这是标志着他旧有的"（拥护）共和的"自我和接受恺撒威权的新自我断裂交替的一天。这一转变当然可以被视为一种提升，他打破了原有的沉默与孤寂状态，但也正是在此处，对这一语篇另一层次的分析开始令一些更含蓄、更隐晦的信息浮出水面。这一转变被安置成一种对"断裂"的选择，在"新""旧"之交、"前""后"之间截然画线。在那端的是过去之西塞罗，缄默地伫立着，祈望着共和国之重建；在这端的则是崭新之西塞罗，他逐渐接受了"后恺撒时代"的罗马现状，终于不复沉默。但这一转变是建立在一个对称的镜像结构之上的，这一结构暗示了各个元素之间存在的联结。当我们以某种方式跨越分界线，仍存在着这样的暗示，即仍有一些东西越过了这道分界线并得以保留，甚至消解了由文本第一层传达出来的断裂性。正如我们之前分析的，有两对词组详解了"沉默之终结"（*finem silenti*）和"演说之开始"（*initium dicendi*）的十字配列，西塞罗在这两对词组中创造了声音的回旋往复及音韵上的相似性，而这些又暗示了分界线两端延续性的存在。用示意图表示的话，这一结构大抵如此：

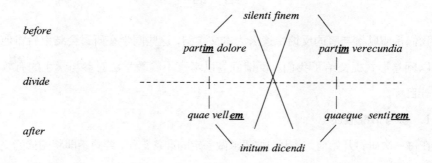

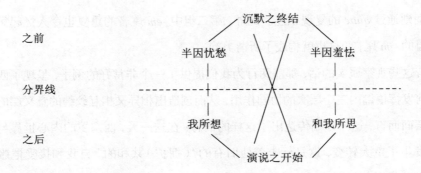

我们应该注意到，这里囊括的四个概念都指向西塞罗私人与内心的世界。第一组的忧愁与羞怯是与往日联系起来的情感，与之相对，"想"与"思"则告诉了我们西塞罗的"来日"。同样，忧愁与羞怯是西塞罗幽闭于缄默时所忍受的，但在来日，他给予了自己一个与之相反的主动角色：当他参与到演说中时，他要强调自己的所感所想。就第一层符号学信息而言，这一意义被断裂和对立的概念所标记和加强，是积极的：之前的我是寡言的，为重重障碍所封锁；但现在的我可以再次诉说，自由地倾诉我所感与我所愿。然而，在他通过镜像结构和声韵的回环往复所创造的相反层次上，他把往日忧愁与羞怯的情感与来日所想和所思联系在了一起。那这一信息也随之改变，变成了：我将演说，但我的心意与痛苦之概念相连；我所感到的，仍为屈辱。

结　语

我们希望以参与者的反馈综述来为本文作结，这些同学在研讨会结束后将他们的反馈以问卷形式提交给了我们。反馈问卷以考察不同教学法对参与学生的有效程度为设计目标。

1. 参与情况概述

在每一次研讨开始前，学生们被要求做一定的准备工作，要熟悉即将阅读的文本内容的翻译及其发音特征（每次研讨平均有 20 行左右的文本）。为了方便学生的预习工作，讲义里提供了各文本句法、语法、词法重要特征的注释，还附有着重关注发音和格律型的录制音频。讲师希望学生们在讲座前自学两小时左右，但据学生们反应，他们平均会花费三个小时，但这种差异也可能是由参会学生的拉丁语水平所导致的：符合参会要求的学生拉丁语能力是中阶及以上。也有三分之一的参与者反应，诸次研讨会之间只隔了一天或者两天，为学生们留下的预习时间太少了。但大部分听众都认为，这样的时间安排是合理的，既有充足的时间预习，也不会间隔太久以至于忽略或忘记主题内容。在研讨会进行的过程中，参与的人数逐渐增加，在最后一次研讨会时有最多的参与学生。

2. 学生反馈

对于所有参与者来说，本次研讨会应用的文本研读方法都称得上是一次新奇的体验。当被要求做进一步说明时，学生们谈了谈他们目前能选到的拉丁语课程的潜在不足。他们选修的拉丁语课程大多聚焦于文本句法和语法要点的学习，虽然也会关注到文本所处的历史背景，但是往往忽略文本的语言和风格特点，但这些特点往往是与文本所传递的信息和其交流技巧息息相关的。颇为凑巧的是，他们也希望能参与一些能弥合这道鸿沟并侧重文学这一方面的课程，以帮助他们更好地理解拉丁作品的创作，从而增长兴致、助益研究。由参与者提出的、本教学法最突出的特点如下：

——生动活泼的当庭朗诵，对辨别西塞罗所用格律型和音韵修辞颇有裨益的表演形式，并分析了西塞罗交流技法中格律型和音韵修辞的目的和含义。

——讨论了西塞罗所用的风格和韵律修辞，并简要点评了它们应在观众中产生的预期效果。

——分析了西塞罗所用的关键词汇，尤为关注如何通过关键概念的语义场内涵更好地理解它们在历史和文化方面微妙差异。

有感于以上的初步回应的积极态度，组织者与我决定收集更具体的反馈，以此更好地帮助我们评估工作坊是否完成了我们所设定的目标，若有，完成度如何。正如导言中已经简要提及的，经讨论，我们同意以三个指导性方向来设计此次工作坊：

（1）克服我们发现的三大障碍，使那些在第一年学习后因教科书中的拉丁语转变为真实文本而备感沮丧的学生更加积极地投入拉丁语学习中。

（2）突破学生们此前理解的史料范围的局限，促使他们在可定义和使用的历史证据这一问题的讨论上拓宽思路。特别是，我们希望能提供一个解释学分析的样本，学生们据此可以触及提供直接事实信息以外的史料。

（3）呈现一种新的教学法，让中国学生在回声记忆的支持下提高对拉丁语的赏析能力和掌握程度。我们希望学生能够练习朗读，以便使他们能够对拉丁语赋予句子不同部分的意义和信息形成更直观且直接的把握。此外，我们希望学生能够增进他们辨识文本中的声音和格律型的能力，并训练他们识别作者通过富有表现力地操纵语音而形成的内蕴的概念内涵网。

我们收集了 9 名学生的反馈，他们是在工作坊参与人数最多时的全体听众。在这些学生中，有 2 名目前处于初级水平，而其余 7 名处于中级或更高水平：

——所有参加者都对这种组织形式、教学方式和文本材料表示高度满意。同样，他们也一致认为，把这种方法纳入他们古代语言课程及训练中将有所裨益，并提议此后组织更多类似的工作坊。当在这个问题上进一步询问时，这 9 名学生中有 6 名强调，积极且动态的阅读使他们能够以一种较之往常更有帮助且愉快的方式投入西塞罗的文本中。有两名学生特别强调他们更喜欢分析西塞罗的文风抉择，并指出，他们以前基于语法翻译法处理西塞罗文本时，在某种程度上忽视了这个问题。

关于这部分的反馈，值得强调的是所有学生似乎都对语法配价法独树一帜的特征做出了相当积极的反应。有 3 名学生明确表示，在经过一年的真实文本的学习后，这些元素为她们的拉丁语学习带来了新鲜空气和某种程度的纾解。用这一反馈证明语法配价法有助于增强和维持学生进一步学习拉丁语的决心，似乎不为偏颇。

——这 9 名学生中有 6 名都认为出声朗读、分析音律手法是本期工作坊最喜欢或最有趣的内容。这 6 名学生中 5 名强调，在尝试更加流畅地朗读时，他们遇到了从前没有意识到的挑战。

关于这一点值得特别说明的是，工作坊为学生提供了四段研读文本的朗读录音，并且鼓励学生在自己准备讨论内容时跟读并练习。所有的学生都反馈他们因此对文本的熟悉程度显著提高，不仅更好地掌握了这段文本，还对文本体裁（即演讲这一文体）的标志特征有了清晰的理解。1 名学习拉丁语时间显著低于其他参与者的学生特别反馈他得以在不熟悉文本词汇和语法的情况下，仅凭借反复听和跟读录音，就能一定程度上辨识出文段的情感变化。所有的学生都成功地辨别出西塞罗对语音和韵律的精心控制，并认识到其与文本的意义是融为一体的。2 名学生表示对语音学和音系学产生了兴趣并愿意进一步学习相关知识。

——9 名学生中的 8 名对《为马凯鲁斯辩护》的声音与风格技巧采用解释学的分析后，都成功地获得了可靠的历史信息。9 名学生中的 6 名特别强调他们对西塞罗的政治活动和生涯理解加深；9 名学生中的 6 名反映他们得以更加了解相关历史人物之间的关系和互动；9 名学生中的 4 名认为自己对恺撒取得绝对权力后的政治情况有了更加清晰的理解。

关于反馈的最后这部分内容，有必要强调：学生们提出，自己对历史情况和信息的获取与工作坊的方法论有关，尤其是与对声音和风格技法的分析有关（他们特别举出我们所讨论的十字配列、夹心结构、不同的格律型和句法结构具体文本作为例子）。这表明他们已经有能力分析西塞罗表达技巧、理解他的思想情感的再现方式，以此获得信息，并在仔细讨论和限定下，将这些信息用于历史背景的讨论。因此，学生们得以自主地意识到，类似的文本（例如悲剧）以及任何具有作者有意设计的修辞技巧的文本都可以，且应该运用这种方法来分析，而且以此提取的信息应被评判并考虑作为历史证据来应用。

3. 结论

总体而言，学生对语法配价法及其原则的应用的态度非常积极。他们对于工作坊所提供的《为马凯鲁斯辩护》颇为全面的历史文化背景概览表示高度欣赏，并且认为这是理解西塞罗演讲中精细和微妙之处的必要条件。进而，他们很认同于把文本处理为活生生的语言，而非作为提取隔离作者情感的历史信息的容器。为此，他们认为，详细地考察音律与风格技巧的种种细节，并把文本和字面之下的隐含意义看作一个整体非常重要。他们意识到，这种分析可能能够提供一种通过文本理解西塞罗本人的途径，并且这种方法让他们认识到作为一个真实的人的西塞罗，以及他的情绪、意图、希望、关切和挣扎。最后，虽然这些信息在传统上不被认为是自明的事实，但是学生们认为，有理由并且有信心把它们考虑为历史证据。这些积极的结果强烈表明，在中国的拉丁语教学中，意大利传统下的语法配价法应被考虑为盎格鲁-撒克逊传统中语法主导教学方法切实可行的另一选择。

附录：中英译名对照

人 名

Catiline　喀提林

Clodius　克洛迪乌斯

Germano Proverbio　日耳曼诺·普罗
　　　　　　　　维尔比奥

Lucien Tesniére　吕献·德涅

Lucius Cornelius Sulla　卢基乌斯·科尔
　　　　　　　　内利乌斯·苏拉

Milo　米洛

Molon　莫隆

Sulpicius　苏尔皮基乌斯

作品名

Pro Marcello　《为马凯鲁斯辩护》

Pro Milo　《为米洛辩护》

Epistulae ad familiares（*Fam.*）《家书集》

Orator　《演说家》

术 语

alliteration　头韵

assonance　类韵

Bologna agreements　博洛尼亚协议

cacophony　不和谐音

chiasmus　十字配列

clausula　格律型

concinnitas　结构表意

consonance　辅音韵

epideictic　称颂体

euphony　变音

framing　夹心结构

genus medium　雅言体

sublime genus　华美体

Grammaire de Dépendance　依存性语法

gratiarum actio　谢表

hendiadys　重言

panegyric　颂词

proemium　序言

（本文作者为 **WLSA** 上海学校拉丁语和批判性思维指导教师）

参与和思考

北京大学基础拉丁语教学实践笔记

罗 莹

　　针对古典学专业学生的基础拉丁语教学，目前国内高校皆处于摸索开创阶段。笔者自身曾接受西方现代语言专业外语训练，多年来亦积累了一些针对不同年龄段零起点（非古典学专业）学生的拉丁语教学经验，此次拜彭小瑜、范韦里克老师信任，首度参与北大古典学基础拉丁语教学，下文谨以本学期的教学实践为例，班门弄斧与诸位方家畅谈敝人教学过程中的切身观察与思考。

一、西方古典语言教学与现代语言教学之别

　　尽管同为外语类的学习，古典语言的"教"与"学"亦应充分借鉴现代外语教学业已积累的有效方法，但敝人认为首先仍需厘清：**古典学专业的拉丁语教学就其学科归属及教学目标而言，明显有别于现代外语专业的学习**。一是作为古典语言的拉丁语教学，并非旨在追求日常经济高效的实用型交流，若是遵循并驾齐驱的"听说读写译"（尤其国内当下青少年外语教学更为侧重听说先行，用以培养敏锐的语感及模仿地道的主动表达，外语类专业院校亦以学生的流畅口语、外文写作等外语主动输出能力作为重要的考核指标）这一外语专业训练方式，在前期需对下列环节做好充分的准备：

— 288 —

1. "听说读写译"五个方向的专业教材建设；

2. 五个方向对应的师资力量培养；

3. 建构用以弥补日常听说语境缺失乃至古代与现代语言从内在的表述逻辑到外在的习惯用语等方面皆存在差异的多媒体教学；

4. 在学制许可的范围内有充足的学时保障[1]并拟定与之相符的考核要点、清晰明确的教学方案和学生培养体系。

继而在教学实践中亦需经由负责各个方向的授课教师凭借长时段的教学经验总结以及不同类型学生的真实反馈对现有的教学方法进行调整，重点针对学生在现实状况下所能掌握的语言能力与教学目标之间存在的差距进一步寻找解决方案，可谓任重道远。而在大量的资源投入和统一的培养方式之下，学成后学生若能将其全面的拉丁语语言技能用于古典学专业研究乃至继续推进中国的拉丁语教学，自是最理想的结果，但更可能的现实状况或许是听说技能在难以觅得知音乃至缺乏日常沟通反馈刺激中逐步退化，唯阅读翻译能力仍有希望凭借个人的勤勉和热爱在浩瀚的古典文献海洋中保持生机。

二是拉丁语教学对于古典学专业的学生而言，只是该学科基础教学体系中的一环，此外学生还有古希腊语、罗马史、希腊哲学乃至古文书手稿学等语言文化课程，其课程设置和知识体系的博杂程度远甚于现代外语专业的中低年级。在固定的学制和有限的时间精力前提下，明确古典学学科对拉丁语语言能力在初、中、高各个阶段的最低要求（即能与国外古典学训练接轨，又兼顾中国古典学学科训练目标的统一有效的检测标准）亦是必要，从而有效地缓解学生学习古典语言与现实脱轨的茫然感；而另一方面，正因为国内高校古典学专业的拉丁语训练并非作为实用型外语技能存在，而是带有明确的文献阅读解析这一学术研究导向，因此在进行语法教学时亦自然形成了注重基础语法练习及核心词汇量的掌握、偏重书面笔译的考查，并希望学生能将具体语料置于其所在历史文化语境下（例如古罗马沿袭了古希腊文化中的多神信仰并对其

1　现代外语专业在大一、大二的课程设置，仅"精读"课程（侧重语法教学）每周就有10课时以上学时保障，此外还有听力、笔译、口语会话、写作等辅助课程，这是古典学专业内的语言训练无法企及的，但退一步讲，亦非其所必需。

政治社会生活、文学创作等产生深入的影响）予以理解并借助自身的拉丁语技能最终进入古罗马的文化体系，甚至能够凭借自身的知识储备对拉丁语文献载体上所呈现出的古罗马社会众生相、古典作家观点、古代世界的政治军事角力等予以批判性思考。

基于上述现实因素的制约和考量，古典学专业的语言学习需在充分借鉴现代外语教学实践方法的基础上，有明确取舍地将有限的学时配备直指目标所向。

二、古典学基础拉丁语教学实践与问题分析

本学期（共计 60 课时）北大古典学专业拉丁语零起点语法教学[1]以《韦洛克拉丁语教程》（*Wheelock's Latin*，下文简称为《韦洛克》）[2]为核心教材并以汉语进行讲授，已完成五种名词变格法、两组形容词及主要代词类型变格法的练习，掌握动词四种基本时态（现在时、未完成时、完成时和将来时）六个人称、主动态被动态（语态）、直陈式及命令式（语气）的肯定否定形态的变位练习，认识数词、介词、副词，学会识别四种分词的词形、明确其功能及对应的翻译方式，并对时间、地点表达法以及对夺格、与格、属格的特定语法功能有所了解。**在教师视角下**，上述所有基础语法点皆遵循

---

[1] 依据本学期北京大学的统一教学安排，"基础拉丁语（1）"有 16 个教学周，每周 4 课时，其中有 4 学时用于期中、期末闭卷考试笔试，正式授课时间为 15 周（60 课时）。

[2] Frederic M. Wheelock, Richard A. LaFleur, *Wheelock's Latin*, 7th Edition (New York: Collins Reference, 2011) 及其中译本 [美] 弗雷德里克·M. 韦洛克、[美] 理查德·A. 拉弗勒，《韦洛克拉丁语教程（第 7 版）》，张卜天译，北京联合出版公司，2017 年。作为美国古典语言学习的经典教程，《韦洛克》以其精简而完整的语言体系呈现、每章练习与其授语法点精准配对著称，但亦受到只注重语法与笔译、词汇量不足、罗马文化知识不足等诟病，而且国内以北京外国语大学拉丁语专业为首亦开始采用"自然"教学法的积极尝试，教学生态的多元探索是中国古典学教学的可喜趋势和有益创举，对其成效的总结及普及方式的思考值得期待。就笔者个人学习外语的经历而言，由于自身早年的英语学习是被动遵循了语法先行的模式，后来作为成年人在学习欧洲语言时，面对欧洲本土主张自然沉浸式教学（现代语言是直接用该外语来讲解自身的语法，古典语言则是直接阅读篇章故事，在具体语境行文中来讲解各个语法知识点，不厌其烦地在不同语篇中一再重复从而实现对该语法的理解和掌握），作为零起点学生颇不适应、成效有限。事实上，《韦洛克》是笔者亲测有效的快速入门教材，或是因其注重语法体系的完整呈现、逻辑性较强的特点恰好契合了笔者自身的学习习惯，而这恰恰是当今国内"听说先行"模式下培养出的口语流畅、简化语法的一代年轻人所排斥的教学方式，对于这代人而言，自然沉浸式教学在现代外语和古典语言的运用，应是更为生动直接的学习方式。

"词—短语—句子"的练习拓展模式展开。其中词法教学部分,着重要求学生针对具备屈折变化的词类,在学习掌握其变格变位方法和分类标准的前提下,能对其所遇到的同一词类的新词予以识别,并按教师指定的要求完成准确的屈折变化。继而在此基础上过渡到经由形容词和名词之间的搭配、介宾短语的运用等构造出的短语练习,以及围绕核心词类展开的句子翻译练习(亦夹杂部分中翻拉的简单造句练习),试图在拉中双向互译的培养目标下,首先打下扎实的语法基本功,因基于笔者以往的教学经验:但凡能对名词动词等核心词类进行主动输出式屈折变化的学生,在阅读翻译过程中对屈折词尾进行被动识别时亦会更敏感且准确。其次,该训练亦是为高阶的拉丁语写作提供前期基础。**从学生的视角来看**,他们平均每周需学习《韦洛克》教材 2 章的语法内容[1]、熟练记忆课后的词汇表(约 45 个单词)并完成 30—35 道句子翻译(拉翻中为主,亦有学生选择拉翻英),而作为及时了解学生学习成效及个中问题的辅助手段,本学期共进行 9 次课堂测试、1 次期中和 1 次期末笔试,均为闭卷不可使用字典。据学生的反馈,每周他们课下用于拉丁语学习的时间多为 8—10 小时,亦有达到 15、16 小时者,在相对枯燥的基础语法学习阶段这实属难能可贵的投入和必需的坚持。尽管他们亦频频抱怨感慨每周记忆单词的数量和笔译的困难,因依据教学安排本学期他们必须掌握的词汇量约为 530 个词,且笔译作业亦确保了每一个生词都在课后的句子翻译中获得重复性呈现。事实上,他们并不知悉自己在课程学习中所接触的拉丁语词汇量已超过 650 个词,尽管教学中指定的教材是《韦洛克》,但为了有效扩充学生的词汇量,笔者授课课件中出现的语法例句、随堂翻译练习、古罗马文化介绍及其中所涉及的新词,大部分源自其他经典的拉丁语教材,例如剑桥大学出版社的《剑桥拉丁语教程 1》(*Cambridge Latin Course I*)[2]、耶鲁大学的《学习阅读拉丁语(上)》(*Learn*

---

1 《韦洛克》教材因应美国学生的学习特点,将同一词类的语法学习重点(例如动词的现在时变位)分解为多章来进行,或许也是依据每周有限的教学学时采取的现实考虑,但也变相造成了同一知识体系被刻意分散的问题,而碎片化的教学并不利于培养学生充分联系同一词类中的各个知识点、鸟瞰式地汇通对比同一词类内部语法规律的能力。故在教学实践中,笔者遵循先呈现整体、再进入细节的教学思路,时常将教材中围绕同一词类或同一语法点的前后多章串联讲授,事实证明北大的学生对于这一"人为改造"接受良好。

2 Cambridge School Classics Project, *Cambridge Latin Course Book I*, Fourth Edition (Cambridge: Cambridge University Press, 2009).

to Read Latin Part I）[1]、欧洲"自然"教学法的教材《自释拉丁语教程（上）》（*Lingua Latina per se Illustrata, Pars I*）[2]及部分美国、意大利高中的拉丁语基础教材，并因应学生目前的语言水平进行了简化，极少使用《韦洛克》自身的例句。而从本学期随堂测试的结果来看（主要借助美国国家拉丁语考试 Beginner、Latin I、Latin II 的试题[3]），尽管就教学计划而言目前尚未完成美国国家拉丁语考试 Latin II 所涉全部语法要点，但学生在语法部分已能轻松通过 Latin I 并借助中国学生出色的理解推导能力，顺利通过 Latin II 语法客观题的检测。但目前存在的主要问题也很明显：同一语法难度下，客观题表现出色的中国学生对文段的**阅读理解**能力仍有待加强。

就日常教学中教师的观察、学生的反馈可以发现，大部分学生对于本学期语法知识理解和掌握到位（初级班学生常见的语法错误可参见后文附录），且时常表现出能将新学的语法知识主动置入整体语法体系中予以关联、观照（多为外语学院的学生），对翻译练习答案的可能性举一反三地进行延伸与思考，但其中亦有因语义群划分不清带来的诸多翻译困扰；而出勤率高、课堂发言积极活跃、按时按量完成作业的学生，亦是考核中得分较高的学生，可见其平时的学习表现与学习成绩相符。以本学期北大各专业零起点学生[4]的基础拉丁语学习为分析样例，可发现其中普遍存在的学习问题：

---

1 Andrew Keller, Stephanie Russell, *Learn to Read Latin Part I & II* (New Haven & London: Yale University Press, 2006). 这部教材在语法教学上注重细致的语法术语讲解，致力于呈现完整细密的语法体系并附有诸多特例的归纳，辅以大量的屈折变化练习（初阶）和句子翻译（进阶），是为笔者个人目前最为青睐的拉丁语教材。

2 Hans H. Ørberg, *Lingua Latina per se Illustrata, Pars I: Familia Romana: Pars I* (Newburyport: Focus Publishing, 2003) 及其中文引进版［丹麦］汉斯·亨宁·奥尔博格、李慧编：《拉丁语综合教程 1 课本》，外语教学与研究出版社，2019 年。

3 详见美国国家拉丁语考试（National Latin Exam）官网 http://www.nle.org 的历年应试题库。

4 由于古典学专业的基础拉丁语课程面向全校学生开放，据选课名单本学期共计 26 位学生完成整个课程，其中 10 位学生具有外语专业背景，15 名学生学习历史、哲学、国际关系等社会科学学科，另有学习心理学、物理学的学生各 1 位。就其课堂表现来看，具备专业外语背景的学生明显更活跃，表现为：进入学习状态快（记忆单词及新语法的理解上表现更好）、上课提问多（具备比较语言学的思维模式、积极探寻中翻拉的主动输出）、阅读理解的速度快，这些都得益于其原有外语训练的经验积累。其他学科背景的学生，尽管业已具备多年英语的学习经验，但由于具有丰富屈折变化且句序灵活的拉丁语在学习难度上明显超出英语的学习范式，故在语法知识的接受速度及学习难度上颇有负担，大多选择课下询问的方式来解决个人困扰。但就本学期笔试考察所反映的学习成效而言，不同学科背景的学生各有长短，语法知识上掌握最为扎实的是社会科学学科的学生，外语类学生在篇章的阅读速度和准确度上表现出色，平时按时出勤却甚为沉默的理学部学生明显更愿意靠自己去埋头钻研一切问题。

1. 变格变位的基本功不熟练。例如对情况较为复杂的第三名词变格法掌握不熟练，进而导致与该变格法密切相关的第二组形容词变格词尾出错；第三组动词变现在时、将来时被动态第二人称单数时有两种词尾的可能（-ris/-re）掌握不到位；本学期最后一讲所学的将来主动分词及其译法尚不熟练，vidērī 与施动与格联用、部分名词拥有特殊的呼格形式记忆不准确，时间表达法未完全理解。解决的锦囊：通过分析自己考试中做错的语法点，着重进行薄弱语法环节的刻意有效练习，可以自问自答抑或以结伴对赌的方式进行中拉—拉中双向词形变化的检测，并借助课本或词典中的例句记忆常见的"特殊"语法现象。

2. 记单词的笨功夫下得不够。诚然，因每个人的学习特长存在个体差异，加之各个院系乃至不同年级学生的课业压力不同，所能投入单词记忆的时间精力亦不同。但倘若选择外语类学习，词汇记忆语法练习的基本功训练势必要求**每日**需遵循记忆曲线的规律给予一定的时间投入，方能在较长时段的刻意练习后见效。解决的锦囊："起早贪黑"多感官地去记忆。早起自主朗读记忆、睡前勤听《韦洛克》有声单词的朗读；经由定期排查，确认目前存在记忆困难的词汇，并着重加强相关词汇练习，可在练习（将其作为日常变格变位的重点例词）与语篇（查字典或在课文中找到使用该词的简洁例句或经典格言，予以铭记）中来记单词，亦可使用《韦洛克》导言中建议的日日大声朗读法、外语系常用的借助课文听写来检查单词的准确拼写、江湖流传的手动划分音节并抄写 7 遍法乃至将所学词汇人为予以分类、犹如置入记忆宫殿一般的中世纪记忆术。

3. 需加强语法及词汇的灵活运用能力。应勤将已经学过的名词、动词、形容词等按其所属的变格法或动词分组归类，观察同属于某一变格法或是隶属于同一组的动词，在其词形变化上是否有共通的变化规律，此举即便无法随即大量减轻记忆的难度，亦有助于培养迅速识别基础词类的能力。期末考试中亦发现，由于常用词汇没有记忆牢固，导致遇到与之有部分关联的新单词时难以识别出其意思，例如《韦洛克》词汇表中明确出现过 victōria（胜利），平时也记忆过 senātor/uxor/scrīptor/soror/auctor/audītor 等以 -or 结尾、表示职业或人物身份的名词，但在考试时却无法通过上述两者的结合（即构词法规律）识别出阅读理解中出现的新词 victor 是指胜利者。[1]

4. 篇章阅读速度较慢。因是零起点课程，本学期的课下作业多围绕基础语法教学以《韦洛克》课后练习的句子翻译为主，辅以课堂上希腊故事短篇的翻译。期末考卷由于刻意加大阅读理解的篇幅，用以检测学生语法掌握的熟练程度及阅读的流畅性，致使阅读速度慢的同学无法完成全部考题。加之，平时核对句子翻译答案时亦发现许多学生无法准确划分句中的语义群。问题的根源在于：或是学生将基础语法运用于实践分析时不纯熟，或是因篇章阅读量不足导致语感缺乏。事实上，对于古典语言初级班的学生，尤其是非外语专业方向的学生，这是极其常见的问题。解决的锦囊：精读和保证准确性前提下的大量泛读相结合。由于课上教学学时有限，课下的篇章泛读会成为提升阅读速度及培养语感比较关键的一环，事实上《韦洛克》每章课后练习的拉丁文短篇（因其提供标准的英语翻译答案）是为本阶段比较合适的读物，而《自释拉丁语教程（上）》前 24 章（除第 16 章的异态动词尚未学习）的课文更是本阶段视译、听写、复述课文非常契合的读物。由于中拉在句式表达上（更深层则是思维习惯）的差异，加之古罗马文化就其宗教背景、民族的精神气质和价值取向、不同历史阶段乃至名家之间存在用词差异及其特有的修辞手法，造成了不同程度的理解困难，因而在初级语法讲授阶段需要导入罗马史、罗马神谱、古罗马文学史上黄金时代部分名家常见的修辞手法及其哲学思想来源的介绍。与现代语言相比，古典语言的学习更需要强调文化生命体的意识，从一开始就将其刻板的语法结构与生动活泼的文化内涵相结合，这也有助于解决不满足于牙牙学语的成年学生在智性和情感上的好奇和渴求。作为接续《韦洛克拉丁语教程》的进阶读物，《韦洛克拉丁语读物》(*Wheelock's Latin Reader*)[2] 所录名家名篇的相关导言中有关于修辞学、诗歌步格的入门知识，《学习阅读

1　因笔者要求零起点的学生在笔译中需以直接对译的方式来真实呈现自己的理解，基于信实的原则来考察其理解破译文句时存在的困难。相当一部分学生在翻译该词时，都采取打擦边球的方式，将之译为谓语动词的状语"胜利地"，可见他们并未明确该词的词性和确切意指。实际上，该词在授课的课件中曾出现过，加之它与英语中"胜利者"一词完全形似，学生们在考试中如此审慎的一致反应或可解读为高强度压力下自保式的得分方式，当然，他们无一例外地全被扣分了，如此他们便能有效地记住该词。

2　Frederic M. Wheelock, Richard A. Lafleur, *Wheelock's Latin Reader* (New York: Collins Reference, 2005).

拉丁语（上）（下）》则有更为全面的诗歌韵律示例，皆可在初级语法教学阶段选择性地导入，尤其当学生在做句子翻译过程中恰好遇到相关语言现象时，是为让其感受拉丁语修辞技巧、音韵格律、文体差异的极佳机会。

三、对目前教学方案的思考

基于上述问题，笔者个人的思考建议如下：可在目前基础语法课程（4学时）的基础上，一是增加2学时的阅读课程，主要是在教师的指导下，选择难度适宜的故事、议论文、短篇诗行等多种文体进行泛读，并针对阅读理解中出现的问题予以讲解，该课程可有效解决初中级阶段学生阅读量不足、词汇语法运用不纯熟进而导致语义群划分上存在困难，无法在破解各个部分语法信息的基础上"组合"出符合逻辑的译文的问题。但由于目前国内外尚无成体系的，尤其是适合中低语言水平的拉丁语分级读物，故本课程的教材选择需要授课教师或是对经典著作中的文段予以改编，或是从欧美经典的教材读物中搜罗符合并能有效提升学生阅读能力的课文，这亦符合古典学语言训练具备明确文献解析导向的特征；二是传统的古典学语言教学，大多在语法学习阶段将专门的听说训练课程剥离，仅作为具备学习兴趣或有个人研究需要的中高年级学生的选修课。有鉴于语言学习在"听说读写"训练模式下可达到记忆及主动表达的最优成效，本学期李慧老师采用"自然"教学法（2学时）讲授的《自释拉丁语教程（上）》听说课程是为非常有益的教学尝试，其与传统语法教学相互作用的结果值得期待和追踪总结。

初中级阶段的学习因侧重于外语技能中的语法学习，加上阅读能力所限尚无法流利地翻阅多数古典名篇，学习过程颇为繁重枯燥，学生难免会经历起初的热情退却后扑面而来的倦怠和困惑，实践中较为有效的解决方案有：一是明确古典学训练的初衷，即是要将语言训练作为文化生命体的有机组成部分来开展，可经由适度改编让学生翻译希腊神话、罗马史片段等；二是以口述历史乃至文化场景重演等方式（例如展示古罗马公民如何穿着其重要的身份服饰托加（toga）、借助史料记载模拟凯撒遇刺的场景等），提升古代语言文化的真实在场感；三是需要不断勉励学生用更为开阔的视域来洞悉西方古典语言学习的"无用之用"：除了纯粹智性上去探究人类语言文化史进程中的不同路向所带来的精神满足，古典学研究对当今的中国文化而言有其极为特殊的意义。须知崇古尚贤并非中国文化所独有，后现代批判性思潮风起云涌的欧美社会之所以仍在努力维系自身与古代两希文明、拜占庭文化、中世界思想遗产的关系，对自身文明起源的好奇、珍视和敬畏是其主要动因，因其奠定了当今西方政治思想体系、宗教伦理乃至人际交往的底层逻辑。对于全球化浪潮中的中国而言，如欲弥合现代化历程中愈演愈烈的中西、古今之争，以自强之姿态伫立于价值观日渐独断单一化的世界强林，中国文化必得从根源上了解西方文化的精神特质及其横亘千年的思想历程，以寻得知己知彼、不惧辩难、求同存异的相处之道，窃以为这是中国的西方古典学研究有别于欧美传统古典学的本土立场。

附录：第一学期期末考试学生试卷分析

题目类型	常见的初级语法错误 [1]
客观题	介词 trāns+ 宾格及其与第三名词变格法词尾的搭配
	vidērī 和施动与格联用
	名词特殊的呼格形式（meus fīlius 对应的呼格形式是 mī fīlī）
	时间表达法中，用宾格的形式表示时间段、**用夺格表示时间点**及其对应的翻译方式
语法分析	第三组动词将来时被动态第二人称单复数的词尾
	第三组动词现在时被动态第二人称单数的词尾有 -ris 和 -re 两种可能
	命令式第二人称单数被动态的词尾
	完成时第三人称复数主动态的词尾有 -ērunt 和 -ēre 两种可能

1　统计对象为期末笔试的三种题型中，在同一知识点错误人数达 3 人以上（即错误率为 10%）的语法点，其中加粗部分的错误率达到 20% 以上。

题目类型	常见的初级语法错误
语法分析	动词词条记忆不准确，例如 videō、vidēre、vīdī、vīsum 变位时，现在时词干和完成时词干无法准确区分，影响其灵活运用
	否定命令式主动态词尾；肯定命令式被动态词尾
	在完成时被动态变位的复合结构中，主语的性、数信息可从其中的分词词尾获得
	分析动词变位的多种可能性时，**常常忽略名词变格法中的呼格形态**
	第二组形容词变格词尾不熟练
阅读理解	《韦洛克》指定词汇记忆不准确（课堂练习和小测验都曾涉及 versus、tristis -e、parvus -a -um、bellum、altus -a -um、caput、lex，阅读时无法准确识别其变格后的词尾）
	翻译篇章时，针对代词（如 is "他"、eōrum "他们的"、eōs "他们"、suōs "[具有反身性的]他的 / 他们的"）的具体所指理解 / 表述不清，需回到上文寻得代词所指代的专有名词并予以准确回译
	介词 in+ 宾格与 in+ 夺格的差别以及如何在翻译中准确体现
	vidēre 变被动态后，无法区分它是作为实义动词（指"被看见"）还是变为系动词（指"看起来像是"）
	docēre+ 双宾格
	同位语的识别
	时间表达法（宾格）
	无法识别句子中 magnā cum caede 是将修饰名词的形容词前置于介词之前的修辞手法（课堂讲授时已提及）
	无法识别出被动态的施动者
	无法识别现在主动分词的修饰对象并予以准确翻译
	无法通过构词法识别并准确翻译出新词 victor 的词义
	语义群划分上不清晰，并在上述各种原因的综合影响下导致翻译准确度和速度受限

结合此前多年的教学实践来看，上述问题确为拉丁语初级班学生主要的学习难点，可在教学、练习和阅读理解训练阶段重点予以排查。此外，笔者目前所了解的适合推荐给初学者辅助其语法学习的网络资源有：

1. 有助于语法学习及原始文献阅读 www.perseus.tufts.edu；

2. 在线的单词语法信息解析词典 https://archives.nd.edu/words.html，事实上在网

络电子词典的开发和利用上，学生所掌握的信息永远比老师更新更多，但初学者永远可以信赖和依靠的终究还是一本轻便好用的经典入门字典，例如《钱伯斯·默里拉英词典》(*Chambers Murray Latin-English Dictionary*)[1]；

3.《韦洛克》教材官网 www.wheelockslatin.com 提供诸多音频资源及词汇、语法学习的辅助工具；课后复习基础语法时，可借助与《韦洛克》各章相配套的练习网站 http://web.uvic.ca/hrd/latin/wheelock/ 予以巩固；

4.《自释拉丁语教程（上）》及其中文引进版《拉丁语综合教程 1 课本》配套的音频，有助于初、中级阶段训练发音、篇章阅读、视译乃至课文内容复述和听写。

（本文作者为北京外国语大学国际中国文化研究院副研究员）

1　William Smith & John Lockwood, *Chambers Murray Latin-English Dictionary* (Edinburgh & London: Chambers & John Murray, 2013).